信 息 检 索

——从学习到研究

（第 5 版）

主　编　袁曦临

东南大学出版社
·南京·

内 容 提 要

本书为《信息检索》(第 4 版,张厚生主编,东南大学出版社)的修订版。随着信息环境的变化,网络和搜索引擎已成为本科生及研究生们获取信息的主要途径,学生们的信息检索行为和信息获取方式都发生了根本性改变。本次修订切合本科生、研究生的学习需求、信息行为和信息心理,从学生的学习和研究出发,帮助他们优化学习策略,提高信息检索和学习技能,解决学习和科研中的困难。

本书汲取了国内外图书馆学和信息素养教育的有关研究成果,强调信息和信息技术在各个层次学习中的应用,以期达到成为学习指南和科研工具书的目的。

本书既可以作为本科和研究生"信息检索"课程的教材,也可以作为普通高校学生和已走向工作岗位的从业人员的必备参考用书。

图书在版编目(CIP)数据

信息检索/袁曦临主编. —南京:东南大学出版社,
2011.1(2017.8 重印)
ISBN 978 - 7 - 5641 - 2618 - 6

Ⅰ. ①信… Ⅱ. ①袁… Ⅲ. ①情报检索 Ⅳ. ①G252.7

中国版本图书馆 CIP 数据核字(2011)第 012480 号

信 息 检 索

出版发行:东南大学出版社
社　　　址:南京四牌楼 2 号　邮编:210096
出 版 人:江建中
责任编辑:史建农
网　　　址:http://www.seupress.com
经　　　销:全国各地新华书店
印　　　刷:虎彩印艺股份有限公司
开　　　本:700mm×1000mm　1/16
印　　　张:22.75
字　　　数:568 千字
版　　　次:2011 年 1 月第 5 版
印　　　次:2017 年 8 月第 3 次印刷
书　　　号:ISBN 978 - 7 - 5641 - 2618 - 6
印　　　数:3501～4500 册
定　　　价:43.00 元

编 写 说 明

本书为张厚生教授主编,东南大学出版社出版的《信息检索》(第4版)的修订版。本次修订从学生的学习和研究出发,汲取了国内外信息素养教育的有关研究成果,强调信息素养和信息技术在各个层次学习中的应用,对于研究生在学习和科研方面遇到的诸如信息焦虑、资料收集、文献检索获取、论文写作、学习和阅读策略等方面问题予以了重点关注。

全书共分8章,围绕学习计划的制定,研究课题的发现、筛选,研究资料的检索获取,研究报告、综述、文摘等的撰写,学术论文的写作以及学术规范等一系列与大学本科与研究生学习、科研直接相关的环节,对《信息检索》(第4版)教材进行了内容和编排体例上的重新组织和认真修订。

本书大纲由袁曦临确定并最后统稿,主要撰稿人为东南大学情报科技研究所与东南大学图书馆的中青年博士教师与资深馆员。具体章节的分工如下:

袁曦临:第1章,第8章8.1节、8.5节

李爱国:第2章

常娥:第3章

唐权:第4章4.1节、4.4节

隆新文:第4章4.2节

陆美:第4章4.3节

钱鹏:第5章,第8章8.2节、8.3节、8.4节

刘利:第6章

宋歌:第7章

序

现代高等教育的目的可以概括为：Learning to know（学会认知）、Learning to do（学会做事）、Learning to together（学会合作）、Learning to be（学会生存）；也就是说，现代高等教育模式更重视培养学生发现问题、研究问题、解决问题的创新意识和能力。

大学生的学习能力和学业水平，一直是高校和社会关注的焦点，特别是研究生的学习与研究能力。在我国目前的研究生教育中，对研究生学习的认知多数集中在考试成绩和科研产出方面，而对学生的学习风格、学习类型、学习困难、学习资源、学习潜能等的认知与帮助相对匮乏。如何帮助研究生更新学习认知，优化学习策略，提高学习技能，解决学习困难，定制发展课程是目前国内研究生教育中的一个盲点。

研究生入校后进行的主要是自主式研究型学习，因此很多研究生对于如何选择研究课题，查找资料开展研究工作，撰写毕业论文、学习和阅读策略等等方面深感压力。纵观现有的研究生公共基础课程系列教材，基本没有能够体现出现代高等教育模式中所强调的以研究型和资源型学习为中心的特点，也没有切合研究生的学习需求、信息行为和信息心理，从研究生的学习和研究出发，进行教材内容的组织和体例的编排，亦缺乏相应的指导用书。

本书为《信息检索》（第 4 版，张厚生主编，东南大学出版社）教材的修订版。张厚生教授主编的《信息检索》自 1987 年出版以来，在全国各大高校深受好评，2006年已出版了第 4 版。但是，随着信息环境的变化，网络和搜索引擎已经成为研究生们获取信息的主要途径之一，学生们的信息行为，包括信息获取手段和获取途径都发生了根本性的改变，这一点在我们的授课中感受十分明显。而目前使用的《信息检索》教材仍侧重文献信息检索原理和检索工具介绍，随着时间的推移，我们认为有进一步修改、完善的需要。

因此，在本次的修订中，更多的从本科生、研究生学习培养的角度，切合学生的学习需求、信息行为和信息心理，从学生的学习和研究出发，围绕学习计划的制定，研究课题的发现、筛选，研究资料的检索获取，研究报告、综述的撰写，学术论文的写作以及学术规范等一系列与学生学习和科研直接相关的环节，重新组织教材内容和编排体例，进行认真的修订，以期能够体现出现代高等教育模式中所强调的以研究型和资源型学习为中心的特点,帮助研究生更新学习认知,优化学习策略,提高学习技能,解决学习困难,达到研究生学习指南和科研工具书的目的。

时光荏苒,转眼之间,张厚生教授已经去世 3 年了,图书馆的书影树荫之中不再见到先生的身影。他是那么热爱图书馆学、热爱工作的一位长者,长期置身于书苑,时常提掣后生晚辈,以教学写作、教书育人为乐,是多么让人尊敬的一位学者。然斯人已去,斯馆空留回声。作为他的学生,我时常想起他的教诲,也曾想写一些文章纪念他,但终究未能落笔,因为我觉得纪念还是要放在心里的。

这部教材能够再版,既是信息社会发展和信息素养教育的需要,也是张厚生教授的心愿之一。本书对于正在大学校园中学习和研究的学子们,以及关心信息社会未来发展的人,相信是有意义的。

谨以此作为对张厚生教授深深的怀念。

袁曦临

2010 年 10 月 10 日

目　　录

1　制定学习和科研规划

　　每一个进入大学的学生，不论是对于某个学科或专业知之甚少的本科生，还是对该专业已有入门认识或较为深入了解的研究生，都会经历一个循序渐进的专业学习过程。在某一具体的学科专业领域中，从一无所知的入门者到对该领域有所认识，从一个新手到这个领域的专家，期间势必要经历一个相当漫长和深入的学习过程。

　　不同学科的知识，通常以书本等各种载体的形式存在，并为人类所共同拥有。但当一个人通过各种载体获取知识，并将知识储存于头脑中时，知识便为个人所拥有，成为个体的知识，而这个过程是通过个体的学习来实现的。所谓个体的学习，究其根本就是在其原有认知结构的基础上，通过特定的活动吸收、内化外部信息，或者说知识，进而丰富、完善自身认知结构的过程。

　　这里所说的知识特指专业领域知识（Domain Knowledge），即个体拥有的关于某个特定的专业领域的所有知识。其结构涵盖了该专业领域的陈述性（Declarative）知识、程序性（Procedural）知识和策略性（Strategic）知识 3 个部分。

　　根据认知心理学家安德森（J・Anderson）的观点，通过信息加工，人们可以获得两类知识：陈述性知识和程序性知识。

　　陈述性知识（Declarative Knowledge）是指个人具有有意识的提取线索，能直接陈述的知识，在某种程度上是静态的（不变的）事实信息，包括各种事实、概念、定律、公式、原则和理论等知识，是关于"是什么"、"为什么"的知识，这些知识一般都可以比较容易地用文字描述出来。"书本知识"往往指陈述性知识。例如牛顿定律、数学公式、化学元素、历史、地理、生物知识等。

　　安德森认为陈述性知识是以命题和命题网络来表征的。命题是知识或信息的最小单元，每个命题都由论题和关系两个成分构成。例如"维 C 预防感冒"就是一个命题，见图 1.1。"维 C"和"感冒"均为论题，而"预防"是两个论题之间的关系。在命题的图式中，圆圈或椭圆代表一个命题，S 代表主体（Subject），O 代表客体或对象（Object），R 代表关系（Relation）。命题网络是由命题之间相互联系而形成

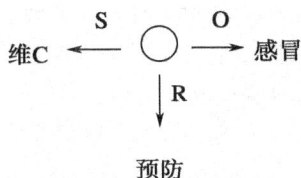

图 1.1　一个命题的组成

的。命题之间由于有相同的论题而相互联系起来,就形成了命题网络。例如"维 C 预防感冒"、"维 C 促进白血球的生长"、"白血球消灭病毒"、"病毒引起感冒"4 个命题可以形成如图 1.2 所示的命题网络。陈述性知识一般通过记忆获得,可以称为记忆性知识或语义知识。

图 1.2　命题网络

程序性知识(Procedural Knowledge)是关于"如何做"的知识,包括如何完成各种活动的技能,是指作为技巧性动作基础的知识,倾向于变化的。它主要包括解决问题的过程、执行过程、控制过程、使用过程、操作过程、思考过程、交流过程、加工过程、计算过程、设计过程、管理过程、调查研究过程、各种专业的思维方式和行为方式。例如怎样骑自行车,怎样用计算机编写程序,怎样用遥控器调节空调,怎样推理,怎样进行观察和实验。这类知识往往很难用直观文字表达,学习过程性知识的主要方法是通过实践。

陈述性知识与程序性知识有许多不同的特点。安德森认为,绝大多数的陈述性知识是可以言传的(比如,美国的首都在华盛顿);而很多程序性知识则不能言传(比如,学习游泳,几乎不可能仅仅通过言传让他人掌握这种技能)。当然,这种区别并非绝对的。

陈述性知识的学习可以通过回忆、再认、应用以及与其他知识的联系等方式来表现;而程序性知识的学习则要通过完成各种操作步骤来表现;陈述性知识可以通过听课、听讲座、看书本、看电视等等方式获得;而程序性知识则必须通过大量的练习和实践才能获得。

陈述性知识与程序性知识并不是截然分开的,在许多情况下,两者是密切联系的。陈述性知识的获得与程序性知识的获得是学习过程中的两个连续的阶段。程序性知识的获得是以陈述性知识的掌握为前提的。根据认知心理学家安德森(J. Anderson,1990)和加涅(E. Gagne et al,1993)等人的观点,程序性知识的获得通常要包括以下 3 个阶段:

第一阶段:陈述性阶段。学习者获得有关步骤或程序的陈述性知识。比如描述在驾驶汽车时该如何换挡。在此阶段,学习者需要逐条记忆每一项规则,并缓慢地操作每一步骤。

第二阶段:联合阶段。在这一阶段,学习者仍需思考各个步骤的规则,但经过练习和接收到的反馈,学习者已能将各个步骤联合起来,流畅地完成有关的活动。

第三阶段:自动化阶段。在此阶段,学习者常常无需有意识地控制或努力就

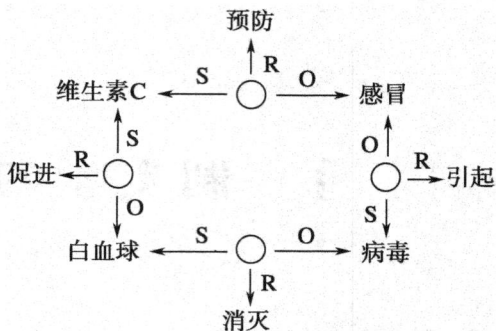

能够自动完成有关的活动步骤。例如,开车时可以一边说话,一边流利地换挡,在交通拥挤的路面上连续地改变方向。

可见,程序性知识的获得过程就是陈述性知识向技能的转化过程。练习与反馈是陈述性知识转化为程序性知识的重要条件。在个体的学习过程中,最初获得的通常是一些陈述性的知识,首先要具有概念,理解因果关系,然后通过实践过程,真正理解和记忆的过程。经过大量的练习,当这些知识具有了自动化的特点之后,就变成了程序性知识。比如,学习外语时,词汇和语法规则的学习是掌握陈述性知识,当我们通过大量的实践、练习之后,对外语的理解和运用与母语一样好,一样流利时,关于外语的陈述性知识就转化为程序性知识了。

美国心理学家梅耶(R. E. Mayer)又进一步提出知识应包括 3 类,除陈述性知识、程序性知识外,还有一类策略性知识。策略性知识(Strategic Knowledge)是关于如何学习、如何感知、如何记忆、如何思维等方面的知识,即有关学习策略或认知策略等方面的知识。可见,策略性知识属于程序性知识中的一部分。策略性知识的单独提出有助于我们进一步认识智力的本质以及如何培养智力的问题。

简单地说,现代认知心理学从信息加工的角度,将知识看作是个体与其环境相互作用后获得的信息及其组织。现有研究发现,知识、策略性加工和兴趣是获得学科领域专长的关键要素,获得学科领域知识的学习一般分为习得、巩固与转化及迁移与应用 3 个阶段。见表 1.1。

表 1.1　学习阶段与知识类型的关系

学习阶段	Ⅰ. 习得阶段	Ⅱ. 巩固与转化阶段	Ⅲ. 迁移与应用阶段
学习类型	陈述性知识	程序性知识	策略性知识
学习措施	识记、理解和同化	重组、整合和变式训练	操作、反馈、自我调节和迁移

(1) 在习得阶段,知识以陈述性的形式进入命题网络。

(2) 在巩固与转化阶段,知识开始被加工。一方面,一部分知识通过复述和精加工等活动,在认知结构中与原有知识产生交互作用,内化于认知结构中,此即陈述性的知识;另一方面,另一部分知识通过练习等形式将命题转化为产生式,并融入相应系统,此即程序性知识。"产生式"这个术语来自数学和计算机科学。计算机由于储存了一系列以"如果—那么"(If-Then)形式编码的规则而具有了完成各种运算和解决问题的智能。同样可以设想,人脑之所以能进行计算和解决问题,也是由于人经过学习,在其头脑中储存了一系列以"如果—那么"形式表征的规则,这种规则称为产生式。

(3) 在迁移与应用阶段,各类知识被激活。个体在特定的活动中,通过新旧知识的交互作用,使认知结构得到改组或重构,进而丰富、完善自己的认知结构的过程。

国内传统的教学大多更注重陈述性知识，而忽视了程序性知识，特别是认知策略的教学与训练，使得学习者的认知结构在知识的构成上过于单一，尤其缺乏层次性。

通过以上阐述，可以了解到在个体学习的过程中，其实涉及对一个专业领域中不同知识的获得以及这些不同类型知识的整合。不同的知识类型的学习方法也是不同的，比如陈述性知识强调理解记忆，而程序性知识则更看重实践。

而且，不同学科领域对于陈述性知识与程序性知识的学习要求也是有所不同的，例如工科的学生对于程序性知识的获得的要求要高于人文社会科学的学生。学科领域的差别，无疑影响着学生的学习策略和学习方式，因此对知识的学科专业有较为清晰的理解对于建立个体的学习模式不仅是十分必要的，而且是大有裨益的。

在现行的认知体系中，人们通常将人类的"知识之树"粗分为理科和文科两大类，又将理科细分为自然科学和工程技术，文科细分为人文学科和社会科学。

一般而言，理工科思维的定式是思考两类问题："是怎样"和"怎么做"。"是怎样"属于理，"怎么做"属于工。理工科以严谨的、记录可靠的试验为基础，以数理逻辑思维为基础，强调思维的逻辑严密性。

而社会科学是探讨人与人之间的关系，以人类为研究对象的一门实证性、客观性、经验性、统一性、认知性、实践性的学科，其研究目标是发展规范性或经验性理论，比较强调实证性及科学方法的运用，趋向量化研究，需要一方面对社会现象提出原理原则的解释，另一方面进行社会科学理论的验证。

人文学科的研究者所关注的焦点，是人的思维和精神产物的个体及表现，容易受到地域或文化限制，且深植在历史的脉络之中，因而必然受到社会环境与文化意识的影响。

只有在了解和明晰学科结构的含义后，才能有意识地选择与之相匹配的学习方式。通过认识不同学科的方法论的特点与差异，才能形成学习内容的探究和学习方式的探究。1961年，美国著名教育学家约瑟夫·施瓦布（Joseph J. Schwab）在哈佛大学作了《作为探究的理科教学》（The Teaching of Science as Enquiry）的报告，提出了探究式学习（Enquiry Learning）的概念。他主张，必须把科学看作是当有新证据时要进行修改的概念结构，学生在学习过程中，不但要掌握这个结构，还要体验探究学习的过程。施瓦布强调，只有以科学知识为基础，在探究过程中掌握科学知识，通过探究活动学些科学方法，把科学知识、科学方法与探究过程相结合，才是探究式学习的正确方法。

1.1　学科领域及其认识

普朗克在《世界物理图景》一书中指出："科学乃是统一的整体,它被分为不同的领域,与其说是由事物本身的性质决定的,还不如说是由于人类认识能力的局限性造成的。"这说明,自然本身并没有分裂成为隶属不同学科的实体,只是人类为研究之方便,才把自然肢解为一门门独立的科学。

学科是科学的个体,是科学分类的产物,是指一定科学领域或一门科学的分支。按照研究方法和对象之间的联系和区别对学科进行划分,并确定其在整个科学体系中的位置,就构成学科分类体系。学科分类体系是人为的,目的主要是为了研究的方便,因而无法避免存在一定的局限性。但是没有学科分类,就无法认清学科之间的关系,科学的存在和发展也就失去了基石。学科分类揭示了知识的谱系,反映了科学的系统、信息的脉络。

古希腊哲学家亚里士多德把知识分为理论知识、实用知识和创造知识 3 大类。理论知识包括数学、几何、代数、逻辑、物理学和形而上学;实用知识包括伦理学、政治学等;创造知识包括文学、艺术、演讲等学问。这一分类在西方一直沿袭到 15 世纪。

15 世纪以后,近代自然科学开始萌芽,其特征是从哲学中分化出来,整个科学体系分成社会科学和自然科学。1883 年,德国哲学家威廉·狄尔泰在他的《人类研究导论》中最早提出以自然界为研究对象的知识成果为自然科学,以人类社会为研究对象的知识成果为社会科学的知识二分法。这种划分被后人称为现代知识体系诞生的标志。

到 19 世纪中叶,自然科学的分化已经形成了许多各不相同的研究领域,诞生了学科,这是学科发展的第一阶段。19 世纪末爆发物理学革命以来,学科发展突出地表现为分化的步伐大大加快,学科越来越多,专业化程度越来越高。如统一的自然科学又分化为了基础理论科学、技术基础科学和工程应用科学 3 个层次,每一层次又分成各种不同的门类。各种学科之间出现了交叉学科、边缘学科等,这是学科发展的第二阶段。学科的发展既体现在它的高度分化又体现在它的高度综合。

20 世纪中叶,知识的发展出现了高度分化和高度综合的有机统一。一方面,知识的分门别类的研究比近代科学更精细、更深入;另一方面,横断学科、综合学科、交叉学科的出现使知识综合化、整体化的趋势更加突出。这是学科发展的第三阶段。

一门独立学科的形成需要的要素有 3 个:一是研究的对象或领域,这门学科要具有独特的、不可替代的研究对象;二是理论体系,要形成特有的概念、原理、命题、规律,构成严密的逻辑系统;三是研究方法,要形成该学科特定的研究方法。

自然科学是以客观的自然世界作为自己的研究对象,工程技术是人们运用自然科学知识来改造自然世界的手段和工具,自然科学和工程技术的组合即构成了人们通常所说的"科学技术"。人文科学是以人类的精神世界为自己的研究对象,社会科学是以人类社会作为自己的研究对象。相对于客观的自然世界来说,人类精神世界和人类社会充满了种种不可预知的随机性和偶发性。

与"学科"这一概念密切相关的另一个概念是"专业"。所谓"专业",《辞海》的解释是"专门的学业"。大学中的专业是依据社会的专业化分工来确定的,社会分工的需要作为一种外在刺激促成了专业的产生。有学者认为,高等学校的专业是以学科为依托,根据社会职业分工的需要,分门别类进行人才培养的基本单位。因此可以说,专业是学科及其分类与社会职业需求的结合点或交叉点。

专业包括研究生专业和本科专业,但它们与学科的联系是不相同的。通常情况下,本科生专业比研究生专业宽,如本科生专业目录中的建筑学、土木工程学专业,在研究生学科专业目录中都是一级学科,前者分 4 个二级学科专业,后者分 6 个二级学科专业。本科专业之所以比研究生二级学科专业来得宽,这和本科是通识教育、培养的是通才,而研究生教育是属于专业教育、培养的是专才的认识有关。

按照国务院学位委员会办公室制定的《授予博士、硕士学位和培养研究生的学科、专业目录》的分类,我国将包括自然科学和人文社会科学在内的所有科学划分为哲学、文学、史学、法学、经济学、管理学、教育学、理学、工学、农学、医学、军事学 12 个学科门类、88 个一级学科、382 个二级学科,其中二级学科就是研究生的专业,通常被称为学科专业,研究生的培养主要是按照二级学科进行的。

"专业"的本质就是围绕特定领域形成的知识和能力的组合,表现在形式上,就是不同课程的组合。因为社会需要的多种多样,所以这种组合肯定也是多种多样。高校和学生有权根据科技发展和生产实际以及本校的教学科研基础和专业兴趣进行不同的组合,以满足市场的多元需求和学生的个性需求。因此专业是灵活的、暂时的,专业会随着科技发展和个人、市场需求的变化而变化。不同学校对同一专业的课程设计是不尽相同的,一般都会有所差别。

1.1.1 自然科学领域

在 17 世纪牛顿力学出现之前,关于自然和社会的知识在西方被通称为"哲学",有关于自然的知识被称为"自然哲学"。随着物理学的成功,以物理学为先导和典范的近代自然科学,在 17~18 世纪形成了关于科学知识及其研究态度的典范模式。具体表现是:

(1) 科学活动由研究主体与作为研究对象的客体构成。科学研究主体与研究对象分立并保持距离,研究主体不与研究对象产生情感或评价关系,仅仅客观地认识对象。未受主体干扰介入的客体自身的状况才是科学的对象。这种客观认识的态度也就是理性态度。

（2）研究主体主动探索，作为研究对象的客体则是被动的。这种将自然物客体化的态度，与近现代科学有着深刻的渊源关联。

（3）自然科学放弃了古代思维无所不包的终极真理抱负，而自限于有限的认识。康德哲学对以牛顿为代表的近代科学的一个总结原则是：科学及其理性放弃了古代思维对整体性对象的把握，而只从特定角度研究对象。例如，与古代思维关联的中医把人体作为整体把握，而近代科学的西医则分别以内、外、儿、妇、五官、皮肤等不同部分为研究对象。

近代自然科学的主流具有还原论的倾向，把宏观整体现象看作由其构成因素造成的结果。科学把整体看作部分的结合，因而对整体对象的分割，从宏观对象到原子、基本粒子的分解，不仅是一个追根溯源的深化本质认识的过程，而且这一分解还是无穷深入的过程。以上科学观，正是近现代学科分化愈来愈细密多样的一个根据。

简言之，自然科学就是自然界物质形态、结构、性质和运动规律的科学，是人类生产和自然科学实验的知识概括和总结。它以自然界、自然现象为研究对象，其目的在于揭示自然界各种现象的本质，认识它的运动规律，并遵循自然规律，利用和改造自然，为人类造福。自然科学来自生产实践，并为生产实践服务，它随着生产的发展而发展，并积极推动生产的发展。换言之，自然科学是知识形态的生产力。

1. 研究领域

现代自然科学一般分基础科学、技术科学和应用科学3大类。基础科学是研究自然界物质的本质和各种不同运动形式的基本规律的科学，是技术科学与应用科学的理论基础，包括数学、天文学、地学、物理学、化学、生物学等；技术科学是研究技术理论性质的科学，如电子技术、激光技术、能源技术、空间技术等等；应用科学是直接应用于生产和生活的技术和工艺性质的科学。基础科学、技术科学、应用科学互为条件，互相促进，相辅相成。

（1）数学：包括代数、逻辑学、平面几何、立体几何、平面解析几何、空间解析几何、微积分、线性代数、概率统计、复变函数、实变函数、拓扑学、泛函分析、数论。

（2）力学：包括理论力学、实验力学、固体力学、弹性力学、塑性力学、流体力学、振动力学、声学等。

（3）物理学：物理（Physics）是研究物质结构、物质相互作用和运动规律的自然科学，是一门以实验为基础的自然科学，物理学的一个永恒主题是寻找各种序（Orders）、对称性（Symmetry）和对称破缺（Symmetry-Breaking）、守恒律（Conservation Laws）或不变性（Invariance）。包括：理论物理学、实验物理学、计算物理学、数学物理学、粒子物理学、核物理学、原子分子物理学、固体物理学、结晶学、表面物理学、热学、光学、电磁学等。

(4) 化学：化学(Chemistry)是研究物质的组成、结构、性质及其变化规律的科学。世界是由物质组成的，化学则是人类用以认识和改造物质世界的主要方法和手段之一，它是一门历史悠久而又富有活力的学科。包括：理论化学、计算化学、实验化学、元素化学、无机化学、有机化学、高分子化学、分析化学、合成化学等。

(5) 天文学：天文学(Astronomy)是研究宇宙空间天体、宇宙的结构和发展的学科。内容包括天体的构造、性质和运行规律等。主要通过观测天体发射到地球的辐射，发现并测量它们的位置，探索它们的运动规律，研究它们的物理性质、化学组成、内部结构、能量来源及其演化规律。包括：观测天文学、理论天文学、光学天文学、射电天文学、X射线天文学、红外天文学、紫外天文学、γ射线天文学、粒子天文学、结构天文学、宇宙天文学、天体演化论等。

(6) 地球科学：地球科学是以地球系统(包括大气圈、水圈、岩石圈、生物圈和日地空间)的过程与变化及其相互作用为研究对象的基础学科。主要包括地理学(含土壤学与遥感)、地质学、地球物理学、地球化学、大气科学、海洋科学和空间物理学以及新的交叉学科(地球系统科学、地球信息科学)等分支学科。包括：外层空间科学、大气科学、海洋科学、地质学、自然地理学等。

(7) 生命科学：生命科学是研究生命现象、生命活动的本质、特征和发生、发展规律，以及各种生物之间和生物与环境之间相互关系的科学。包括：分子生物学、细胞生物学、个体生物学、形态学、生理学、生物化学、生物物理学、前生物学、微生物学、植物学、动物学、人类学、遗传学、胚胎学、进化论、时间生物学、古生物学、生态学、生物地理学、病理学、药理学、免疫学等。

2. 核心研究方法

(1) 科学实验

科学实验是自然科学理论的源泉和检验标准。在自然科学研究中，任何新的发现、新的发明、新的理论的提出都必须以能够重现的实验结果为依据，否则就不能被他人所接受，甚至连发表学术论文的可能性都会被取缔。科学实验是自然科学发展中极为重要的活动和研究方法。

科学实验大致可以分为以下8种基本类型：

① 定性实验：判定研究对象是否具有某种成分、性质或性能；结构是否存在；它的功效、技术经济水平是否达到一定等级的实验。一般说来，定性实验要判定的是"有"或"没有"、"是"或"不是"，从实验中给出研究对象的一般性质及其他事物之间的联系等初步知识。定性实验多用于某项探索性实验的初期阶段，把注意力主要集中在了解事物本质特性的方面，它是定量实验的基础和前奏。

② 定量实验：研究事物的数量关系的实验。这种实验侧重于研究事物的数值，并求出某些因素之间的数量关系，甚至要给出相应的计算公式。这种实验主要是采用物理测量方法进行的，因此可以说，测量是定量实验的重要环节。定量实验

一般为定性实验的后续,是为了对事物性质进行深入研究所应该采取的手段。事物的变化总是遵循由量变到质变,定量实验也往往用于寻找由量变到质变关节点,即寻找度的问题。

③ 验证性实验:为掌握或检验前人或他人的已有成果而重复相应的实验或验证某种理论假说所进行的实验。这种实验也是把研究的具体问题向更深层次或更广泛的方面发展的重要探索环节。

④ 结构及成分分析实验:它是测定物质的化学组分或化合物的原子或原子团的空间结构的一种实验。实际上成分分析实验在医学上也经常采用,如血、尿、大便的常规化验分析和特种化验分析等。而结构分析则常用于有机物的同分异构现象的分析。

⑤ 对照比较实验:指把所要研究的对象分成两个或两个以上的相似组群。其中一个组群是已经确定其结果的事物,作为对照比较的标准,称为"对照组",让其自然发展。另一组群是未知其奥秘的事物,作为实验研究对象,称为实验组,通过一定的实验步骤,判定研究对象是否具有某种性质。这类实验在生物学和医学研究中经常采用,如实验某种新的医疗方案或药物及营养品的作用等。

⑥ 相对比较实验:为了寻求两种或两种以上研究对象之间的异同、特性等而设计的实验。即把两种或两种以上的实验单元同时进行,并作相对比较。这种方法在农作物杂交育种过程中经常采用,通过对比,选择出优良品种。

⑦ 析因实验:是指为了由已知的结果去寻求其产生结果的原因而设计和进行的实验。这种实验的目的是由果索因,若果可能是多因的,一般用排除法处理,一个一个因素去排除或确定;若果可能是双因的,则可以用比较实验去确定产生结果的真正原因或主要原因。

⑧ 判决性实验:指为验证科学假设、科学理论和设计方案等是否正确而设计的一种实验,其目的在于作出最后判决。如真空中的自由落体实验就是对亚里士多德错误的落体原理(重物体比轻物体下落得快)的判决性实验。

此外,科学实验的分类中还包括中间实验、生产实验、工艺实验、模型实验等类型,这些主要与工业生产相关。

(2)数学方法

这里所要阐述的数学方法不是指进行研究和发展"数学"时的方法,而是指在自然科学研究中经常采用的一种科学抽象的思维方法。

其根本特点在于撇开研究对象的其他一切特性,删繁就简,只抽取出各种量、量的变化及各量之间的关系,也就是在符合客观的前提下,使科学概念或原理符号化、公式化,利用数学语言(即数学工具)对符号进行逻辑推导、运算、演算和量的分析,以形成对研究对象的数学解释和预测,从而从量的方面揭示研究对象的规律性。这种特殊的抽象方法,称为数学方法。

（3）系统科学方法

系统科学是关于系统及其演化规律的科学。这门学科 20 世纪上半叶产生，因其具有广泛的应用价值，发展十分迅速，现已成为一个包括众多分支的科学领域。系统方法是认识、调控、改造、创造复杂系统的有效手段。

系统是一种普遍存在，一切事物和过程都可以看作组织性程度不同的系统，从而使系统科学的原理具有一般性和较高的普遍性。系统科学方法为人们提供了新的思维模式，它突破了传统的只侧重分析的机械方法的栏栅，指导人们从总体上进行思维，探索科学技术发展的新思路。

① 整体性原则：系统方法的首要原则。它把研究对象视为有机整体，探索组成、结构、功能及运动变化的规律性，从系统的整体出发，探索系统内外环境中和内外环境间的辩证关系。

② 动态性原则：任何现实的系统，一般来说，都处于动态的活系统。系统总是动态的，永远处于运动变化之中，都有一个产生和消灭的过程，所以任何系统都经历着实在的历史。因此，在研究系统时，应当把系统发展的各个阶段统一加以研究，以把握过程与未来趋势。

③ 最优化原则：就是通过研究系统的要素、结构以及与环境的关系，经过科学的计算、预测，作出系统目标的多种方案，从中选择最佳的设计和实施方案以及所能达到的最佳功能目标，同时，还要制定最佳控制和进行最优管理。

④ 综合性：这是系统方法的一个突出的特点，它突破了传统分析方法的局限，把分析与综合有机地结合起来，在综合的指导下进行分析。综合性就是把任何整体都看作是以诸要素为特定目的而组成的综合体，要求研究任一对象都必须从它的成分、结构、功能、相互联系方式、历史发展等方面进行综合的考察。

⑤ 模型化：运用系统方法，需要把真实系统模型化，即把真实系统抽象为模型，如放大或缩小了的实物模型、理论概念模型、数学模型、符号系统模型或其他形式化的模型等。

对于复杂系统，需在系统分析的基础上，适当地采用模糊方法，经适当简化和理想化，才能建立起系统模型。一旦建立起系统模型，就可以进行模拟实验，运用电子计算机进行系统仿真。模型化原则是采用系统方法时求得最优化的保证。

整体性、动态性、最优化、综合性、模型化是系统方法的基本特点，也是运用系统方法的基本原则。前两个是基础，第三个是目标，后两个是手段。系统方法的广泛应用，推动了自然科学、社会科学、应用技术、管理科学、医学、环境科学的新进展，同时也带来人们思维方式的变革。

1.1.2　人文学科领域

所谓人文科学，是指以人的内心活动、精神世界以及作为人的精神世界的客观表达的文化传统及其辩证关系为研究内容、研究对象的学科体系,它是以人的生存价值和生存意义为学术研究主题的学科,因此可以说,它所研究的是一个精神与意义的世界。

"文明以止,人文也。观乎天文,以察时变;观乎人文,以化成天下。"在中国传统文化中,"人文"指一切与以自然为对象相对应的那些文明与文化现象。可以泛指人事、为人之道或社会规范等。

"人文"一词在西方包含如下含义:① 人道或仁慈的性质或状态,慈爱或慷慨的行为或性情;② 人性,人的属性;③ 人类;④ 人文学(又称"人文学科"或"人文科学")或人文学的研究。

"人文学科"(Humanities)一词源自古罗马政治家西塞罗(M. T. Cicero)关于理想的论述。Humanitas 有"人性"或"人情"之意,为"人文主义"(Humanism)及其相关词汇的辞源。而 Humanitas 又来源于更早的希腊词汇 paideia。paideia 则来自希腊词 pais(儿童),它所衍生的拉丁词 pasco,意指牧养,使之成长,即教育。可见"人文学科"的来源包含了两个彼此依靠的关联性观念:人性的理想(理念)与教育。这种人性教育的完整性或全面性是 paideia 与 humanitas 的基本精神,也是近现代人文学科概念基本的依据与来源。

15 世纪意大利人文主义学者开始在与"神的研究"对立的意义上,使用 humanitas,即人文学科的研究,包括语法、修辞、诗歌、历史和道德哲学;作为教育,则是指在"世俗学校"中开设的同基督教神学和经院哲学针锋相对的有关世俗文化方面的课程,以人和自然为研究对象,其内容包括对古希腊罗马学术和语言、文学以及自然科学的研究。

人文学科是研究人本身或与个体的精神直接相关的文化世界的学问,是指以人的情感、心态、理想、信仰、文化、价值等作为研究对象的学科。《大英百科全书》对人文学科的界定是:"人文学科是那些既非自然科学也非社会科学的学科的总和。人文学是一门对人的自我了解、自我认识、自我定义最贴切、最直接的一种学问,一般人认为人文学科构成一种独特的知识,即关于人类价值和精神表现的人文主义的学科。"

人文学科究竟要研究什么?著名学者林毓生认为:① 人是什么?② 人活着干什么?③ 人与社会的关系是什么?人文研究的中心目的是寻找人的意义(In Search of the Meaning of Man)。究其根本,人文学科的功能、目的或宗旨,就在于"呈现意义"。而所谓"意义",即什么样的生活是值得追求的?也就是说,人文学科是关于人的灵魂、人的价值的学说,它的对象是人本身,而不是别的自然事物或社会事物。生命与历史是具有意义的,意义是各种事件的价值、行为目的以及相互关系所组成历史事件之间的关系,它不是物理事件之间的简单的因果关系。

1. 研究领域

人所创造的文化和文明是人文学科的两个根本层面。人文学科是指那些既非自然科学也非社会科学的学科的总和。一般人认为人文学科构成一种独特的知识，即关于人类价值和精神的人文主义的学科。人文学科包括如下研究范畴：现代与古典语言、语言学、文学、历史学、哲学、考古学、法学、艺术史、艺术批评、艺术理论、艺术实践以及具有人文主义内容和运用人文主义方法的其他社会科学。

人文学科的原始载体是文、史、哲3大学科，伦理学、宗教学和美学是从文、史、哲之中分化出来的学科。宗教、伦理、艺术、文学等人文学科研究的核心始终落在人的内心世界、人与人、人与自然的关系上。至于教育学和历史学，到底属于社会科学还是人文学科，还有争议。比如历史学，西方普遍列入社会科学，而在中国则列入人文学科。

人文学科通常包括：语言学、哲学、文学、历史学、考古学、法学，以及具有人文主义内容和采用人文主义方法的社会科学和其他各学科如军事学、宗教学、民族学、人口学、传播学、人文地理学和文艺学等一大批学科。

2. 核心研究方法

如果自然科学通过对于对象的解剖、实验的手段来达到目的，那么对于人文学科来说，探讨生命的价值、行为、目的及其意义，则就必须通过"解释"与"理解"。人文学科的研究方法是历史的、伦理的、哲学的、美学的，因而也是情感的、理想的和人性的。

（1）思辨方法：这是一种形而上学的、或哲学的、或准哲学的思考方法。概念是思维的基本形式之一，是反映客观事物的一般的、本质的特征。思辨的一个核心问题就是概念，对概念思辨的逻辑前提是3大逻辑定律，即同一律（A＝A）、矛盾律（A≠A）和排中律。任何一种成系统的思想都有一种逻辑，即思想的逻辑要素的构成：假设、概念、主题、资料（数据）、理论、主张、含义、推论（后承）等等。每一学科都依赖概念、假设和理论，提出主张，给出理由和证据，避免矛盾和不一致，有蕴涵和后承等等。

（2）历史方法：19世纪中期就在德国历史学派的著作中得以表达，其后广泛应用于人文社会科学。历史方法的主要目标是，"通过发现过去有关的事实、事件和态度的趋势，通过划分思想和行为发展的界限，把见解用在各种社会问题的素材之中。"历史方法在社会科学和人文学科的研究中屡试不爽，甚至缺乏历史感被认为是莫大的缺憾。

（3）"理解"方法：与自然科学量化方法不同，人文学科共通的方法是"理解"，它必须"从内在的经验出发"，以生命的体验、表达和理解为基础，所以"理解"是人文学科有效的认识过程，具有普遍的方法论意义。"理解"的关键就是体验与经验。

（4）"解释"方法：可以被看作是理解的实践过程，即"阐述或解释"。对照比较是诠释学传统中比较常用的一种方法,指的是寻找两个文本的相似之处,加以比较,从而可以从已知文本的意思推出另一个与其相似的文本的内容。找出相似性本身就是一种独立的精神活动,是一种理解,意味着两者尽管非常相似,但又不是相等同一,而是互相区别。也就是说,为了把握和理解对自己完全陌生即崭新的东西,理解者自己必须进行创造性的劳动。

1.1.3 社会科学领域

在 17 世纪牛顿力学出现之前,关于自然和社会的知识在西方通称为"哲学",关于自然的知识被称为"自然哲学",相应的关于社会的知识称为"道德哲学"。随着物理学的成功,以物理学为先导和典范的近代自然科学,在 17～18 世纪形成了关于科学知识及其研究态度的典范模式,由此树立的科学范型不仅为自然科学各个学科领域仿效推广,而且进入传统人文与社会领域,将用于自然物质对象的科学方法及观念转用于人类。

社会领域中这些以自然科学为范型所建立的学科,在 19 世纪形成了社会科学这一大类。社会科学的研究对象是社会客体,它不同于自然科学对象的自然客体。但社会科学在其客观规律知识论、理性概念系统与追求预见功能等方面又与自然科学并无本质的区别。在这一基本点上,可以将社会科学与自然科学统归于"科学"名下。

社会科学建立之初,相当多的一批学者希望它能成为一门综合性的单一科学。但后来的事实证明这一愿望是不现实的。由于社会问题的复杂性和多面性,加之社会分工越来越细,社会科学不久即开始发生分化,专门化的趋势越来越明显,经济学、政治学、人类学、社会学、法学等社会科学的主要学科先后按自身规律发展成为独立的学科。从 18 世纪中叶到 19 世纪中叶整整一个世纪中,社会科学得到了较大发展,其主要特点之一便是不断分化,形成许多新的分支学科。

截至第一次世界大战爆发时,历史学、经济学、社会学、政治学、人类学、心理学、法学等学科基本在西方绝大多数主要大学里制度化了。1945 年前后社会科学的全部学科的制度化在世界范围内完成,"道德科学"遂改称为"社会科学"。至此,西方主要国家知识体系中基本确定了"人文科学、社会科学、自然科学"三大学科分类的模式。社会科学是研究各种社会现象、社会运动变化及发展规律的各门科学的总称。社会科学用客观和系统的方法研究社会体制、社会结构、社会政治与经济进程以及不同群体或个人之间的互动关系。

1. 研究领域

社会科学是一个涵盖内容极为广泛,然而又颇多争议的概念,它的范围往往依国家和发展阶段的不同而不同,甚至不同学者也有异议。

在西方,一种较有影响的看法是:社会科学的核心部分包括经济学、社会学、人类学和政治学等学科；外围部分包括跨学科的社会心理学、社会和文化人类学、社会生物学、社会和经济地理学等学科。教育学通常也包括在内；少数学者主张把心理学也划归社会科学。在西方不少大学里，社会科学发展演变为众多的教学领域和研究领域，不仅包括其核心部分的若干学科，而且还涉及像劳资关系、国际关系、商业经济或企业管理研究，以及社会（公共）管理等领域。人们有时宽泛地把人文科学各学科也归并在社会科学的名下，即为广义的社会科学。

社会科学大体上包括：经济学、政治学、社会学及社会心理学。在 20 世纪晚期，行为科学这一术语也越来越广泛地用于人们称之为社会科学的各个学科。

（1）经济学：主要涉及有关商品和劳务的生产、供销、消费等方面的描述和分析。主要分支学科一个是个体经济学，研究经济活动中个别范畴的行为，诸如个体农民、商号及商人的经营活动。另一个主要分支学科是总体经济学，其研究对象是整个经济体系，尤其注重产出和所得的一般水准以及不同经济部门之间的相互关系。

（2）政治学：就狭义和传统而言，这门学科一直被看作是研究国家及其赖以发挥治理效能的各种机构和制度。国际关系是政治学的一个分支学科，研究国家与国家之间的关系以及各国的外交政策。

（3）社会学：包括有关人类社会、社会风习和社会关系等科学研究，这门学科也可以明确界定为对人类有所组织的团体之发展、结构、相互影响及集体行为等方面所作的系统研究。与此相等的一门学科是社会心理学，研究有关个人性格、态度、动机和行为所受社会团体影响的方式。

（4）文化人类学：研究人类文化，侧重于社会结构、语言、法律、政治、宗教、巫术、艺术、技术等范畴的探讨。文化人类学特别要对人类行为的种种方式进行归纳，并对社会现象作出总体的描述。

（5）比较法学：也可视为社会科学之一部分。这门学科涉及不同国家和不同文化的法学原理、法律体制、法律程序，并对之进行系统的比较研究。

（6）心理学（Psychology）：是研究人和动物心理现象发生、发展和活动规律的一门科学。心理学既研究动物的心理（研究动物心理主要是为了深层次地了解、预测人的心理的发生、发展的规律）也研究人的心理，而以人的心理现象为主要研究对象。

2．核心研究方法

以经验性、实证性为特征的社会研究方法使社会科学与人文学科相区分。社会研究作为一种特定的科学研究类型，有 3 个方面的基本特征：① 研究的主题是社会的，而非自然的；② 研究的方式是经验的，而非思辨的；③ 研究的问题是科学的，而非判断的。所谓经验性，指的是社会研究必须依据可感知的资料。

社会研究中的困难在于社会研究者所研究的是社会现实中的人、人的社会行为，以及与人有关的社会现象，有其主观性、特殊性、复杂性和难验证性。

社会科学所研究的社会事物（或社会历史现象）一般都是非常复杂的，它们受众多自然和社会变量的制约，而这些变量之间往往又是彼此相关的、非线性的关系，表现出较强的随机性和模糊性。人们很难从这些随机因素背后找出必然性因素，很难从思想动机中发现其客观动因。社会研究除了会受到与自然科学相同的各种自然条件限制外，有时还受到伦理的、政治的因素的限制。而且研究者也是人，在与被研究者之间会产生情感，不知不觉影响他对资料的反映和对研究结果的解释。对社会事物的认识和评价要受到众多主观因素（特别是感情因素）的制约，而这主要取决于观察者与观察对象之间的利益关系（特别是经济利益关系），各种社会科学因而很容易带有强烈的民族性和阶级性。这种由利益关系所引起的"先入为主"的主观因素（特别是民族感情和阶级感情），诱导人们形成非中性的、非客观的、非理性的观察态度，这就容易形成代表不同民族利益和阶级利益的"社会科学"，而且互不妥协，各自为政，从而阻碍着社会科学研究的客观性。

另一方面，社会事物一般有较长的运行周期，且在时间上具有不可逆性，有些社会事物的运行容易产生巨大的利益冲突，并会引起一些不可预测的灾难，因而难以进行重复性实验，许多社会科学的假设、预言难以在短期内和较小范围内得以验证。

以上所有这些问题，都给社会科学进行精确、客观的分析带来了巨大的困难。在研究方法上，社会科学的思维方式和研究态度与自然学科无二，以定性、定量和实证手段为主要研究方法。

（1）定性研究方法（Qualitative Research）——非数量化资料、非统计分析

关于定性研究的定义，目前还没有一个统一的观点。国外学术界一般认为定性研究是指"在自然环境中，使用实地体验、开放型访谈、参与性与非参与性观察、文献分析、个案调查等方法对社会现象进行深入细致和长期的研究；分析方式以归纳为主，在当时当地收集第一手资料，从当事人的视角理解他们行为的意义和他们对事物的看法，然后在这一基础上建立假设和理论，通过证伪法和相关检验等方法对研究结果进行检验；研究者本人是主要的研究工具，其个人背景以及和被研究者之间的关系对研究过程和结果的影响必须加以考虑；研究过程是研究结果中一个必不可少的部分，必须详细记载和报道"。近年来盛行的所谓质的研究方法，实际上也是属于定性研究的范畴。

换言之，定性方法是根据社会现象或事物所具有的属性和在运动中的矛盾变化，从事物的内在规定性来研究事物的一种方法或角度。它以普遍承认的公理、一套演绎逻辑和大量的历史事实为分析基础，从事物的矛盾性出发，描述、阐释所研究的事物。进行定性研究，要依据一定的理论与经验，直接抓住事物特征的主要方面，将同质性在数量上的差异暂时略去。定性研究是以研究者本人作为研究工具，

在自然情境下采用多种资料收集方法对社会现象进行整体性探究,使用归纳法分析资料和形成理论,通过与研究对象互动对其行为和意义建构获得解释性理解的一种活动。

定性研究注重从研究者本人内在的观点去了解他们所看到的世界。最主要的研究工具是研究者本人,大多是采用参与观察和深度访谈而获得第一手资料,具体方法主要有参与观察、行动研究、历史研究法、人种志研究方法。其中参与观察,是定性研究中经常用到的一种方法。参与观察的优势在于能观察到被观察者采取行动的原因、态度、努力程序、行动决策依据。通过参与,研究者能获得一个特定社会情景中的一员的感受,因而能更全面的理解行动。然后通过对观察和访谈法等所获得的资料,采用归纳法,使其逐步由具体向抽象转化,以至形成理论。与定量研究相反,定性研究是基于"有根据的理论"为基础的。这种方式形成的理论,是从收集到的许多不同的证据之间相互联系中产生的,这是一个自下而上的过程。

(2) 定量研究方法(Quantitative Research)——数量化的资料、统计分析

定量的意思就是说以数字化符号为基础去测量。它通过对研究对象的特征按某种标准作量的比较来测定对象特征数值,或求出某些因素间的量的变化规律。定量研究是指确定事物某方面量的规定性的科学研究,主要搜集用数量表示的资料或信息,并对数据进行量化处理、检验和分析,从而获得有意义的结论的研究过程。定量研究是指研究者事先建立假设并确定具有因果关系的各种变量,然后使用某些经过检测的工具对这些变量进行测量和分析,从而验证研究者预定的假设。

定量研究的理论基础是西方哲学史上发展了一百多年的实证主义哲学。实证主义认为,现实事物是不以人们的意志为转移的,是客观存在的,不受主观价值因素的影响。主体和客体是两个截然分开的实体,主体可以通过对一套工具的操作而获得对客体的认识。在对客体的认识上,必须建立在经验的基础之上,社会现象可以被经验地感知,一切概念必须还原为直接的经验内容,理论的真理性必须由经验来验证。

"定量研究"的基本原则是:知识的发现要依靠归纳法,检验研究的结果所形成的假说或理论要以"假设—演绎"的(Hypothetico-Deductive)模式所需求的逻辑程序给予检验。例如,对于"定量研究"来说,下面的3个步骤是不可缺少的:

① 研究数据要能被同行或其他研究者所认可。这就是说,一个研究者所获取的研究数据、资料必须有其合法性,能被其他的研究者在相同的条件下也可同性质地获取。表现于研究实践,研究者在进行具体研究时,要以观察、实验的方法为手段,去收集可观察性的、可检验性的数据。

② 依据数据进行分析、总结、概括,并在此基础上去建立假设(或理论);而且要遵循"假设—演绎"的检验逻辑,让这假设接受严格检验(通常,统计学中的显著性检验法被广泛地运用)。

③ 依据检验后的假设性质去构建一个理论或理论性的结论,以便让这种理论或理论性的结论对原先所研究的问题给以合理性的解释(Explanation),对所研究问题中关于"什么"和"为什么"的问题作出合理性的回答。

定量研究主要用观察、实验、调查、统计等方法,对研究的严密性、客观性、价值中立都提出了严格的要求,以求得到客观事实。定量研究是基于一种称为"先在理论"的基础研究,这种理论以研究者的先验想法为开端,这是一个自上而下的过程。

（3）定性定量相结合的研究方法

定性与定量方法的主要差别见表 1.2。

表 1.2　定性与定量方法的差异分析

	定量研究	定性研究
哲学基础	实证主义	人文主义
研究范式	科学范式	自然范式
逻辑过程	归纳推理	演绎推理
理论模式	理论检验	理论建构
主要目标	确定相关关系和因果联系	深入理解社会现象
分析方法	统计分析	文字描述
主要方式	实验、调查	实地研究
资料收集技术	量表、问卷、结构观察	参与观察、深度访问
研究特征	客观	主观

① 着眼点不同。定性研究着重事物质的方面;定量研究着重事物量的方面。

② 在研究中所处的层次不同。定量研究是为了更准确地定性。

③ 依据不同。定量研究依据的主要是调查得到的现实资料数据;定性研究的依据则是大量历史事实和生活经验材料。

④ 手段不同。定量研究主要运用经验测量、统计分析和建立模型等方法;定性研究则主要运用逻辑推理、历史比较等方法。

⑤ 学科基础不同。定量研究是以概率论、社会统计学等为基础;而定性研究则以逻辑学、历史学为基础。

⑥ 结论表述形式不同。定量研究主要以数据、模式、图形等来表达;定性研究结论多以文字描述为主。定性研究是定量研究的基础,是它的指南,但只有同时运用定量研究,才能在精确定量的根据下准确定性。这是二者的辩证关系。

在实际研究中,定性研究与定量研究常配合使用。在进行定量研究之前,研究者须借助定性研究确定所要研究的现象的性质;在进行定量研究过程中,研究者又须借助定性研究确定现象发生质变的数量界限和引起质变的原因。

1.1.4　跨学科、交叉学科、综合性学科领域

美国科学学与情报学家普赖斯(D. Price,1922—1983)曾在 20 世纪 60 年代提出"大科学"这一概念,指出随着科学社会化和社会科学化的程度不断加深,科学逐渐从"小科学"时代过渡到"大科学"时代。大科学时代的一个突出特点是科研活动不再是分散的、单纯的个人行为,已经演变成为一种跨学科、聚焦型、多人员参加的集体性协作。

按照美国国家科学院协会的最新定义:跨学科研究(Cross-Disciplinary)是团队或个人的一种研究模式(Mode of Research),它把来自两个以上学科或专业知识团体的信息、数据、技术、工具、观点、概念和(或)理论整合起来,以推进基本的认识,或解决那些不能用单一学科或研究领域来解决的问题。而交叉学科是指:"两门或两门以上的学科相互结合、彼此渗透交叉而形成的新学科。"

对于跨学科和交叉学科这两个概念的界定,迄今也没有完全达成共识,有跨学科、交叉学科、边缘学科、混合学科、多科性、学科互涉等多种说法,港台地区还有"科际整合"等不同说法。

现代科学的学科发展正处于高度发散与高度聚合相伴共生的特殊时期,一方面,由于先进的实验技术和精密观察工具的出现,人类对客观物质世界和主观思维领域都有了更加深刻的认识,科学分化也因此而越来越细,形成了包含数千门学科的庞大知识体系;另一方面,由于客观世界与各门学科间相互联系和相互转化的复杂性、科研方法的多样性以及科研目的的综合性,人类逐渐认识到,依靠单一的学科知识体系,无法更深入地揭示研究对象的本质特征,学科间的交叉、渗透和综合成为一种新的必然趋势。见图 1.3。

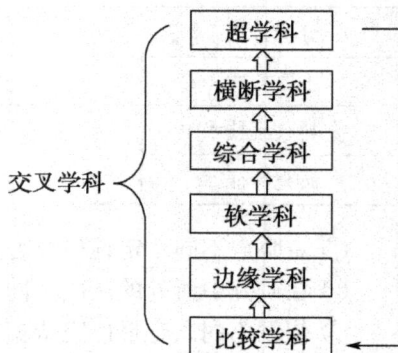

图 1.3　交叉学科分类图

科学上的重大发现和国计民生中的重大社会问题的解决,常常涉及不同学科的相互交叉和相互渗透。学科交叉逐渐形成一批交叉学科,如化学与物理学的交叉形成了物理化学和化学物理学,化学与生物学的交叉形成了生物化学和化学生物学,物理学与生物学交叉形成了生物物理学等。跨学科研究则是学科聚合的具体体现。跨学科研究是指科研主体在科学分化的基础上,打破不同学科之间的界线、跨越不同研究领域而进行的一种科学创造活动,是解决复杂的科学技术问题和

社会问题而达到不同学科相互渗透的一个重要手段。"学科分界线的流动性日益增强,概念在学科间的流动也更加容易",新型交叉学科和横断学科的不断出现,不断地拓展了人类的认知领域。

由于跨学科研究的对象高度综合,所涉及的学科理论种类繁多,因此从不同领域借鉴和移植成熟精致的研究方法能够达到事半功倍的效果。以体育科学为例,体育科学以运动着的人作为自己的研究对象,研究对象的自然属性与社会属性的双重复杂性决定了其必然同时涉及自然科学、社会科学两大科学门类,具有自然性和社会性的双重特征,也决定了在体育科学的研究过程中必须从其他自然科学学科和社会科学学科移植借鉴并综合运用多种研究方法。

1.2 学习资料类型

无论是本科学习,还是研究生阶段的学习,都离不开学习资料的获取和利用,因此清楚地了解在学习过程中有哪些可资利用的学习资源是很关键的。从某种意义上说,有良好的信息意识,有足够的信息能力去获取有用的学习信息资源,并能够加以正确的分析评价,进而加以利用,是区分一个会学习和不会学习的人的标准之一。

1.2.1 教材及教辅资料

教材是学习过程中最常见,也是最必要和重要的学习资料类型。

《中国大百科教育卷》对教材的解释是: ① 根据一定学科任务,编选和组织具有一定范围和深度的知识技能体系,一般以教科书的形式来具体反映;② 教师指导学生学习的一切教学材料。教材就是根据教学大纲和实际需要,为师生教学应用而编选的材料。主要有教科书、讲义、讲授提纲等。

教材的定义有广义和狭义之分。

广义的教材,包括教材及其教学参考资料,是指课堂上和课堂外教师和学生使用的所有教学材料,比如课本、习题集、手册、学习指南、补充练习、辅导资料、自学手册、录音带、录像带、计算机光盘、复印材料、报纸杂志、广播电视节目、幻灯片、照片、卡片、教学实物等等。教师自己编写或设计的材料也可称为教学材料。另外,计算机网络上使用的学习材料也是教学材料。总之,广义的教材不一定是装订成册或正式出版的书本。凡是有利于学习者增长知识或发展技能的材料都可称之为教材。

狭义的教材就是教科书。教科书是一个课程的核心教学材料。从目前来看,教科书除了学生用书以外,几乎无一例外的配有教师用书,很多还配有练习册、活动册以及配套读物、挂图、卡片、音像带等。

1.2.2 学术论文

所谓学术论文就是在学术领域内表达学术研究成果的文章。学术论文是某一学术课题在实验性、理论性或观测性上具有新的科学研究成果或创新见解和知识的科学记录;或是某种已知原理应用于实际中取得新的进展的科学总结,用以提供学术会议上宣读、交流或讨论;或在学术刊物上发表;或作其他用途的书面文件。

从这一意义上理解,学术论文一般包含下面3层含义:

① 学术论文的范围限制在学术研究领域,非此领域的文章不能算学术论文,如新闻报道、报告文学、小说、散文和杂文等不能算学术论文。

② 这里所说的学术论文限制在学术领域,但并不是说,学术领域的所有的文章都是学术论文,只有表达学术研究新成果的文章才是学术论文。例如,科普作品就应被排除于学术论文之外。

③ 具有科学性,即论点成立,论据充足,论证富有逻辑。具有创见性,是独立思考与分析的新发现,或在原有成果基础上开拓、加深。具有专业性,是对某一问题的专门研究。

从上述3点来看,学术论文的灵魂必须是学术研究的成果。学术论文是对自然、社会、人文科学诸领域中的问题进行探讨、研究,表述科学研究成果的文章。学术论文是学术研究的结晶,不是一般的学习心得、体会或收获报告,是对某一学科领域科学规律的揭示,不是某些现象的直录与材料的罗列,事件经过的描述,不是对他人研究成果的重复而是对研究对象做进一步探求与思考的结果,论文一般运用各种事实与材料来引述、分析、论证研究者的新发现与新见解。

如果依据撰写者的不同情况、不同要求或社会需要,学术论文可以分为:

① 期刊论文——研究人员写给学术期刊、杂志或学术出版社,并经同行评审,刊出发表的学术论文。

② 会议论文——研究人员参加学术会议,所撰写的用于同行之间学术交流的文章。

③ 学位论文——是由不同层次的高等院校的学生所撰写的论文,目的是要求授予学位。

其中,期刊论文和会议论文反映的是最前沿、尖端的研究方向和成果,其新颖性和前沿性突出,是了解某个研究领域最新研究成果的必读文献资源。

学位论文是攻读硕士、博士学位研究生所撰写的论文。其内容一般对所研究的题目有新的独立见解,具有一定的深度和较好的科学价值,对本专业学术水平的提高有积极作用,因而也是在校大学生、研究生学习和关注的一种重要的学习资源。

1.2.3 学术专著

专著通常比单篇论文的学术论文更具理论性、系统性，因而也更具学术价值。国家科学技术学术著作出版基金委员会在《国家科学技术学术著作出版基金资助项目申请指南(2008 年度)》中明确指出：学术专著是指"作者在某一学科领域内从事多年系统深入的研究，撰写的在理论上有重要意义或实验上有重大发现的学术著作"。

所谓"学术专著"，指"国内外科学专家所撰写的学术著作"。从内容来说，专著是对某一知识领域所做的探索，是新的学术研究成果，在理论上有重要意义或实验上有重大发现。通常它是属于一(学)派一家之言，并以本专业的研究人员及专家学者为主要读者对象的。

"专著"区别于"编著"。所谓编著，是指把现成的文字材料经过选择加工而写的著作，通过将他人的作品按照编著者的思路进行排列、修改和编辑，从而使书籍形成一定的主题思想。编著与专著相比，不强调创造性。

对于人文社会科学领域的学生来说，对于专著的阅读和利用从某种程度上甚至要比学术论文更重要，因为专著是对一个专题的系统的阐述，通过对专著的阅读，有助于比较深入和全面的了解某一个方面的研究成果，前因后果、来龙去脉、逻辑关系和系统阐述。专著与论文的不同在于，论文反映的是最前沿、尖端的研究方向和成果，新颖性和前沿性是期刊论文的主要特色；而系统性、完整性和理论性是专著的主要特点。

1.2.4 特种文献

特种文献是出版发行和获取途径都比较特殊的科技文献类型，通常指有特定内容、特定用途、特定读者范围、特定出版发行方式的文献。特种文献一般包括会议文献、科技报告、专利文献、学位论文、标准文献、科技档案、政府出版物等八大类。特种文献特色鲜明、内容广泛、数量庞大、参考价值高，是非常重要的信息源。

（1）会议文献

会议文献指在学术会议上宣读或交流的论文及其他资料。包括会议录、汇编、论文集、报告、学术讨论会报告、会议专刊等。其中，会议录是会后将论文、报告及讨论记录整理汇编而公开出版或发表的文献。

（2）学位论文

学位论文指高等学校或科研机构的本科生、研究生为获得学位，在导师指导下所撰写的学术论文，包括学士学位论文、硕士学位论文和博士学位论文。学位论文讨论的问题比较专深，一般都有一定的独创性。博士学位论文，多具有创建性的科研著述。

（3）专利文献

专利文献是专利制度的产物。世界上最早建立专利制度的是威尼斯城邦，1416 年 2 月 20 日它批准了第一件有记载的专利。

狭义的专利文献是指由专利部门出版的各种专利出版物，如专利说明书、权利要求书；广义的专利文献还包括说明书摘要、专利公报以及各种检索工具书、与专利有关的法律文件等记录有关发明创造信息的文献。

由于专利可区分为发明专利、实用新型专利、外观设计专利、植物专利、再公告专利、防卫性公告、商标、技术诀窍等，专利文献也可相应的按内容作如上类型划分。

专利说明书是专利文献的主体，它是个人或企业为了获得某项发明的专利权，在申请专利时必须向专利局呈交的有关该发明的详细技术说明，一般由 3 部分组成：

① 著录项目。包括专利号、专利申请号、申请日期、公布日期、专利分类号、发明题目、专利摘要或专利权范围、法律上有关联的文件、专利申请人、专利发明人、专利权所有者等。专利说明书的著录项目较多并且整齐划一，每个著录事项前还须标有国际通用的数据识别代号（INID）。

② 发明说明书。是申请人对发明技术背景、发明内容以及发明实施方式的说明，通常还附有插图，旨在让同一技术领域的技术人员能依据说明重现该发明。

③ 专利权项（简称权项，又称权利要求书）。是专利申请人要求专利局对其发明给予法律保护的项目，当专利批准后，权项具有直接的法律作用。

从专利文献中可了解发明技术的实质、专利权的范围和时限，还能根据专利申请活动的情况，觉察正在开拓的新技术市场及其对经济发展的影响。

（4）政府出版物

政府出版物是指政府及其所属机构出版的，具有官方性质的文献，又称官方出版物。各国对政府出版物尚无一致定义。是政府用以发布政令和体现其思想、意志、行为的物质载体，同时也是政府的思想、意志、行为产生社会效应的主要传播媒介。政府出版物大致可分为 2 类：一类是行政性文件，包括会议记录、司法资料、条约、决议、规章制度以及调查统计资料等；另一类是科技性文献，包括研究报告、科普资料、技术政策文件等。政府出版物数量巨大，内容广泛，出版迅速，资料可靠，是重要的信息源。

（5）科技报告

科技报告又称研究报告，是记录某一科研项目调查、实验、研究的成果或进展情况的报告。每份报告自成一册，通常载有主持单位、报告撰写者、密级、报告号、研究项目号和合同号等。按内容可分为报告书、论文、通报、札记、技术译文、备忘录、特种出版物。大多与政府的研究活动、国防及尖端科技领域有关，发表及时，课题专深,内容新颖、成熟,数据完整,且注重报道进行中的科研工作,是一种重要的信息源。

按形式可分为:技术报告(Technical Reports,简称 TR)、技术札记(Technical Notes,简称 TN)、技术论文(Technical Papers,简称 TP)、技术备忘录(Technical Memorandum,简称 TM)、通报(Bulletin)、技术译文(Technical Translations,简称 TT)、合同户报告(Contractor Reports,简称 CR)、特种出版物(Special Publications,简称 SP)、其他(如:会议出版物、教学用出版物、参考出版物、专利申请说明书及统计资料)等。

由于有专门的出版机构和发行渠道,科研成果通过科技报告的形式发表通常比期刊早一年左右。且科技报告报道的题目大都涉及尖端科学的最新研究成果,对问题研究的论述包括各种研究方案的选择和比较,各种可供参考的数据和图表、成功与失败的实践经验等,内容很具体。从出版形式上看,每篇科技报告都是独立的、特定专题的技术文献,独自成册,以单行本形式出版发行。但是,同一单位、同一系统或同一类型的科技报告都有连续编号,每篇报告一个号码。科技报告一般无固定出版周期,多数不公开发行。

(6) 标准文献

标准文献指按规定程序制定,经公认权威机构(主管机关)批准的一整套在特定范围(领域)内必须执行的规格、规则、技术要求等规范性文献,简称标准。标准按性质可划分为技术标准和管理标准。技术标准按内容又可分为基础标准、产品标准、方法标准、安全和环境保护标准等。管理标准按内容分为技术管理标准、生产组织标准、经济管理标准、行政管理标准、管理业务标准、工作标准等。标准按适用范围可划分为国际标准、区域性标准、国家标准、专业(部)标准和企业标准;按成熟程度可划分为法定标准、推荐标准、试行标准和标准草案等。

标准一般有如下特点:① 每个国家对于标准的制定和审批程序都有专门的规定,并有固定的代号,标准格式整齐划一。② 它是从事生产、设计、管理、产品检验、商品流通、科学研究的共同依据,在一定条件下具有某种法律效力,有一定的约束力。③ 时效性强,它只以某时间阶段的科技发展水平为基础,具有一定的陈旧性。随着经济发展和科学技术水平的提高,标准不断地进行修订、补充、替代或废止。④ 一个标准一般只解决一个问题,文字准确简练。⑤ 不同种类和级别的标准在不同范围内贯彻执行。

标准对于生产实践来说是至关重要的文献资源,具有法律效应。

(7) 档案

档案是"国家机构、社会组织或个人在社会活动中直接形成的有价值的各种形式的历史记录,是组织或个人在以往的社会实践活动中直接形成的清晰的、确定的、具有完整记录作用的固化信息",具有历史再现性、知识性、信息性、政治性、文化性、社会性、教育性、价值性等特点,其中历史再现性为其本质属性,档案是再现历史真实面貌的原始文献。

档案是直接形成的历史记录。"直接形成"说明档案继承了文件的原始性,文件是档案的基础,档案是文件的精华;文件是档案的素材,档案是文件的组合和归宿。"历史记录"说明档案在继承文件原始性的同时,也继承了文件的记录性,是再现历史真实面貌的原始文献。正因为档案继承了文件原始记录性,具有历史再现性,所以档案才具有凭证价值的重要属性,并以此区别于图书情报资料和文物。

档案是由官方机构、半官方机构、非官方机构以及一定的个人、家庭和家族形成的。其中"个人档案",是一个人一生生命轨迹的缩写,是用人单位了解一个人情况的非常重要的资料,也是一个人职业生涯中的重要组成部分,绝不可小看和忽视。

1.2.5　网络信息资源

网络信息资源是指通过计算机网络可以利用的各种信息资源的总和。具体来说是指所有以电子数据形式把文字、图像、声音、动画等多种形式的信息存储在光、磁等非纸介质的载体中,并通过网络通信、计算机或终端等方式再现出来的资源。

目前关于信息资源的含义有很多种不同的解释,但归纳起来主要有 2 种:一种是狭义的理解,认为信息资源就是指文献资源或者数据资源,或者各种媒介和形式的信息的集合,包括文字、声像、印刷品、电子信息、数据库等,这都是限于信息本身;另一种是广义的理解,认为信息资源是信息活动中各种要素的总称,这既包含信息本身,也包含了信息相关的人员、设备、技术和资金等各种资源。

网络信息资源也称为虚拟信息资源,它是以数字化形式记录的,以多媒体形式表达的,存储在网络计算机磁介质、光介质以及各类通讯介质上的,并通过计算机网络通讯方式进行传递信息内容的集合。目前网络信息资源以因特网信息资源为主。

网络信息资源的数字化存储方式,使得信息的保存、传递和查询更加方便,而且所存储的信息密度高,容量大,可以无损耗地被重复使用。既可以在计算机内高速处理,又可以通过信息网络进行远距离传送。网络信息资源可以文本、图像、音频、视频、软件、数据库等多种形式存在的,数量巨大,增长迅速,具有信息传递和反馈动态性和实时性等特点。但同时网络的共享性与开放性,使得人人都可以在互联网上索取和存放信息,由于没有质量控制和管理机制,这些信息没有经过严格编辑和整理,良莠不齐,各种不良和无用的信息大量充斥在网络上,形成了一个纷繁复杂的信息世界,给用户选择、利用网络信息带来了障碍。

网络信息资源在我们的社会发展中将日益占据主导地位,网络信息资源的管理水平将直接影响到它的合理利用,只有对网络信息资源进行有效的管理,才能使网络信息环境变为有序的信息空间,实现信息资源效用的最大优化。

1.3 安排学习计划

如何有效的、有意义的度过大学校园生活,在本科四年或短暂的研究生两三年时间里得到更好的锻炼和发展,为以后的工作或发展赢得机会和筹码,是每一个进入大学的学生必然会考虑的,由此,就涉及一个如何在有限的时间内安排学习计划的问题。

1.3.1 大学学习的基本目标和要求

大学校园是学生走向社会前的最后一站,必须要认识到在大学的学习是与未来的职业发展和人生幸福直接相关的。无论是本科生,还是研究生,都应该努力实现接受大学教育的基本目标,达到大学对于一个学生的基本要求。

现代高等教育的目的可以概括为:Learning to Know(学会认知)、Learning to Do(学会做事)、Learning to Together(学会合作)Learning to Be(学会生存)。也就是说,学生必须学会对自己和自己的行动负责,自主地采取有力的措施,在教师的指导和帮助下获取知识和技能,学会终身学习和解决问题的方法,从而适应社会的需求。

所谓研究型学习 (Research-Based Learning)就是以发现、探索为学习核心,以信息能力为基础,由学生在一定情境中发现问题、选择课题、设计方案,通过主体性的探索,求得问题解决的学习活动过程。学习内容是综合开放的。学生通过学习,了解科学探究过程,获得探究体验,养成自主探究、创新的意识和习惯,形成独立获取知识、信息搜集和加工、应用知识的能力,以及通过解决问题获得与课题相关的知识。

所谓资源型学习(Learning Based Resource),是一种通过对各类不同资源的开发和利用,来完成课程目标的学习模式。在基于资源的学习中,学生扮演着主动的角色,是信息的搜寻者和发现者,以及问题的最终解决者。其目标是学生成为具备学习能力和解决实际问题能力的终身学习者。

现代高等教育主要体现在以下 4 个方面:

① 人文与技术相结合。

② 理论与实践相结合。

③ 渊博知识与独立思考相结合。

④ 理想精神与务实态度相结合。

具体落实到学习方面,就是要达到:

(1) 建立合理的知识结构。尽量广的涉猎学科基本知识,尽量深的了解所研究领域的方方面面、过去和现在。

（2）掌握独立研究的方法和技能。尽量多的学习各种研究方法，熟练掌握研究过程和步骤。

（3）学会写论文。写论文不仅能训练表达能力，更能训练思维的逻辑性，论文体例是一种非常严谨的学术规范，对于学生的学术训练而言是十分重要的。

网络环境下大学教学模式向研究型和资源型模式的转变，要求教师必须在信息资源的基础上向学生提供学习方法，以便学生所有学科的学习过程不限于教材、辅助教材与讲义范围，而是以相关信息资源及相应的信息素养作为基础。同时，要求学生学会独立学习，确定学习目标，能够有效地查寻、评价和使用所需要的信息，成为自我发现的学习者。

1.3.2 培养计划

以硕士研究生的培养为例，个人培养计划是培养方案和要求的具体实施，指导教师应充分重视并指导研究生认真制定出切实可行的培养计划。

制定培养计划的原则如下：

（1）要根据每个研究生的具体情况制定培养计划，要有利于发挥学生的特长及主动性，有利于培养学生的独立见解和工作能力。

（2）根据本专业特点及发展，精选课程和教学环节，恰当选择课题，满足培养时间的整体安排。

（3）根据各专业关于研究生培养方案的说明及课程设置选择相应的学习课程，要注意满足研究生学位所要求的学分。

（4）培养工作还应反映出工作实践的内容、时间安排及进行的方式，其工作量应满足培养方案的要求。

（5）培养计划要确定研究生的研究方向，要使研究生尽早接触课题。研究方向及课题要发挥研究生的特长和能力。

（6）培养计划中应简明写出论文的工作计划，包括论文的研究方向（或题目）和研究工作的主要内容。各个阶段的计划要满足培养方案的要求。

研究生入学在填写和制定培养计划时，需要认真思考和严肃对待。因为一旦确定，通常就不允许修改。

培养计划中的课程分为3类：学位课、公共课和选修课。

学位课与公共课在制定研究生个人培养计划时必须选，任选课和选修课可以任意选。总学分要求：工学、理学、管理学类各学科至少32学分，不超过36学分；文学（艺术）类至少34学分，不超过38学分；研究生教学实践是必需的环节，缺少此项将不允许毕业。

此外，研究生应该在和导师共同商量的基础上，进行课程学习计划、阶段计划的制定以及导师对主要课程、论文选题以及科研工作要求的填写工作,这样在填写研究生信息管理系统培养计划时才能做到心中有数。

1.3.3 学习管理规划

首先,要考虑自己的长远发展计划,要考虑好毕业后想做什么,是想在本专业领域继续读博士深造,还是去公司搞技术开发或管理,是想去国企还是外企,或者出国,等等……。这些是需要考虑的,因为"机会总是给有准备的人的"。

其次,慎重选择研究方向。因为这与你未来的职业规划有直接的关系。如果你想读博士深造,那么最好是偏重理论研究的;如果你想去公司从事研发工作,最好偏向工程性或应用性的领域,这样你可以在学习期间积累项目工程经验。

第三,要注重实践和实习。充分利用资源,比如说,你想去大公司或国企、事业单位从事管理类的工作,那么你需要综合素质,最好在学期间多参加学生活动组织,积累相关经验,同时还要提高英语技能等。如果你想去公司搞研发,最好学好专业,多做工程项目积累经验。比如学计算机的最好熟练掌握一两门开发语言与工具,现在的公司非常欢迎有项目研发经验的毕业生,而偏重理论方面的学生往往会受到冷落。

1. 时间管理

时间管理是个人在学习期间首要和必要的前提,只有做到对自己时间的有效管理,合理安排学习和活动时间,有张有弛,劳逸结合,才有可能达成大学教育的目标和对自己的期望。

(1)设立目标:事先规划好是行动成功的关键。因此有必要将自己的学习目标一一分析,根据自己的能力和现有条件与可获得的资源,确定要实现的分目标,列成清单。没有清单,所有遇到的事情都可能会改变你自己的运行方向。

(2)确定时间进度:根据目标的难易、轻重、缓急,设定完成任务和目标的优先次序,并设定期限。重要的事情和紧急的事情优先去做。

(3)学习记录:一定要将时间分配和学习的情形记录下来。这是培养专注力的有效方法,也是发现问题、帮助思考、避免拖延的好方法。

(4)阶段成绩和关键成果:在学习过程中,要注意检查学习的收获,既要有平时的点滴积累,也要有可见的成果。

(5)发挥团队合作的力量。在和学友的交流和讨论中,分享学习经验和知识。

(6)注意学习和生活的平衡。身体健康、年轻的心灵、良好的人际关系也是学习过程中不可或缺的组成部分。

2. 学习规划制定

(1)选课

踏入大学之后,面临的最重要的一个问题就是接受大学选修教育。选课中存

在着许多技巧和学问。读书过程中的选课技巧,有以下 2 点建议:

首先不要贪多,以免给自己带来沉重的功课负担。而要做到这一点,需要结合自身知识贮备和知识结构,注意所修课程的难易度,也就是说,要了解相关课程的资料内容,有些课程相对容易,而有些课程相对较难,结合课程内容合理调配难易课程进行选择,这样才不至于因半途而废而怀疑自己的实际能力。

研究生阶段在选课时比较重要的一点,就是一定要了解课程的主讲教授。最好做到在选课时事先了解一下自己选课后教授的教研水平如何、为人如何、教学方式如何等等。教授的名声、学生对教授的评论也是选课时另一重要因素。第一学期选课不要贪多、贪深。在选课前,一要细读课程描述,弄清所选课程的选课要求、具体内容;二要"翻阅"选修课的课本和参考书目,从中了解自己是否能承受这门课程的压力。在美国大学,每个学生都有指定的学业顾问 DEAN,主要负责学生的选课、调课、转学、转专业、毕业评估等事务。

以研究生学习为例,第一学期的公共课较多,因此主要任务可以概括为:一是完成公共课;二是考虑自己对所学专业的哪些方面比较感兴趣,这个问题可以多与导师交流,进而为自己确定一个研究方向。到第二、三学期,就要开始筹划毕业论文了,这个阶段主要是收集资料,明确毕业论文的选题等。第四、五学期要抓紧时间做毕业论文。

找工作在毕业前一年的 10 月底就要开始考虑。如果这个时候毕业论文还没有眉目,那么肯定影响找工作。因此研究生两年半到三年的学习时间必须要认真规划,否则不仅影响学业和知识的增长,甚至可能影响到未来的职业规划和人生规划。

（2）制定学习计划

以硕士研究生为例,硕士研究生一般要经历上课、论文材料的收集、论文的开题、发表小论文、毕业论文的答辩、找工作或考博士等几个关键环节。

就时间的科学安排,有以下经验可供参考。按学期可分为 5 个阶段:

① 第一学期——学习学期

主要目标是学好各门基础课程。因为不管以后是择业或者考博,都需要学习成绩和理论知识的支持。这一学期是研究生学习期间课程学习最为集中的阶段。

② 第二学期——知识补充学期

经过第一学期基础课的学习和对周边环境的了解,同学们应该知道自己所缺乏的知识,在这个学期就应该好好补充。比如外语,这是很令工科同学头痛的科目。在这个时期学校也会组织一些活动,如机器人设计大赛、商业计划大赛等,多参加这些活动不但可以充分了解自己,获取知识,也可以学习团队精神和团队合作。

③ 第三学期——论文材料收集与开题写作学期

在这个时期,同学们开始进入论文的写作阶段。这就需要收集资料和进行一定的试验。在这期间一定要抓紧时间多阅读和收集资料,了解自己感兴趣或拟定选题领域的知识,定出好的论文框架。根据以往经验,这个阶段就应该开始发表小论文并投稿,这样才能保证你在毕业时能看到正式发表的论文。

④ 第四学期——论文完稿和择业思考学期

这一学期,同学们的精力主要放在论文写作上,写好论文可以锻炼自己的组织和时间安排能力。此外要开始进行择业思考。在以上几个阶段中,其实一直在为择业做准备,这时应该对自己的性格和拥有知识的贮备和知识能力有了充分的了解。并且通过对各种工作录用标准的了解,可以为自己以后想进入什么城市和行业进行初步的估计。如果想要考博,这时候也需要开始了解各种信息,为下个学期的考试做好准备。

⑤ 第五学期——论文答辩和择业冲刺学期

这一学期是忙碌的学期。首要关键的问题是要对论文进行扫尾工作,顺利答辩是非常必要的。其次重要的问题是择业或考博士,相信经过对以上几个阶段目标的逐个实现,这时的你一定可以做到胸有成竹。

以上的时间规划和目标不过是经验的总结,各位同学可以根据个人情况进行合理的调节。研究生期间学习流程图见图1.4。

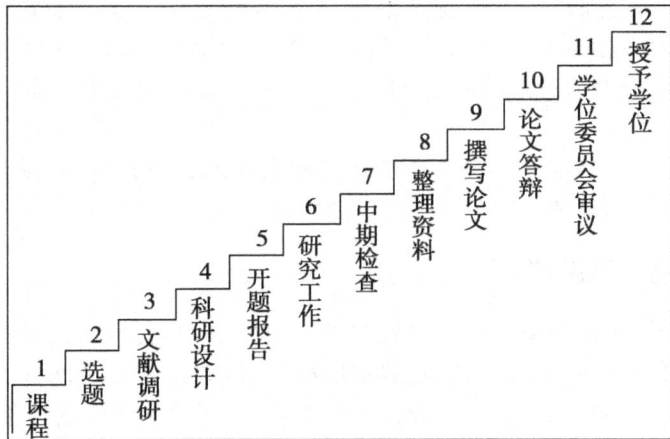

图1.4　研究生期间学习流程图

1.4　研究工作及其流程

大学阶段的学习与中学最主要的区别是自主性和一定的研究性。大学强调自主性学习和探究式学习,与中学时以教师和课堂授课为主的灌输式教育不同,大学教育在很多时候是以学生为主体的教育。教师是学生学习的引领者和启发者,而不是包办者,因此在大学期间的学习需要调整观念,学会学习。研究生阶段的学习更是以研究为核心的。概括起来,大学期间的学习和研究的主要方面有:

① 专业学习和科研:系统学习某一领域的专业知识,以及一些实际的技术和方法,找到自己感兴趣的课题进行研究。包括研究方向的确定,数据的处理方法,以及编程和试验问题。

对于研究生来说,专业学习是研究生掌握专业基础知识,并进行科研创新的基础。随着时代的发展,研究生的专业课程设置也有了很大的改变。原来注重研究生的基础教育,现在已经形成了由公共课程、专业课程、选修课程组成的课程体系。但由于我国研究生培养制度的不完善,目前还存在着一些问题,如公共课程比例过大,但是实际作用并不理想;专业课程划分较细,造成学生的知识面狭窄;交叉学科课程选择余地较少。

② 论文写作一直是本科生、研究生比较头疼的问题。我国绝大多数高校规定,研究生在开题之前必须有一篇以上的论文发表,有的学校还进一步规定要在本专业的核心期刊上发表。对于发表论文一说一直有不同的意见,但论文写作从根本上说,还是锻炼学生进行学术训练的一种手段,通过撰写论文,可以对最近研究的课题进行梳理和总结,同时也能了解论文写作的方式方法,为毕业论文做准备。

③ 信息素养方面:学科资源有哪些、如何查找专业文献以及外文文献、文献的利用、评价等有关信息素养方面的问题。现在的大学生普遍缺乏信息道德意识和信息伦理知识,计算机互联网在为学生的学习和科研提供便利的同时也产生了很多问题。

④ 实践能力和实践:如何将所学知识和未来的就业相联系,做到专业知识和实践是十分重要的环节。

1.4.1 研究方向的确定

进入一个领域最简单也是最有效的办法,是找一本这个领域最早的论述专著或教材仔细研读,当你把这个领域基本概念的内涵以及相互之间的关系搞清楚了之后,再去读这个领域的论文,你就会因为心中有数而能够很好地把握了。

这种工作必须先做,不可以在网上乱搜论文,否则,你会感到看了20篇文章,对这个领域的认识还没有形成,相关的理论和概念在头脑中混淆不清,反而备感迷惑。如果被偏见所误导而不自知,那就是最可怕的了。为了能够找准研究方向,在学习基础课程的同时不妨多做一些泛读:

(1)浏览各有关协会的网站,看看最近召开的学术会议的议题;阅读本学科核心网站、核心期刊,寻找近期研究热点和亟待解决的问题。

(2)翻阅国内有关的期刊,特别是要读中国学术期刊网 CNKI 中优秀博硕士论文的题目和文摘,考虑别人选题的思路,结合自己的知识结构,你会很自然地有所倾向,再多看看你感兴趣的话题,比较之后,也许就形成了你的论文选题了;

(3)兼顾研究方向的系统性和全面性。选择阅读和浏览的文献类型以学位论文和期刊论文为主,而且在国内文献检索的基础上,还要向国外文献检索拓展。

"研究方向"选择和"研究课题"选题的基本原则:

(1)注意从"问题"着手,以求解决实践中具体问题。

(2)注意学科的交叉点,多利用相关学科的知识来解决问题。

(3)注意新生事物,但要注意研究角度。

(4)切入问题的角度有时比问题本身更重要。

(5)选择自己擅长的内容。

(6)多利用好的方法,方法的创新在某种程度上就是理论的创新。

(7)避免选题大而泛,这样写作的结果只能是建立虚的框架。

需要说明的研究方向是一个研究领域范畴的概念,可以集中在一个学科,也可以跨学科,而研究课题只是某个研究方向就某个研究问题而设计的一个专门研究,两者之间存在一个"点"与"面"的关系。

1.4.2 研究工作的基本流程

任何一项科学研究工作,都有其内在的研究路径,遵循一定的规律。从事学术研究的人经过长期探索,摸索出的研究规律,经过了人们长期的验证,从表现形式上说,就形成了我们今天所说的研究工作的基本流程,或者说学术研究的规范。见图1.5。

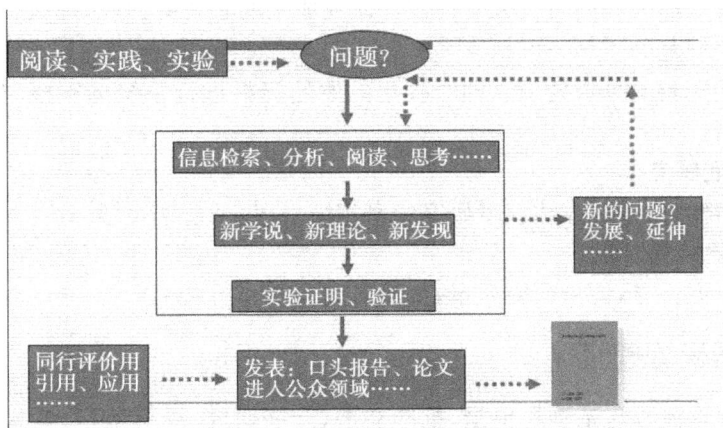

图 1.5 科研工作的基本流程图

1. 大学科研工作的基本环节

（1）确定研究课题并将其系统化。

（2）设计研究方案和准备研究工具。

（3）资料的收集。

（4）实证研究。

（5）资料的处理与分析。

（6）结果的解释与报告。

2. 影响研究课题确定的相关因素

主观因素：研究者理论素养、生活阅历、观察角度、研究兴趣。

客观因素：社会环境、科研条件、实验条件、经费等。

研究问题选择的好坏在一定程度上决定了这个研究工作的成败。选题阶段主要有两个任务：一是选取主题，即寻找研究领域；二是发现问题，形成研究问题。

3. 研究设计阶段

研究设计阶段由研究路径的选择及研究方法与工具的准备两部分组成。

研究路径选择：为了达到研究的目标而进行的研究设计工作，包括设计研究的思路、策略、方式、方法以及具体技术工具等各个方面。

研究方法与工具准备：对研究所依赖的测量工具或信息收集工具如问卷、量表、实验手段等的准备。

4. 研究的实施阶段

首先是文献调研和资料收集。任何一种学术研究活动，如果缺乏对其以前的研究史的必要的回应，本质上都是不合法的。换言之，任何一种学术研究成果，如果不包含着对前人和同时代人的代表性研究成果的必要的回应，那么，它基本上是不符合学术规范的。

其次是资料的分析处理。即对收集的原始资料进行系统的审核、整理、归类、统计和分析。

5. 实证研究

通过实验、调查等方法获得研究的事实结果，包括数据等等。

6. 得出结果阶段

撰写研究报告，评价研究质量，交流研究成果。

1.4.3 科研管理流程

科研管理流程包括项目申报、批准立项、开展研究、提交鉴定、成果登记、建立科技档案。即从申请项目到完成项目后归档的完整流程，这一过程是每个研究生都需要了解的，不仅是求学期间需要了解，进入工作岗位后也可能常常与此打交道，故而不可不知。

1. 项目申报

（1）申报内容：积累工作数据，挖掘科研主题；然后结合工作实际，解决工作难点，着手开展前期研究，为申报大项目作准备。

（2）申报注意事项：首先要认真填写《项目建议书》，要做到内容丰富，思路前后一致，页面整洁。然后提交项目的科技查新报告。

2. 批准立项

相关主管部门组织专家审查《项目建议书》，审查内容包括：

① 项目负责人：能力、资格。比如承担两个项目以上未完成的，或有一个项目超出规定完成期限的，不能再作为新项目的负责人。

承担单位：是否具备相应的科研条件。

② 项目负责人提交《项目计划任务书》和《经费预算表》，对申报立项的项目，经审批后，批准下达。在任务下达后，项目负责人须提交《项目计划任务书》，同时根据批准的经费，提交《经费预算表》。科技处或相关科研管理部门会根据《经费预算表》发放《经费使用表》。

③ 项目负责人领取《经费使用表》。财务处将科技经费拨付给项目承担单位后，项目负责人必须根据相应项目的"经费管理规定"使用科技经费。

3. 开展研究

项目负责人要合理安排进度，若有调整，及时提交《变更申请表》。若未能按时完成，将影响申报新项目。

4. 提交鉴定

系统内的项目只需进行鉴定，系统外的项目一般需要先鉴定后验收。① 根据研究成果，组织和准备好鉴定材料。② 鉴定材料准备完毕，及时提交鉴定申请。③ 由科技处组织专家进行鉴定。专家委员会一般为 7 人，其中 2 名必须为系统外专家。④ 验收一般由下达项目的单位组织专家进行。

5. 成果登记

科技成果鉴定后，须在一个月内完成科技成果登记，成果登记是参加评奖的前提。成果登记所需材料清单：通过"国家科技成果登记系统"导出的纸质"成果登记表"一式 3 份，填写"科学技术成果鉴定证书"一式 3 份，技术资料册 2 份，质检系统自行立项科技成果验收（鉴定）备案表 2 份。

6. 建立科技档案

每个科技项目必须建立一份相应的科技档案作为历史资料保存在档案室。档案建立工作贯穿于整个科研过程中，主要包括以下 4 个阶段的资料：

（1）准备阶段的资料：计划任务书，项目委托书或协议书、合同等。

（2）研发阶段：研究过程中重要的技术资料，往来技术文件，年度进展报告，计划项目变更申请书。

（3）总结阶段：提交鉴定时用的技术手册。

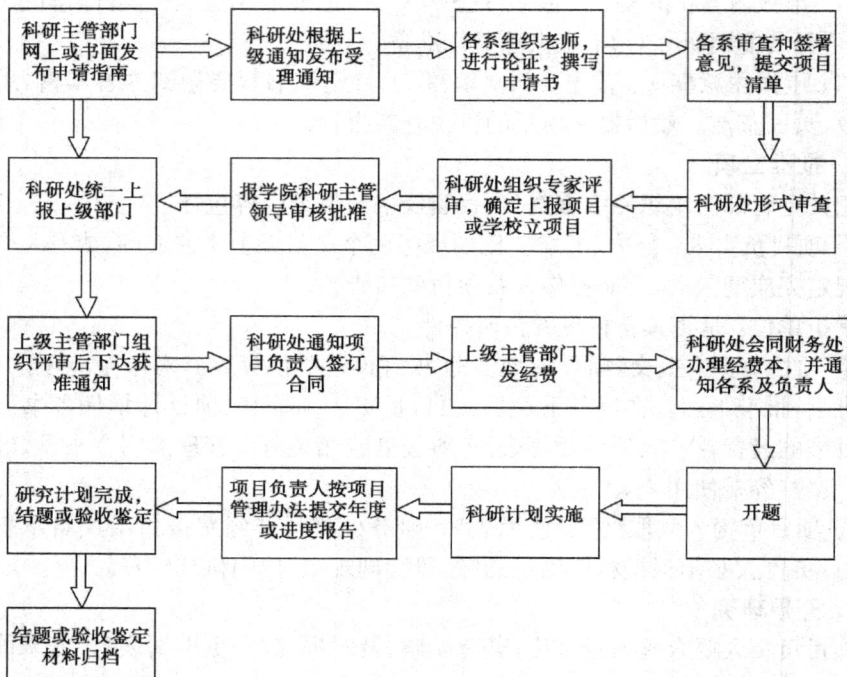

图 1.6　科研管理工作流程图

（4）成果鉴定、推广及应用阶段：科技成果鉴定证书，科技成果鉴定登记证书，获奖证书、公文，专利申请、受理等材料。成果登记之后，由项目负责人将前期的档案材料移交科技处归档管理。

思考题

1. 举例说明你怎样学习陈述性知识。

2. 举例说明你怎样学习过程性知识。

3. 学科是如何划分的？人文、社会科学、自然科学各包含哪些主要学科领域？

4. 人文、社会科学、自然科学最主要的核心研究方法是什么？

5. 什么是定性、定量研究方法？两者有何不同？

6. 什么是跨学科研究？

7. 请说明大学学习过程中主要有哪些学习资源。

8. 请思考在利用网络信息资源的过程中要注意哪些问题。

9. 请分析期刊论文与专著的差别，及其对学术成长和学习的影响。

10. 请说明特种文献中的哪些文献类型对你的个人学习有帮助。

11. 现代高等教育的主要目的。

12. 研究生培养计划的主要内容。

13. 科研工作的基本流程。

14. 请制订你自己的学习计划书。

参考文献

1. 国家技术监督局.中华人民共和国国家标准学科分类与代码(GB/T 13745—92).1993 年 7 年 1 日实施.

2. 国务院学位委员会,国家教育委员会.授予博士、硕士学位和培养研究生的学科专业目录.1997.

3. 教育部.普通高等学校本科专业目录.1998.

4. 谭荣波."源"与"流":学科、专业及其关系的辨析.教育发展研究,2002 (11).

5. 顾明远.教育大辞典.上海:上海教育出版社,1998.

6. 谢桂华.学位与研究生教育工作实践及思考.北京:高等教育出版社,2002.

7. 王正毅.世界知识权力结构与中国社会科学知识谱系的建构.国际观察,2005(1):31-33.

8. 华勒斯坦等.开放社会科学.北京:三联书店,1997.

9. 肖峰.论科学与人文的当代融通.南京:江苏人民出版社,2001.

10. 刘仲林.现代交叉科学.杭州:浙江教育出版社,1998.

11. 克莱恩 J T 著;姜智芹译.跨越边界.南京:南京大学出版社,2005.

2 选择研究课题

2.1 选题前的准备

2.1.1 选题的重要意义

科研是科学和技术研究的简称。所谓科研选题,就是形成、选择和确定所要研究和解决的课题。而课题是为了实现某个特定目标所需要研究的一个或一组科学技术问题。进行科学技术研究,最重要的工作便是科研选题。这不仅因为它是科学技术研究的起点,而且还因为它对科研全局具有决定性的意义,是决定整个科研工作成败的关键。

首先,科研选题关系到科学研究的方向、目标和计划,具有战略意义。能否摸准科学技术发展的脉络,确定主攻方向,无论对一个国家的科学技术发展,还是对个人的科学研究成就,都是关键性的因素。

其次,科研选题还直接影响到科研的途径和方法,决定着科研成果的水平、价值和前途。科学史表明,具有开拓性和创造性的科研选题,能保证科研水平的提高,取得有价值的成果;而错误的选题则往往造成不必要的浪费,甚至断送科研工作者的前途。

最后,科研选题还起着聚焦、激励、导向3个方面的作用:

(1)聚焦作用。确定了选题,就是确定了科研活动的计划,这个计划把科研工作者有限的精力集中在科研活动的某一领域或某一方面。这就是选题的聚焦作用。科研活动最忌讳漫无目标,因为一个人的精力是有限的,只有把有限的精力集中起来,才能取得突出的成就。科研需要聚焦,科研聚焦的途径就是选题。

(2)激励作用。确定了选题就是确定了目标,目标会激励科研工作者随时朝着目标努力。选题是科研工作的强大动力。特别是有价值、有吸引力的课题会激发研究人员去思考、去学习、去研究。一个有选题的人,他会常常想着选题,读书、看报、逛书店,甚至与人交谈,他都会留心收集资料,有了一点心得他会马上记下来,看到一本有用的书他会不惜代价买下来,发现一段资料他会用心地抄下来。这就是一种目标激励作用。相反,没有选题的人,他不知道要研究什么问题,也不知道什么资料对他有用,即使是很有价值的资料他也会视而不见。

(3)导向作用。只有具备正确的选题才能使科研工作者出成果。选题是一种方向。确定了选题就确定了研究方向,方向是否正确在一定程度上决定着研究的成败。选题选错了肯定出不了成果,而且为此而写的文章也很难发表。所以,选题正确与否至关重要。

2.1.2 科研课题类型

科研选题可以从不同角度划分为若干类:

(1)按照科研选题的目的,科研选题的类型可以划分为基础研究选题、应用研究和技术开发选题、基础性应用研究选题 3 种类型。① 基础研究(Basic Research):是没有特定的商业目的而进行的、为了使科学知识进展的原始性研究。它可以是研究者提出的现在或将来感兴趣的领域。② 应用研究(Applied Research):是为了特定产品或工艺而进行的、发现新科学知识的研究。③ 开发(Development)研究:是将研究结果或其他的一般科学知识转移到产品或工艺所遇到的非常规问题所涉及的一系列技术活动。这 3 类科研的主要区别在于"应用":基础研究没有特定的商业目的,或只是现在或将来感兴趣的领域;应用研究却是针对特定产品或工艺;而开发则进一步将成果转移而物化,并创造经济或社会效益。

(2)按照题目来源可以划分为自定选题、委托或协作选题和指定选题 3 种类型,要尽可能地提倡自定选题,自定选题有利于提高自己独立研究的水平。此外,选题还有大小之分,但这种区分不是绝对矛盾的,而是统一的,要做到以小见大和以大证小。

(3)按活动规模划分。这可分为大中小几级项目,分别称为一、二、三……级课题。低级课题也叫子课题。一般说来,大项目所牵涉的面较广,需要较多的协作单位,并要动员较多的科研人员参加科研工作。一级课题通常可分解为若干个二级、三级或更低级的子课题,由各有关单位分头开展研究,在统一组织领导下,通力合作来完成总任务。

2.1.3 选题的原则

研究者在纷繁复杂的科学和技术问题面前,如何正确地选择适合自己能力和条件的研究课题显得尤为重要,而且在这方面没有固定的模式和套路。但一般来说,必须遵循以下几条基本原则。

(1)需要性原则。需要性原则是指科学与技术研究应选择能满足科学理论发展或技术创新发展或社会经济发展的需要,要注重科学与技术发展中的"热点"、

"难点"、"前沿"、"超前"等问题。这是科研选题的首要原则,它体现出科研工作最终的目的性。需要性原则对于基础研究和应用研究具有不同的要求。基础研究要从学科理论发展的需要出发,包括开拓科学领域的需要、更新科学理论的需要、改进科学方法的需要等;应用研究要致力于解决国民经济发展和社会生活中所面临的实际科学技术问题,其任务在于把理论推进到应用的形式,要充分注意科研成果的经济价值、经济效益、社会效果、对环境的影响等现实性问题。需要性原则也可理解为目的性原则,具有针对性、必要性、价值性等属性。

（2）创造性原则。创造性原则就是要求课题具有先进性、新颖性和突破性,科学和技术研究就是要解决前人没有解决或没有完全解决的问题,并预期能够产生创造性成果。创造必然要求创新,要有自己的独创之处。创造性是科研的最根本特点,是科研工作的灵魂。因此,从选题开始就要十分注重创新。主要表现在3个方面:一是概念和理论上的创新;二是方法上的创新;三是应用上的创新(包括解决新的实际问题和开拓新的应用领域)。总之,科研工作中的创新不是仅指纯理论创新的狭义概念,而是广义概念,涵盖了许多方面,如新理论、新技术、新工艺、新方案、新应用、新的管理模式、新服务、新市场等等。

（3）科学性原则。科学性原则是指科研选题必须以科学事实、科学理论、技术原理等为依据,按客观规律办事,将选题置于当时的科技背景和社会发展时代之下,使之成为在科技上和实践上可以成立和可以探讨的问题,要持之有故、选之有理;同时,还要随着基础事实和背景理论的进步、变化而对选择的课题及其内容进行必要的调整,至少是局部调整和方案调整,否则就会失去科学性而陷入没有应答域的假问题。科学性原则也称为限制性原则。

（4）可行性原则。可行性原则指选题应与自身的主、客观条件相适应。一是根据已经具备的条件;二是根据经过努力可以创造具备的条件。不过,符合需要的、有创新性和科学性的好的选题并非都是自己可以力所能及的,这一原则要求选题时要慎重,要有理论和可行性依据,不可好高骛远。在主观方面,要分析科研力量的结构,各种人才的配置和研究人员的素质、能力,对科研课题的认识程度、研究兴趣等因素,要求科研人员务必具备科学判断科研形势和科学精神的能力和素质;在客观上,要充分考虑科研经费、实验设备、试验材料、情报资料、时间期限和外部环境、国家政策、学术交流等因素。因此要解决好一个具体的课题,我们必须考虑3个条件:理论条件、物质条件和能力条件。其中,能力条件是指必须具有综合运用理论知识和应用相应的物质手段以解决科学问题的能力。在此基础上,从实际出发,扬长避短,量力而行,做到战略上知难而进,存其价值大者,战术上仔细准备,不放过每一个细节,并且知己知彼,充分发挥自己的优势,取得最佳效果。

（5）效益原则。效益包括经济效益、社会效益和生态效益3个方面。经济效益原则包括两个方面的含义:其一,在选择课题时要考虑到本课题必须按经济规律办事；其二，在选题时要预测此课题完成后带来的经济效益。社会效益原则就是要考虑本课题完成后可能带来的社会影响。如与现行的文化传统、思想观念、伦理价值是否冲突等等；其三，生态效益就是要考虑本课题完成后可能带来的对自然环境的影响。

选题的各个原则不是彼此孤立而是有机联系的。需要性原则体现科研的目的，科学性原则体现了科研的依据，创造性原则体现了科研的价值，可行性原则体现了科研的条件。它们之间相辅相成、互相制约，选题时必须综合运用。

2.1.4　选题的一般程序

科研选题的一般程序包括下述 4 个步骤：

（1）调研、分析、发现问题。首先，必须进行文献调研和实际考察，全面掌握科学问题各个方面的情况。如科研选题的社会价值如何，在当前科技发展中有何重要意义，国内外同仁的研究状况如何，已取得哪些成果，问题在哪里等等。然后，必须对所收集的资料进行深入分析，以便从中发现问题，并在新起点上选择研究课题。

（2）初步论证和筛选课题。对经过调查研究提出的科学问题，必须进行初步论证，即对课题进行可行性研究，分析完成课题的主客观条件是否具备。有时还必须围绕课题设计一系列实验。如有几个备选课题时，必须用选题原则进行筛选，以确定一个更有价值、更有把握的课题。

（3）评议和确定课题。课题初步选定后，还要举行开题报告会，由专家进行评议和论证，以确定课题是否完善。

（4）制定规划，确保实施。科研课题经过确定和验证之后，就要拟定实施规则和研究工作方案。科研规划是对科研事宜的安排。例如，科研工作者应根据自己获得的直接和间接资料，接受别人的建议和教训，找出课题的突破口，进行科研设计，作出初步的全面安排，做到胸有全局。根据科研的特点，研究方案不宜过细，要有灵活性，应随工作的进展而变化，根据研究中出现的新问题和意外情况，修改计划方案，将计划性和灵活性结合起来，以保证研究课题获得满意的效果。

2.2　专业文献调研

2.2.1　文献调研的含义

文献调研指的是为了进行某项科学研究而进行的信息检索和信息利用活动。在科研课题开题之前，为了确定课题研究方向、研究重点和研究的技术路线，首先要熟悉所选课题领域的研究现状，掌握研究动向，因此，必须要进行文献调研，收集整理大量的文献信息。在研究过程中为了减少重复性劳动,了解其他学者的研究进展,也需要进行文献调研。

2.2.2　文献调研遵循的原则

(1) 新颖性原则。文献调研的对象是学术信息,主要目的是了解学科进展、掌握研究动态,为进行特定课题研究做好理论、方法等准备。调研文献信息的内容必须要具备新颖性和先进性。做到调研工作的先进性,需要从两点做起:选择更新速度快、内容新颖的文献信息源;利用先进的信息检索系统获取文献资料。

(2) 完整性原则。完整性原则是指文献调研的信息源覆盖面要全,争取不漏掉任何有用的文献信息。在具体调研过程中,保证文献调研工作的全面性需要注意两个方面:在信息源选择方面要尽量选择文献来源广、文献来源级别高的数据库和检索工具;在检索过程中要制定科学合理的检索策略,提高查全率。

(3) 经济性原则。经济性原则是指文献调研要尽量节约成本。首先,本着就近原则。先考虑本地资源,后考虑外地资源,如首先调研的信息源应该是本校图书馆和系资料室资源,然后是本市其他信息资源,最后是外地资源。其次,要优先使用数字资源和网络信息资源。数字资源和网络信息资源可以大大节约检索时间,降低调研成本。再次,优先使用免费资源。本着先免费、后收费的顺序,分别利用各个信息源。

(4) 连续性原则。当今世界,科研进展速度和信息更新速度相当快。因此,文献调研不应是一次性消费,而应该是一种连续性的活动。作为科研工作者,应该时常关注世界科技的发展变化,关注周围信息源的变化,做到经常进行调研,不断更新个人的信息储备,才能把握学科发展趋势。

(5) 多样性原则。文献调研的途径很多,除了通过检索工具或检索系统进行文献检索外,参加学术会议、听取科技报告、进行个人交流、参加网上讨论等均是有效的调研途径。文献调研不应该拘泥于单一的途径,充分利用各种交流方式获取信息,才能获得最丰富的信息,取得最佳成果。

2.2.3　文献调研的检索步骤和方法

(1) 数据库的选择

专业数据库是科技文献调研的首选。具体步骤为:

① 了解图书馆资源中与本学科相关的数据库。通过电子资源/数据库导航系统或学术信息资源门户浏览,也可向图书馆馆员咨询。

② 检索数据库的顺序:先国内再国外,即先中文后外文。

③ 充分利用文摘数据库进行文献检索。文摘数据库检索出来的相关文献全文可通过 SFX 链接、全文数据库及印刷版期刊、书籍获取。

中文常用数据库：万方数据资源系统、维普资讯和 CNKI 中国知网等；外文数据库有 ProQuest 学位论文全文数据库、IEL 数据库、ACM 数据库、Web of Science（SCI、SSCI、AHCI）、EI、EBSCO 等。

（2）检索词和检索式的确定

① 选取最有代表性、最能说明问题、通用的、规范的、具体的检索词。

② 根据检索系统的要求构造检索表达式，试查相关的数据库，进行初步检索；根据检索结果满意度，调整检索式。也可按照主题目录，进行浏览式检索。

（3）文献的阅读分析技巧

① 先看综述性论文，再看研究论文。

② 先看文摘，再看全文。

③ 利用网络资源查找机构和相关产品信息。

④ 留意检索结果中相关文献的作者和机构，还可与研究方向相同的学者联系，展开讨论。

⑤ 留意检索结果的参考文献和被引文献。

⑥ 应用 Web of Science、Ei Compendex 的数据库分析功能。

⑦ 运用个人文献管理工具进行个人文献资料的管理与利用。

通过以上文献的检索，基本上可以了解国内外同行研究的基本概况，激发灵感，启迪智慧，为课题搜集了可靠而丰富的资料。在此基础上，就可以阐明课题的科学依据和理论基础，确定课题的研究内容、研究方法、技术路线，并最终突出课题的创新性。

2.3 文献综述

2.3.1 文献综述的含义及其目的

1. 文献综述的含义

文献综述是指在全面收集、阅读大量研究文献的基础上，对某一时期内某一学科、某一专业或技术的研究成果、发展水平以及科技动态等信息资料进行搜集、整理、选择、提炼，并做出综合性介绍和阐述的实用文体，在论文写作中占据重要地位，同时也是论文中一个重要组成部分。

2. 文献综述的目的

一般来说，文献综述的目的有以下几个：首先，文献综述总结了与自己的课题相关的研究成果，包括每个研究所涉及的具体问题、研究思路以及研究结果等；其次，在总结的基础上，作者会通过文献综述将所综述的每一个研究与整个文献相关联，并且对每一个研究在文献中的贡献加以评述，比如说填补了文献中的空白、对文献进行有意义的扩展等;最后,文献综述通过对相关文献的回顾建立了一个研究框架体系。通过这个框架体系,读者可以清楚地了解到作者所要进行的研究对于文献的重要性和贡献。同时,通过这个框架体系,也可以明确地界定文献中每一个研究的具体结果是什么、在这个框架中处于什么位置,并且能够和文献中其余研究结果相对比。

2.3.2 文献综述的写作

1. 文献综述的写作原则

一篇好的文献综述需要周密构思、精心组织。文献综述要有综合性,研究者应具备敏锐的眼光,采用批判的态度,广泛阅读相关文献,对原始文献中大量数据、资料、不同观点加以梳理,有机地组织和整合前期的研究成果,而不是简单地罗列堆砌所有的研究结果。文献综述要有评价性,在综述中作者要指出他人研究中的优点,尤其是要指出研究中存在的问题和不足。以下是研究者在文献写作过程中应遵循的总的原则:

(1) 整理、组织相关文献的笔记。一篇好的文献综述要结构合理、层次分明,如引言、结论、段落之间要环环相扣,要衔接自如。

(2) 在文献综述写作过程中,要紧扣主题,清晰、有效、准确无误地表达观点。

(3) 采用批判的态度,广泛阅读相关文献。不能盲目接受他人的观点,对来自权威的观点要敢于质疑、敢于批判。

(4) 质疑、评价所阅读的内容,要始终记得:并非印成铅字发表出来的东西都是完美无缺的。

(5) 在阅读一篇论文时,要仔细阅读论文的引言和标题部分,看它们是否与论文其他部分的内容保持一致。

(6) 一篇好的论文应具有严密的逻辑性,在阅读时应找出每篇论文的逻辑关系,从而把握论文的论点、论据和结论。

(7) 一篇论文最容易出现错误和纰漏的地方是方法和结论部分。有些研究者通常不能有效地解释他们所使用的方法和得出的结论,因此,仔细阅读方法和结论部分,会找出该研究的瑕疵所在,以便完善后续研究。

(8) 阅读文献时,要注意看结论与前面的数据是否一致。

2. 文献综述的写作步骤和方法

(1) 确定选题。选题往往是研究者根据自身的兴趣或研究的需要而定,也可根据所占有的文献资料的质和量,既不能太大,又不能太小。选题过大,可能会由于研究者自身知识结构、时间、精力等因素所限而难以驾驭;选题太小,难以发现各事物之间的有机联系。选题要反映学科的新成果、新动向。

(2) 收集文献。确定选题后,要着手收集与选题相关的文献。收集文献可以是手工检索,即将自己阅读专业期刊上的相关文献做成读书笔记卡片,也可以用计算机检索的方法,通过各种检索工具,如文献索引、论文期刊检索获得,也可以从综述性文章、著作等的参考文献中查到有关的文献目录。收集文献时,要采取由近及远的方法,找最前沿的研究成果,因为这些成果常常包括前期成果的概述和参考资料,可以使人很快了解到某一研究问题的现状。

(3) 拟定提纲。在收集了相关文献之后,大致浏览阅读一遍,确定是否将它们包括在文献综述中。然后,对所收集到的文献作进一步的筛选,仔细阅读,做好笔记,记下所要综述文献中研究的目的、方法、结果和结论等。在此基础上,拟定文献综述的提纲,准备撰写。提纲要缜密,条理要清楚,紧扣主题。

(4) 撰写文献综述。文献综述通常包括3个部分:前言、主体和总结。前言部分主要说明文献综述写作的目的,介绍主要概念、定义以及综述的范围(涉及问题的范围)、文献起止年月、问题的现状和争论焦点等。主体部分包括文献综述的主要内容,可根据时间的顺序对文献进行综述,也可对不同的问题、对不同的观点进行综述。在综述中,对文献进行综合、分析、比较、对照,阐明有关问题的研究历史、现状和发展方向,找出已解决的问题和尚存的问题,重点阐述对当前的影响及发展趋势,这样不但可以使研究者确定研究方向,而且便于读者了解该研究的切入点。总结部分是对文献中的主要观点进行总结,指出在研问题与前期相关研究的关联性,使读者既了解问题的过去和现在,又能展望未来,由此提出研究问题或研究假设。

(5) 文献综述编写流程如图 2.1 所示。

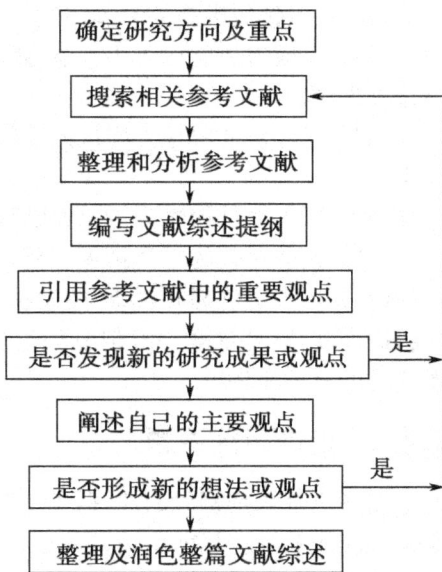

图 2.1 文献综述编写流程

2.4 提炼问题形成研究课题

2.4.1 选题的基本路径

选题的基本路径有:
(1) 自然科学和技术理论中的空白区和"处女地"。

（2）两门或几门学科相接触的边缘区和结合部；现代科学注重学科相互渗透、交叉的研究，在学科渗透、交叉地带存在着大量的新课题供选择。

（3）科学理论的实际应用，包括科学理论应用于新领域的探索性研究，扩大科学理论在新领域中应用范围的发展研究。

（4）寻求古老经验事实的理论解释，揭示蕴藏在新的自然现象背后的机理和规律。

（5）解决旧理论与新事实之间的矛盾的冲突；从中发现问题，拟定课题。

（6）消除科学理论内在的逻辑不完备性，包括相对立的理论的辩证综合。

（7）总结研究前人成果，学会站在"巨人肩上"拟定课题。

（8）某一领域中的概念和理论向其他领域的移植，扩展或限定其适用范围，加以修改、完善。

（9）某一领域中新的实验或测试技术在其他领域中的推广应用和改进、变革。

（10）以取得研究成果为起点，跟踪追击；把握学科发展动态趋势，在各学科前沿选择课题。

（11）抓住研究中意外出现的新问题和副产品，调整课题，转向进攻，甚至变副为主。

（12）以失败的探索为借鉴，从反面提出问题。

（13）接受正确的哲学预见和科学幻想的启迪。

（14）从科研管理和规划中选题。国家、省、市及各种学术团体也经常提出许多科研课题，这些课题一般都是理论意义、现实意义比较重要的课题，是科研工作者选题的重要来源。

2.4.2　形成研究课题

如果说选题是科研的关键，那么课题题目新颖醒目、定位适宜、特点明确就是课题获准的关键。目前申请课题中一个较普遍的现象是大题目下做小课题，使人很难从课题题目判断申请者究竟要做什么，这样的命题就显得空洞，不会给评审专家留下好印象。如果让别人一看题目就能明白你在做哪方面的具体研究，对象是什么，解决什么具体问题，就会引起评审专家的注意和兴趣。科研课题名称是十分讲究的，因为课题题目集中体现了科学研究的方向、内容和目标。因此，拟出一个好的课题题目，可以说在同行专家的评审中就等于你下了一个"先手棋"，可见充分发挥课题题目的作用是十分有必要的。另外，任何一所高校都不可能在所有学科领域里具有很强的地位，说其科研力量强，除了整体科研水平和科研队伍相对较强外，关键是其在几个影响力较大的科研领域内取得了具有重大影响的研究成果，从而形成该校在这些学科领域内的科研优势和特色。因此，申请课题也应该注意结合本校科研优势和特色，这样可以在同类课题中充分体现出你的优势，同样也会得到评审专家的进一步认可。

2.4.3　选题的注意事项

（1）确定所涉猎的学科领域及其边界

学科领域必须明确。允许学科交叉或跨学科，但必须明确是哪个学科与哪个学科交叉？学科的边界在哪里？所选择的问题可能很有意义，但同时要清楚它与自己所学的学科知识体系的关系，这并不是说一定要从教科书的知识体系出发去选题，而是说无论通过何种途径与方式确定的选题，都有必要弄清该选题与自己所学专业知识体系的关系，以及其在本学科专业体系中的位置。否则跨学科的交叉研究，就有可能越界，从跨界变成过界。

（2）确定准备使用的分析方法或手段

这一点与学科领域有密切的关系。从广义上理解，包括：是选择一个宏观问题还是微观问题？是运用抽象的数理分析还是具体的计量分析？是进行案例分析还是历史文献考察？等等。应当对自己在这些方面有一个预先的把握，或有所侧重。此外要注意根据自身特点，考虑个人的业务专长和兴趣爱好，扬长避短，要有所为也要有所不为，便于展开和深入。

（3）题目要"小题大作"而不是"大题小作"

题目细而小，考验作者的功夫和底蕴。题目粗而大，结果往往无法深入，只能浮皮及微，泛泛而谈。一个题目的价值在于其研究内容和结论是否增加了人们对该选题的认识，即便这种新认识看上去是细小和微不足道的。

什么是题目细化和小化？就是要做到问题具体，概念清晰，边界分明，工作量要求适度。如何细化和小化？最简单的办法是从空间和时间两个角度去限定一个议题。例如，不要笼统地说"中国"，可以具体到中国的某一个地区或某一特定时段。再比如"行为金融"是一新兴分析方法，如何使之具体化呢？可以将一个理论方法运用于某一个特设环境。例如，已经有研究采用行为金融方法分析证券交易或股票投资者，那么，是不是可以用它来分析银行存款者或保险消费者的行为呢？就算是同样分析股票投资者行为，也可以将问题进一步细化为在何种信息条件下的决策行为。

（4）选题最好从问题出发

论文主题如果不是一个带问号的问题（question），那么，论文作者很可能就相应缺少"争辩"（argument）。没有争辩，论文就很可能就变成一篇叙述文章，写成叙述性文章，或综述。

（5）批判性阅读，审查性思考

在进行选题的过程中，必定会涉及文献调研，会选择性的阅读相关的专业文献和著作，在此过程中，一定要带有批判性的眼光，要看看作者的结论与论据是否吻合，所用方法是否得当，文中论述对自己有何启示，还存在什么缺陷或不足，等等。批判审查性的阅读不是消遣性阅读，而是有任务要求的。比如，类比他人的研究，是否可从一个什么新的角度提出同样的问题，或者使用别的方法对同样的问题进行探讨，或者发现甲乙两位作者的观点冲突，觉得有必要对对这个冲突进行新一轮探讨，等等。接着，是进行审查性思考审查，即就你发现的"问题"，思考能否将之升级为一个概念清晰的命题？为解决这个问题，还需要那些做哪些相关工作？在什么地方能找到相关学术文献作为支援？能在有限的时间资源范围内完成这个任务吗？遇到新困难该怎么办？等等。

（6）做好读书笔记和案头记录

在阅读文献时，必须领会文献的主要论点和论据，做好"读书笔记"，并制作文献摘录卡片，用自己的语言写下阅读时所得到的启示、体会和想法，摘录文献的精髓，为撰写综述积累最佳的原始素材。阅读文献、制作卡片的过程，实际上是消化和吸收文献精髓的过程。制作卡片和笔记便于加工处理，可以按综述的主题要求进行整理、分类编排，使之系列化和条理化。最终对分类整理好的资料进行科学分析，写出体会，提出自己的观点。

2.4.4　开题报告的撰写

开题报告撰写涉及报告内容和形式两个主要方面。

（1）开题报告的内容包括以下几个方面：

① 开题报告名称

开题报告名称要求准确、规范、言简意赅。

首先，名称要准确、规范。准确就是开题报告的名称要把开题报告研究的问题是什么、研究的对象是什么交代清楚。开题报告的名称一定要和研究的内容相一致，不能太宽泛，也不能太狭窄，要准确的把研究的对象、问题概括出来。规范就是所用的词语、句型要规范、科学，似是而非的词不能用，口号式、结论式的句型不要用。因为我们是在进行科学研究，要用科学的、规范的语言去表述我们的思想和观点。

其次，名称要简洁，不能太长。开题报告名称不能太长，能不要的字就尽量不要，最长一般不要超过 20 个字。

② 研究的目的、意义

研究的目的、意义也就是为什么要研究，研究它有什么价值，研究背景是什么。这一般可以先从现实需要方面去论述，指出现实中存在这个问题，需要去研究、去解决，本开题报告的研究有什么实际作用。然后，再写开题报告的理论和学术价值。这些都要写得具体一点、有针对性，不能漫无边际地空喊口号。

③ 国内外在该方向的研究现状及分析

④ 研究的目标和假设

开题报告研究的目标和假设也就是课题最后要达到的具体目的,要解决哪些具体问题。相对于目的和指导思想而言,研究目标和假设是比较具体的,必须清楚地写出来。只有目标明确、假设具体,才能明确工作的具体方向是什么,才能了解研究的重点是什么,思路就不会被各种因素所干扰。

⑤ 研究的基本内容

我们有了开题报告的研究目标和假设,就要根据目标和假设来确定我们这个开题报告具体要研究的内容。相对于研究目标和假设来说,研究内容要更具体、更明确,并且一个目标和假设可能要通过几方面的研究内容来实现。在确定研究内容的时候,往往考虑的不是很具体,写出来的研究内容特别笼统、模糊,把研究的目的、意义当作研究内容,这对我们整个课题研究十分不利。

⑥ 研究的步骤和进度

研究的步骤和进度是课题研究在时间和顺序上的安排。研究的步骤和进度要充分考虑研究内容的相互联系和难易程度。一般情况下,都是从基础问题开始,分阶段进行,每个阶段从什么时间开始,到什么时间结束都要有规定。

⑦ 研究方法和资料获取途径

课题研究的方法很多,包括历史研究法、调查研究法、实验研究法、比较研究法、理论研究法等。在研究性学习中的开题报告研究方法用得最多的是社会调查法和受控对比实验法。一个大的专题往往需要多种方法,小的专题可以主要采用一种方法,同时兼用其他方法。

开题报告研究资料的获取途径也很多,包括文献调查、考察调查、问卷调查、设计并进行实验、科学观测等。主要采用哪些资料获取途径,一定要经过充分的研究。

⑧ 研究的成果形式

开题报告研究的成果形式包括报告、论文、发明、软件、课件等多种形式。课题不同,研究成果的内容、形式也不一样。但不管是什么形式,课题研究必须有成果,否则,就是这个课题没有完成。

(2) 开题报告格式

由于开题报告是用文字体现的论文总构想,因而篇幅不必过大,但要把计划研究的课题、如何研究、理论适用等主要问题说清楚,应包含两个部分——总述、提纲。

① 总述。开题报告的总述部分应首先提出选题,并简明扼要地说明该选题的目的、目前相关课题研究情况、理论适用、研究方法、必要的数据等等。

② 提纲。开题报告包含的论文提纲可以是粗线条的,是一个研究构想的基本框架。可采用整句式或整段式提纲形式。在开题阶段,提纲的目的是让人清楚论

文的基本框架,没有必要像论文目录那样详细。

③ 参考文献。开题报告中应包括相关参考文献的目录。

思考题

1. 科研选题的基本原则。

2. 文献综述的写作要领。

3. 开题报告的基本写作要求。

参考文献

1. 乔海霞.论科研选题的意义、基本原则与基本路径.沿海企业与科技,2009(2).

2. 肖纪美.创新论.材料科学与工程学报,2007(1).

3. 曹之然,曹娜娜.科研选题的流程设计.当代经济,2007(5).

4. 韦复生.论科研选题及基本原则.广西民族学院学报(哲学社会科学版),2002(5).

5. 姜清奎,王贯中.科研选题的原则与方法.云南科技管理,2007(3).

6. 李琴.科研工作者文献调研中的误区与科学原则.情报杂志,2003(4).

7. 张庆宗.文献综述撰写的原则和方法.中国外语,2008(4).

8. 段玉斌,毕辉,韩雪峰.文献综述的写作方法.西北医学教育,2008(1).

9. 张黎.怎样写好文献综述:案例及评述.北京:科学出版社,2008:6.

10. 金文正.写好文献综述性质文章的几个主要步骤.中国地质教育,2009(1).

11. 姜清奎,王贯中.科研选题的原则与方法.云南科技管理,2007(3).

3 查找资料

做课题、写论文绝大部分时间都将花在查找资料上,选题前的准备工作需要查找资料,做课题的过程中如果遇到困难得查找资料以寻找解决方案,最后课题完成整理研究报告,同样需要查找资料以补充相关背景知识,使报告更加充实。因此有人说科研人员大约有 80% 的时间都花在查找资料上了,实不为过。查找资料贯穿于整个科研活动过程中,尤其在当今信息过载的时代,学会快速准确地找到所需资料显得尤为重要。

本章主要介绍如何利用图书馆的专业数据库、网络搜索引擎、主题网关等查找资料,并且介绍在查找资料时使用的检索策略、检索途径和方法等相关知识。

3.1 检索原理与工具

3.1.1 信息检索的概念

信息检索(Information Retrieval)的全称是信息存储与检索(Information Storage and Retrieval),包括"存"和"取"两个基本环节。对于"存"来说,主要指将来自各种渠道的大量信息资源进行高度组织化的加工和存储的过程,即建立计算机检索系统或编制手工检索工具的过程,这可以看作是一种输入的过程;对于"取"来说,则指根据随机出现的各种用户的信息需求,按照一定方法从检索系统(检索工具)进行高度选择性查找的过程,这可以看作是一种输出的过程。存储是为了检索,而检索又必须进行存储,二者相辅相成。当然,对于用户而言,后者更为重要,因此,信息检索概念的定义有广义和狭义之分。从广义上说,信息检索是指将信息按照一定的方式组织和存储起来,并能根据信息用户的需要找出其中相关信息的过程和技术。狭义的信息检索是指从信息集合中找出所需要信息的过程。

3.1.2 信息检索的原理

信息检索基本原理的核心是用户需求与信息集合的比较与选择,即匹配(Match)的过程,如图 3.1 所示。一方面是用户的信息需求,另一方面是组织有序的信息集合,检索就是从用户特定的信息需求出发,对特定的信息集合采用一定的方法、技术和手段,根据一定的线索与规则从中找出相关信息的过程。匹配有其匹配机制,其主要功能在于能快速地把需求集合与信息集合依据某种相似性标准进行比较和判断,进而筛选出符合用户需求的信息。匹配的相似性标准一般是通过把信息集合和需求集合预先进行某种形式化的加工和表示来提供的。对于文本而言,最主要、最常用的匹配标准就是某个或若干个词汇表达的"主题"。通常将一篇文献用一个关键词条的集合来表示,用户的信息需求也表示成一个关键词条的集合,检索的过程就是采用一定的信息检索模型计算出两个关键词条之间的相似度,经典的信息检索模型包括布尔模型、向量空间模型和概率模型等。

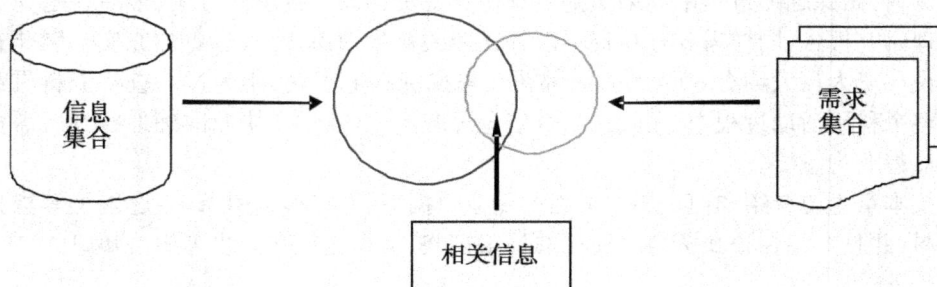

图 3.1　信息检索原理示意图

3.1.3　信息检索的工具

如果按照检索时采用的技术手段划分,可以将信息检索分为手工检索和计算机检索两种方式。无论是何种检索方式都需要借助一定的信息检索工具或检索系统来完成。从基本功能上看,检索工具和检索系统都用于信息的存储和检索,两者之间没有严格的、绝对的界限,所以,可以把检索工具称为检索系统,或者把检索系统称为检索工具。一般来说,信息检索工具是指把信息按照便于检索与利用的方式存储在特定设备上,并在用户需要时检索出所需信息的集合体。

1. 手工检索工具

手工检索（Manual Retrieval）使用的多为印刷型或书本型检索（Paper-Based Retrieval）工具,早些年有检索卡片,现在使用最多的是检索刊物,它们定期地将最新收集到的信息、文献加以汇总、组织和报道。如果按照检索工具的揭示方式,可以将手工检索工具划分为目录型、题录型、文摘型和指南型 4 种。

（1）目录型检索工具

所谓目录,是指按照某种常用顺序编排的文献清单,它是以一个完整出版单元或收藏单元作为著录的基本单位。目录也可以划分成多种类型,例如,按照功能可分为出版发行目录、馆藏目录、联合目录、来源出版物目录等；按照所收录的文献类型可以分为图书馆目录、期刊目录、标准目录等。常见的手工检索目录有《全国总书目》(国家图书馆编辑出版)、《全国新书目》(国家图书馆编辑出版)、《全国报刊索引》(上海图书馆编辑出版)等。

（2）题录型检索工具

所谓题录，是由一组描述文献外部特征的著录项目构成的一条记录，通常以一个内容上相对独立的文献单元作为著录的基本单元。与目录型检索工具的主要区别在于，题录型检索工具以文献单元为著录单位，而目录是以出版单元为著录单位，在揭示文献的细致程度方面，题录做得比目录更为深入，在揭示文献的内容特征方面比文摘款目浅。事实上，题录是不含文摘的文摘款目。典型的代表检索工具有《最新目次》(Current Contents，简称CC，美国科学情报所编辑出版)、《化学题录》(Chemical Title，美国化学文摘社编辑出版)、《最新物理学论文》(Current Paper in Physics，英国电气工程师学会编辑出版)、《医学索引》(Index Medicus，美国国家医学图书馆编辑出版)等。

（3）文摘型检索工具

论文摘要是文章的内容不加诠释和评论的简短陈述。摘要一般应说明研究工作的目的、实验方法、结果和最终结论等，具有短、精、完整三大特点。文摘型检索工具是一种既全面描述文献的外部特征，又简明扼要的介绍文献内容特征的检索工具，典型例子是《化学文摘》(Chemical Abstracts，美国化学文摘社编辑出版)。

（4）指南型检索工具

指南型检索工具包括文献指南和书目指南。文献指南的主要内容包括介绍检索工具和参考工具的使用方法，介绍利用图书馆及其他文献机构的一般方法，介绍某一学科领域的主要期刊及其他类型的一次文献等。美国历史悠久、不断更新的《参考书指南》(Guide to the Reference Books)就是著名的文献指南。书目指南也叫书目之书目，它是检索工具的检索工具，如《世界书目之书目》(World Bibliography of Bibliography)。

手检的技术要求不高，以人的劳动为本，由人来翻阅，由人来进行比较、选择，完成匹配。手检工具能提供的检索点十分有限，因此检索结果往往不尽如人意。

2．计算机检索工具

计算机检索(Computer-Based Retrieval)，主要是通过数据库系统来实现的。计算机检索系统包括：计算机主机设备、外部存储器、输入输出设备、终端设备、通信设备等硬件设施；需要控制、提供检索的软件系统，包括：通信软件、操作系统、应用程序等，以实现对数据库的信息存取。检索过程是在人与机器的合作、协同下完成的，它们经常用实时的、交互的方式从计算机存储的大量数据中自动分拣出用户所需要的信息。计算、比较、选择的匹配任务是由机器来执行的，而人则是整个检索方案的设计者和操纵者。

计算机检索明显优于手工检索，主要表现在：

（1）检索的信息量大

计算机检索的对象是磁性介质，仅从其物理特性来看，储存信息的密度就远远高于普通介质。尽管磁性介质储存信息的方式完全不同于一般纸张，但它经过转换后"释放"出的信息量却比记录在相同面积、体积或重量上的纸质品记录量大得多。例如，一个汉字，即一个中文，存储在计算机外存储器中，所占的空间大小是2个字节，那么，1 GB大小的外存储器，可以存多少个汉字？答案是1 GB/2 Byte＝536 870 912个汉字。换句话说，《汉语大字典》是收录汉字最多的字典，共收录汉字54 678个，那么1 GB的外存储器，大约能存储9 819本《汉语大字典》。如今计算机存储容量已经进入GB时代，一台普通电脑硬盘都在120 G以上，计算机检索工具存储的信息量是海量的。

（2）检索速度快

在手工检索过程中，人们需要逐张翻看卡片，或逐条参看题录等，费工费时，极易产生错误。而对于计算机检索来说，最大特点在于进行逻辑运算，既比较又判断，它能够对所筛选的对象是否符合某一条件作出迅速反应。例如查找几千、甚至几万条记录，计算机可以在瞬间完成，对于存储了百万篇文献的专业数据库，计算机也可以在几秒钟内完成一次检索，因此计算机检索信息的速度极快。并且，计算机不存在疲劳问题，能够始终如一，只要给出的条件合乎实际，计算机检索系统就能及时响应，快捷准确地提供答案。手工检索需要数小时甚至数日的课题，计算机检索只需要数分钟。

（3）数据更新快

手工检索工具由于受到传统出版印刷速度的制约，更新周期较长，通常为一年左右。然而专业数据库的更新速度很快，多为月更新、周更新，网络信息检索系统甚至为日更新。由于计算机检索系统数据更新快，因此我们可以及时获得最新信息。

（4）检索功能强

除手工检索工具提供的"分类"、"作者"、"题名"等检索途径外，还能提供更多的检索途径，例如《中国期刊网》全文数据库还可以提供"全文"、"摘要"、"关键词"、"作者机构"、"基金"、"参考文献"等等检索入口。尤其是涉及复杂条件的组合检索时，计算机检索的功能就显得更加强大。

（5）检索结果输出形式多样

计算机检索系统除了可以检索到题目、作者、摘要等信息外，还可以直接检索全文，并可以选择打印、存盘或E-mail发送检索结果，有的还可以在线直接订购原文。

　　由于计算机检索明显优于手工检索,因此经过短短数十年的发展,计算机检索已经逐渐取代了手工检索。当前许多经典的印刷型工具都有其对应的电子数据格式、数据库,印刷工具则成了电子数据加工输出的"副产品",许多新生的数据库不再与印刷型工具有缘,仅有其电子版本,并且越来越往网络化的方向发展。以搜索引擎为代表的网络信息检索工具已经成为人们工作和学习不可或缺的重要工具。

3.2 检索策略和方法

3.2.1 信息检索的流程

　　信息检索可以分为4个步骤进行,即分析研究课题、选择检索工具、指定检索策略、查阅原始文献(如图3.2所示)。

图 3.2 信息检索步骤示意图

1. 分析研究课题,明确查找要求

　　首先得明确研究课题所需的信息内容、性质、水平等情况。比如,是要取得具体的文献资料还是要掌握某一地区或国家对某一问题发表过的文献资料,是要查找某一年限内某一问题发表过的文献资料还是要获得有关某一问题的全部文献资料等等。

　　然后在分析的基础上形成主题观念,包括所需信息的主题概念有几个、概念的专指度是否合适、哪些是主要的、哪些是次要的等等,力求检索的主题概念能准确反映检索需要。

　　最后根据检索主题概念的学科性质,确定检索的学科范围。学科内容范围越具体越有利于检索。信息检索,实际上是一种检索逻辑的思考和推理,其目的是要掌握检索的必然性,排除检索的偶然性。

2. 选择检索工具

　　选择检索工具的主要方法有4种:

　　(1)浏览图书馆检索工具室陈列的全部检索书刊,从中挑选确定最为合适的检索工具。

　　(2)通过查阅国内外出版的检索工具指南介绍,挑选、确定检索工具。

　　(3)浏览和选择合适的中外文专业数据库,进行检索。

　　(4)选择搜索引擎,进行补充检索。

前面两种主要针对手工检索工具,第一种方法的优点是直接具体,缺点是不够全面,因为一般图书馆收藏的文摘刊物毕竟有限。第二种方法的优点是系统全面,提供了查找方法的指导,缺点是缺藏部分无法明确判断其是否合用。后面两种主要针对计算机检索工具,也是目前普遍选择、使用率最多的检索工具。

检索效果常取决于人们对检索工具的熟悉和了解程度。因此在查找文献资料之前,必须了解哪些检索工具中收录了与所查专题有关的文献资料,在哪些检索工具中该专题文献资料比较丰富,哪些检索工具中选录的文献资料质量较高,以及它们的报道速度的快慢、分类编排的粗细等等。

3. 指定检索策略、途径和方法

所谓指定检索策略,就是根据检索目的和分析的结果,制定出一个合理的检索方案,使实行的检索行动能有目的、有计划和有步骤的进行。

(1) 根据检索分析,明确检索课题的学科范围,弄清所需信息的语种、类型、责任者、年代、国家等范围,估计哪些图书馆拥有自己所需的信息检索系统。如果本单位、本地区图书馆的信息检索系统不能适应自己的检索需要,那么可以通过网络查找最为合适的外地图书馆、信息所,以及合理安排先去哪个图书馆的网站,后去哪个图书馆的网站,甚至通过网络搜索引擎进行广泛性的查找。

(2) 在利用检索工具查找所需原始文献前,如确有查找图书、专著和述评等一次与三次文献的必要时,就应进行合理的检索安排。包括利用何种手段进行检索,检索出结果以后是否需要进行阅读后再进行原始文献的检索,因为图书、专著和述评等文献后的参考文献通常提供了许多其他原始文献的线索。

(3) 是否需要通过核心刊物直接检索出几篇所需的原始文献。如果有必要,就要作出怎样进行检索的合理安排,包括了解课题所需的核心刊物有哪几种,确定检索的次序和大体查找的年代范围等。如果事先已知有关文献的作者,可利用有关检索工具的作者索引,查获该作者所著的文献,然后根据某文献在检索工具所标引的分类号和主题词继续查找,以获得与该文献主题相同的其他文献。能否在选好的检索工具中既快又准且全的查获研究课题所需的信息,关键还要熟悉该检索工具使用的检索标识,因为如检索的主题词确定不准,即使检索工具中存储了所需文献信息,也是难以查获的。

制定好检索策略后,便在估计最有可能查获的年代范围内先试查1~2年,可能会得到更多的线索,然后再考虑是否要扩检或缩检。

4. 根据文献线索查阅原始文献

通过以上查阅,如果确认所得的线索有一定的参考价值时,需要进一步了解和详细查阅原始文献资料,可从本单位图书馆(信息单位)、本省市图书馆(信息单位)、全国大型图书馆(信息单位)、国外著名图书馆(信息单位)等等,由近而远地查获原始文献资料。

如果我们花了很多时间仍查不到所需文献时,可以求助于图书馆、信息所的参考咨询人员。在较大的图书馆、信息所,一般都有专职的参考咨询和检索的服务人员,他们的任务就是向读者介绍文献的查找方法,帮助读者解决信息检索中存在的困难和问题。

随着计算机技术、通信技术和高密度存储技术的迅猛发展,利用计算机进行信息检索已成为人们获取文献和信息的重要手段。计算机检索可以再细分为 6 个步骤,如图3.3 所示。

（1）明确需求,分析主题。这是信息检索最基本的要求,也是制定检索策略的依据。

（2）选择数据库。数据库的类型和学科范围不同,决定了它适用于不同的检索对象和满足于不同的检索要求。例如,只检索文献信息的题名、作者、出处和文摘,可用书目文摘型数据库,如 MEDLINE（医学文摘）、INSPEC（科学文摘）等。检索文字、图形、声像等信息,可以用事实型数据库,如《中国法律法规

图 3.3 计算机信息检索步骤流程图

大典》、《中国雕塑史图录》、《中国古典音乐大全》等。因此,要选择合适的数据库,需要参照各数据库的内容、类型、收录资料的范围、数据库的实时性、价格和使用费用等方面。

（3）确定检索词。检索词是表达信息需求和检索课题内容的基本单元,也是数据库检索进行匹配的基本单元。检索词选择得恰当与否,会直接影响检索效果。

（4）编写构造检索式。编写检索表达式的核心是构造一个既能表达检索课题需求,又能被计算机识别的检索表达式。构造检索表达式主要使用布尔逻辑运算符、位置算符等,将检索词进行组配,确定检索词之间的概念关系或位置关系,准确表达课题需求,以保证和提高检索质量。具体的信息检索技术见 3.2.4 小节。

（5）提交检索式并进行结果分析。手工检索主要依靠人的大脑将检索需求中所涉及的有关提问特征（如主题词、分类号、作者姓名等）与检索工具中提供的标识进行比较分析,筛选出与信息需求一致的检索结果。计算机检索主要是将构造好的检索表达式输入计算机检索系统,使用检索系统中已有的检索模型和指令进行

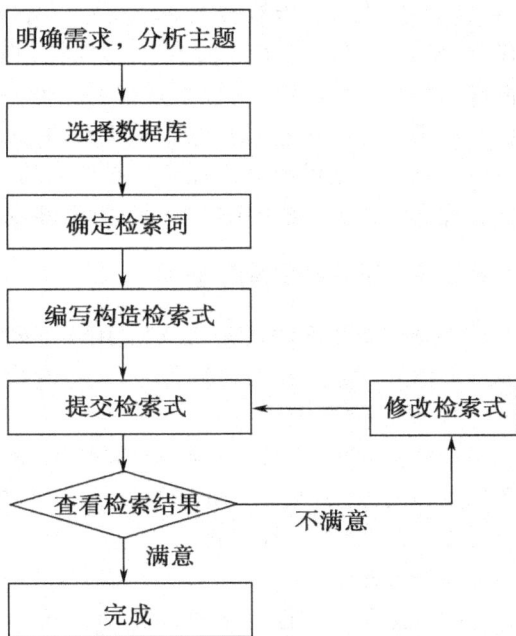

匹配运算,并输出或显示检索结果。此后,由人对检索结果进行阅览和筛选,找出满足检索需求的线索或内容。在计算机检索系统中,机器可以对检索结果进行归类整理,并按照相关度进行排序,从而让用户快速获取相关度最高、最有价值的原始信息。

(6)修改与完善检索策略。检索策略的好坏与检索词的选用、检索表达式的建立、检索途径的选择直接相关,还与用户对事物的认知能力、专业知识水平的高低等密切相关。此外,对检索系统的特性和功能的掌握以及外语水平都会影响课题的检索结果。由于检索课题千差万别,检索系统又各不相同,加上用户检索水平不一,所以,给出的检索词往往具有较大的局限性、随机性和盲目性,有可能导致检索的失误。因此,要求用户在检索时不断反馈信息,及时修改检索策略。

3.2.2　信息检索的方法

信息检索的方法很多,分别适用于不同的检索目的和检索要求,归纳起来经常使用的信息检索方法有常用检索法、追溯检索法和循环检索法3种。

1. 常用检索法

常用检索法是指以主题、分类、篇名、著者等为检索点,利用各种检索工具查找文献资料的方法,又称为常规检索法、工具检索法。根据检索要求,常用检索法又分为顺查法、倒查法和抽查法。

(1)顺查法

顺查法是一种根据检索课题的起始年代,利用选定的检索工具,按照从旧到新、由远到近、由过去到现在的顺序逐年查找,直到满足课题要求的检索方法。通过这种方法可以掌握某课题全面发展的情况。顺查法由于是逐年查找,漏检较少,检全率高,在检索过程中不断筛选,剔除参考价值较小的文献。因是逐种期刊、逐年、逐卷地检索,检索的工作量非常大,费时、费力,多在缺少评论文献时使用。由于此方法的检全率高,适用于围绕某一主题普查一定时期内的全部文献信息,或者适用于那些主题较复杂、研究范围较大、研究时间较久的科研课题。

(2)倒查法

与顺查法相反,倒查法是指利用检索工具,按照由新到旧、由近到远、由现在到过去的逆时序查找,直到满足课题要求的检索方法。这种方法多用于新课题、新观点、新理论、新技术的检索,查找的重点在近期信息上,目的在于获得某学科或研究课题最新或近期一定时间内发表的文献或研究进展情况。此方法省时,查得的信息新颖性高,但查全率不高,只需要查到基本满足需要为止。

(3)抽查法

抽查法是一种利用选定的检索工具,针对某学科的发展重点,抓住该学科发展较快、文献信息发表较多的年代,拟出一定时间范围,进行重点抽查的检索方法。

任何学科的发展都要经历高峰期和低谷期,高峰期所发表的文献数量远高于其在低谷期的文献数量,抽查法就是重点检索学科高峰期的文献。这种方法的检索效果较好、检索效率较高,但漏检的可能性也比较大,因此使用此方法的时候必须熟悉某学科的发展特点。

2. 追溯检索法

追溯检索法是一种利用文献末尾所附的参考文献进行追溯查找的方法,是扩大信息来源最简捷的方法,又称为回溯法、引文法、引证法。通过追溯法所获得的文献,有助于对课题的立题背景和立论依据等内容有更深的理解。由于是由近及远追溯,年代越远与原文关系越少,而且由于引证文献间关系的模糊性和非相关性引起"噪声",查全率往往不高。但此方法获得的文献针对性强,而且可以突破选定的固有检索词的限制,因此往往可以获得一些意想不到的相关文献,拓展研究思路。美国情报所于 1961 年出版了《科学引文索引》(Science Citation Index,SCI)、《社会科学引文索引》(Social Science Citation Index,SSCI)和《艺术和人文科学索引》(Art and Humanity Citation Index,AHCI),中国科学院情报中心于 1995 年 3 月编辑出版的《中国科学引文索引》,南京大学于 1999 年编辑出版的《中文社会科学引文索引》(Chinese Social Science Citation Index,CSSCI)等都是追溯检索的有力工具。

3. 循环检索法

循环法是一种交替使用追溯法和常用法来查找文献的检索方法,又称为交替法、综合法、分段法。检索时,先利用检索工具的常用检索法查找出一批文献信息,然后通过精选,选择出与检索课题针对性较强的文献,再利用这些文献所附的参考文献进行追溯查找。由于参考文献对 5 年内的重要文献一般都会引用,根据这个特点,可以跳过这 5 年,然后利用检索工具再找出一批文献进行追溯,循环交替直至满足检索需求为止。循环检索法兼有常用检索法和追溯检索法的优点,可得到较高的查全率和查准率,尤其适用于那些过去年代内文献较少的课题。

总之,在实际检索中,究竟采用哪种检索方法最合适,应根据检索要求和检索背景等因素确定。在数据库检索中,除了上述 3 种检索方法外,还可引用检索系统中自设的加权检索、布尔逻辑检索、模糊检索、全文检索等方法。

3.2.3 信息检索的途径

进行信息检索必须对检索工具(或检索系统)的编排和组织原理有基本的了解。检索工具是把大量的各类信息资源进行分析加工之后,按照一定的特征排列组织的文献集合体。信息检索就是根据一些既定的标志(或检索点)从文献集合体总选出有关信息。因此,检索工具就其服务的过程来看应包括两个基本环节:一是标引人员所进行的信息有序存储;二是用户根据一定的信息需求所进行的信息检索。检索的过程实际上是存储的逆过程。检索者只有了解存储是怎样把文献存入检索工具中去的，才能知道应该怎样从检索工具中把所需的文献取出来。存储者也只有充分了解信息用户有哪些方面的需求，才能进行有效的存储，使事先组织好的检索工具更好地为检索者服务。

检索者的检索需求不外乎两种：一是要查出具有已知文献外表特征的文献，例如由书名、作者名等查文献；二是要查出具有所需内容特征的文献，例如根据学科要求编写一本讲义或围绕某一课题收集有关资料。为了满足检索者这两种检索需求，大多数检索工具均提供了按照文献的外表特征和内容特征进行信息检索的两种途径。

1. 文献外表特征检索途径

文献的外表特征，是从文献检索载体的外表上标记可见的特征，如题名（刊名、书名、篇名）、责任者（著者、编者、译者、专利权人、出版机构等）、号码（标准号、专利号、报告号、索取号等）。将不同的文献按照篇名、作者名称的字序进行排列，或者按照报告号、专利号的数字进行排列，这样就形成了以篇名、作者名及号码等为检索途径来满足用户的需求。

（1）题名途径

根据已知文献的书名、刊名、论文篇名来检索文献的途径。题名途径多用于查找图书、期刊、单篇文献。检索工具中的书名索引、会议名称索引、书目索引、刊名索引等均提供了通过题名检索文献的途径。由于计算机检索技术的发展，用户即使不知道完整的题名也可以进行检索，题名检索是数据库检索系统经常使用的检索途径之一。

（2）责任者途径

根据已知文献的责任者查找文献的途径。文献的责任者包括个人责任者、团体责任者、专利发明人、专利权人、合同户和学术会议主办单位等。利用责任者（著者）途径检索文献，主要利用著者索引、著者目录、个人著者索引、团体著者索引、专利权人索引等。

由于专业研究人员一般各有所长，尤其是某些领域的知名学者、专家，他们发表的作品具有相当的水平或代表该领域发展的方向，通过著者线索，可以系统地发现和掌握他们研究的发展状况，可以查找某一著者的最新论著。

（3）号码途径

根据文献出版时所编的号码来检索文献信息的途径。例如已知某一文献的特定号码，如技术标准的标准号，专利说明书的专利号，科技报告的报告号或合同号、任务号，文献收藏单位的馆藏号、索取号、排架号等，可以以此为检索点，利用各种号码索引和目录直接检索到这一特定的文献。

以文献外表特征为途径进行检索，最大优点是它的排列与检索方法以字顺或数字为准,比较机械、单纯,不易误检或漏检,因而适用于查找已知篇名、著者名或号码的文献,可直接判断文献的有无。但是,在大多数情况下,检索者对所需文献的外表特征并不太清楚,检索需求是根据文献内容特征提出的。因此,为了满足用户的这一要求,标引人员还需要对文献的内容特征进行标引,形成以文献内容为特征的检索途径。

2. 文献内容特征检索途径

文献的内容特征指的是文献所论述的主题、观点、见解和结论等等,这些内容往往隐含在文献所记载的知识信息中。以文献的外部特征作为检索途径适宜用来查找已知文献题名、著者姓名或序号的文献,而以文献内容特征作为检索途径更适宜用来检索未知线索的信息。

我们知道任何一篇科技文献的内容,无非是论述某个客观事物。任何客观事物都有一定的概念。概念是对客观事物所含的本质属性、本质特征的概括,是在实践的基础上运用科学抽象的思维产生的。表达主题概念的语言往往是科技名词或词组,以此作为主题的标识,既简明地揭示了文献的内容特征,又形成了严格有序的主题排检序列,为检索提供了重要的途径。从文献的主题内容出发来检索信息的方法,包括分类途径和主题途径两种形式。

(1) 分类途径

分类途径是指按照文献所属学科属性(专业类别)进行检索的途径。分类检索就是以课题的学科属性为出发点,依据一个可参照的学科分类体系来查找文献信息。分类体系按文献内容特征的相互关系加以组织,并以一定的标记(类号)作排序工具,它能反映类目之间的内在联系,包括从属、并列、交替、相关等。国内较权威的图书分类法有:中国图书馆图书分类法(中图法)、中国科学院图书馆图书分类法(科图法)、中国人民大学图书馆分类法(人大法)等。国外较权威的分类法有:杜威十进分类法(Dewey Decimal Classification,DDC)、国际十进分类法(Universal Decimal Classification,UDC)、美国国会图书馆分类法(Library of Congress Classification,LC)等。

分类检索以分类为检索点,主要利用学科分类表、分类目录、分类索引等按学科体系编排的检索工具来查找相关文献信息,能较好地满足族性检索的要求,使同一学科有关文献集中在一起,使相邻学科的文献相对集中。

(2) 主题途径

主题途径是指按照文献的内容主题进行检索的途径。主题检索就是从反映文献内容的有关主题词、关键词、叙词、标题词等出发来检索文献,以主题为检索点,主要利用主题词表、主题目录等按主题词的字顺编排的检索工具来查找有关文献信息。主题检索按主题词的音或形的字顺进行,其方式如查字典、词典。主题词的合理选择与使用对检索结果的优劣直接相关。目前我国通用词表是《汉语主题词表》,此外,还有很多专业词表,如《中国中医药主题词表》、《地理科学叙词表》、《电子主题词表》、《数学汉语主题词表》等。

主题检索能较好地满足特征检索的要求,使讨论某一事物或主题的不同学科文献信息集中在一起。主题途径适合于查找比较具体的课题。

分类途径和主题途径是常用的文献检索途径,两者各有特点,前者以学科体系为基础,按分类编排,学科系统性好,适合于族性检索;后者直接用词语表达主题,概念准确、灵活,直接性较好,适合于特征检索。

综上所述,以文献外表特征为检索途径可供用户从已知文献数据的角度进行查找,以文献内容特征为检索途径则可以根据用户的需要,从需要的主题内容出发对文献进行检索。比较而言,前一类途径可以迅速、准确地查找特定文献,但需要预先掌握确切的数据,否则无法使用,此外也很难在此基础上扩大对相关文献的查找;后一类检索途径则不必事先了解相应的数据,用户不仅可以根据使用需要直接检索特定主题的文献,而且还可以通过系统中主题内容之间的联系,扩大或者缩小检索范围,进行相关文献的查找,有利于信息资源的开发利用,是更为重要的检索途径,因而受到广泛重视。

3.2.4 信息检索的技术

计算机被引入信息检索领域后,突破了传统手工检索信息方法的局限,可以更加灵活的运用各种计算机信息检索技术,实现复杂条件的组合检索。计算机信息检索技术有初级和高级之分,初级信息检索技术包括逻辑检索、截词检索等,高级信息检索技术包括加权检索、相关信息反馈检索、模糊检索等。

1.初级信息检索技术

（1）逻辑检索

这是计算机信息检索系统中最常用的方法。在专业文献数据库检索系统中,用户的信息需求是通过检索提问式表达的。布尔逻辑算符在检索提问式中起着逻辑组配的作用,它能把一些具有简单概念的检索单元组配成一个具有复杂概念的检索式,用以表达用户的信息需求。由于系统中采用的逻辑组配算符是布尔代数中的3种逻辑算符——逻辑与(AND)、逻辑或(OR)和逻辑非(NOT),故称为布尔逻辑检索。这3种逻辑算符各表示不同的逻辑思想,以此将用户提问转换成逻辑表达式。计算机可根据表达式所限定的各运算项(或称检索词,包括题名、主题词、关键词、分类号、著者、ISBN号码、化学物质登记号等)之间的关系确定命中文献的基本条件与查找途径,以便同文档中各篇文献的标识进行匹配。凡符合条件的文献即为命中文献,予以输出。

如果用A和B分别代表两个检索词,它们的逻辑关系如表3.1和图3.4所示。逻辑"与",或称逻辑"乘",检索表达式为"A and B"。数据库中同时含有检索

A 和 B 的文献为命中文献,用以缩小检索范围。

表 3.1 3 种逻辑关系

逻辑算符	AND(与)	OR(或)	NOT(非)
检索式	A and B	A or B	A not B
或者写成	A * B	A + B	A − B
命中	A 和 B 都出现的记录	A 和 B 有一个或两个都出现的记录	只出现 A 而不出现 B 的记录
图示	图(a)	图(b)	图(c)

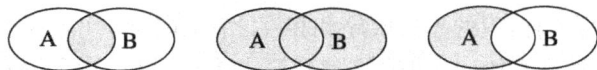

图 3.4 逻辑关系示意图

逻辑"或",或称逻辑"加","or"("+"):检索表达式为"A or B"。数据库中的文献中含有检索词 A 或 B 的文献为命中文献,用于扩大检索范围。

逻辑"非","NOT":检索表达式为"A not B"。数据库中凡含有检索词 A 而不含 B 的文献为命中文献,用于缩小检索范围。

(2)截词检索

将检索词在适当处加以截断符号,用截断的词的一个局部(词)进行检索。截词分前截词、后截词、中间截词。不同的系统所用的截词符也不同,常用的有"?"、"$"、"*"等,分为有限截词(即一个截词符只代表一个字符)和无限截词(一个截词符可代表多个字符)。利用截词检索技术可以减少检索词的输入而保证相关检索概念的涵盖,同时也方便解决语言文字拼写方面的差异(如美式英语和英式英语),可降低漏检率。

在 Dialog 系统通常用"?"表示截词符,包括以下 3 种方式的截词检索:

非限定性截词:在一个词尾加一个"?"号,表示在其后可添加任意多个字符,这些字符都被作为检索词进行检索。

如:smok?,它将对若干词进行检索,包括:smoke,smoky,smoked,smoker,smokes,smokers,smoking,smokeless 等等。

限定性截词:在一个词尾加有限个"?"号,n 个"?"号表示其后可添加的字符数少于等于 n 个。

如:smok??,将对 smoke,smoky,smoked,smoker,smokes 等进行检索。对于最多允许添加一个字符的情况,则用"? 空格?"的形式表示。

如:smok? ?,将只对 smoke,smoky 进行检索。

中间截词:在一个词中间出现若干个"?"号,表示可插入若干个字符。

如:ioni ? ation,它将对 ionisation 和 ionization 进行检索。

如：cent ?? line,它将对 centerline 和 centreline 进行检索。

（3）位置检索

位置检索也叫临近检索。文献记录中词语的相对次序或位置不同,所表达的意思可能不同,而同样一个检索表达式中词语的相对次序不同,其表达的检索意图也不一样。布尔逻辑运算符有时难以表达某些检索课题确切的提问要求。字段限制检索虽能使检索结果在一定程度上进一步满足提问要求,但无法对检索词之间的相对位置进行限制。位置算符检索是用一些特定的算符(位置算符)来表达检索词与检索词之间的临近关系,并且可以不依赖主题词表而直接使用自由词进行检索的技术方法。

根据两个检索词出现的先后次序和相互之间的距离,可以采用多种位置算符。进行控制不同的检索系统,规定的位置算符也不同,以美国 DIALOG 检索系统使用的位置算符为例,介绍如下。

"(W)"与"(nW)"算符

"(W)"中 W 的含义为"with"。这个算符表示其两侧的检索词必须紧密相连,除空格和标点符号外,不得插入其他词或字母,两词的词序不可以颠倒。"(W)"算符还可以使用其简略形式"()"。例如,检索式为"communication (W) satellite"时,系统只检索含有"communication satellite"词组的记录。

"(nw)"中的"w"的含义为"word",它允许两词间插入最多为 n 个其他词,包括实词和系统禁用词,词序不变。如：silicon(1W)sensor,命中的记录中出现的匹配词除 silicon sensor 外,还可能有：silicon integrated sensor,silicon image sensor,silicon-based sensor 等。

"(N)"与"(nN)"算符

"(N)"中的"N"的含义为"near"。这个算符表示其两侧的检索词必须紧密相连,除空格和标点符号外,不得插入其他词或字母,两词的词序可以颠倒。"(nN)"表示允许两词间插入最多为 n 个其他词,包括实词和系统禁用词。

如：internet(N)accessing

命中记录中出现的匹配词可能有：internet accessing,accessing internet。

如：internet(1N)accessing

命中记录中除上例之外,还会可能有：accessing internet,accessing the internet,internet /intranet accessing 等。

"(F)"算符

"(F)"中的"F"的含义为"field"。这个算符表示其两侧的检索词必须在同一字段(例如同在题目字段或文摘字段)中出现,词序不限,中间可插任意检索词项。

"(S)"算符

"(S)"中的"S"含义为"subfield",表示其两侧的检索词必须在同一子字段中出现,两词的词序可以颠倒。子字段是指字段中的一部分,如一个句子,一个词组、短语。字段不限,词序不限。

如：silicon (S) sensor,命中记录出现的匹配情况如：

A vacuum magnetic sensor(VMS) using a silicon field emitter tip was fabricated and demonstrated.

"(L)"算符

L 是 limit 的缩写。(L)表示其连接的两个检索词之间有主副关系,前者为主,后者为副,可用来连接主、副标题词。它们出现在记录的规范词字段。

如：television (L) high definition

命中记录的规范词字段(de)中出现的匹配词是：TELEVISION-High definition。

(4) 限制字段检索

限制字段检索是指对检索词出现的字段范围进行限定,执行时,机器只对指定的字段进行检索,经常用于检索结果的调整。在专业数据库中限制字段检索存在两种不同的形式：其一为利用下拉式的选择框将可供选择的检索字段全部列出,由用户选择需要限定的字段,然后在其后的输入框中输入相应的关键词即可。详见 3.3.2 小节;其二为使用一定的检索字段符进行操作。检索字段符分作两类：后缀式和前缀式。后缀式对应基本索引,反映文献的主题内容,一般用"/"连接;前缀式对应辅助索引,反映文献的外部特征,一般用"="连接。

例如：(minicomputer/DE OR personal computer/ID)AND PY=2002

这个检索式所表达的检索要求是：查找 2002 年出版的关于微电脑或者个人电脑的文献,并要求"微电脑"一词在命中文献的叙词字段出现,"个人电脑"一词在命中文献的自由词字段出现。

字段检索和限制检索常常结合使用,字段检索就是限制检索的一种,因为限制检索往往是对字段的限制。在搜索引擎中,限制字段检索多表现为限制前缀符的形式。如属于主题字段限制的有 Title,Subject,Keywords,Summary 等。属于非主题字段限制的有 Image,Text 等。作为一种网络检索工具,搜索引擎提供了许多带有典型网络检索特征的字段限制类型,如主机名(Host)、域名(Domain)、链接(Link)、URL(Site)、新闻组(Newsgroup)和 E-mail 限制等。这些字段限制功能限定了检索词在数据库记录中出现的区域。由于检索词出现的区域对检索结果的相关性有一定的影响,因此,限制字段检索可以用来控制检索结果的相关性,以提高检索效果。在搜索引擎中,除了可以对字段进行限制检索外,还可以对搜索的文件类型进行限定,如限定搜索的文献类型为 PPT、PDF、DOC 等形式。在著名的搜索引擎中,目前能提供较丰富的限制检索功能的有 google,AltaVista,Lycos 和 Hotbot 等。常用的搜索引擎限制检索技术参见 3.4.2 节。

2. 高级信息检索技术

(1) 加权检索

所谓加权检索,就是在要检索时,给每一提问检索词赋予一个能够表示其重要程度的数值,这个数值称为权。在检索时,先查找这些检索词在数据库记录中是否存在,然后计算含有这些检索词的文献的权值总和。权值之和达到或超过预先给定的阈值,该记录即为命中记录。加权检索同布尔检索、截词检索等一样,也是文献检索的一个基本检索手段。但与它们不同的是,加权检索的侧重点不在于判定检索词或字符串是不是在数据库中存在,与别的检索词或字符串是什么关系,而是在于判定检索词或字符串在满足检索逻辑后对文献命中与否的影响程度。

运用加权检索可以命中核心概念文献,因此它是一种缩小检索范围提高检准率的有效方法。但并不是所有系统都能提供加权检索这种检索技术,而能提供加权检索的系统,对权的定义、加权方式、权值计算和检索结果的判定等方面又有不同的技术规范。

查找计算机情报检索自动化方面的文献资料,用加权法列提问式如下:

例如:W=计算机(1)情报检索(4)自动化(2)

上式中括号内的数字即给提问词加的权数。计算机检索时,首先在所有存储的记录中找到满足上述提问词的文献,然后对提问词加权,文献按匹配的检索词权数之和从大到小排列,加权检索的全部输出结果见表3.2。表中"√"表示相应提问词与文献的被检索词相匹配。按下限阈值为5设定时,由表3.2可知,满足组合1至3提问词的所检索文献为命中文献。

表 3.2 文献权值加权计算结果

组合号	包含的提问词			权和数
	计算机	自动化	情报检索	
1	√	√	√	7
2		√	√	6
3	√		√	5
4			√	4
5	√	√		3
6		√		2
7	√			1

在现有的网络信息检索工具中,多采用加、减号来表现检索词在检索提问中的分量。

用"+"表示某检索词一定要包含在检索结果中。

例如,检索式"+亚洲+金融风暴"的含义是:找出关于在亚洲发生的金融风暴的信息,即检索结果中必须同时含有"亚洲"和"金融风暴"这两个词。

用"-"表示某检索词一定不能包含在检索结果中。

例如,检索式"+亚洲+金融风暴-南美洲"的检索结果除一定包含"亚洲"和

"金融风暴"这两个词之外,还要排除关于南美洲的信息,即检索结果中一定不能有"南美洲"这个词。

加权检索的优点是可明确各检索词在检索中的重要程度,检索结果按照切题顺序排列,表达式简捷。其缺点是,加权法提问式含义不如逻辑式那么明显直观,而且在盲目地给出权数的情况下容易出现误检。由于加权检索技术在网络信息检索上应用的时间较短,因此检索提问往往不能获得预期的效果。最突出的例子是如果在一个检索提问中使用了表示加权检索的加号或减号,其余未加符号的检索词在检索过程中的作用将大大减弱。

（2）相关信息反馈检索

在检索过程中人们会发现某个结果非常符合自己的需要,因此希望能进一步检索到与该结果类似的结果,这称为相关信息反馈检索。它的基本原理是:检索工具将用户所选定的结果网页中包含的关键词找出,通过它们在这个网页中出现的频率和位置等来计算各自的相关度,然后选出相关度较高的词汇作为下一步检索的检索词。但由于词汇选择只考虑了词汇出现的频率和位置,而没有考虑用户对各个词汇重要性的主观判断,所以其结果并不一定非常合适。

在网络环境中,相关信息反馈检索可由检索工具自动进行。例如,Excite 的"Search for more documents like this one"检索、Lycos 的"More Like This"检索、google 的"类似网页"检索,以及百度的"相关搜索"等。

（3）模糊检索

模糊检索,指允许检索单元和检索提问之间存在一定的差异,这种差异即"模糊"在检索中的含义。模糊检索中所指的差异往往来自于用户在输入检索提问时的输入错误,如少键入一个字、打错一个字母等等。另一类差异来自某些词汇不同的拼写形式,例如,单复数,"catalog"和"catalogue"。这时检索工具应该能够检索到用正确词汇或其他变形形式标引的结果,而不是简单地告诉"输入错误"或"没有结果"。例如,google 就带有自动纠错功能,可以实现模糊检索。

（4）概念检索

概念检索,是指当用户输入一个检索词后,检索工具不仅能检索出包含这个具体词汇的结果,还能检索出包含那些与该词汇同属一类概念的词汇的结果。

例如,检索"automobile"时能找出包含"automobile"、"car"、"truck"、"van"、"bus"等任一词汇的结果。

又如,在查找"公共交通"这一概念时,有关"公共汽车"或"地铁"的信息也能随之检得。

在此意义上,概念检索实现了受控检索语言的一部分功用,即考虑到了同义词、广义词和狭义词的使用。至今为止,Excite 在概念检索方面取得了比较明显的成就。

(5) 自然语言检索

自然语言检索,指用户在检索时可输入自然语言表达的检索要求。例如,用户输入检索提问:"please find for me some thing about automobile sale in New York State",检索工具会按照提问检索出关于在纽约州(New York State)汽车销售(Automobile Sale)的信息。

自然语言检索的基本原理是:检索工具在收到用户提问后,首先利用一个禁用词表从提问中剔除那些没有实质主题意义的词汇,然后将余下的词汇作为关键词进行检索。禁用词对检索几乎没有帮助,包括各种副词、介词、代词、常用请求词(please、help、would、may 等)、检索提问词(find、search、locate、check、information、materials 等)。而关键词具有实质的主题意义,对于检索具有重要的区分作用,包括名词、动词、数量词等,例如,纽约州(New York State)、汽车销售(Automobile Sale)。

自然语言检索的效果取决于检索工具选择关键词的效率,而这方面仍然面临一些问题,如禁用词表的构成。在英文中,不同的词汇用空格进行分隔,而中文词与词之间没有自然的分隔,因此中文自然语言检索还存在分词问题。

中文分词首先遇到的难题是歧义识别。歧义是指同样的一句话,可能有两种或者更多的切分方法。例如:"表面的",因为"表面"和"面的"都是词,那么这个短语就可以分成"表 面的"和"表面 的",这种称为交叉歧义。

交叉歧义相对于组合歧义来说比较容易处理,组合歧义就必须根据整个句子来判断了。例如,在句子"这个门把手坏了"中,"把手"是个词,但在句子"请把手拿开"中,"把手"就不是一个词。这些词计算机又如何去识别?

如果交叉歧义和组合歧义计算机都能解决的话,在歧义中还有一个难题,就是真歧义。真歧义意思是给出一句话,由人去判断也不知道哪个是词,哪个不是词。例如:"乒乓球拍卖完了",可以切分成"乒乓球 拍卖 完 了",也可切分成"乒乓 球 拍 卖 完 了",如果没有上下文其他的句子,恐怕谁也不知道"拍卖"在这里算不算一个词。

新词识别是中文分词不可避免的另一个难题。新词,专业术语称为未登录词,也就是那些在字典中没有收录过,但又确实能称为词的那些词。最典型的是人名,人可以很容易理解句子"王军虎去广州了"中"王军虎"是个词,因为是一个人的名字,但要是让计算机去识别就困难了。如果把"王军虎"作为一个词收录到字典中去,全世界有那么多名字,而且每时每刻都有新增的人名,收录这些人名本身就是一项巨大的工程。即使这项工作可以完成,还是会存在问题,例如,在句子"王军虎头虎脑的"中,"王军虎"还能不能算词?

新词中除了人名以外,还有机构名、地名、产品名、商标名、简称、省略语等都是很难处理的问题,而且这些又正好是人们经常使用的词,因此对于搜索引擎来说,分词系统中的新词识别十分重要。目前新词识别准确率已经成为评价一个分词系统好坏的重要标志之一。

3.3 检索专业数据库

数据库(Data Base,DB)是数据管理的最新技术,是计算机科学的一个重要分支。计算机技术运用到信息检索领域后,无论是检索技术还是检索工具都发生了巨大变化。借助数据库技术将来自各种渠道、不同类型的大量专业信息资源进行高度组织化的加工和存储,从而形成各种类型的专业数据库,如法律数据库、化学数据库、财经数据库、期刊论文数据库、学位论文数据库、专利数据库等等。计算机检索主要是针对各个不同的专业数据库展开的。

3.3.1 专业数据库的类型

目前国际上通常根据数据库内容将数据库划分为三大类:参考数据库(Reference Database);源数据库(Source Database),在欧洲也称为数据银行(Data Bank);混合数据库(Mixed Database)。另一种划分数据库的实用方法是分为文献数据库与非文献数据库两大类,前者以书目数据库和全文数据库为主,后者以数值数据库和术语数据库为多。

1. 参考数据库

这一类数据库中的数据是文献或事实的参考内容,主要为用户提供查找源文献或事实的线索,指引用户获取原始信息的出处。例如,图书馆的馆藏目录数据库就是一种参考数据库,它仅提供图书馆收藏文献的主要元数据,指导用户去具体的馆藏书库去查阅,从而获得完整的文献信息。参考数据库主要可以分为两种类型:一类是书目数据库,包括文摘数据库、索引数据库、图书馆馆藏目录数据库等;另一类是指南数据库,包括名录数据库、产品数据库等。总之,这类数据库信息一般不自足,用户从中获取信息源信息后还需进一步去查找原文。

2. 源数据库

这一类数据库指包含原始文献信息全文、完整数据的专业数据库。通常有全文数据库、数值数据库、图像数据库、术语数据库、音频数据库等等。它与参考数据库的不同点在于:参考数据库仅提供获取原始信息的线索,源数据库则直接为用户提供最终需要得到的事实、数值或文字信息,即这类数据库数据自足,用户一般不必再查其他信息源即可满足需求。

3. 混合数据库

此类数据库兼具以上两类数据库特点,即部分数据可以直接提供原始信息,部分数据只能提供查找的线索,如多媒体数据库(Multimedia Database)等。

在科研活动中,科研人员在立项、中期总结、结题、成果推广的全过程中,都要以专业数据库为桥梁；在教学过程中，专业数据库和高校的师资、实验室、图书馆、教室、宿舍等一样，是直接影响教学科研质量水平的基础性资源，因此各大高校纷纷购买了大量的中外文专业数据库。其中常用的中文数据库主要有中国期刊网全文数据库(CNKI)、维普中文科技期刊数据库(VIP)和万方数据库等，常用的外文数据库主要有 Elsevier Science、EI、EBSCO、Web of Science 等。熟悉数据库检索功能的用户不难发现，无论是中文数据库，还是外文数据库，它们在检索功能上有很多相似之处。比如在检索方式上，一般专业数据库都包含简单检索、高级检索和专业检索 3 种方式；在检索入口上，一般数据库都包含了题名、作者、关键词、摘要、刊名等检索入口；在检索技术上，一般专业数据库都包含逻辑组配和截词等检索技术。限于篇幅，无法将每个数据库的检索功能逐一进行详细说明，本小节将对常用中外文数据库的一般检索入口、检索方式和检索技术进行介绍。数据库的收录年限、学科范围、资源类型、文献数量等基本情况将在第 4 章中进行详细说明，此处不再赘述。

3.3.2 检索入口

文献检索指依据一定方法，通过对大量的、分散无序的期刊文献信息进行搜集、加工、组织、存储，建立各种各样的检索系统，并通过一定的方法和手段使存储与检索这两个过程所采用的特征标识达到一致，以便有效地获得和利用信息源。其中存储是为了检索，而检索又必须先进行存储。存储的过程，主要是对信息源进行标引，将其外表和内容的特征(如文献的标题、作者、来源和主题等)用特定的检索语言转化为一定的标识(如篇名、关键词、分类号和摘要等)，再将这些标识按一定的顺序编排后输入检索系统，从而为检索提供有规可循的途径。因此数据库提供的检索入口取决于该数据库存储文献时对文献的标引程度，不同数据库提供的检索入口不尽相同，CNKI、VIP 等常用中外文数据库提供的检索入口如表 3.3 所示。

1. 常用检索入口

我们在检索专业数据库的时候，最常用的检索入口主要是题名(Title)、作者(Author)、文摘(Abstract)和关键词(Keyword)这 4 个字段，几乎所有的中外文专业数据库都提供了这 3 个字段的检索功能。

在使用外文数据库作者字段进行检索的时候必须注意：中国作者姓名的多种不同拼写形式；外国作者采取名在前、姓在后的拼写方式。

例如，在 EI 数据库中作者"顾秉林"(Gu Binglin)的拼写方式有很多种：

gu,binglin 或者 binglin,gu

gu,bing-lin 或者 bing-lin,gu

gu,b.l. 或者 binglin,g.

2. 其他检索入口

除了常用的 4 个检索入口外，全文、刊名、机构、ISSN 等字段在检索的时候也往往会使用到。在常用的中外文数据库中,CNKI 和 EI 提供的检索入口最为丰富,同时也反映了这两种数据库对文献的加工和标引深度,详见表 3.3。

表 3.3　常用中外文数据库检索入口一览表

数据库名称		检索入口
中文	CNKI	关键词、篇名、刊名、作者、机构、文摘; 第一作者、参考文献、基金、全文、ISSN、中图分类号、主题词、年、期、CN 统一刊号
	VIP	关键词、篇名、刊名、作者、机构、文摘; 第一作者、分类号、任意字段
	万方	关键词、篇名、刊名、作者、机构、文摘
外文	Elsevier	Abstract/Title/Keywords; Authors; Specific Author; Source Title; Keywords; Abstract; References; ISSN; ISBN; Affiliation; Full Text
	EBSCO	All text; Author; Title; Subject terms; Source; Abstract; ISSN
	EI	All fields; Subject/Title/Abstract; Abstract; Author; Author affiliation; Title; Ei Classification code; CODEN; Conference information; Conference code; ISSN; Ei main heading; Publisher; Serial title; Ei controlled term; Country of origin
	Web of Science	主题、标题、作者、团体作者、编者、出版物名称、出版年、地址、会议、语种、文献类型、基金资助机构、授权号

3.3.3　检索方式

数据库的检索方式主要有 3 种:一种是按照类别,分类浏览检索;另一类是关键词逻辑组配检索,即在检索输入框中输入关键词,然后通过下拉菜单选择关键词出现的字段(即检索入口),并且确定不同字段之间的逻辑关系进行检索;第三种是直接在检索输入框中输入检索表达式进行专家检索。

1. 分类浏览检索

从分类的角度,通过链接一步一步进入下一级目录,直到找到所需要的内容,这种方式称为分类浏览检索。分类的方式有很多种,常用中文数据库一般使用中图法进行期刊文献的分类检索,或者根据数据库的自有专集进行分类检索。例如 CNKI 将期刊文献分为十大专集,包括:理工 A(数学物理力学天地生);理工 B(化学化工冶金环境矿业);理工 C(机电航空交通水利建筑能源);农业;医药卫生;文史哲;政治军事与法律;教育与社会科学综合;电子技术及信息科学;经济与管理。其中值得一提的是,维普数据库的分类检索可以提供多个不同学科的交叉类目检索,如图 3.5 所示。

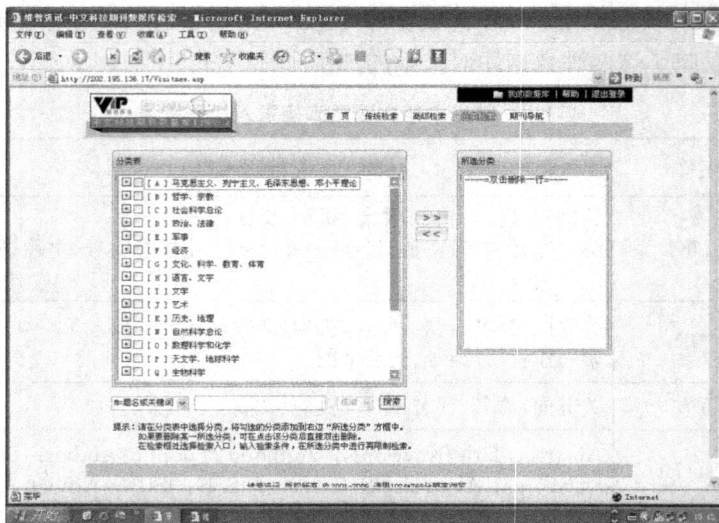

图 3.5　维普数据库分类检索界面

2．逻辑组配检索

通过菜单将单个或是多个检索词进行逻辑组配的检索。根据检索入口选项的多少，逻辑组配检索通常有简单检索和高级检索两种形式。当进入数据库的首页时通常提供简单逻辑检索，如果检索要求比较复杂，检索字段较多的时候，可以点击数据库的"高级检索"按钮，进入高级检索界面，图 3.6 为 CNKI 高级检索界面。

图 3.6　CNKI 高级检索界面

3. 专家检索

运用逻辑算符、截词符、位置符等连接检索词构成检索表达式，直接输入检索输入框进行检索，这种方式称为专家检索。如果用户对数据库的检索技术非常熟悉，可以使用专家检索提高检索的精确度。不同专业数据库构造专家检索式的模式略有不同，如表 3.4 所示，可检索的字段名称可以通过数据库的使用说明找到帮助。

表 3.4 常用中外文数据库专家检索式构造示例

数据库名称		专家检索式
中文	CNKI	专家检索模式：字段名＝'关键词' 例子：题名＝'经济' and 机构＝'东南大学'
	VIP	专家检索模式：字段名＝关键词 例子：(TI=大学生 * TI=信息素养)＋(TI=大学生 * TI=检索能力)
	万方	无
外文	Elsevier	专家检索模式：Field_name（search_term） 例子：Title-abs-key（case study）AND Abstract（"land subsidence"）AND Affiliation（China University of Geosciences）
	EBSCO	无
	EI	专家检索模式："search_term" wn Field_name 例子："linear induction motors" wn KY "gu, binglin" wn AU
	Web of Science	专家检索模式：Field_name＝search_term 例子：TS＝((Carbon nanotube * or CNTs) and biosens *)

3.3.4 常用检索技术

1. 中文数据库

所有的中文专业数据库都支持关键词的逻辑与（And）、逻辑或（Or）和逻辑非（Not）的逻辑运算检索，以及字段限制检索。中文数据库一般不支持西文的截词检索和词干检索，但可以使用括号改变检索表达式的逻辑运算次序。重庆维普数据库除了具有一般检索功能外，还具有同义词库、同名作者库，用来提高查全率和查准率。

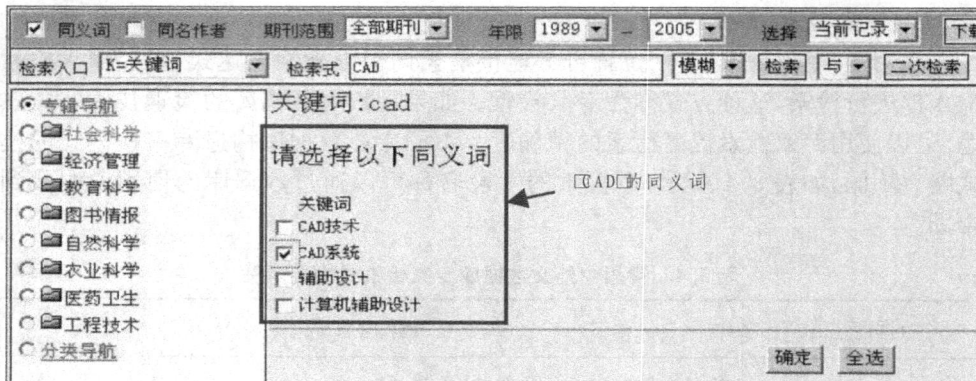

图 3.7　维普数据库的同义词功能演示图

　　如图 3.7 所示，勾选同义词功能，在关键词字段输入"CAD"并点击"检索"按钮，可查看到"CAD"的同义词，勾选"CAD 系统"并点击"确定"按钮，即可得到"关键词＝CAD＋CAD 系统"的检索结果。

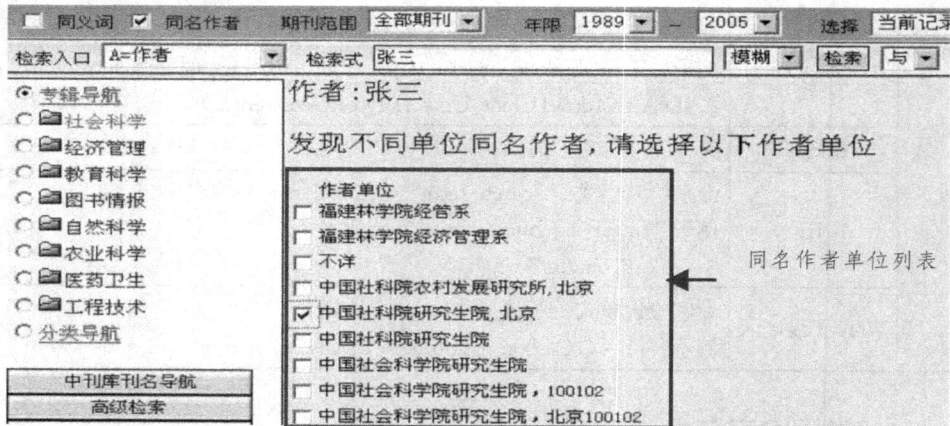

图 3.8　维普数据库的同名作者功能演示图

　　如图 3.8 所示，勾选同名作者功能，选择检索入口为作者(或第一作者)，输入检索词"张三"，点击"检索"按钮，即可找到作者名为"张三"的作者单位列表，用户可以查找需要的信息以做进一步选择。

　　值得注意的是，同义词功能只适用于三个检索字段：关键词、题名或题名与关键词；同名作者功能只适用于两个检索字段：作者、第一作者。

　　此外，中国知网(CNKI，包括中国期刊网)除了收录期刊发表的文章外，还收录该文章引用的参考文献，提供强大的引文检索服务，为用户提供更加丰富的科研信息。更多有关引文检索的知识详见第四章，此处不再赘述。

2. 外文数据库

所有的外文数据库都支持关键词的逻辑与(And)、逻辑或(Or)和逻辑非(Not)的逻辑运算检索,并且可以使用括号改变检索表达式的逻辑运算次序。此外,由于英文单词由不同的字母拼写组成,外文数据库的检索技术和检索规则比较丰富。下面简单介绍一下常用外文数据库的检索技术。

(1) Elsevier 数据库

① 支持通配符检索,"*"代表单词中的任意个(0,1,2…)字母,"?"代表单词中的 1 个字母;

② 支持 W/n 算符检索,表示该算符连接的两个检索词相隔不超过 n 个词,词语出现的次序不固定;

③ 支持 PRE/n 算符检索,表示该算符连接的两个检索词相隔不超过 n 个词,词语出现的次序固定;

④ " "表示宽松短语检索,检索词语中包含的标点符号、连字符、停用字等会被自动忽略;

⑤ ' '表示精确短语检索,所有符号都将被作为检索词进行严格匹配;

⑥ 支持 ADJ 算符检索,表示该算符连接的两个检索词按指定顺序排列,相当与短语检索;

⑦ 支持 NEAR 算符检索,表示该算符连接的两个检索词同时出现在一个句子中,次序可变;

⑧ 在作者检索字段(author)进行检索时,先输入某作者名的全称或缩写,然后输入姓,临近符 W/n 可以用于作者检索。此外,增加了特定作者字段(Specific author),表示输入的作者姓名要求出现在同一个作者的名称中,这样可以使得作者检索更加准确。

(2) EI 数据库

① 支持词干检索,在快速检索模式中,系统自动执行词干检索(除作者字段),例如输入 management 后,系统会将 managing、manager、manage、managers 等检出,如果要取消该功能,需点击"autostemming off"。

② 在专家检索模式中,系统不自动进行词干检索。若做词干检索,需在检索词前加上"$"符号;

③ 支持截词检索,用星号"*"表示,放置在词尾,例如 comput*,可以将 computer、computerized、computation、computational、computability 等作为检索词;

④ 支持词组或短语的精确检索,需要用" "或( )将其括起来;

⑤ 除了 a—z,A—Z,0—9,?,*,#,( )或{ }等符号外,其他符号均视为特殊符号,检索时将被忽略,除非用引号或括号将其括起,如:{n<7}。

(3) Web of Science 数据库

① 支持截词检索,"?"代表单词中的一个字符,"＊"代表单词中的一个或多个字符;

② 支持 same 临近检索算符,表示用该算符连接的两个检索词必须出现在同一个句子中,即两个句号之间的字符串,检索词在句子中的顺序是任意的。

限于偏于无法将所有中外文数据库的检索技术一一穷尽,我们可以从数据库的帮助(help)文档中获得更多的检索技术介绍。

3.4 检索网络信息资源

互联网构成了人类历史上最大的信息资源网络系统,它已经成为人们工作、生活和交往不可缺少的工具。互联网用户遍布全球,用户数量巨大,且增长迅速,根据中国互联网信息中心统计截至 2008 年 6 月底中国互联网用户数达到 2.5 亿。网络信息资源极其丰富,涉及人类面对和从事的各个领域、行业及社会公用服务领域,包括自然科学、技术科学、农业、医学、社会学等各专业领域,社会、政治、历史、科技、科普、卫生、娱乐、政府决策、金融、商业等各个方面,以及各种社会公共服务领域,诸如体育、音乐、艺术、天气预报、旅游、消遣等。

要想从浩如烟海的网络信息资源中准确、及时、方便、迅速地获得所需信息,并不是一件容易的事情。网络信息检索工具数量众多、各具特色,用户在进行网络信息检索时必须加以选择。

3.4.1 传统网络信息检索方式

在互联网发展的过程中,先后产生过一些网络信息检索方式。互联网发展迅速,新技术、新工具层出不穷。一些传统的检索方式至今仍在使用,而另一些则被新的工具所代替。

1. 远程登录方式

远程登录(Telnet)方式是在网络通信协议支持下以仿真终端的形式访问并检索远程计算机的资源。Telnet 是互联网提供的最基本的信息服务之一,它对网络宽带要求很低,很多教育和科研机构以及政府部门的数据库都是通过 Telnet 方式提供服务的。在远程计算机上登录,必须事先成为该计算机系统的合法用户并拥有相应的账号和口令。登录时要给出远程计算机的域名或 IP 地址,并按照系统提示,输入用户名及口令。登录成功后,用户便可以实时使用该系统对外开放的功能和资源。

2. 电子邮件方式

电子邮件(E-mail)方式是用户向所需要查询的数据库指定的电子邮箱发送包含查询命令的邮件,即可返回相应结果的方式。也可以采用网页订制查询条件或相关主题,并填写接收查询结果邮件地址的方法,所要求的资料会自动和定时地发送到查询者的电子邮箱。目前电子邮件已成为网络用户之间快速、简便、可靠且成本低廉的现代化通信手段,也是互联网上使用最广泛、最受欢迎的服务之一。

通过电子邮件可访问的信息服务有:FTP、Archie、Gopher、WWW、News、WAIS 等。当用户准备向这些信息中心查询资料时,只要向其指定的电子邮件发出一封含有一系列查询命令的电子邮件,用户就可以获得相应的信息。此外,互联网的数据库也可以通过电子邮件检索。例如,由美国国家科学基金会、能源部等合作开发的专业数据库提供了邮件检索服务,其内容反映学科前沿研究成果,深受研究人员的重视。

例如,要检索近期《计算机应用和语言》有关云计算(Cloud Computing)研究的文章,可以给 cmp-lg@xxx. lanl. gov 发送一封主题为"find cloud computing"、内容为空的 E-mail。不久你将收到一封包含有关云计算研究文献信息的回信。其他可访问的邮件地址如下:

astro-ph@xxx. lanl. gov　天体物理学

hep-th@xxx. lanl. gov　高能物理学

gr-qc@xxx. lanl. gov　广义相对论与量子宇宙学

chem-ph@xxx. lanl. gov　化学物理学

mtrl-th@xxx. lanl. gov　材料理论

supr-con@xxx. lanl. gov　超导

alg-geom@eprints. math. dukee. edu　代数几何

funct-an@xxx. lanl. gov　泛函分析

q-alg@eprints. math. dukee. edu　定量代数和拓扑学

ao-sci@xxx. lanl. gov　大气海洋科学

以上 E-mail 地址中可以将@xxx. lanl. gov 换成@arXiv. org。

现在,各专业数据库和网络搜索引擎(如 google、baidu 等)推出的电子邮件订阅服务,定期将检索到的结果通过电子邮件自动传递给用户,这也可以看作是电子邮件检索服务方式。

3. 文件传输方式

文件传输方式(FTP)是用户通过 FTP 客户端软件、操作系统的 FTP 命令实现登陆某台 FTP 服务器,检索和下载所需要的文件。通常会使用自动搜索服务工具(Archie)来查找标题满足特定条件的所有文档,Archie Server 也被称为文档查询服务器,保存多台 FTP 服务器上文件的名称等信息,检索 Archie Server 即可从许多台服务器的文件目录中获取相关文件的地址信息,从而连接到指定服务器下载。现今的 FTP 检索基本上是通过 WWW 页面检索的方式,并整合网络搜索引擎进行工作。

4．Gopher 方式

Gopher 方式是基于菜单的网络信息检索工具，用户可以通过菜单方式标记的网络文件或目录，按照分级菜单的指引选取并访问指定的网络资源。

用户可以使用 Netscape 在 Address 正文框中输入 gopher：//Url。Gopher 菜单选项由一些链接代表，单击一个链接就可以选中那个选项。如果这个选项引导另一个菜单，那么它会在窗口中显示出来。如果它引导一个某种类型的文件，这个文件将以标准方式被传输。并且如果 Netscape 能够显示和播放它，就可以显示完整的信息。如今的 Gopher 的特性很类似于信息传播系统，它可以被用来传播任何信息，当然也可以被用来作为商业客户服务系统等。

在 WWW 出现之前，Gopher 软件是 Internet 上最主要的信息检索工具，Gopher 站点也是最主要的站点。在 WWW 出现后，Gopher 失去了昔日的辉煌，很多年轻一代的互联网用户都不太熟悉 Gopher 检索。

5．WAIS 方式

WAIS 是一种数据库索引查询方式，是一种对于文件内容的索引，可以提供关键词检索。WAIS 是一种分布式文本搜索系统，基于 Z39.50 标准。Z39.50 是一个面向连接、有关信息检索的协议，由于服务端的多个数据库可能是异构的，命令和检索方法也可能不一，所以需要客户端将检索命令转换为 Z39.50 标准格式，同样遵循相关标准的服务端将标准格式翻译成自己的检索命令，实现检索后，客户端接收标准格式检索结果，通过相应的转换在查询结果界面显示。

Z39.50 最初应用于图书馆机读目录（MARC）数据库的检索，如汇文、INNOPAC、Sirsi 等绝大多数图书馆信息管理系统都提供了 Z39.50 的访问服务。美国国会图书馆还提供了可以查询全世界上百所图书馆馆藏目录的 Z39.50 查询网关（http://www.loc.gov/z3950）。它目前已经发展为一般性的信息查询和获取标准，扩大到全文信息检索服务和商业信息检索服务，如提供多种数据库检索的OVID 检索平台即提供 Z39.50 的服务。

3.4.2 搜索引擎

传统的网络信息检索方式有的因为不是图形界面并需要记忆复杂的命令，有的因为无法实现交互式的检索，有的因为处理文档类型的限制以及遵守协议或标准的限制无法处理更大范围内的信息检索服务，逐渐不再使用或只在有限的范围及有限的行业内使用。随着 WWW 的出现，基于超文本的搜索引擎（Search Engine）检索服务因其不仅能够进行文本的信息检索，而且还能提供音频、声像、图片等多类型文档的检索，并整合软件检索、新闻组查询、电子邮件订阅、电子地图查询等一系列网络服务而成为当今网络检索工具的主流。

另外需要说明的是，同样被称为搜索引擎的还有企业搜索引擎，它一般只在机构内(不只是企业)提供基于网络的信息检索工具及平台。企业搜索引擎有着自身的特点,比如安全性的保证(需要经过授权才可以访问)、与业务相关的高查全率和高查准率的要求等,与普通的网络搜索引擎有着本质的区别。国内相关的有自主产权的产品包括北京的 TRS 和杭州的天宇(CGRS)等,我们也常称之为全文检索系统,基于其核心技术开发的应用系统有人大复印资料网络版、新华社多媒体数据库等。前面介绍的专业数据库检索也大体采用了类似技术。

本小节主要介绍针对网页内容、网站发布的软件和多媒体文件等信息的网络搜索引擎,这种类型的搜索引擎面向具有开放性、连接性、简便性、异构性、动态性、复杂性等特点的网络信息资源。如果不作特别说明,本小节提到的搜索引擎都是指网络搜索引擎。

1. 搜索引擎的源起

1993 年以前,多数 WWW 用户查找并获取信息的方法是从一个 WWW 服务器的某一个 URL 开始,并沿着其网页上的超文本链接连接到其他 URL。但 WWW 上的信息量在快速增加,目前 Internet 能找到的网页已多达数百亿之巨,并仍以每几个月就翻一番的速度增长。因此,单纯依靠用户自己手工查询或通过人力组织所有的信息已经是不可能的了。人们迫切需要有一个 Web 发现系统,能够在较短的时间内、在指定的范围内自动地发现信息,并且对其所覆盖的信息进行自动更新。这就是我们常说的搜索引擎所完成的工作。

经历二十几年的发展,现在已经产生了多种不同类型的搜索引擎。一般来说,目前的网络搜索引擎可以按照索引方式、引擎功能和覆盖范围划分为不同的类型。

搜索引擎按照索引方式可以分为目录式搜索引擎(List-Based Search Engines)和关键词式搜索引擎(Word-Based Search Engines)。目录式搜索引擎,主要采用人工或机器采集 Web 信息,然后依靠专业人员对搜集到的信息进行筛选、标引,建立分类导航或分类摘要并提供浏览查询,是一种族性检索模式。关键词式搜索引擎,主要由网络搜索软件(Robot、Spider、Worm 等)自动定期遍历各类网站,自动收集网页信息进行索引建库并提供全文检索。目录式搜索引擎和关键词式搜索引擎各自具有无法替代的优势,目前许多搜索引擎都在以提供一种检索方式为主的基础上兼顾了另一种检索方式。

搜索引擎按引擎功能划分可以分为单元搜索引擎和多元搜索引擎。单元搜索引擎一般拥有自己的索引数据库,可向用户提供基于自身索引库的查询服务,并根据数据库的内容反馈出相应的查询信息或链接站点;多元搜索引擎又被称为元搜索引擎或搜索引擎的搜索引擎,这类搜索引擎没有自己的数据库,而是将用户的查询请求同时向多个搜索引擎递交,将返回的结果进行去重、排序等处理后,作为自己的结果返回给用户。这类搜索引擎的优点是返回结果的信息量更大、更全,缺点是不能够充分使用所使用搜索引擎的功能,用户需要做更多的筛选。著名的元搜

索引擎有 InfoSpace、Dogpile、Vivisimo 等,中文元搜索引擎中具代表性的有搜星搜
索引擎。

搜索引擎按覆盖范围划分可分为综合性搜索引擎和专题性搜索引擎。综合性
搜索引擎是提供对网上多种类型、不同主题信息进行集成检索的检索工具,如
google、baidu 等;专题性搜索引擎是专门收录某一方面、某一行业、某一主题的信
息,为满足用户某些比较特殊的需求,如医学搜索引擎、图像搜索引擎、职位搜索引
擎等。

2. 搜索引擎的工作原理

搜索引擎,通常指的是收集了因特网上几千万到几十亿个网页并对网页中的
每一个词(即关键词)进行索引,建立索引数据库的全文搜索引擎。当用户查找某
个关键词的时候,所有在页面内容中包含了该关键词的网页都将作为搜索结果被
搜出来。在经过复杂的算法进行排序后,这些结果将按照与搜索关键词的相关度
高低依次排列。

搜索引擎的工作过程基本上分为 4 个步骤(见图 3.9):

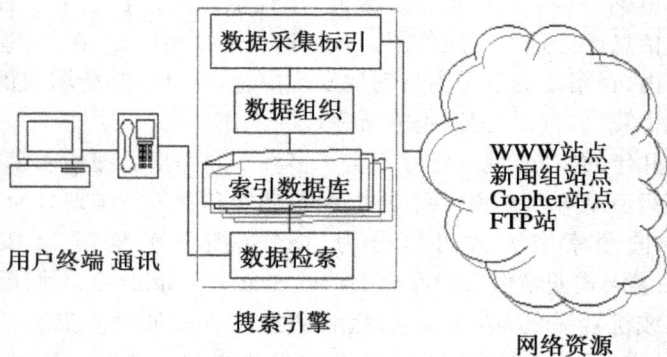

图 3.9　搜索引擎工作原理示意图

(1) 爬行和抓取

搜索引擎派出一个能够在网上发现新网页并抓文件的程序,这个程序通常称
为蜘蛛。搜索引擎从已知的数据库出发,就像正常用户的浏览器一样访问这些网
页并抓取文件。搜索引擎会跟踪网页中的链接访问更多的网页,这个过程就叫爬
行。这些新的网址会被存入数据库等待抓取。跟踪网页链接是搜索引擎蜘蛛发现
新网址的最基本的方法,所以反向链接成为搜索引擎优化的最基本因素之一。没
有反向链接,搜索引擎连页面都发现不了,就更谈不上排名了。搜索引擎抓取的页
面文件与用户浏览器得到的完全一样,抓取的文件存入数据库。

(2) 索引

索引器对蜘蛛程序抓取的页面文件进行分解和分析,并以巨大表格的形式存

入数据库,这个过程即是索引(Index)。在索引数据库中,网页文字内容,关键词出现的位置、字体、颜色、加粗、斜体等相关信息都有相应记录。

(3)搜索词处理

用户在搜索引擎界面输入关键词,单击"搜索"按钮后,搜索引擎程序即对搜索词进行处理,如中文特有的分词处理,去除停止词,判断是否需要启动整合搜索,判断是否有拼写错误或错别字等情况。搜索词的处理必须十分快速。

(4)排序

对搜索词处理后,搜索引擎程序便开始工作,从索引数据库中找出所有包含搜索词的网页,并且根据排名算法计算出哪些网页应该排在前面,然后按照一定格式返回到"搜索"页面。检索结果并不是一个集合而是列表,如何实现基于内容的相关度排序,将最相关的结果排在最靠前的位置从而保证用户满意的查询系统的关键技术,所以当前搜索引擎所使用的排序算法作为核心技术,其完全公开信息的并不多。

再好的搜索引擎也无法与人相比,这就是为什么网站要进行搜索引擎优化。没有 SEO 的帮助,搜索引擎常常并不能正确的返回最相关、最权威、最有用的信息。

3. 搜索引擎的检索特性

大多数搜索引擎都提供简单检索和高级检索两种检索方式。简单检索往往对检索提问式的构造要求较低,比较直观,检索过程相对简单,但对检索策略的优化和检索结果的精度提供的途径不够,适合于网络检索经验较少的用户使用。高级检索往往需要用户按照搜索引擎的检索规则和检索语法自行构造完整的检索提问式,检索过程相对较复杂。但由于高级检索提供的可以限制检索的途径较多,对检索需求的表达功能更强,检索更为快捷,因此检索效率和检索结果的精度都比较高,适合于对网络检索较为熟悉的用户使用。

搜索引擎发展到现在,虽然历史不长,但检索性能已得到了很大的改善,大多数搜索引擎已具备了过去大型书目检索数据库所达到的基本检索特性。

(1)词语或短语检索

几乎所有的搜索引擎都支持词组或短语检索,即如果用双引号将一个词组或短语括起来,系统将检索出与其完全精确匹配的检索结果。采用词组或短语检索始终被认为是提高检索结果精确度的首选方法。

(2)二次检索

有的搜索引擎允许在利用"词组或短语"检索的结果中进行二次检索,以提高检准率。

(3)布尔逻辑检索

作为检索的常用模式之一,目前大多数搜索引擎都能支持布尔逻辑检索。对于逻辑"与"和逻辑"或"，基本上都采用"and"和"or"作为逻辑运算符；而对于逻辑"非"，各搜索引擎的表达不完全一致，有的用"not"，有的用"and not"。

（4）词间位置限定检索

传统规范性数据库及其检索系统（如 Dialog）就提供了一套十分完善的词间位置限定检索的语法体系，可以达到很好的检索效果。而网络搜索引擎在此功能上相对要薄弱许多，具有词间位置限定检索功能的搜索引擎并不多，即使提供了该功能，其灵活性和功能的完善性与 Dialog 相比也有不少差距。

（5）字段检索

采用字段检索，可以有效地限制检索的范围，进一步提高检索的准确率。由于网络信息的非规范性，并不像规范性书目数据库那样有十分严格的字段划分，如今对网络信息的字段描述是为了更有效的标引网络信息特征。一般搜索引擎给出的可检字段主要有网页标题、域名、URL、链接等等。各搜索引擎支持的可检字段种类各不相同，即使同一字段所采用的字段标识符也可能相异。

（6）截词检索和通配符检索

截词检索和通配符检索主要是为了解决同一单词因不同拼写、不同词形、单复数、缩略形式等导致漏检而采取的一种比较有效的方法，也大大减少了用户需要输入同一词的不同表达形式的麻烦。目前搜索引擎使用较多的是前方一致的截词检索。

（7）大小写有别检索

区分大小写对人名检索、专有名词检索有特殊的功效，可提高查准率。部分搜索引擎提供了该功能。

（8）禁用词（停用词）

为了提高检索效率和提高检索的准确率，搜索引擎常常将一些介词、冠词（英文）等作为禁用词。如果用禁用词进行检索，搜索引擎将不予作答。

搜索引擎除了提供网络信息搜索服务外，还提供比如股票、天气、航班、电视、地图、词典、图片、黄页的搜索。有的搜索引擎还提供网页快照，通过网页快照可以查看由于网页被删除或其他原因无法通过原站点链接访问的页面。

除了以上这些之外，不同的搜索引擎还各自具有其自身特有的检索特性，将在下一节逐个具体介绍。

4. 常用搜索引擎

互联网上的搜索引擎很多，用户使用时要根据自己的要求选择搜索引擎。选择搜索引擎，主要考虑搜索引擎的收录范围、数据库容量、用户界面、响应速度和更新周期等因素。据中国互联网络信息中心报道，截至 2010 年 6 月，中国网民规模达到 4.2 亿，其中网民搜索引擎的使用率为 76.3%，为中国第三大网络应用。常用搜索引擎主要有 Baidu、Google、Yahoo 和天网搜索等。

（1）百度（http：//www.baidu.com）

1999 年底，百度成立于美国硅谷，它的创建者是在美国硅谷有多年成功经验的李彦宏及徐勇，2000 年百度公司回国发展。最初，百度定位自己为一家向网站提供后台支持的公司。百度的产品和服务是针对不同企业及各机构网络化的基本需求而设计的，主要产品是基于全球互联网的中文网页检索。百度搜索引擎曾一度占领了国内最主要的门户网站，包括 Sina、Sohu、Tom.com、263 在线、21CN、上海热线等。百度在向门户网站提供搜索服务的同时，学习了 Google 的商业模式，把本公司的网站改为搜索网站，在技术上也迅速添加了包括网页快照、地图搜索等在内的功能。2001 年 10 月百度依据李彦宏先生的第三定律和百度自身庞大的搜索用户群，适时地推出了搜索引擎竞价排名的商业模式。"众里寻她千百度"，"百度"二字正是源自辛弃疾的《青玉案》，它象征着百度对中文信息检索技术执著的追求。

百度提供了简单搜索、高级搜索和网页目录等方式。当打开百度主页时，直接进入简单搜索方式，如图 3.10 所示，在输入框中输入关键词，然后按下回车键或者点击"百度一下"按钮即可以得到相关资料。

图 3.10 百度简单搜索界面

点击输入框右边的"设置"，进入高级检索界面，如图 3.11 所示。高级检索可以定义搜索结果中包含检索词的"包含以下全部的关键词"、"包含以下的完整关键词"、"包含以下任意一个关键词"以及"不包括以下关键词"，还可以设置每页显示的搜索结果数、要搜索网页的时间、文档格式、关键词位置以及指定要搜索的站点等，通过这些限定条件，可以得到更准确的搜索结果。

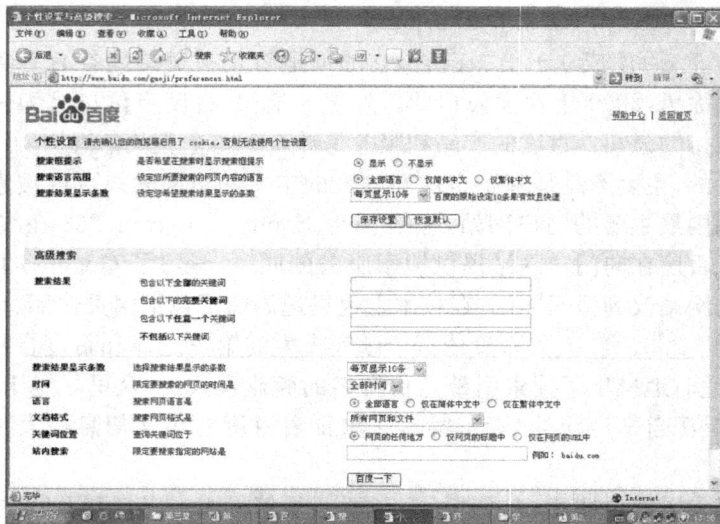

图 3.11　百度高级搜索界面

百度也保留传统的网页目录的方式，在首页点击"更多"，然后点击"站点导航"，或者直接连接网址 http://site.baidu.com/。网页目录依网页主旨按多个方式分别归类和罗列，如娱乐休闲、电脑网络、生活服务等；实用查询包括天气、时刻表、地图等；酷站大全包括门户、新闻、邮箱、音乐、小说等。如图 3.12 所示。

图 3.12　百度网页目录界面

　　百度除了提供网页搜索功能外,还可以对图片、音乐、资讯等内容进行搜索,此外还创建了百度贴吧、百度知道等日常问题的交流平台,并提供相应的查询服务。

　　百度搜索引擎除了具有一般优秀搜索引擎的特性外,还具有一些独特的检索功能。主要包括以下几个方面:

　　① 支持二次检索功能。在检索结果的界面上点击"在结果中找"按钮,可在上次检索结果中继续检索,逐步缩小查找范围,直至达到最小、最准确的结果集。

　　② 相关检索词智能推荐技术。在用户第一次检索后,会提示相关的检索词,帮助用户查找更相关的内容,统计表明可以使检索量提升 10%～20%。

　　③ 百度快照功能。百度搜索引擎预览各网站,并拍下网页的快照,为用户存储大量的应急网页,巧妙地解决了搜索用户经常遇到的死链接或打开速度特别慢的问题。网页快照不仅下载速度快,而且已经将用户查询字串用不同颜色在网页中进行了标记,可以帮助用户进行快速阅读。

　　④ 支持多种高级检索语法,包括"＋"(and)、"－"(or)、""(not)、"site："、"link："、"inurl："、双引号等。

　　⑤ 拼音提示和错别字提示。用户输入查询词的汉语拼音,百度就能把最符合要求的对应汉字提示出来,它实际上是一个功能强大的拼音输入法。拼音提示显示在搜索结果上方。此外,百度会自动给出错别字纠正提示,错别字提示将显示在搜索结果上方。

　　⑥ 书名号是百度独有的一个查询语法。加上书名号的查询词,有两层特殊的功能:一是书名号会出现在搜索结果中;二是书名号括起来的内容不会被拆开。因此,书名号在某些情况下特别有效果,如查询电影或者小说。比如,查电影"手机",很多情况下出来的是通讯手机,而加上书名号后,《手机》结果都是关于电影方面的了。

　　(2) Google(http：//www.google.com.hk/)

　　1998 年,Stanford 大学计算机科学系的博士研究生 Larry Page 和 Sergey Brin 合伙开办了一个提供网络信息搜索服务的公司。Google 成立的第一步始于 Larry Page 和 Sergey Brin 在斯坦福大学的学生宿舍内共同开发的全新的在线搜索引擎,然后迅速传播给全球的信息搜索者。Google 目前被公认为是全球规模最大的搜索引擎,它提供了简单易用的免费服务,用户可以在瞬间得到相关的搜索结果。2010 年 Google 由于不同意中国政府提出的对不良信息的筛选协议,加上在中国耕耘 4 年之后,市场份额增长有限,部分退出了中国市场,并将总部搬至中国香港。但由于很多用户已经习惯了使用 Google,并且由于百度搜索引文网页功能有限,因此很多人仍然通过其他方式使用 Google 搜索引擎和工具。

　　Google 同样提供了简单搜索、高级搜索和网页目录等方式。当打开 Google 主页时,直接进入简单搜索方式。如图 3.13 所示。点击输入框右边的"高级"按钮,进入高级搜索界面,可以进行相关搜索限定。Google 的搜索方法和百度基本相同。二者的主要区别在于：百度收录范围限于中文网页；Google 收录范围更加广泛，世界各国的网页信息全部收录。此外，Google 还提供了网页目录的搜索方式，点击 Google 首页的"更多"链接，然后点击"265 导航"按钮即可进入。网页目录按照网页主旨进行归类。

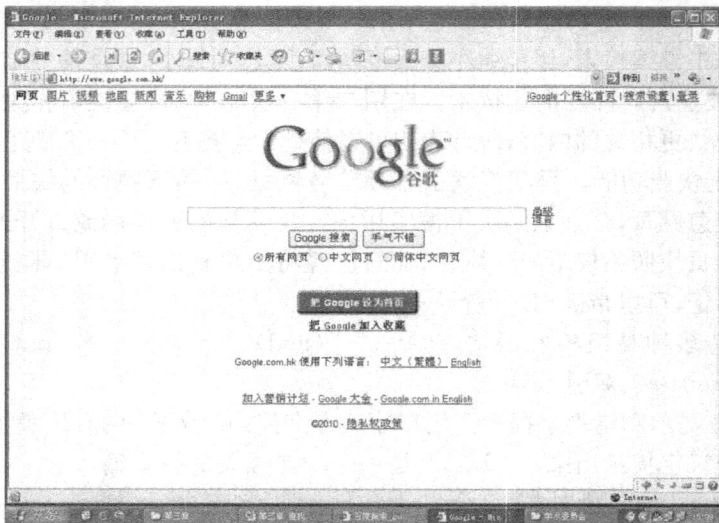

图 3.13　Google 首页界面

除了搜索网页外，Google 还提供了学术资料、图片、音乐、博客、论坛、图书、资讯搜索等功能，并且提供货币转换、计算器、翻译、天气、股票、地图等服务。Google 使用了独特的 PageRank 检索技术，它查询严谨细致，能帮助用户找到最重要、最相关的内容，并具有丰富的检索特性和检索特色，以下简要列出主要的相关特性。

① 相关检索。Google 对网页进行分析时就已经考虑与该网页链接的其他网页上的相关内容，所以 Google 的检索就会列出那些搜索关键词相距较近的网页。

② Google 会自动使用"and"进行查询，不需要在关键词之间加上"and"或"＋"。比如"信息检索"的检索，实际上也会返回"信息"＋"检索"的查询结果。此外，也可以使用"－"进行逻辑非的查询，要求在减号前保留一个空格，使用"OR"进行逻辑或的查询。

③ Google 会忽略最常用的词和字符，这些词和字符称为停用词。Google 自动忽略"http"、"com"和"的"等字符以及数字和单字，这类字词不仅无助于缩小查询范围，而且会大大降低搜索速度。

④ 使用引文双引号可将这些忽略词强加于搜索项。例如输入"春天的故事"，加上英文双引号会使"的"强加于搜索项中。

⑤ 繁简体转换。Google 运用智能型汉字简繁自动转换系统，为用户找到更多相关信息。这个系统不是简单的字符变换，而是简体和繁体文本之间的"翻译"转

换。当用户搜索简体中文网页时,Google 会对搜索项进行简繁转换后,同时检索简体和繁体网页,并将搜索结果的标题和摘要转换成和搜索项的同一文本,便于用户阅读。

⑥ Google 使用词干法。也就是说,在合适的情况下,Google 会同时搜索关键词及与关键词相近的字词。词干法对英文搜索尤其有效。

⑦ Google 搜索不区分英文字母大小写。所有的字母均当做小写处理。Google 运用智能软件系统对拼音关键词能进行自动中文转换并提供相应提示。例如:搜索"shang wu tong",Google 能自动提示"您是不是要找:商务通"。此外,Google 还支持模糊搜索,如果单词拼写有误,它会自动提示正确的拼写方式。

⑧ Google 可以指定域名和指定文件类型搜索。利用"site:xxxx.com"可以在某个特定的网站或域中进行搜索;利用"filetype:文件类型",可以在一类文件中进行搜索,比如,"filetype:pdf","filetype:ppt"等。此外,Google 还通过在一些词后面加冒号,指定关键词出现的位置,例如:"inurl:"要求搜索的关键词包含在 URL 链接中;"intitle:"要求搜索的关键词包含在网页标题中;"inanchor:"或"allinanchor:"要求搜索的关键词包含在网页的"锚"中;"link:"要求搜索所有链接到某个 URL 的网页。

（3）Yahoo(http://www.yahoo.com)

Yahoo 是 Yet Another Hierarchically Officious Oracle 的首字母缩写。1994年 4 月,斯坦福大学两位博士生杨致远和 David Filo 共同创办了雅虎,通过著名的雅虎目录为用户提供导航服务。Yahoo 是 Internet 搜索引擎的先锋,它的目录有近 100 万个分类页面,14 个国家和地区的语言的专门目录,包括英语、汉语、丹麦语、法语、德语、日语、韩文、西班牙语等。Yahoo 中文版(http://cn.yahoo.com)于 1998 年 5 月问世,被命名为"雅虎中文",后改为"雅虎中国"。2005 年 8 月 11 日雅虎公司宣布与阿里巴巴(中国)网络技术有限公司达成战略联盟关系,雅虎出资 10 亿美元成为阿里巴巴的股东之一。同时,阿里巴巴(中国)网络技术有限公司全面收购雅虎中国,并更名为阿里巴巴雅虎。2005 年 11 月 9 日阿里巴巴正式宣布雅虎在中国的业务重点方向将全面转向搜索引擎,雅虎中国传统的门户型首页退出历史舞台,取而代之的是一个简洁的搜索引擎页面。2006 年 8 月 15 号雅虎搜索新品种正式推出,包括两个方面:一是雅虎中文版首页(http://cn.yahoo.com)围绕社区化搜索进行调整;二是雅虎专业的搜索引擎独立域名 www.yahoo.cn 正式启用,满足个性化搜索的需求。2007 年 5 月 15 日雅虎中国正式更名为中国雅虎。

Yahoo 原以分类目录体系而著称,其类目主要由人工编排,通常有十几层,用户可以迅速找到相关站点,由于现已开发出独立的搜索引擎技术,进而也转向了全文搜索。中国雅虎已经不提供雅虎分类目录,只有一个类似上网导航的网址大全(http://site.yahoo.com.cn),而 Yahoo 总站和台湾地区的 yahoo 的分类目录仍保留,例如打开链接 http://dir.yahoo.com,可以进入 Yahoo 的目录体系,14 大类未变,小类略有调整。

中国雅虎搜索的首页如图 3.14 所示。界面简单而清晰,有网页、图片、音乐、资讯等搜索类别。用户输入关键词,点击"搜索"按钮,就可以根据输入的关键词执行搜索命令。当输入关键词时,搜索框会展开下拉的提示框,向用户展示与输入关键词最接近的热门查询词。例如,输入"奥运会",雅虎搜索会下拉提示框显示"奥运会"、"奥运知识"、"奥运门票"等。如果无法打开某个搜索结果,或者打开速度特别慢,可以使用雅虎搜索的"快照"功能。如果想在搜索结果中不包含某些特定的词,可以使用减号"一"除去这些词(注意:减号前面必须加空格)。雅虎搜索不区分大小写,搜索引擎会把所有的字母当作小写处理。此外,雅虎高级搜索语法还包括以下几项:

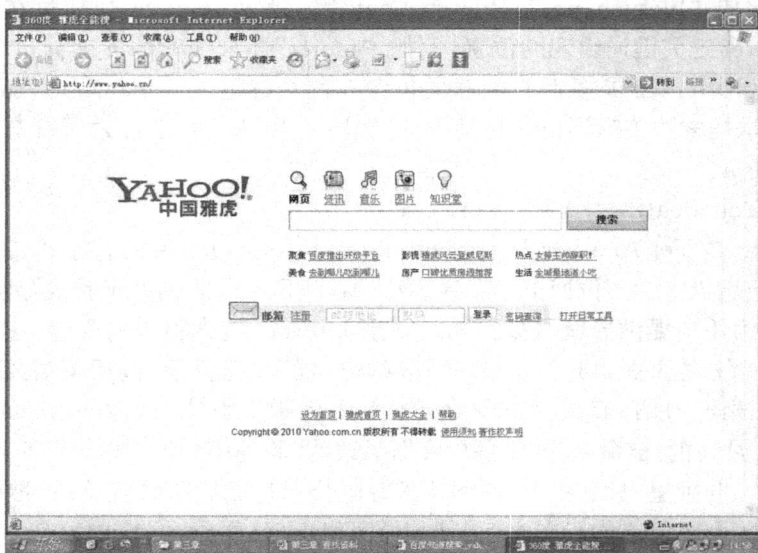

图 3.14 中国雅虎首页

"title:"针对标题进行搜索。例如,搜索"title:奥运会",搜索引擎会返回所有标题中包含"奥运会"的网页。

"link:"用于查找所有链接到某个网址的网页。例如,搜索"link:http://www.sina.com.cn",会得到所有连接到"www.sina.com.cn"的网页;搜索"奥运会 link:http://www.sina.com.cn"或"link:http://www.sina.com.cn 奥运会"会得到所有连接到"www.sina.com.cn"的网页中包含"奥运会"一词的网页。

"site:"或"domain:"用于限定搜索结果的来源。例如,搜索"奥运会 site:http://www.sina.com.cn"或"奥运会 domain:http://www.sina.com.cn",或将

"奥运会"与 site、domain 语句调换位置,搜索引擎会返回域名"www. sina. com. cn"及其子域名中所有包含"奥运会"一词的网页。

"hostname:"的用法与 site、domain 相同,只不过使用 hostname 时返回的只是在当前域名下的网页,而不包括其子域名中的网页。

"url:"用于精确搜索 rul。例如,搜索 url:http://www. sina. com. cn,搜索引擎只会返回一个结果——新浪主页。

④ 天网(http://www. tianwang. com)

天网搜索(http://www. tianwang. com)的前身是北大天网(http://e. pku. edu. cn)。北大天网由北京大学网络实验室研究开发,是国家重点科技攻关项目"中文编码和分布式中英文信息发现"的研究成果。北大天网于 1997 年 10 月 29 日正式在 CERNET 上向广大互联网用户提供 Web 信息搜索及导航服务,是国内第一个基于网页索引搜索的搜索引擎。2003 年 7 月,北京天网时代科技有限公司完全收购了北大天网,开展搜索相关业务。天网搜索继承了北大天网的所有知识产权,并与北大网络实验室保持着密切的合作伙伴关系。天网搜索秉承北大天网研发团队的优良传统,致力于探索和研究中英文搜索引擎系统的核心技术并不断推出更新的搜索产品。目前天网搜索引擎维护的文档数量达到 6 亿之多,并正在以平均每月一千万页文档的数量扩大着规模。天网搜索的中文文档数量超过 4 亿,其中包括 html、txt、pdf、doc、ps、ppt 等多种类型的文档和资源。天网主页如图 3. 15 所示。

图 3. 15 天网搜索主页

天网搜索提供网页检索、Maze 资源检索和 FTP 资源检索。其中天网 Maze 是北大网络实验室的研究成果，是一款集收集和下载为一体的，基于 P2P 底层技术的客户端软件。它的目的是通过 P2P 的方式解决当前 FTP 服务器的缺陷以及所导致的在 FTP 搜索引擎内找到资源却无法有效下载的问题，为广大网友提供一种文件共享的新方法和文件下载的新路径。目前也是 CERNET 上最流行的文件检索及共享软件之一。

天网搜索不区分英文字母大小写，所有的字母均当作小写处理。天网搜索支持精确的短语匹配，一般情况下，用空格隔开的查询词不进行短语查询，如果需要，可以用""括起来，当作短语来查询。从首页访问天网 FTP 搜索引擎可以包含"＊"号（通配所有字符）、"?"（通配一个字符）、空格（表示几个查询词的逻辑或运算）进行搜索。在高级搜索页面，可以实现文件大小过滤、文件日期过滤、文件类型、搜索的站点范围等多个条件的限定检索。

3.4.3　主题网关

搜索引擎面对的使用对象、索引范围、检索机制和检索结果的排序方法对那些需要特定信息的人们来说仍然是无助的。

主题网关（Subject Information Gateway，SIG），又被称为学科信息门户，是围绕某个主题而建立的网络信息资源导航服务，通过因特网向用户提供对文献、网站和服务的链接，实现网络信息资源的检索和开发利用。被引导的信息资源是由专家按照一定的选择标准和质量标准进行严格的质量控制，因而由主题网关引导的链接都是高质量的。信息资源的描述是图书馆学情报学、计算机科学和信息科学专家对图书馆应用、实践与数据库技术有机结合的结果，而不是计算机自动抽取文摘，因此信息资源的描述更为准确和完整，便于信息用户利用。除了按照一定的分类体系对被引导的内容进行组织之外，大部分主题网关服务还提供主题检索功能。

主题网关最初是英国电子图书馆（the Electronic Libraries Program，eLib）项目第一阶段计划中包括的网络资源存取（Access to Network Resources，ANR）项目的一部分，它的运作开始于 1995 年，其中社会科学主题网关 SOSIG 在 eLib 资助之前就已经建立起来。目前，国外建设的著名 SIG 达 50 多个，英国、美国、北欧 国家、荷兰、德国和澳大利亚 SIG 的建设比较活跃。由于主题网关具有优于搜索引擎的特点，2001 年底我国正式启动了中国国家科学数字图书馆（the Chinese Science Digital Library，CSDL）项目，虽然起步较晚，但是在 SIG 建设方面已经做了大量的研究和开发工作，取得了一定的成绩和经验，目前已经由 CSDL 资助建成并投入使用的有物理数学、生命科学、图书情报、化学和资源环境科学 5 个主题网关。

表 3.5　国内外著名主题网关举例

主题网关名称	国家	学科	开发机构	URL
WWW Virtual Library	美国	综合	HTML 创立者	http://vlib.org
INFORMINE	美国	综合	加州大学等	http://infomine.ucr.edu
Social Science Information Gateway(SOSIG)	英国	社会科学	经济与社会研究协会、欧盟	http://www.sosig.ac.uk
Librarians' Index to the Internet(LII)	美国	图书情报	加州大学图书馆等	http://lii.org
Bulletin Board for Libraries, Libraries of Network Knowledge(BUBL LINK)	英国	图书情报	合作信息系统委员会	http://bubl.ac.uk/link
中国国家科学数字图书馆学科门户	中国	图书情报,数、理、化、生、资源环境	科学院	http://www.csdl.org.cn/index.jsp
Gateway to Educational MaterialsSM (GEM)	美国	教育	教育部,国家教育图书馆	http://www.thegateway.org
Arts and Humanities Data Service(AHDS)	英国	艺术与人文	JISC 等资助	http://ahds.ac.uk
The Art, Design, Architecture & Media Information Gateway(ADAM)	美国	艺术、设计、建筑与媒体	ADAM 联盟	http://adam.ac.uk
Biz/ed	英国	经济	JISC	http://www.bized.ac.uk
Edinburgh Engineering Virtual Library(EEVL)	英国	工程	爱丁堡大学等	http://eevl.icbl.hw.ac.uk
Engineering E-Library, Sweden(EELS)	瑞典	工程	理工大学图书馆	http://eels.lub.lu.se
Organising Medical Networked Information (OMNI)	英国	医学	诺丁汉大学、德国国家医学图书馆等	http://omni.ac.uk
BIOME	英国	生命与健康	牛津大学等	http://biome.ac.uk
MathGuide	德国	数学	哥廷根大学图书馆	http://www.mathguide.de
Agrigate	澳大利亚	农业	墨尔本大学等	http://www.agrigate.edu.cn

续表 3.5

主题网关名称	国家	学科	开发机构	URL
Nordic Gateway to Information in Forestry, veterinary and Agricultural Sciences (NOVA-Gate)	北欧地区	农林业、畜牧	丹麦、芬兰、冰岛、挪威等的畜牧与农业大学图书馆	http://novagate.nova-university.org
Argus Clearinghouse for subject-oriented Internet Resources	美国	综合	Argus 协会	http://www.clearing.net

资料来源：黄如花.学科信息门户信息组织的优化.图书情报工作,2005(7)

3.4.4 其他网络信息检索服务

除了搜索引擎和主题网关,其他网络技术和服务,如 RSS 技术、Wiki 技术、P2P 对等网络服务等逐渐成为人们获取网络信息的工具,本节将对这些技术进行简单介绍。

1. 博客和 RSS

RSS 作为缩写,在英文中可以有几个源头,并被不同的技术群体做不同的解释,既可以是"Rich Site Summary",也可以是"RDF Site Summary",而最常见的被认为是"Really Simple Syndication",所以也常被称为是简易信息聚合。不管名称如何,RSS 所实现的是站点用来和其他站点之间共享及聚合内容的一种简易方式,是类似"推"(Push)的技术,目前也是一种比较流行的浏览访问网站的方式,保证用户不必登陆实际的网站就可以看到要浏览的网站的内容。其实 RSS 是一种 XML 格式的文档,或者说是一个 XML 的应用标准,并遵照 W3C 的 RDF 标准,它包含了设有兴趣组项目的频道,而这些兴趣组项目含有信息小结(摘要)以及指向真实全文信息的链接。简单地说,RSS 是一种由网站直接把网络信息送到用户桌面的技术,用户可以通过 RSS 阅读器订阅自己感兴趣的内容,当网站内容更新时,用户会看到新信息的标题和摘要,并挑选其中更感兴趣的来阅读全文。

早在 20 世纪 90 年代末,RSS 技术就已经由远景公司提出,并集成在当年红极一时的 Navigator 浏览器中。不过当时互联网上的信息非常贫乏,所以 RSS 在商业应用上失败也是理所当然的。随着博客(Blog)的兴起,以及博客广泛采用 RSS 作为信息交流技术,RSS 开始受到人们的关注,加之 User Land、Yahoo、Google 等公司的大力支持,RSS 才逐渐兴盛起来。现在许多博客网站都提供 RSS 服务,国内一些网站也开始推行这项服务,例如计算机世界网、新华网、天极网等等,通常只要在网站上看到 RSS 或 XML 的标志,就表示这个网站提供 RSS 服务。

目前,网络上存在着很多在线 RSS 阅读器,所以用户在选择的时候难免会无从下手。这里介绍几个常见的 RSS 阅读器。

(1) Google Reader(http://www. google. com/reader)

Google Reader 借助 Google 的声势,已经成为在线阅读器的领头羊,支持中文界面,还支持 HTTPS,阅读速度非常快。

(2) Bloglines(http://www. bloglines. com)

目前排在第二的位置。虽然做的最早,但据 FeedBurner 统计,Bloglines 的市场份额已经远远低于 Google Reader 了。

(3) NewsGator(http://www. newsgator. com)

英文界面,速度一般,对中文支持不太友好。阅读界面上会显示 Google Adsense 的广告。

(4) Rojo(http://www. rojo. com)

英文界面,速度慢。中文支持极其不好,中文目录会出现乱码且无法修改删除,阅读界面上会显示 Google Adsense 的广告。

(5) 抓虾(http://www. zhuaxia. com)

一个国内的阅读器,目前已经是国内阅读器的翘楚。浏览速度尚可,但无法按目录浏览,这是一个很大的功能缺陷。

2. Wiki 技术

Wiki 的中文译名为"维客"或"维基"。简而言之,Wiki 就是"大家协作撰写同一(批)网页上的文章"。其代表应用是知识库的合作编写。Wiki 使用简便,内容开放,与其他文章内容固定的互联网应用形成了鲜明的对比。在 Wiki 网站上,访问者可以修改、完善已经存在的页面,或者创建新内容。通过 Wiki 协作,Wiki 网站可以不断完善、发展,成为优秀的网站,例如维基百科全书(Wikipedia)、天下维客(Allwiki)等。

Wiki 一般被认为正式诞生于 1995 年,历史并不长,无论是 Wiki 概念本身,还是相关软件系统的特性,都还在热烈的讨论中。但迄今已有大量活跃的 Wiki 站点。目前世界上最大的 Wiki 系统是 Wikipedia,创建于 2001 年 1 月 15 日,其英文版网址为 http://en. wikipedia. org,中文版网址为 http://zh. wikipedia. org。Wikipedia 是一个完全由网民撰写、管理的网站,在 6 年多时间里积累了 253 个语种版本、总计 800 万篇文章的项目。迄今为止,它是最为成功的 Wiki 项目,在短短数年间就超越《大不列颠百科全书》、Encarta(微软百科全书),在 2008 年成为全球流量最高的第 9 大网站。中文维基百科的主页如图 3.16 所示。

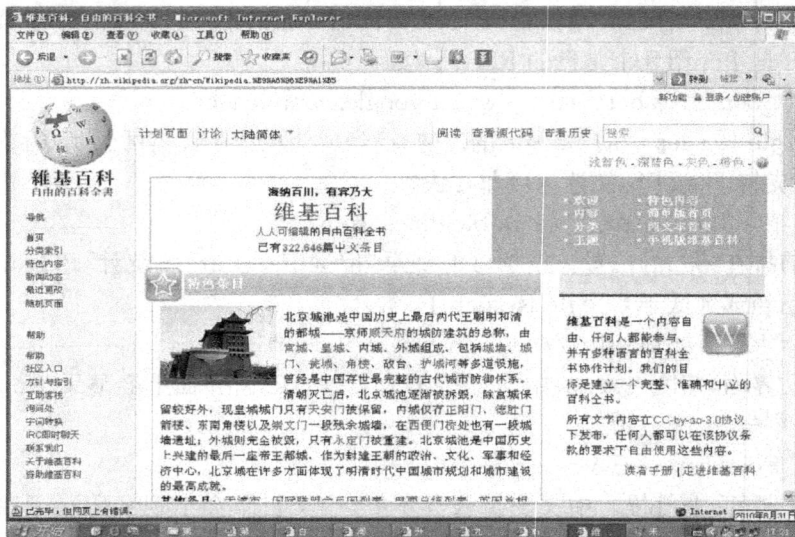

图 3.16　中文维基百科主页

　　在中文维基百科主页的右上角屏幕上有一个搜索框,在搜索框中输入您想搜索的字词,按回车键就可以得到结果。Wikipedia 搜索支持逻辑运算符"and"、"or"、"not"及括号。或者也可以点击"分类",直接按照分类索引的方式进行浏览检索。如图 3.17 所示。

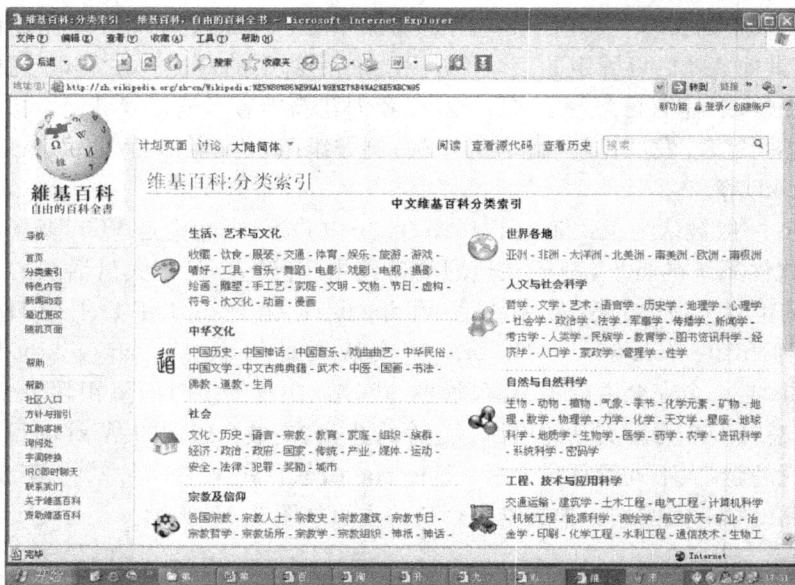

图 3.17　中文维基百科分类索引

3. P2P 对等网络

P2P 是 peer-to-peer 的缩写,被称为对等互联网技术,或者称为点对点网络技术,它可以让用户直接连接到其他用户的计算机,进行文件共享与交换。短短几年内,P2P 软件能在互联网中迅速普及,其中起到主导作用的是一款 P2P 文件共享软件 Napster。Napster 技术在 1999 年由美国东北大学的在校生 Shawn Fanning 开发成功,当时只不过想和他在弗吉尼亚的朋友共享 mp3 歌曲文件,但 Napster 迅速在众多 mp3 数字音乐爱好者中传播开来,人们可以通过 Napster 在网络上搜索自己需要的 mp3 音乐,并从任一台联网且使用 Napster 的计算机中下载。当然,如果您愿意的话也可以将自己觉得有价值的东西共享,让其他的网友进行下载。简单地说,P2P 直接将人们联系起来,让人们通过互联网直接交互。P2P 使得网络上的沟通变得容易、更直接地共享和交互,真正地消除中间商。P2P 就是人们可以直接连接到其他用户的计算机、交换文件,而不是像过去那样连接到服务器去浏览与下载。P2P 另一个重要特点是改变互联网现在的以大网站为中心的状态,重返"非中心化",并把权力交还给用户。P2P 看起来似乎很新,但是正如 B2C、B2B 是将现实世界中很平常的东西移植到互联网上一样,P2P 并不是什么新东西。在现实生活中我们每天都按照 P2P 模式面对面地或者通过电话交流和沟通。

到了 2000 年,P2P 技术的发展就得使用月甚至日来记载了。直到现在使用 P2P 技术的软件比比皆是,人们也在不知不觉中感受到了 P2P 作为高科技发展载体的快乐。平常我们使用的 QQ、MSN 就不提了,其他软件更是铺天盖地,让人目不暇接,例如电驴(eMule)、OPENEXT、迅雷(Thunder)、易载(ezpeer)、酷狗(KuGoo)等等。其实说到 P2P,就不能不提 BitTorrent(中文全称比特流,简称 BT),这个被人们戏称为"变态"的词几乎在大多数人的感觉中与 P2P 成了对等的一组概念,而它也将 P2P 技术发展到了近乎完美的地步。实际上 BT 原先是指一个多点下载的 P2P 软件,它不像 FTP 那样只有一个发送源。BT 有多个发送点,当你在下载时,同时也在上传,使大家都处在同步传送状态。应该说,BT 是当今 P2P 最为成功的一个应用。如果解释一下的话,BT 首先在上传者端把一个文件分成了多个部分,客户端甲在服务器随机下载了第 N 部分,客户端乙在服务器随机下载了第 M 部分。这样甲的 BT 就会根据情况到乙的电脑上去拿乙已经下载好的第 M 部分,乙的 BT 就会根据情况到甲的电脑上去拿甲已经下载好的第 N 部分。

目前,P2P 最流行的应用绝大部分还集中在上述文件共享软件上,但其与信息检索、搜索引擎技术的结合却是最有价值的。目前的搜索引擎如 Google、Baidu 等都是集中式的搜索引擎,即由一个机群在互联网上自动读取信息,然后按照某种算法根据关键字将信息保存在一个海量数据库内,当用户提交搜索请求的时候,在海量数据库内部进行搜索。这些传统的搜索引擎都依赖于服务器。基于 P2P 的搜索引擎为网络信息搜索提供了全新的解决方法,其最大优点在于应用先进的对等搜索理念,对互联网进行全方位的搜索,不受服务器、数字资源文档格式及宿主设备的限制,其搜索深度和广度是传统搜索引擎难以比拟的。当前基于P2P技术的信息检索还处于探索阶段,尚不成熟,但其蕴含着巨大的商业前景和研究价值,将是未来互联网发展的重要趋势,会给互联网检索带来革命性的变化。

思考题

1. 简述信息检索的原理。
2. 查找资料有哪些方法?
3. 简述信息检索的基本流程。
4. 检索网络信息资源除了使用搜索引擎外,还可以有哪些工具?

参考文献

1. 信息检索的基本概念. http://211.64.199.229/libconf/teach/retriconcept.htm,2010 - 6 - 30.
2. 王知津,崔永斌. 科技信息检索. 天津:南开大学出版社,2003.1:36 - 57.
3. 姚文建. 论手工检索与计算机检索不可偏废. 高校图书馆工作,2001(5):59 - 61.
4. 计算机存储设备及存储容量. [2010 - 6 - 30]. http://www.dzwebs.net/2825.html.
5. 叶继元. 信息检索导论(第2版). 北京:电子工业出版社,2009.
6. 张厚生. 信息检索(第4版). 南京:东南大学出版社,2006.8:16 - 19.
7. 马张华,侯汉清. 文献分类法主体法导论. 北京:北京图书馆出版社,1999.7:1 - 5.
8. 张丽君. 文献信息检索技术综述. 四川冶金,2008(12):58 - 61.
9. 词性. [2010 - 8 - 23]. http://baike.baidu.com/view/377635.htm? fr=ala0_1_1.
10. Google. [2010 - 8 - 26]. http://www.google.com.hk.
11. 百度. [2010 - 8 - 26]. http://www.baidu.com.
12. 天网. [2010 - 8 - 26]. http://www.tianwang.com.
13. 雅虎. [2010 - 8 - 26]. http://www.yahoo.com.
14. 张兴华,王仕雪. 百度检索引擎查询技巧. 现代情报,2005(4):192 - 194.
15. 许芳敏. 中文四大全文期刊数据库比较分析. 图书馆工作与研究,2005(2):56 - 58.
16. Wiki. [2010 - 8 - 23]. http://baike.baidu.com/view/737.htm.
17. P2P. [2010 - 8 - 23]. http://baike.baidu.com/view/3280.htm.
18. Blog. [2010 - 8 - 23]. http://baike.baidu.com/view/560.htm.
19. 李黎. Elsevier电子期刊数据库的主要功能与检索. 情报探索,2008(8):69 - 70.

4　学科信息资源

4.1　综合性学科

　　随着计算机与互联网络数据库技术的发展与成熟,国内外出现了许多大型综合性学科资源检索平台,将多个学科、不同文献类型的信息资源整合在一起,满足用户利用同一个检索平台检索多学科信息资源的需求。

4.1.1　核心学科资源

1. CNKI 知识网络服务平台

　　(1) 资源概况(http://dlib.cnki.net/或 http://dlib.edu.cnki.net/)

　　中国知识基础设施工程(China National Knowledge Infrastructure,CNKI)是由清华同方股份有限公司组织实施的国家信息化重点工程。CNKI 知识网络服务平台的信息资源有:中国期刊全文数据库、中国期刊全文数据库(世纪期刊)、中国博士学位论文全文数据库、中国优秀硕士学位论文全文数据库、中国重要会议论文全文数据库、中国重要报纸全文数据库、《中国统计年鉴数据库》(挖掘版)、中国专利全文数据库、中国工具书网络出版总库、中国医院知识仓库等多种数据库。目前,CNKI 知识网络服务平台已收录 7 000 多种期刊、近 1 000 种报纸、18 万本博士/硕士论文、16 万册会议论文、30 万册图书以及国内外 1 100 多个专业数据库。

　　CNKI 期刊全文数据库可提供丰富、及时的学习资源,推动图书馆期刊资源的广泛利用,保证图书馆长期、完整、连续的文献收藏;优秀博硕士学位论文库能反映国内科研的前沿水平,系统性强,提示新的研究课题和方向;而报纸全文数据库以时事性强,浅显易懂,易引起关注。CNKI 系列数据库产品既拥有多种复杂功能,同时也提供方便简单的检索操作,可以让用户非常方便的获得全文。

　　利用 CNKI 数据库学术文献总库进行知识搜索,可以进行句子检索、科研基金检索、学者检索、作者发文检索和引文检索等,其中比较有特点的是"工具书和知识元检索",该检索功能可以实现学术概念的定义、中英文翻译、学术发展趋势等多角度的揭示。以"信息素养"这一学术概念举例来说,可以了解"信息素养"这一学术

概念的界定以及这一领域的学术趋势,见图 4.1,图 4.2:

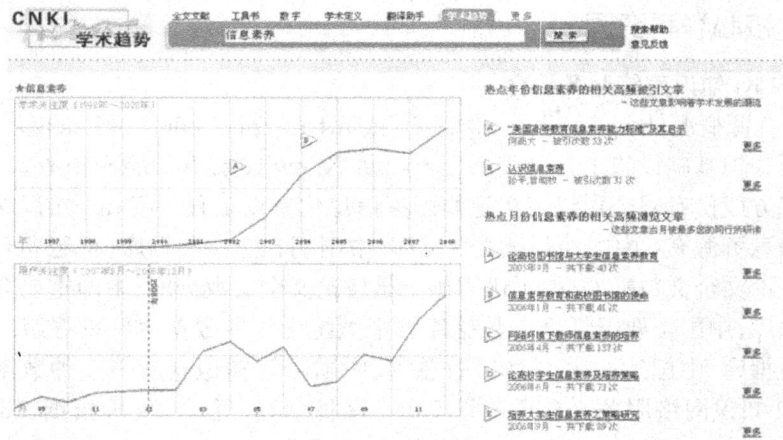

图 4.1

图 4.2

CNKI 数据库平台除了给用户提供种类齐全的信息资源外,还有一个非常有特色的服务功能:"知网节"。所谓"知网节",是指提供单篇文献的详细信息和扩展信息浏览的页面。它不仅包括了单篇文献的详细信息,如题名、作者、机构、来源、时间、摘要等,还是各种扩展信息的入口汇集点,如参考文献、引证文献、共引文献、读者推荐文章、相似文献、相关研究机构、相关文献作者、文献分类导航、相关期刊、相同导师文献。这些扩展的链接信息是动态的,将随着系统中资源的增减而变化。扩展信息通过概念相关、事实相关等方法提示知识之间的关联关系,达到知识扩展的目的,有助于新知识的学习和发现,帮助实现知识获取、知识发现。

（2）检索方法与范例

［检索实例①］ 查找东南大学师生发表的有关民用建筑方面的论文

CNKI可利用数据库导航来进行检索，包括期刊导航、基金导航、作者单位导航、内容分类导航、博士学位授予单位导航、硕士学位授予单位导航、会议主办单位导航、会议论文集导航、报纸导航、出版社导航等。

本实例可以先利用内容分类导航找到"民用建筑"这个类目，内容分类导航分十大专辑：理工 A、理工 B、理工 C、农业、医药卫生、文史哲、政治军事与法律、教育与社会科学综合、电子技术与信息科学、经济与管理。十专辑下分为 168 个专题和近3 600个子栏目。通过分类检索，可以获得一个类目的全部文献，有较高的查全率。

检索步骤：

A：内容分类导航＞专辑导航＞理工 C（机电航空交通水利建筑能源）＞建筑科学与工程＞建筑工程＞建筑设计＞民用建筑

B：限定单位：东南大学

有的读者对于"民用建筑"可能会采用关键词检索，其检索结果与分类检索的结果会有很大的不同，请读者自行分析比较。

［检索实例②］ 查找东南大学陆祖宏教授以第一导师所指导的硕士生优秀学位论文，根据学位论文内容了解国内相似研究概况

本实例可利用 CNKI 单库检索的高级检索方式，利用"中国优秀硕士学科论文全文数据库"，分别选择检索项"第一导师"及"作者单位"，输入检索词"陆祖宏"及"东南大学"，可以获得陆祖宏教授以第一导师所指导硕士生的优秀学位论文 12篇，通过这些学位论文，能够大致了解陆祖宏教授近些年的研究课题方向，对于立志报考陆教授研究生的同学有很好的参考价值。

对于国内相似研究概况，读者可以通过每篇学位论文所包括的相关概念，提炼关键词进行检索，也可以利用 CNKI 数据库平台提供的"知网节"，快速获取参考文献、引证文献、共引文献、读者推荐文章、相似文献、相关研究机构、相关文献作者、文献分类导航、相关期刊、相同导师文献等链接资源，根据上述信息总体上了解国内相似研究的概况。

2. 万方数据知识服务平台（http：//www.wanfangdata.com.cn）

万方数据资源系统是建立在因特网上的大型科技、商务信息平台，内容涉及自然科学和社会科学各个专业领域。主要资源有数字化期刊、科技信息、中国学位论文全文数据库、中国学术会议论文全文数据库、中国标准数据库等。该数据库平台在全部论文上采用了万方最新 WFIRC 检索系统，增强了检索功能。

数字化期刊数据库收录自 1998 年以来国内出版的各类期刊 6 000 余种，其中核心期刊 2 500 种，论文总数量达 1 千余万篇，每年约增加 200 万篇，每周两次更新。

学位论文数据库收录自 1980 年以来我国自然科学领域各高等院校、研究生院

以及研究所的硕士、博士及博士后论文共计 136 万余篇,其中 211 高校论文收录量占总量的 70% 以上,论文总量达 110 万篇,每年增加约 20 万篇。

会议论文数据库收录由中国科技信息研究所提供的 1985 年至今世界主要学会和协会主办的会议论文,以一级以上学会和协会主办的高质量会议论文为主,每年涉及近 3 000 个重要的学术会议,总计 97 万余篇,每年增加约 18 万篇,每月更新。

外文文献数据库收录 1995 年以来世界各国出版的 12 634 种重要学术期刊及 1985 年以来世界各主要学会、协会、出版机构出版的学术会议论文,每年增加论文 20 余万篇,每月更新,无全文。

专利全文数据库收录国内外的发明、实用新型及外观设计等专利 2 400 余万项,其中中国专利 331 万余项,外国专利 2 073 万余项,内容涉及自然科学各个学科领域,每年增加约 25 万条,中国专利每两周更新一次,国外专利每季度更新一次。

中外标准数据库收录中国标准、国际标准及各国标准约 26 万条记录,每月更新。

科技成果数据库收录国内的科技成果及国家级科技计划项目,内容涉及自然科学的各个领域,总记录约 50 万项,每月更新。

政策法规数据库收录自 1949 年建国以来的全国各种法律法规约 27 万条,内容不仅包括国家法律法规、行政法规、地方法规,还包括国际条约及惯例、司法解释、案例分析等。

3. 读秀学术搜索(http://www.duxiu.com)

(1)资源概况

从严格意义上来讲,读秀学术搜索是一个综合型的中文文献搜索和文献资源服务平台,既可以提供对图书、期刊、报纸、学位论文、会议论文等文献资源及全文内容进行深度检索,又能提供文献全文传递服务。现有 280 万种中文图书题录信息(约占 1949 年以来全部出版中文图书的 95% 以上)、160 万种图书原文,可搜索的信息量超过 6 亿页,同时读秀学术搜索能将检索结果与馆藏各种资源库对接,订购该资源的图书馆可以对本馆图书和期刊等资源进行对接。另外,读秀还提供资料的部分原文试读,对读者需要的文献进行传递,将相关学术资料发送到读者邮箱。

(2)检索方法与范例

读秀主要频道有知识频道、图书频道、期刊、报纸、学位论文、会议论文、视频等其他频道。

知识频道(即全文检索频道):是将数百万种图书等学术文献资料打散为 6 亿页资料,当读者输入一个检索词,将获得 6 亿页资料中所有包含该检索词的章节、文章等,并且可以对任何一个章节进行页数不等的试读。为方便快速地找到所需要的结果,可以使用多个关键词或较长的关键词进行检索。

图书频道:读秀以图书类信息的检索和提供最有特色。图书检索提供了书目、章节、全文等检索途径,实现了目录和全文的垂直搜索,当读者查找到某一本书时，读秀为读者提供该图书的封面页、版权页、前言页、目录页以及正文部分页（7～30页不等）的试读，显示的页面不能打印，如需要可进行图像的拷贝，或者是采用OCR文字识别的方式，转换成文本方式打印。

如果本馆订购了该本图书，读秀提供给读者"本馆馆藏纸书"和"本馆电子全文"两个相关链接，可以方便读者通过OPAC链接查找、借阅纸本图书或者直接阅读订购的电子全文。

文献传递服务是读秀服务的另一个特点。读者可以先根据显示的目录页选定所需的页数，通过"图书馆文献传递中心"提交需求申请，每次文献原文不超过本书的20%。读秀将原文以电子邮件的方式发送到读者的信箱中，每次发送的原文可以有20天的有效期，这一期间内，读者可以随时浏览。

〔检索范例①〕　查找读秀学术搜索中有关新兴经济体方面的中文文献

选择知识频道，在搜索框中输入关键词"新兴经济体"，然后点击"中文文献搜索"，将在海量的图书数据资源中，围绕"新兴经济体"深入到图书的每一页资料中进行信息深度查找。得到相关条目1 700余条，图书46种，期刊文献800余篇，学位论文、会议论文、视频、网页信息等若干条记录，如图4.3。点击相关条目"夹缝中的新兴经济体"，可查看图书中相关试读页面。点击"资料来源"可查看书名、作者、页码信息，还可用"文字识别"功能拷贝书中文字并粘贴到文本文档，如图4.4。

图4.3　读秀学术搜索检索结果界面

图4.4　读秀学术搜索图书中相关试读页面

4. 中国科学引文数据库（http://sdb.csdl.ac.cn/）

中国科学引文数据库（Chinese Science Citation Database，简称CSCD），创建于1989年，收录我国数学、物理、化学、天文学、地学、生物学、农林科学、医药卫生、工程技术、环境科学和管理科学等领域出版的中英文科技核心期刊和优秀期刊千余种，目前已积累从1989年到现在的论文记录300万条，引文记录近1 700万条。数据库内容丰富、结构科学、数据准确。系统除具备一般的检索功能外，还提供新型的索引关系——引文索引，使用该功能，用户可迅速从数百万条引文中查询到某篇科技文献被引用的详细情况，还可以从一篇早期的重要文献或著者姓名入手，检索到一批近期发表的相关文献，对交叉学科和新学科的发展研究具有十分重要的参考价值。中国科学引文数据库还提供了数据链接机制，支持用户获取全文。

中国科学引文数据库具有建库历史悠久、专业性强、数据准确规范、检索方式多样、完整、方便等特点，自提供使用以来，深受用户好评，被誉为"中国的 SCI"。

中国科学引文数据库是我国第一个引文数据库。曾获中国科学院科技进步二等奖。1995 年 CSCD 出版了我国的第一本印刷本《中国科学引文索引》，1998 年出版了我国第一张中国科学引文数据库检索光盘，1999 年出版了基于 CSCD 和 SCI 数据，利用文献计量学原理制作的《中国科学计量指标：论文与引文统计》，2003 年 CSCD 上网服务，推出了网络版，2005 年 CSCD 出版了《中国科学计量指标：期刊引证报告》。2007 年中国科学引文数据库与美国 Thomson-Reuters Scientific 合作，中国科学引文数据库将以 ISI Web of Knowledge 为平台，实现与 Web of Science 的跨库检索，中国科学引文数据库是 ISI Web of Knowledge 平台上第一个非英文语种的数据库。

中国科学引文数据库已在我国科研院所、高等学校的课题查新、基金资助、项目评估、成果申报、人才选拔以及文献计量与评价研究等多方面作为权威文献检索工具获得广泛应用。主要包括：自然基金委国家杰出青年基金指定查询库；第四届中国青年科学家奖申报人指定查询库；自然基金委资助项目后期绩效评估指定查询库；众多高校及科研机构职称评审、成果申报、晋级考评指定查询库；自然基金委国家重点实验室评估查询库。中国科学院院士推选人查询库；教育部学科评估查询库；教育部长江学者申报人指定查询库；中科院百人计划申报人指定查询库等。

5. ISI Web of Knowledge 平台

（1）资源概况（http://www.isiknowledge.com/）

ISI Web of Knowledge 是汤姆森科技信息集团（Thomson Scientific）2001 年推出的基于 Web 的学术信息资源整合体系。通过该平台，用户可跨库同步检索多个数据库，并且可与图书馆的馆藏 OPAC 系统及期刊全文数据库等实现无缝链接。该检索体系还提供了几种信息管理工具，实现信息检索、获取、分析、管理与评价的一体化。2005 年，Thomson Scientific 在过去回溯到 1945 年的数据基础上，增加 1900—1944 年回溯数据文档 Century of Science，将科学引文索引的数据回溯到百年之前。同年，加菲尔德（E. Garfield）博士论述了回溯数据访问的重要性："无论从事哪个领域的研究，不可能与同一领域中 50～100 年前的研究毫无关联……有数据表明，人们对早期原始文献的参考相当频繁，人们仍频繁地研究着成千上万的论文，这些论文对人类十分重要。将这些资料作为调查的起点而加以利用，的确起到了扩大视野的作用。"

ISI Web of Knowledge 检索平台下可检索 Web of Science、JCR on the Web 及 Derwent Innovations Index 等数据库。

① Web of Science

Web of Science 是世界上第一个,也是影响力最大、最权威的引文数据库,收录内容涵盖自然科学、工程技术、生物医学、社会科学、艺术与人文等领域,由以下几个重要部分组成:1) Science Citation Index Expanded(SCI-Expanded,科学引文索引扩展版):收录 6 934 种期刊,可回溯到 1900 年;2) Social Sciences Citation Index(SSCI,社会科学引文索引):收录 2 113 种期刊,可回溯到 1956 年;3) Arts & Humanities Citation Index(A&HCI,艺术与人文科学引文索引):收录 1 170 种期刊,可回溯到 1975 年;4) Conference Proceedings Citation Index(CPCI,原 ISI Proceedings):收录国际会议、专题讨论会、研讨会、座谈会、研习会和代表会议的会议文集;5) Current Chemical Reactions:收录 100 万条化学反应,可回溯到 1840 年;6) Index Chemicus:收录 260 万个化合物,可回溯到 1993 年。

通过 Web of Science,用户可从经过遴选的 9 300 多种国际性核心学术期刊中检索到各个学科当前及过去 100 年里的相关信息。它还收录了每一篇论文中所引用的参考文献,并按照被引作者、出处和出版年代编制成索引。通过独特的引文检索,可以用一篇文章、一个专利号、一篇会议文献、一本期刊或者一本书的题名作为检索词,检索这些文献的被引用情况,轻松地追溯课题的起源和发展,了解研究内容和研究方向的演变,追踪其最新的进展,提示科学研究之间隐含的联系,全面掌握有关某课题的过去、现在与将来。既可以越查越旧,也可以越查越新、越查越深入,完全不限于关键词的变迁,突破了关键词检索的局限性。

② JCR on the Web(Journal Citation Reports,期刊引用报告,JCR)

JCR on the Web 是一个综合性、多学科的期刊分析与评价报告,它客观地统计 Web of Science 收录期刊所刊载论文的数量、论文参考文献的数量、论文的被引用次数等原始数据,再应用文献计量学的原理计算出各种期刊的影响因子、立即影响指数、被引半衰期等反映期刊质量和影响的定量指标。JCR on the Web 全面综合地评价和分析了国际性学术期刊。图书馆可利用 JCR Web 的信息选择期刊订购;论文作者可根据 JCR Web 的影响因子排名决定投稿方向。

③ Derwent Innovations Index(DII,德温特发明专利索引)

将"世界专利索引"(WPI)和"专利引文索引"(PCI)的内容整合在一起,采用 ISI Web of Knowledge 平台,通过学术论文和技术专利之间的相互引证的关系,建立了专利与文献之间的链接。DII 收录全球 40 多个专利机构的 1 300 万条基本专利,3 000 万项专利。每周增加 25 000 多个专利,分为 Chemical、Electrical & Electronic、Engineering 三部分。

(2) 基本概念

① 引文(Citation)

指出现在文献末尾"参考文献"(References)或文中"脚注"(Footnote)中的被引用过的文献;其作者称为引文作者或被引作者(Cited Author)。

研究人员通过参考文献可了解该研究工作中基于前人的研究工作,如其理论基础、实验方法等。

② 来源文献(Source)或施引文献(Citing Articles)

提供引文的文献本身称为来源文献(Source Item,Source Article),其作者称为引用作者(Citing Author)或来源文献作者。

研究人员通过了解论文被引用情况(查找施引文献 Citing Articles),即可迅速掌握有关进展和动向,从中掌握某一项研究成果是如何被进一步发展和利用的。了解论文之间的联系,也就了解了深藏在大量文献背后的研究思路和方法,从而有利于进一步提出新的研究课题和方向。

③ 引文索引(Citation Index)

引文索引是以引文作者为检索出发点,查寻其历年发表的文献被他人引用情况的一种索引。

引文索引提示文献之间的内在逻辑与联系,反映文献之间引证与被引证之间的关系,在检索方面突破了关键词检索的局限性。从一篇高质量的文献出发,通过 Times Cited(被引频次)字段可以越查越新,通过了解该论文被引用的情况,掌握有关最新动态和发展方向;通过 References(参考文献)字段可以越查越旧,追根溯源,了解该论文中科学研究的源头;通过 Related Records(相关记录)字段,可以越查越广或越查越深,检索到更多与本课题相关的文献,这些相关文献有可能不在同一领域或采用了不同的关键词。

④ 引文数据库(Citation Index Database)

引文数据库是包括引文索引在内的综合查寻系统,其检索点除引文作者外,还有来源文献作者及其所属机构、城市、国别、文献中的关键词、人物等以及来源出版物信息。

⑤ 被引频次(Times Cited)

被引频次指某文献发表后被数据库收录的其他论文作为参考文献加以引用的总频次,代表文献的影响力。

⑥ 影响因子(Impact Factor,IF)

影响因子是指某期刊前两年发表的论文在当年被引用次数与其两年发表论文总篇数之比值。IF 值可较公平地克服不同期刊由于发文量多寡所致的引文量偏差,成为国际上通用的评价,是期刊质量的指标。

(3)检索方法与范例

当 Web of Science 收录了一本期刊,除了广告和漫画外会收录其他全部内容,包括所有文献类型,如论文、社论、评论综述、信函、会议摘要、临床报告和其他内容。Web of Science 中的每一条记录包含了如文献题名（Title）、作者（Author (s)）、期刊来源（Source）、卷（Volume）、期（Issue）、页码（Pages）、出版时间（Published）、文摘（Abstract）、文献类型（Document Type）、语种（Language）、作者电子邮箱（E-mail）、作者单位地址（Address）、出版商（Publishers）、期刊的学科分类（Subject Category）、国际标准连续出版物号（ISSN）和 Keyword Plus（即来自于本文参考文献题名中的关键词），此外还提供了 3 个独特的字段 Times Cited（被引频次）、References（参考文献）、Related Records（相关记录）。

［检索实例①］ 查找论文被 SCI 收录及被引用情况

以东南大学医学院窦骏教授为例，查找其论文被 SCI 收录及被引用情况。在"地址"检索项输入检索词"SE OR southeast"，在"作者"检索项输入检索词"Dou J"。

图 4.5

共得到 12 篇文献，通过文献内容以确定是否均为东南大学医学院窦骏教授的文献。每篇文献均有被引次数字段，点击链接，可以得到该篇论文的被引用情况。论文被引用情况也可以通过"被引参考文献检索"界面检索。

图 4.6 显示了其中一篇论文"CELLULAR & MOLECULAR IMMUNOLOGY 2007,4(6)：467—472"在 SCI 中被引用了 19 篇次。

图 4.6 "CELLULAR & MOLECULAR IMMUNOLOGY 2007,4(6)：467—472"被引用情况

[检索实例②] 查找某研究领域高影响力论文或最具影响力的研究人员

SCI检索结果可以按照时间、被引次数、作者、期刊进行排序。默认的排序选项是时间排序，如果想找到高影响力的文献，可以选择按被频次数排序（Time Cited）。检索有关肿瘤干细胞（Tumor Stem Cells）方面的文献，检索结果还可以通过进一步限定检索词或学科类别、文献类型来精炼检索结果。

通过检索结果的限定检索（Refine）功能，可以快速了解某研究领域的学科、文献类型、作者、机构、国家等分布情况。如：可以查找综述性文献，以便在宏观上把握国内外在某一研究领域或专题的主要研究成果、最新进展、研究动态、前沿问题或历史背景、前人工作、争论焦点、研究现状和发展前景等等。

通过分析检索结果（Analyze Results）功能，还可以找到研究的合作者或合作单位、合适的论文评审人等。查找有关肿瘤干细胞（Tumor Stem Cells）方面的文献，选择分析被引用次数最高的前1 000篇论文，通过分析这些高频次被引论文来发现最具影响力的研究人员。

[检索实例③] 如何获得某个研究人员的引文报告和H指数

利用检索结果界面Create Citation Report（创建引文报告功能），可以了解论文收录和引用分布情况，同时获得H指数。通过观察每篇论文的每年被引次数，您可以了解某个研究人员的研究成果哪些目前还被重点关注和引用。

H指数最早是由加州大学圣地亚哥分校物理学家乔治·赫希（Jorge E. Hirsch）提出的一种定量科研人员学术成就的方法。"H指数＝n"的定义是：某位科学家发表的所有文章中，有n篇文章的被引次数不低于n次。赫希认为H指数能够比较准确地反映一个人的学术成就。一个人的H指数越高，则表明他的论文影响力越大。该指数也可以延伸至一个数据集。

检索东南大学陆祖宏教授被SCI收录的文献，可以生成其引文报告并获得其H指数。

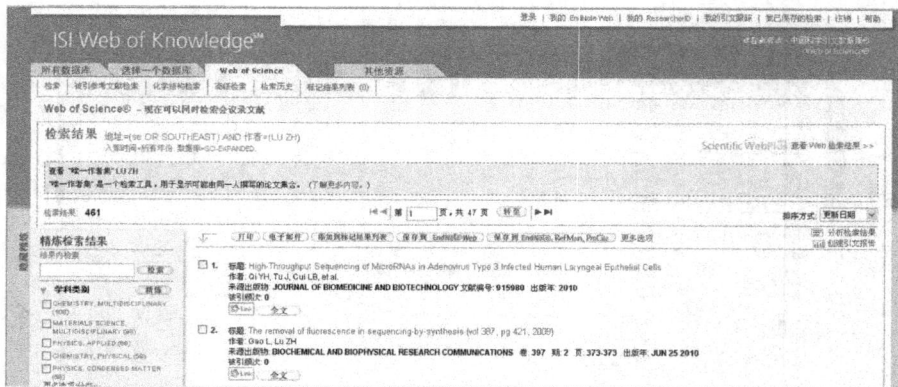

图4.7

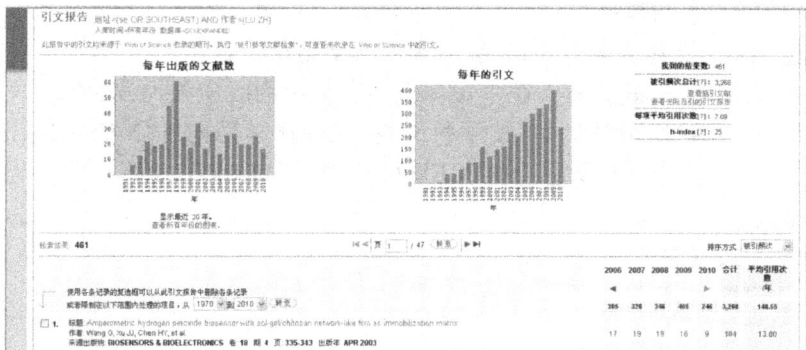

图 4.8

［检索实例④］　如何找到最适合自己研究领域的期刊发表论文

利用检索结果的分析功能，可以了解本研究领域中发表论文最多的期刊，同时通过全记录页面的链接了解期刊的影响因子，在综合考虑之后就可以选择最佳的投稿方式。

［检索实例⑤］　如何随时了解某个课题的最新进展

通过 Web of Science 的定题跟踪和引文跟踪服务（Citation Alerts），可以及时了解某个课题的最新进展。跟踪服务会直接将跟踪结果发到注册邮箱中。

6. ProQuest 检索平台（http://proquest.umi.com/login）

（1）资源概况

ProQuest 数据库平台是由美国 ProQuest 公司（原 ProQuest Information and Learning 公司）创建的在线全文检索及传送系统。ProQuest Information and Learning 公司创建于 1938 年，自 1985 年起，开始开发制作电子资源产品及检索利用技术，2007 年与原美国 CSA（Cambridge Scientific Abstracts）公司合并，成立新的 ProQuest 公司。公司通过 ProQuest 数据库平台提供系列数据库，涉及商业管理、社会与人文科学、科学与技术、金融与税务、医药学等领域，该平台的主要特点是将二次文献与一次文献"捆绑"在一起，为最终用户提供文献获取一体化服务。

通过该平台可以检索 ProQuest 数字化博硕士论文文摘数据库（ProQuest Dissertations & Theses，PQDT，原名 PQDD）。ProQuest 公司是世界上最早及最大的博硕士论文收藏和供应商，收录有欧美 1 000 余所大学文、理、工、农、医等领域的博硕士学位论文。该库最早回溯到 1861 年，最晚为上学期的毕业论文，对 1997 年以来发表的论文，用户可免费浏览前 24 页。

国内若干图书馆、文献收藏单位每年联合购买一定数量的 ProQuest 学位论文全文（PDF 格式），提供网络共享，即：凡参加联合订购成员馆均可共享整个集团订购的全部学位论文资源。ProQuest 学位论文全文中国集团在国内已建立了 3 个镜像站，登录其中任一个网址检索该数据库，可下载博士论文的 PDF 全文。

(2) 检索方法与范例

检索方法主要有基本检索、高级检索及论文浏览检索。

[检索实例①] 查找有关医学影像学中有关生物医学工程方面的论文

本实例采用论文分类浏览,按学科浏览,先选择学科类目"MEDICAL IMAG-ING",再进一步限定学科类目"BIOMEDICAL ENGINEERING"。

图 4.9　学科浏览界面

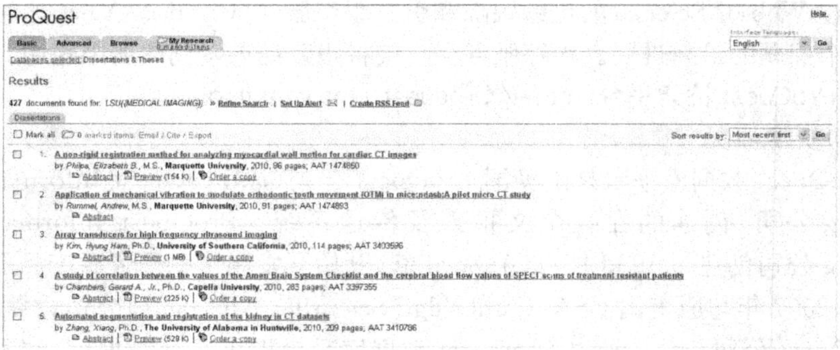

图 4.10　有关"MEDICAL IMAGING"的学位论文

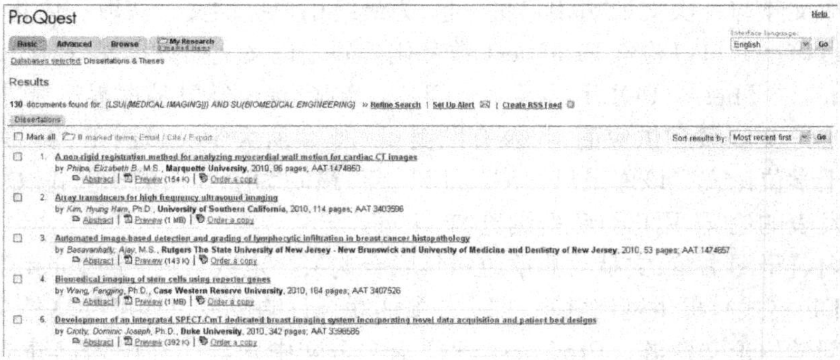

图 4.11　医学影像学中有关生物医学工程方面的论文

［检索实例②］ 查找加州大学伯克利分校有关医学影像学方面的论文

本实例采用论文分类浏览,按地理浏览,由 UNITED STATES-CALIFOR-NIA 找到 UNIVERSITY OF CALIFORNIA, BERKELEY,再浏览"MEDICAL IMAGING"类目。

图 4.12

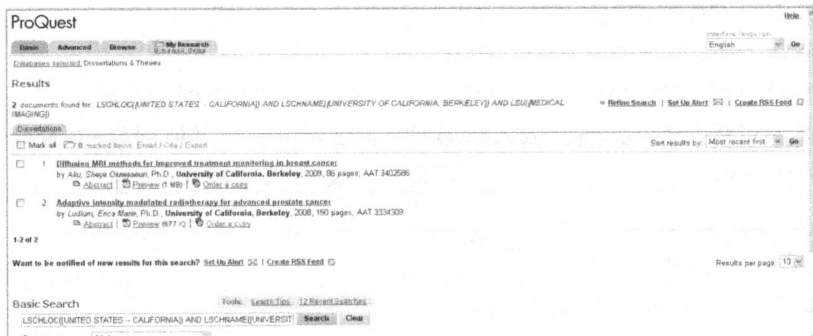

图 4.13

7. EBSCOhost 数据库平台(http://search.ebscohost.com/)

(1) 资源概况

EBSCO 检索平台提供以下几个数据库。

① 学术期刊数据库(Academic Search Premier):多学科的全文数据库。涉及的文献主题主要有社会科学、人文、教育、计算机科学、工程、物理、化学、艺术、医学等等。收录期刊近 8 000 种,其中 4 700 多种为全文期刊。

② 商业资源数据库(Business Source Premier):文献涉及所有的商业经济领域,主要包括营销、经济管理、金融、会计、经济学、劳动人事、银行以及国际商务等。收录期刊近 9 000 种,其中 1 100 多种为同行评审期刊(Peer-Reviewed Journals)。此外,还收录关于市场、行业、国家的研究报告。

③ ERIC:收录关于各级教育的期刊等出版物,包括近 1 000 种教育或与教育

相关的期刊和摘要。

④ History Reference Center：收录涉及历史的多种出版物,包括百科全书、传记、历史方面的期刊、历史资料、历史人物以及他们的照片及影像资料等。

⑤ MasterFILE Premier：专门为公共图书馆而设计的多学科 数据库,主要收录 2 000 多种出版物,包括参考工具书、原始文献、传记、图像、地图、国旗等等。

⑥ MEDLINE：收录文献涉及所有的医学领域,包括牙科和护理的文献。

⑦ Newspaper Source：收录近 30 种美国及世界性的报纸全文;另外收录来自广播电视的及 200 种地区性的报纸全文内容。

⑧ Professional Development Collection：为教育工作者而设计的数据库。收录 550 多种高质量的教育方面的期刊及教育研究报告。

⑨ Regional Business News：收录的主要是美国的地区性的商业出版物,包括商业期刊、报纸及通讯等。

⑩ Vocational and Career Collection：专门为职业教育者而设计的数据库。收录职业发展、教育、培训方面的出版物,主要是贸易与行业相关的期刊。

(2) 检索方法与范例

分基本检索、高级检索和视觉检索。

[检索实例]　查找有关肝癌老年男性治疗后生存率方面的文献

本实例可采用视觉检索,输入检索词"liver cancer",再根据导航(Male-Aged-Treatment Outcome-Survival Rate),获得最终文献,如图 4.14 所示。

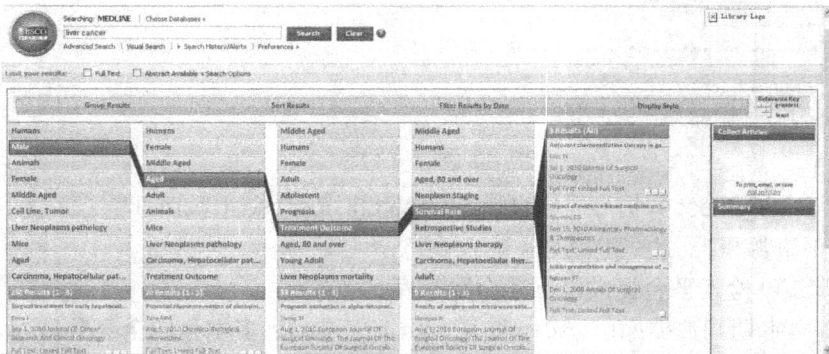

图 4.14

8. EB Online(不列颠百科全书网络版)(网址：http://search.eb.com/)

(1) 资源概况

《不列颠百科全书》网络版(Encyclopedia Britannica Online,简称 EB Online)是世界上公认的权威参考工具书,它整合了 Encyclopedia Britannica(大英百科全书完整版)和 Britannica Concise Encyclopedia(大英百科全书简明版)两部百科全书。收录 200 000 多个词条,340 000 多种词类变化,126 000 多篇文章,23 000 多篇传记,3 400 多张的图解、地图、统计图,3 300 多段影片、动画、声音文件等多媒体数据,可连结超过 700 种的电子期刊文章。还包括韦氏字典 & 辞典(Merriam-Webster Dictionary & Thesaurus)、大英精选网站(The Web's Best Sites)、大英知识部落格(Britannica Blog)、动物拥护站(Advocacy for Animals)、影音收藏柜(Video Collection)、大事年表(Timelines)、全球资料分析

图 4.15 EB Online 主页面

(World Data Analyst)、国家比较(Compare Countries)、世界地图(World Atlas)、名人格言(Notable Quotation)和经典文献(Gateway to the Classics)。

(2) 检索方法与范例

EB Online 同时具有浏览和检索功能。其中浏览功能包括:按字母顺序浏览、主题浏览、世界地图浏览、年鉴浏览和时间(大事纪年表)浏览等多种途径。检索方面,可根据不同需求,选择不同层次和类型的文献。

[检索实例] 中美两国总况对比

选择主页检索工具中的 Country Comparison,选择中国与美国(如图 4.16),在得到的两国简要情况的对比后(如图 4.17),还可以进一步选择国旗、统计数据等进行更详细的对照。

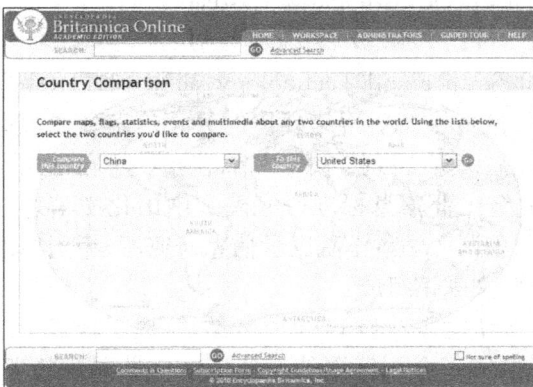

图 4.16 EB Online 检索工具

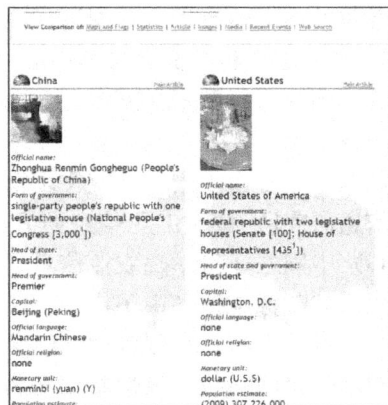

图 4.17 EB Online 检索结果界面

4.1.2 其他网络资源

1. 中文科技期刊数据库(http://202.119.47.61)

《中文科技期刊数据库》(全文版)是重庆维普资讯有限公司开发研制的中文电子期刊数据库,学科范围涵盖自然科学、工程技术、农业科学、医药卫生、经济管理、教育科学和图书情报等学科,收录了从1989年至今的8 000余种期刊刊载的1 370余万篇文献,并以每年150万篇的速度递增。

该数据库检索入口较多,辅助手段较为丰富。全文版的全文与文摘版的题录文摘一一对应。有较强的分类检索功能。

2. 超星数字图书馆

(1)资源概况(http://www.ssreader.com/)

《超星数字图书馆》镜像数据库由江苏省高等教育文献系统与超星公司合作建设。超星数字图书馆目前提供约53万种图书的电子资源。《超星数字图书馆》提供丰富的电子图书阅读,包括经典理论、语言、文字、文化、科学、教育、体育、文学、艺术、历史、地理、自然科学总论、医药、卫生、政治、法律、农业科学、社会科学总论、交通运输、工业技术、哲学、宗教、综合性图书、环境科学、安全科学、数理科学和化学、天文学、地球科学、生物科学、经济、航空、航天、军事等几十个大类,并且每天仍在不断的增加与更新。向互联网用户提供数十万种中文电子书的免费和收费的在线阅读、下载、打印等服务。多种图书浏览方式、强大的检索功能与在线找书专家的共同引导,书签、交互式标注、全文检索功能、24小时在线服务,不受地域和时间的限制,同时向所有用户、作者免费提供原创作品发布平台、读书社区、博客等服务。

阅读方法有免费阅览室、会员图书馆及电子书店3种方式。阅读超星数字图书馆的图书需要下载并安装专用阅读工具——超星阅览器(Ssreader)。

3. 国家科技图书文献中心(NSTL, http://www.nstl.gov.cn)

国家科技图书文献中心(National Science and Technology,简称NSTL)是经国务院批准,于2000年6月12日成立的一个基于网络环境的科技信息资源服务机构。中心由中国科学院文献情报中心、国家工程技术图书馆(包括中国科学技术信息研究所、机械工业信息研究院、冶金工业信息标准研究院和中国化工信息中心)、中国农业科学院农业信息研究所、中国医学科学院医学信息研究所、中国标准化研究院标准馆和中国计量科学研究院文献馆组成。

目前中心在全国各地已经建成了8个镜像站和14个服务站,构成了辐射全国的网络化的科技文献信息服务体系,推动了全国范围的科技文献信息共建共享,提升了地方科技文献信息保障能力与服务水平,更全面、更高效率地发挥了国家科技文献信息战略保障的整体功效。

利用 NSTL 可以查找自然科学及科技方面的学术期刊、会议文献、学位论文、科技报告、标准规程及中外专利等。

4. 中华人民共和国国家知识产权局(http://www.sipo.gov.cn)

中华人民共和国国家知识产权局可提供专利检索,收录 1985 年 9 月 10 日以来公布的全部中国专利信息,包括发明、实用新型和外观设计 3 种专利的著录项目及摘要,并可浏览到各种说明书全文及外观设计图形。数据库面向公众提供免费专利检索服务。

5. OCLC(http://firstsearch.oclc.org/fsip)

OCLC 是美国联机计算机图书馆中心(Online Computer Library Center)的简称,总部在美国俄亥俄州都伯林,是世界上最大的提供文献信息服务的机构之一。

FirstSearch 是 OCLC 的一个联机参考服务系统,通过该系统可检索到 70 多个数据库,从 1999 年开始,CALIS 全国工程中心订购了其中的基本组数据库。

FirstSearch 基本组包括十多个数据库,其中大多是综合性的库,这些库的内容涉及工程和技术、工商管理、人文和社会科学、医学、教育、大众文化等领域。其中 WorldCat 是世界上最大的、由几千个成员馆参加联合编目的书目数据库。它包括 8 种记录格式,458 种语言的文献,覆盖了从公元前 1 000 年到现在的资料,目前记录数已达 5 000 多万条。从这个数据库可检索到世界范围内的图书馆所拥有的图书和其他资料。ArticleFirst 数据库包含 12 500 多种期刊文章和目次的索引。另外,基本组还包括特别受欢迎的国际会议论文库 PapersFirst,以及世界闻名的教育方面的库 ECO、覆盖医学各领域的库 MEDLINE、世界年鉴数据库 WorldAlmanac 等。

6. ScienceDirect 全文数据库(http://www.sciencedirect.com/)

荷兰 Elsevier 公司是世界著名的学术期刊出版商,出版的学术期刊涉及物理学与工程(Physical Sciences and Engineering)、生命科学(Life Sciences)、健康科学(Health Sciences)、社会科学与人文科学(Social Sciences and Humanities)四大学科领域,包括数学、物理、生命科学、化学、计算机、临床医学、环境科学、材料科学、航空航天、工程与能源技术、地球科学、天文学以及经济、商业管理、社会科学等学科。Elsevier 公司出版的大部分期刊被 SCI,SSCI,EI 收录,是国际公认的高水平学术期刊。

从 1997 年开始,该公司推出名为 ScienceDirect 的电子期刊计划,将该公司的全部印刷版期刊转换为电子版,并使用基于浏览器开发的检索系统 Science Server。目前该平台上提供自 1995 年以来电子期刊的服务。

2001 年 1 月,Elsevier 出版集团启动了回溯文档项目,目前,用户通过 ScienceDirect 数据库平台可以浏览超过 880 万篇全文,其中约 400 万篇追溯至 1995 年以前,如〈The Lancet〉回溯至 1823 年出版的第一卷第一期。2006 年 8 月,Elsevier 出版集团还对 ScienceDirect 数据库平台进行了全新改版,在界面外观、导航、个性化服务等方面有了较大提升。

7. SpringerLink 全文数据库（http：//www.springerlink.com/）

SpringerLink 全文数据库是德国施普林格（Springer-Verlag）出版社 1996 年推出的科学技术和医学类全文数据库。Springer 是世界著名的科技出版集团，2002 年，公司在清华大学建立了 SpringerLink 数据库的镜像站，为国内用户提供全文服务；2005 年与 Kluwer 出版社合并后改名为 Springer Science and Business Media，并对 SpringerLink 平台进行了升级；2008 年将 Humana Press 旗下的期刊及除 BioMed Protocols 外的电子书整合入数据库。

Springer 出版社通过 SpringerLink 数据库平台，将以前发行的图书、学术期刊数字化并提供在线服务。截至目前，该数据库共收录了 25 000 多册图书、2 000 多种学术期刊，900 多册丛书、100 多册参考书，内容涵盖计算机科学（Computer Science）、生物医学和生命科学（Biomedical and Life Sciences）、医学（Medicine）、物理和天文学（Physics and Astronomy）等 13 个学科领域，还有中国在线科学图书馆、俄罗斯在线科学图书馆两个特色图书馆。SpringerLink 数据库侧重收录医药类出版物，特别是临床医学方面，目前用户可访问 380 多万篇全文，其中生物医学和生命科学 70 多万篇，医学 60 多万篇。该数据库收录的很多期刊均回溯至创刊号。

全球最大的学术图书出版社 Springer，推出全球最大规模、最具综合性的电子版科技及医学（STM）、社会科学图书——Springer 在线电子图书系列（Springer eBook Collection）。此系列是首套根据研究人员及科学家需求而特别设计的在线图书，每年收录超过 3 000 余本新出版的图书、丛书及参考工具书，目前平台上总计有约 12 000 种图书供读者在线阅览。Springer 在线电子图书系列涵盖 13 个学科范围，有效地促进了获取各学科出版物的速度。电子图书采用 IP 认证，在 IP 允许的范围内，读者能在任何时间、任何地点随时通过 SpringerLink 平台阅读到最具价值的图书。

Springer 电子图书系列利用 PDF 和 HTML 数据格式的可移植性、可检索性和易访问性，让科研人员轻松搜索到相关资讯。除保证纸本刊物的原样得以完美呈现，亦附加在线环境的所有优点，拥有强大的检索能力。研究人员可以访问百万页的可检索文献，这些文献与图书馆目录以及 Springer 在线期刊无缝链接，成为满足科研人员使用的无可比拟的在线参考工具。图书馆及其读者可以无限量使用已订阅的 Springer 电子书。在 Springer 在线电子图书系列的协助下，科研人员可以面对迅速增长的海量知识的挑战。

8. 欧洲专利（http：//gb.espacenet.com）与美国专利（http：//patft.uspto.gov/）

从 1998 年开始，欧洲专利局的 esp@cenet 开始向 Internet 用户提供免费的专利服务，服务内容包括：检索最近两年内由欧洲专利局和欧洲专利组织成员国出版的专利；世界知识产权组织 WIPO 出版的 PCT 专利的著录信息以及专利的全文扫描图像;欧洲专利局所收集的 1920 年以来的世界各国专利的信息检索,其中 1970 年以后所收集的专利都有英文的标题和摘要可供检索。

欧洲专利检索网站还提供一些专利信息,如专利公报、INPADOC 数据库信息及专利文献的修正等。欧洲专利局的检索界面可以使用英文、德文、法文和日文(注:日文仅在 esp@cenet 数据检索系统中使用)4 种语言。

收录范围:从 1998 年中旬开始,esp@cenet 用户能够检索欧洲专利组织任何成员国、欧洲专利局和世界知识产权组织公开的专利的题录数据。

esp@cenet 数据检索系统中收录每个国家的数据范围不同,数据类型也不同。数据类型包括:题录数据、文摘、文本式的说明书及权利要求,扫描图像存储的专利说明书的首页、附图、权利要求及全文。

esp@cenet 数据检索系统包含以下数据库:

WIPO-esp@cenet 专利数据库:收录最近 24 个月公布的 PCT 申请的著录数据。

EP-esp@cenet 专利数据库:收录最近 24 个月公布的欧洲专利申请的著录数据。

Worldwide 专利数据库:截至 2006 年 11 月,收录 80 多个国家的 5 600 万件专利的著录项目。其中的 2 980 万件有发明名称,2 890 万件有 ECLA 分类号,1 800万件有英文摘要;它以 PCT 最低文献量为基础。

美国专利商标局网站是美国专利商标局建立的政府性官方网站,该网站向公众提供全方位的专利信息服务。美国专利商标局已将 1790 年以来的美国各种专利的数据在其政府网站上免费提供公众查询。该网站针对不同信息用户设置了专利授权数据库、专利申请公布数据库、法律状态检索、专利权转移检索、专利基因序列表检索、撤回专利检索、延长专利保护期检索、专利公报检索及专利分类等。数据内容每周更新一次。

美国专利数据库简介:

(1) 专利授权数据库

收录内容:目前,美国专利授权数据库收录了 1790 年至最近一周美国专利商标局公布的全部授权专利文献。该检索系统中包含的专利文献种类有发明专利、设计专利、植物专利、再公告专利、防卫性公告和依法注册的发明。其中,1790 年至 1975 年的数据只有图像型全文(full-image),可检索的字段只有 3 个:专利号、美国专利分类号和授权日期;1976 年 1 月 1 日以后的数据除了图像型全文外,还包括可检索的授权专利基本著录项目、文摘和文本型的专利全文(full-text)数据,可通过 31 个字段进行检索。

每种专利文献的收集范围见表 4.1 所示。

表 4.1 专利文献收集范围

专利文献种类	1790—1975 年	1976—现在
发明专利	X1 - X11 280 1 - 3 930 270	3 930 271—当前
设计专利	D1 - D242 880	D242 583—当前
植物专利	PP1 - PP4 000	PP3 987—当前
再公告专利	RX1 - RX125 RE1 - RE29 094	RE28 671—当前
防卫性公告	T885 019 - T941 025	T942 001 - T999 003 T100 001 - T109 201
依法注册的发明		H1—当前

(2) 专利申请公布数据库

可供用户从 23 种检索入口检索 2001 年 3 月 15 日以来公布的美国专利申请公布文献,同时提供文本型和扫描图像型全文美国专利申请公布说明书,可供公众进行美国专利申请公布的全文检索及浏览;专利申请公布说明书的起始号为 20010000001。

(3) 专利分类检索

可供用户检索最新版本的美国专利分类表中相关主题的分类号,并直接浏览该类号下所属专利文献全文。

4.2 人文社会学科

4.2.1 人文社会学科核心学科资源

1. 中文社会科学引文索引(CSSCI)(http://cssci.nju.edu.cn/)

(1) 资源概况

"中文社会科学引文索引",英文全称为"Chinese Social Sciences Citation Index",缩写为 CSSCI。它是由南京大学中国社会科学研究评价中心开发研制的数据库,用来检索中文社会科学领域的论文收录和文献被引用情况,已成为我国人文社会科学文献信息查询与评价的重要工具。CSSCI 共收录 1998 年至今的管理学、马克思主义、哲学、宗教学、语言学、文学、艺术学、历史学、考古学、经济学、政治学、法学、社会学、民族学、新闻与传播学、图书情报与档案学、教育学、体育学、统计学、心理学等人文及社会科学领域的中文期刊近 500 种。数据库每年更新一次,使用受 IP 地址控制。

通过 CSSCI 可以查询个人的发文情况和被引情况,了解自己的学术影响;同时还可以掌握本单位科研人员的成果情况。更重要的是,CSSCI 可以从来源文献和被引文献两个方面向研究人员提供相关研究领域的前沿信息和各学科学术研究发展的脉搏,通过不同学科领域的相关逻辑组配检索,挖掘学科新的生长点,展示实现知识创新的途径。另外,CSSCI 还提供地区、机构、学科、学者等多种类型的统计分析数据,从而为制定科学研究发展规划、科研政策提供科学合理的决策参考。

(2)检索方法与范例

利用 CSSCI 的"来源文献检索",读者可以检索到包括普通论文、综述、评论、传记资料、报告等类型的文章。利用其"被引文献检索",读者可以检索到论文(含学位论文)、专著、报纸等文献被引用的情况(注意:该数据库只能检索论文第一作者的引用情况)。

查询个人文章发文情况:查找某一学者或某团体作者(如某课题组)的发文情况,可在"来源文献"的"作者"检索框中输入该学者的姓名或团体作者名称。如查找的作者为第一作者,则选中第一作者前的选择框,输入后点"检索"按钮,即可在结果显示窗口中显示本次检索的命中结果,在检索结果窗口中显示出本次检索条件及命中篇数等。同时,CSSCI 还可用于查询期刊、机构、地区、学科、基金等的发文情况。

查询个人文章被引情况:选择"被引文献",利用"被引文献作者"检索项可以获得个人文章被引情况。通过此项检索,可以了解到某一作者在 CSSCI 中被引用的情况。

[检索实例①] 查询 CSSCI 数据库中 1998—2009 年中国社会科学院刘国光先生的期刊文献被收录及论著被他引的次数情况

选择 1998—2009 年"来源文献",在"作者"检索框中输入"刘国光",在"作者机构"框中输入"中国社会科学院",检索命中所有记录,点击"来源篇名",可查看此篇文献详细信息,如学科类别、分类号、基金、关键词等。选择全部结果,点击"显示"或"下载",可查看所有记录的详细格式或将文件下载到本机,如图 4.18。

如图 4.19,选择 1998—2009 年"被引文献",在"被引文献作者"输入框中输入"刘国光"后,点"检索"按钮,即可在结果显示窗口中显示本次检索的命中结果,在检索结果窗口中显示出本次检索条件及命中篇数、被引次数等。"被引文献作者"提供作者的"他引次数"检索,即在"被引文献作者"检索项后"排除自引"选项上打钩,所获得的文章及被引次数即为他引的文章及次数。

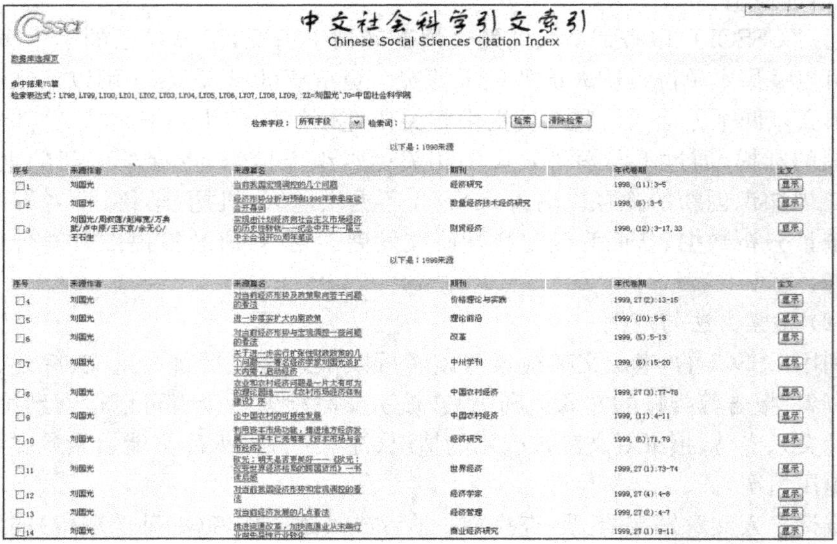

图 4.18　CSSCI 检索结果页面

图 4.19　CSSCI 引文检索界面

2. SSCI(社会科学引文索引)、A＆HCI(艺术与人文科学索引)、CPCI－SSH(社会科学及人文科学会议录索引)(http://www.isiknowledge.com/)

(1) 资源概况

SSCI(Social Science Citation Index)社会科学引文索引：收录世界最重要的社会科学期刊 1 900 多种,内容覆盖人类学、法律、经济、历史、地理、心理学等 55 个领域。收录文献类型包括研究论文、书评、专题讨论、社论、人物传记、书信等。利用 SSCI 的引文检索体系,不仅可以从文献引证的角度评估文章的学术价值,还可以迅速方便地组建研究课题的参考文献网络。

A＆HCI(Arts ＆ Humanities Citation Index)艺术与人文科学索引：收录了艺术与人文科学 25 个学科的 1 100 多种期刊,还包括 ISI 各个数据库中有关艺术与人文科学方面的其他 7 000 种期刊中的内容,其内容涉及各个艺术领域,如视觉、音乐、表演、文学、工艺、历史、宗教等等,还有人文科学的各个方面,其主题范围包括考古、建筑、艺术、亚洲研究、古典著作、舞蹈、电影、历史、人文、语言学、文学、音乐、哲学、诗歌、广播、宗教、电视和戏剧等。每年增加 10 万条新记录。

CPCI-SSH(Conference Proceedings Citation Index-Social Science & Humanities)是社会科学及人文科学会议录索引 ISSHP 的新版,提供 1990 年以来以专著、丛书、预印本、期刊、报告等形式出版的国际会议论文文摘及参考文献索引信息,涉及社会科学、艺术及人文科学的所有领域。数据库每周更新。

(2) 检索方法与范例:参见 4.1.1 中 Web of Science 的检索方法。

3. 中国基本古籍库

(1) 资源概况

中国基本古籍库共收录自先秦至民国(公元前 11 世纪至公元 20 世纪初)历代典籍 1 万种、计 17 万卷。每种典籍均提供一个通行版本的全文和 1～2 个重要版本的图像,计全文 20 亿字、版本 12 700 个、图像 2 000 万页,数据量在 400 G 以上。其收录范围涵盖全部中国历史与文化,其内容总量相当于 3 部《四库全书》,不但是世界目前最大的中文数字出版物,也是中国有史以来最大的历代典籍总汇。中国基本古籍库所收历代典籍及所附重要版本均经严格筛选,具有深刻的文化意义和广阔的使用前景。其收书标准为:千古流传、脍炙人口之名著;虽非名著,但属于各学科之基本文献;虽非基本文献,但有拾遗补缺意义的特殊著作。其选本标准为:完本或现存卷帙最多之本、母本或晚出精刻精钞精校本、未经删削篡改之本。目前中国基本古籍库提供远程桌面与客户端两种访问方式,远程桌面方式在本机不需要安装客户端,适合偶尔使用的用户;客户端方式需要先安装 6.0 版客户端,可以提供下载、打印、版本对比等更多功能,方便用户使用。

(2) 检索方法与检索范例

中国基本古籍库根据中国古籍自身的特点和当代科研教学的需要,参照传统的古籍分类方法和国际通行的图书分类方法,独创一种全新的 ASM 分类法,包括 4 个子库、20 个大类、100 个细目,用以统率 1 万余种历代典籍,使之井然有序,便于查询。该库提供 4 条检索途径,可进行全方位的快速海量检索,并可实现模糊匹配。

分类检索:通过库、类、目的树型结构进行定向检索,可检索到某一领域的某些或某种书;条目检索:限定书名、时代、作者、版本、篇目等条件进行目标检索,可检索到某时代某作者某书某版本某篇;全文检索:输入任意字、词或字符串进行爬梳检索,可检索到 1 万种书中所有的相关信息,并可预览其概要;高级检索:在检索结果中进行二次检索,或组合字词进行逻辑检索,或综合选项进行关联检索,可排除大量无用垃圾,直接检索到所需信息。另外,数据库还有版式设定、繁简字体转换、不同版本同屏对照、分类收集管理、版本速查、标点批注等多项功能。

[检索实例] 查找文献:清崔适所撰《史记探源》

下载并安装客户端,打开开始功能表,在"程序"中找到"中国基本古籍库",点击"客户端应用程序"。进入首页,在"服务器"、"用户"、"密码"框内分别输入服务器名、用户名及密码,点击"进入"。点击"条目检索",在左栏书名框中输入书名"史记探源",然后点击"开始检索",此时中间栏显示所查询的书名、卷数、时代、作者,如图 4.20;单击该书名,右栏可见该书的版本、作者生平、内容提要,如图 4.21;双击书名即可进入该书书名页,单击书名页即可进入该书正文,如图 4.22、图 4.23。

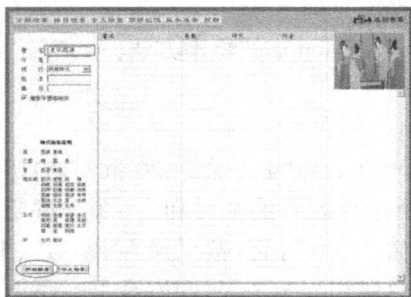

图 4.20　中国基本古籍库条目检索界面　　图 4.21　中国基本古籍库条目检索结果界面

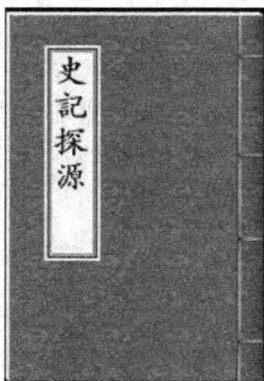

图 4.22　中国基本古籍库书名页　　　图 4.23　中国基本古籍库全文页

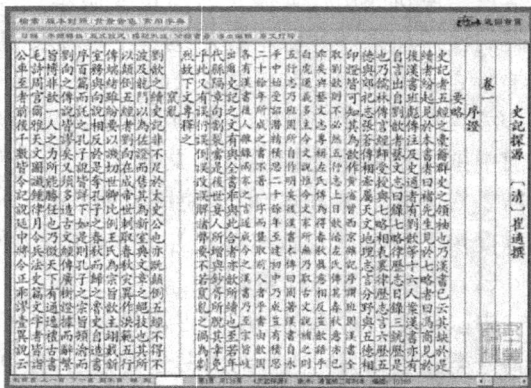

4. 人大复印资料全文数据库(http://ipub.zlzx.org/)

（1）资源概况

中国人民大学书报资料中心成立于 1958 年,是国内最早从事搜集、整理、存储、编辑人文社会科学信息资料的学术出版机构,逐渐形成了在我国人文社会科学学术信息出版领域中的强势品牌地位。"人大复印报刊资料"以其涵盖面广、信息量大、分类科学、筛选严谨、结构合理完备的特点,成为国内最有权威的具有大型、集中、系统、连续和灵活五大特点的社会科学、人文科学专题文献资料宝库。人大复印资料全文数据库是印刷版《复印报刊资料》的电子版,精选 1995 年至今公开发表的人文科学和社会科学中各学科、专业的重要论文和重要动态资料的全部原文,分为政治学与社会学类、法律类、哲学类、经济学与经济管理类、文学与艺术类、教育类、历史类、文化与信息传播类，其信息资源覆盖了人文科学和社会科学领域国内公开出版的 3 000 多种核心期刊、专业期刊和报纸。数据最早回溯到 1949 年。

内容涵盖人文社会科学各个领域，信息量大，连续出版，内容丰富，分类科学，筛选严谨，文献标引完备，结构合理完备，现每年增加文献约 2.5 万篇，每篇记录包括文章的题录、文摘、全文、有关的著录项。是国内最具权威的社会科学、人文科学专题文献数据库之一，被誉为"中华学术的窗口"，"中外文化交流的桥梁"。对研究人员、各类学校师生的学习和研究具有很重要的参考价值。本库的使用有购买上网卡登录及 IP 登录两种方式。

（2）检索方法与范例

可按专辑和年代检索、浏览某个子库、多个子库或全部子库等。

简单检索：在顶部的检索框中，可以先选择不同的时间段及关键词，点击检索后右侧就能显示出和关键词相匹配的文章，输入两个不同的关键词可以在词间加上不同的符号来表示它们的关系。"＊"表示"与"的关系；"＋"表示"或"的关系；"—"表示"非"的关系；"?"表示两词（字）之间允许隔几个字，相隔字的个数等于出现"?"的个数，最多允许出现个"?"；"!"表示两词（字）之间允许隔零个至多个字，如两词（字）之间出现 n 个"!"，那么两词（字）之间可以出现 0～9 个字；"（）"表示括号内的查询条件优先处理。

高级检索：在第一个下拉菜单中可以选择查询关键词之间的逻辑关系："或者"、"并且"、"除了"，在第二个下拉菜单中可以选择所查找关键词属于什么位置："标题"、"正文"、"作者"……，如果查询条件不够多，可以点击"完全展开"来获得更多的查询框。

［检索实例］ 查找有关师范类大学本科学分制方面的研究文献

在简单检索输入框中输入"师范大学＊学分制＊本科"，在"摘要"字段进行查找，如图 4.24。或在高级检索输入框中分别输入 3 个"师范大学"、"学分制"、"本科"，用"并且"的关系连接起来，限定在"摘要"字段进行查找，如图 4.25。

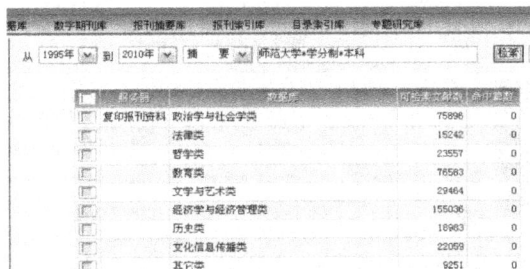

图 4.24　人大复印资料全文数据库简单检索界面

图 4.25　人大复印资料全文数据库
高级检索界面

5. LexisNexis 学术大全数据库（网址：http://origin-www.lexisnexis.com/us/lnacademic）

（1）资源概况

LexisNexis Academic 学术大全（AU）由美国图书馆界专家委员会设计，经过专业图书馆员做资源收录评估和筛选，专为学术图书馆提供专业信息资源服务，是国际上综合性最强、覆盖学科最为齐全的新闻、商业和法律等人文学科的事实和文献类数据库之一。该库以事实型数据为主，还包括 1 200 多种专业期刊，商业和经济类期刊占 600 多种，所有期刊中有 79 种被 SSCI 收录。信息更新及时，每天更新 25%的信息，数据库包含有多个库中库以及 50 多个专业文档，更新非常及时，有些电子资源的更新甚至超前于纸质出版物的发行；用户可以不受并发用户的限制；可以享受每周 7 天/24 小时的远程访问服务；可供查找的资源可追溯到 1789 年。该数据库是全文率高的多语种数据库，其全文率达 92%，除英语以外，还包含荷兰语、法语、德语、意大利语、葡萄牙语、西班牙语 6 种语言。

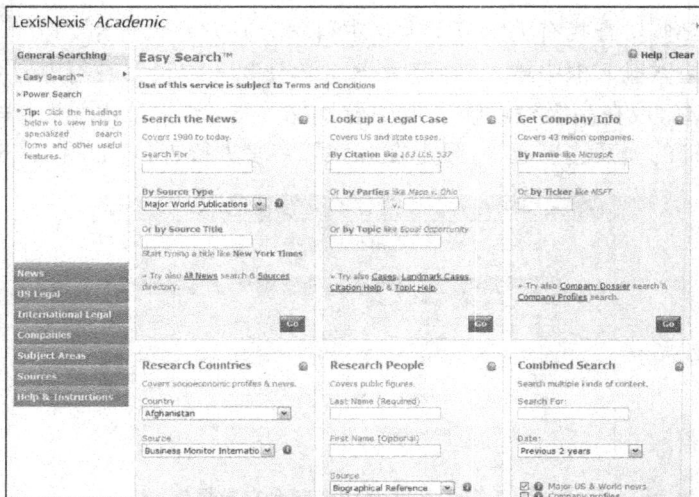

图 4.26　LexisNexis 新平台简单检索界面

新闻特色：全球各地出版的 350 多种报纸，以下报纸拥有最为全面的过刊收藏，《金融时报》回溯至 1982 年；《纽约时报》回溯至 1980 年；《华盛顿邮报》回溯至 1977 年。其商业特色：《标准普尔公司报告》，《胡佛公司报告》，《公司披露报告》，《跨国公司报告》，《股票市场报告》；美国证交委档案和报告；超过 25 个行业的行业和市场新闻；《米勒公认会计准则指南》等。其法律特色：收录近 300 年美国联邦和各州的判例法案例；美国联邦和各州的立法和法律法规；全球 28 个国家的法律信息；多个国际组织的条约和相关判例；可回溯到 1980 年的 971 种全球法律期刊等二次文献，其中有著名的 Harvard Law Review 等。

（2）检索方法与范例

该数据库于 2010 年 6 月启用全新平台，新增加内容有：在页面左方提供导航按钮，每一个导航按钮下方添加子目录，引导用户使用定制化搜索框，以更好地查询信息；提供简单搜索框，用户可通过该搜索框快捷地检索到常用的内容；在"新闻"栏添加"限定范围"按钮，帮助用户缩小检索范围，更好地查询信息；在某些区域添加"帮助"按钮，提供即时帮助，可帮助学生直接链接至 LexisNexis 维基（http://wiki. lexisnexis. com/academic/index. php？ title＝Academic）的文章界面。

分为新闻、法律、公司信息、来源等浏览和检索区域，各个区域的检索都设置了相应的检索字段、下拉菜单、限制条件等。此外，LexisNexis 系统还提供了一些检索连接符、检索通配符的使用方法，如万用字元惊叹号"！"用于取代同一个字根后无限的字母，"W/S"限定关键字要出现在同一个句子中，"W/P"限定关键字要出现在同一个段落中。

［检索实例①］　检索 LexisNexis Academic 学术大全中有关私人不动产方面的案例

在 Easy Search（简单检索）中 Look up a Legal Case（查找案例）的 By Topic（主题）字段中输入"Property law w/s 'real property' and 'personal property'"，如图 4.27。还可在得到的检索结果中查看左方导航栏，进一步限定某法院案例进行查看，如图 4.28。

［检索实例②］　查找快餐行业使用可回收包装材料方面的文献（含期刊、新闻等）

选择"Power Search"，在检索框中输入关键词"recycle package 'fast food' trash"，检索类型选择"Nature Language"，来源选择"Major World Publications"，关键词之间的逻辑关系选择"AND"，点击"Search"进行检索，如图 4.29。在命中的 46 条检索结果中，新闻 42 条，行业专业刊物及期刊中 4 条，如图 4.30。

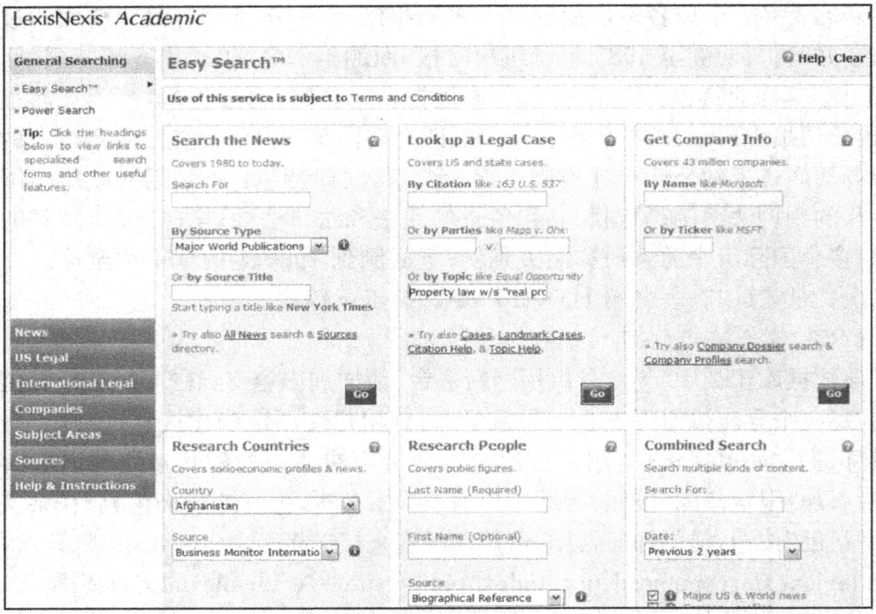

图 4.27 LexisNexis 简单检索界面

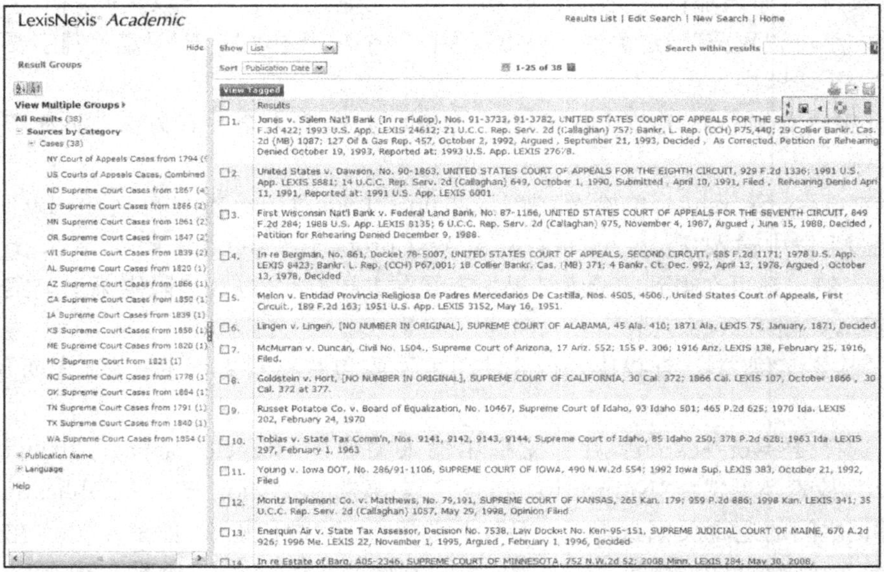

图 4.28 LexisNexis 检索结果界面

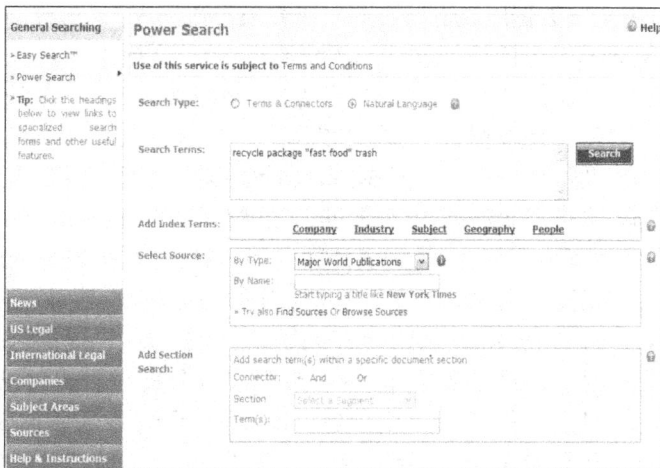

图 4.29　LexisNexis 高效检索界面

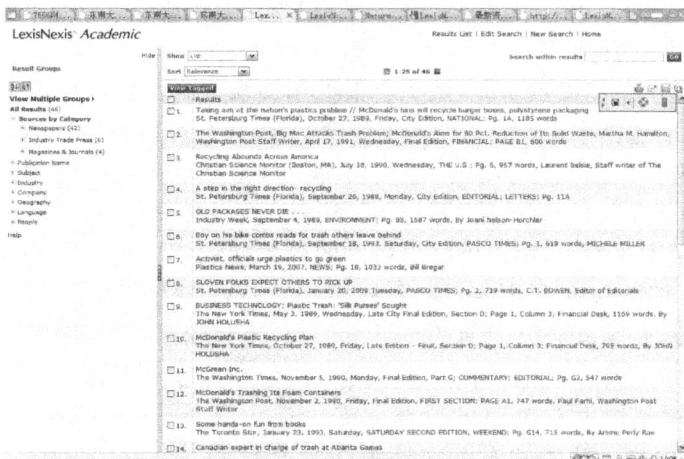

图 4.30　LexisNexis 检索结果界面

6. **国研网(教育网站点：http://edu.drcnet.com.cn；公网站点：http://www.drcnet.com.cn；新版搜索系统地址：http://search.drcnet.com.cn)**

(1) 资源概况

国研网是国务院发展研究中心主管、国务院发展研究中心信息中心主办、北京国研网信息有限公司承办的著名的大型经济类专业网站，有综合版、世经版、金融版、教育版、企业版、党政版 6 个不同专版。

"国研网教育版"是国研网针对高校用户设计的专版，旨在以"专业性、权威性、前瞻性、指导性和包容性"为原则，全面汇集、整合国内外经济、金融和教育领域的动态信息和研究成果，为全国各高等院校的管理者、师生和研究机构提供高端的决策和研究参考信息,由全文数据库、统计数据库、研究报告数据库、专题数据库四大数据库集群组成。全文数据库包括《国研视点》、《宏观经济》、《金融中国》、《区域经济》、《行业经济》、《企业胜经》、《世经评论》、《高校参考》、《基础教育》、《经济形势分析报告》、《发展规划报告》、《经济普查报告》、《政府工作报告》、《政府统计公报》、《中国国情报告》和《财政预决算及审计》等 16 个数据库;统计数据库包括最新数据、每日财经、金融数据、世经数据、重点行业数据、宏观数据、对外贸易数据、区域经济数据(市级)、产品产量数据、中国教育经费数据、工业统计数据等内容;研究报告数据库通过持续跟踪、分析国内外宏观经济、金融和重点行业基本运行态势、发展趋势,准确解读相关政策趋势和影响,及时研究各领域热点/重点问题,致力于为客户提供研究和战略决策需要的高端信息产品。该报告数据库包括《宏观经济分析报告》《金融中国分析报告》《行业季度分析报告》和《行业月度分析报告》四大子库;专题数据库由"重点专题数据库"和"热点专题数据库"两部分组成。其中,"重点专题数据库"包括新农村建设、科学发展观、国际贸易、跨国投资等内容,"热点专题数据库"包括"全球化背景下的人才管理新趋势"、"人才培养与大学的责任"等最新内容。

（2）检索方法与范例

国研网提供智能提示功能,系统会根据用户输入的关键词列出较相近的关键词,此提示功能包括中文、拼音、中英文混合提示,用户可以使用鼠标或键盘在下拉列表中进行选择。如在搜索框中键入"国家"一词,系统将自动列出"国家产业"、"国家发展改革委"、"国家政策"等与"国家"相匹配的搜索信息,方便用户查找。

在高级搜索页面中,用户可以更精确的设置搜索信息的所在范围、包含字词、不包含字词、部分包含字词等,由此提高搜索的准确度,快速找到所需信息。

［检索实例①］　在国研网中查找并浏览高校管理决策中有关国外教育方面的参考资料,再进一步查找有关高等教育系统方面的具体内容

登录国研网教育版主页,点击"全文数据库",打开其中的"高校管理决策参考"全文数据库,选择"外国教育",可查看高校管理决策中与国外教育的相关资料,如图4.31。在左方输入框中输入"高等教育系统",数据库专题选择为"全部",可在"高校管理决策参考"全文数据库中获取相关文献。

图 4.31　国研网教育版浏览界面

［检索实例②］　查找本年度中国通信行业分析报告基本信息

进入国研网新版搜索系统,在检索框中输入"通信行业分析报告",点击"DRC-

NET 搜索"，得到通信行业季度分析报告的目录与要点提示等信息，如图 4.32。

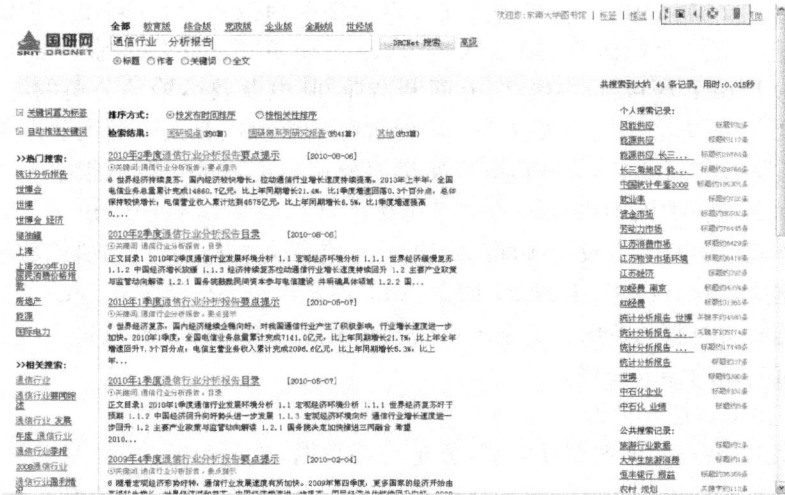

图 4.32 国研网新版检索结果界面

7. 中国资讯行高校财经数据库（http：//www.bjinfobank.com；http：//www.infobank.cn）

（1）资源概况

该库包括中国经济新闻库、中国统计数据库、中国商业报告库、中国法律法规库、中国上市公司文献库、中国人物库、中国医疗健康库、中国企业产品库、中国中央及地方政府机构库、ENGLISH PUBLICATIONS、香港上市公司文献库等。

中国经济新闻库（1992—至今）收录了中国范围内及相关的海外商业财经信息，以媒体报道为主。中国统计数据库 China Statistics（1986—至今）大部分数据收录自 1995 年以来国家及各省市地方统计机构的统计年鉴及海关统计、经济统计快报等月度及季度统计，其中部分统计数据可以追溯到 1949 年，亦包括部分海外地区的统计数据。数据按行业及地域分类，数据日期以同一篇文献中的最后日期为准。中国商业报告库（1993—至今）收录了经济学家及学者关于中国宏观经济、中国金融、中国市场及中国各个行业的评论文章及研究文献，以及政府的各项年度报告全文。中国法律法规库（1903—至今）收录自 1949 年以来中华人民共和国中央及地方的法律法规，以及各行业有关条例和案例，兼收其他国家法律法规文献。中国上市公司文献库（1993—至今）收录沪、深交易所上市公司（包括 A 股、B 股及 H 股）的资料，网罗深圳和上海证券市场的上市公司各类招股书、上市公告、中期报告、年终报告、重要决议等文献资料。中国人物库（China Who's Who）提供详尽的中国主要政治人物、工业家、银行家、企业家、科学家以及其他著名人物的简历及有关资料,主要根据对中国 800 多种公开发行资料的搜集而生成。中国医疗健康库(1995—至今)收录中国 100 多种专业和普及性医药报刊资料,向用户提供中国医疗科研、新医药、专业医院、知名医生、病理健康资讯。中国企业产品库(China Company Directory)收录中国 27 万间制造业、邮电业及运输等公司的综合资料,如负责人、联络方法及企业规模等。名词解释主要提供有关中国大陆所使用的经济、金融、科技等行业的名词解释,以帮助海外用户更好地了解文献中上述行业名词的准确定义。中国中央及地方政府机构库(Chinese Government Agency)载有中央国务院机构及地方政府各部门资料,内容包括各机构的负责、机构职能、地址、电话等主要资料。ENGLISH PUBLICATIONS 收录部分英文报刊的全文数据及新华社英文实时新闻资料。香港上市公司文献库(1998—2001)收录香港主板及创业板上市公司的详细资料。

(2) 检索方法与范例

首先选择资源,即数据库类型,界定相关数据,确定命题,选择关键词(可多个关键词定义多种逻辑关系同时进行检索,多个关键词之间用空格隔开),选择"在前次结果中检索"在检索结果中可以进一步检索,以缩小信息查找范围,使查找到的信息更准确。在其他数据库中查找相同信息,选择"同一检索命令在其他库中检索",在"库选择"下拉列表中选择其他数据库,点击检索。如需检索比较细节的信息,应使用专业检索,同时在行业、地区、时间等各方面尽可能缩小查询范围。当命题中有 2～3 个检索指令时,最好一个一个找,以便使检索结果更符合命题要求。另外,本库还有些预设的检索,点击左方链接,可以自动为用户查找留学热点趋势、考研最新动态等教育最新趋势。

[检索实例]　查找 2000 年至今全球电子信息产业统计数据及报告

选择"中国统计数据库",选择行业"信息产业",地域"全世界",数据时间范围界定为 2000 年 1 月 1 日 至 2010 年 9 月 12 日,输入检索词"电子",如图 4.33。得到检索结果后,再选择"同一检索命令在其他库中检索",数据库选择"中国商业报告库"进行检索,如图 4.34。

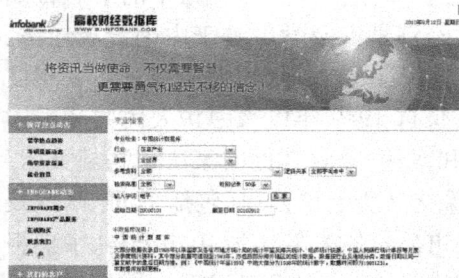

图 4.33　高校财经数据库子库检索界面　　　图 4.34　高校财经数据库检索结果界面

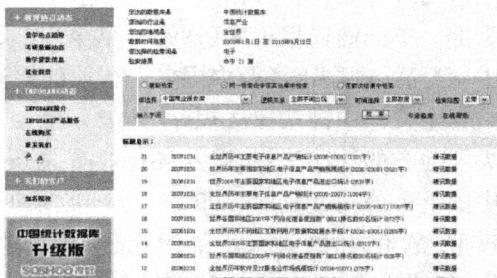

8. Gale 数据库(Gale 跨库检索网址：http：//find.galegroup.com/menu)

(1) 资源概况

Gale 专题数据库是美国 Gale 集团著名的数据库系列，收录了包括文学、历史、商业、人物传记等人文社科类资料，其核心内容来自 Gale 集团 50 年来出版的众多参考书系列，这些参考书系列中的参考资料被公认为是世界上相应学科领域中(文学、历史、商业、人物传记等)最权威、最全面的参考资料。其主要子库内容介绍：Biography Resource Center(名人传记资源中心)——综合性古今人物传记资料数据库，收录 Complete Marquis Who's Who 的 100 多万位人物传记资料，涵盖文学、历史、政治、商业、娱乐、体育和艺术等领域的知名人物和重要事件；Business & Company Resource Center(商业与公司资源中心)——包含了超过 300 000 家公司的最新资料及相关信息，包括公司的介绍性资料、产品和商标、价格、企业排名、投资报告、公司的历史记录和大事记等信息，其中还包括 Reuters Research on Demand Reports (路透社投资报告)，约有 200 万份投资报告，除了路透社的投资报告以外，还包括 60 多家全球重要的投资银行、研究机构、行业协会等的投资报告；Literature Resource Center(文学资源中心)——收录活跃在小说、散文、诗歌、戏剧等文学领域的 12 万多个人物的传记、著述及评论性资料信息，包含 Gale 集团几十年来出版的众多文学权威参考书，所含内容极其珍贵，是一套专为文学研究者与文学院学生所设计的数据库；History Resource Center(历史资源中心)——将 Gale 集团 50 年来独家拥有的珍贵历史参考资料进行无缝整合：取自 GALE 独家拥有的 Primary Source Microfilm 的 1 400 种原始历史档案(包含相关介绍资料)，还包括了 150 种全文学术期刊的全部文章，1 400 多份权威专家(耶鲁大学)精心挑选的历史地图及地图集，提供多文化的、全球的全面的研究信息，是从事现代历史研究时方便、灵活的电子查询工具；Opposing Viewpoints Resource Center(相反论点资料中心)——提供当今热点问题或事件的事实信息及支持与反对者的各种观点，其 Topic Overviews 使研究人员能够深入了解社会问题的各个层面，从而更加精确地组织他们的研究工作，并与取自 30 多种期刊、报纸的全文文章实现了无缝整合；Biography and Genealogy Master Index(传记和家谱索引)——通过该索引可以查找被传入条目的线索，这些条目散落在 1 000 多种重要的当代和回溯性传记资料中，该索引包括近 500 万个被传入的 1 500 万条传记信息，既有在世人物也有去世人物，来自不同历史时期、不同国家和不同领域；Eighteenth Century Collections Online(十八世纪作品在线)——收录了 1700—1799 年间所有在英国出版的图书和所有在美国和英联邦出版的非英文书，涵盖历史、地理、法律、文学、语言、参考书、宗教哲学、社会科学及艺术、科学技术及医学等多个领域，可进行全文检索；Associations Unlimited(协会和学会数据库)——提供各种专业学会和协会的信息；The Times Digital Archive(泰晤士报数字档案)：著名的英国泰晤士报的电子版,可访问从创刊年1785年至1985年,该报重视国际、国内和议会消息的报道和评论,除了专版刊载社论、国际、国内和议会消息外,还刊登特稿和读者来信,特稿作者多为各方面的专家和权威人士,读者来信也多为国内外社会名流和其他有影响的人物,每日还辟有"商业新闻"、"金融"、"投资"和"体育"等专栏;Modern Language Association (MLA) International Bibliography(现代语言协会(MLA)国际参考书)——内容包括现代语言、文学、民间传说和语言学等领域。

(2)检索方法与范例

通过Gale专题数据库平台可以对有访问权限的数据库进行跨库检索,但由于Gale各数据库涉及的文献类型、内容有明显特征,所以单库检索的功能更加强大,效果也更好。Gale系列数据库具有简单直观的界面和多样的搜索功能,提供主题检索、关键词检索、人物检索、年代检索、机构名称检索、地点检索、全文检索和高级检索等多种途径,检索方法根据每个数据库的情况而各不相同,如Biography Resource Center可通过姓名、职业、国籍、种族、性别等各项组合进行人物的精确查询,而Literature Resource Center可按一定的限定(写作风格、文学运动、写作年代、文学主题、国籍等)检索到相同类型的作家。

[检索实例] 查找数据库中英国黛安娜王妃的相关详细信息(包括长篇叙事传记、短篇传记资料、期刊文献及互联网上的相关信息)

首先了解Biography Resource Center数据库中包含以下内容:有关传记人物的Narrative Biographies长篇叙事传记,提供传记人物深入的传记资料,包括生平叙述及成就等;Thumbnail Biographies短篇记事传记资料,提供较精简的文章说明传记人物的生平及重要资讯;Magazine and Newspapers Articles提供发表在报章杂志上最即时的传记资料;Website超过19 000个经编辑群筛选的网站。

进入BRC数据库,在传记人物姓名栏输入"Diana",用国籍及性别等条件加以限定,可检到关于此传记人物的所有详细全文。由此检索结果可浏览该传记人物的年表及大事记,并延伸相关文献——期刊及精选网站信息。

9. World Bank 数据库(http://www.worldbank.org/online)

(1)资源概况

世界银行(World Bank)是最重要的国际金融组织之一,WB Online Database系列数据库是世界银行出版社根据所掌握的统计数据开发的数据库产品,该数据库包含以下子库:世界银行在线图书馆、世界发展指数在线数据库、全球金融发展在线数据库、全球经济监控在线数据库、非洲发展指数在线数据库。

世界银行在线图书馆(World Bank E-library)包含世界银行所有有关社会和经济类的全文图书、报告和多种文件。迄今为止该在线图书馆已提供了世界银行从1987年以来出版的4 000多种图书、所有世界银行政策研究工作报告和各种文件的全文内容,同时也介绍了即将出版的图书信息等。世界发展指数在线数据库

(World Development Indicators)是对全球经济发展各方面基本经济数据的汇总，包含 695 种发展指数的统计数据，以及 208 个国家和 18 个地区与收入群从 1960 年至今的年度经济数据。数据包括了社会、经济、财政、自然资源和环境等各方面的指数，每年 4 月更新数据。全球金融发展在线数据库(Global Development Finance)涵括 136 个国家的外债与金融流程数据资料，收录了从 1970 年以来 217 种参数的统计数据，这些国家定期向世界银行债权人报告系统通报该国国家债券和国家保证债券的情况。此数据库覆盖了外债总计和流向、全球主要的经济整合、基本的债务比率、新协议的常规条件、长期债务中的货币构成、债务重组等等。全球经济监控在线数据库(Global Economic Monitor)是早期世界银行为了便于银行成员内部监控和报告每日全球经济状态而建立的，是一个能够分析当前经济趋势以及经济与金融指数的"一站式"平台。将几个早期的"内部"银行产品整合为单一的单界面产品，可链接至优质的高频率更新的(每日，每月)经济和金融数据资源，每年 1 月更新数据。非洲发展指数在线数据库(Africa Development Indicators)可提供非洲 53 个国家 1965 年以来包括社会、经济、金融、自然资源、基础设施、政府管理、合股及环境等方面的 1 000 多种统计指数，对于致力于非洲经济及政治的研究者，该数据库可提供非洲各国最详尽的统计数据。目前，GDF、ADI、WDI 三个数据库可以免费使用。

(2) 检索方法及范例

各数据库检索方法各有不同，如世界银行在线图书馆是一个全文检索和多重查询的数据库，既可检索，也可按地区、学科种类浏览所有文献，还可以按照图书、期刊、报告等文献类型浏览。该库的每本图书最多被归到 3 个学科类别下，图书摘要页提供该图书的归属类别，另外还提供相关种类图书的链接。

[检索实例] 查找世界银行在线数据库中有关金融稳定方面的文献

选择"Advanced Search"高级查询功能，在检索输入框中输入加引号的关键词"financial stability"，在默认的"ALL"(包括标题、摘要、全文等字段)范围内精确检索 1970 年至今有关金融稳定文献的图书、期刊及研究报告等文献，所得检索结果要求按相关性排列，如图 4.35。

10. SourceOECD 数据库(http://www.sourceoecd.org/databases)

(1) 资源概况

OECD 即经济合作发展组织，是由 30 个市场经济国家组成的政府间国际经济组织，还包括国际能源组织、国际原子能组织、欧洲交通部长会议、发展中心、教育研究和创新和西非发展中国家组织等 6 个半自治的代理机构。OECD 旨在共同应对全球化带来的经济、社会和政府治理等方面的挑战，并把握全球化带来的机遇。

SourceOECD 数据库包括 24 种期刊、25 个在线统计数据库、近 1 700 种图书、报告。

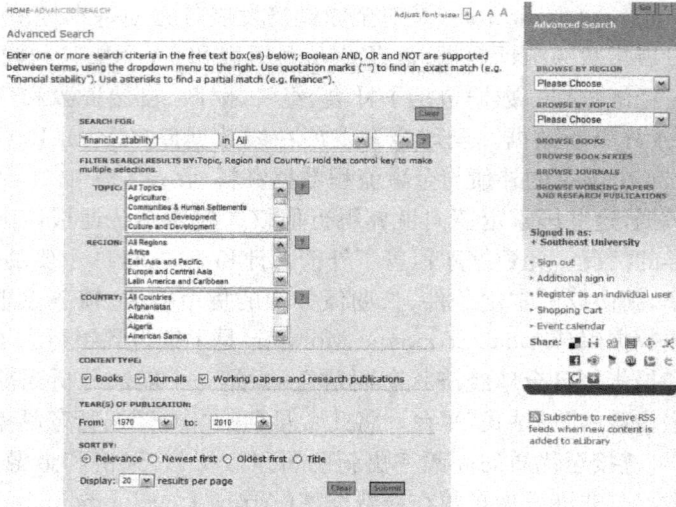

图 4.35　World Bank 数据库高级检索界面

（2）检索方法及检索范例

24 个在线统计数据库，不同于其他数据库的是用户可以自行创建自己所需要的表格，将 OECD 中的数据整理建立成自己想要进行研究的数据库格式。所用的软件都可以在其网站上直接免费下载，无需培训，操作简单。

［检索实例］　查找 2009 年至今有关主要国家企业研发经费的相关资料

选择"SourceOECD Statistics"数据库，点击"Advanced Search"，在检索输入框中分别输入关键词"BERD"、"Business Enterprise R&D Expenditures""Business enterprise intramural expenditure on R&D"，限制字段为"All Field"，下拉选择在题名中出现"2009"，点击 Search 进行检索，如图 4.36。在得到的结果（如图 4.37）中打开所需记录，进一步选择所需统计数据的具体限定，如统计数据中要出现的年份、具体国家、企业的规模（员工人数）、显示格式（表格、图表）。

图 4.36　SourceOECD 高级检索界面

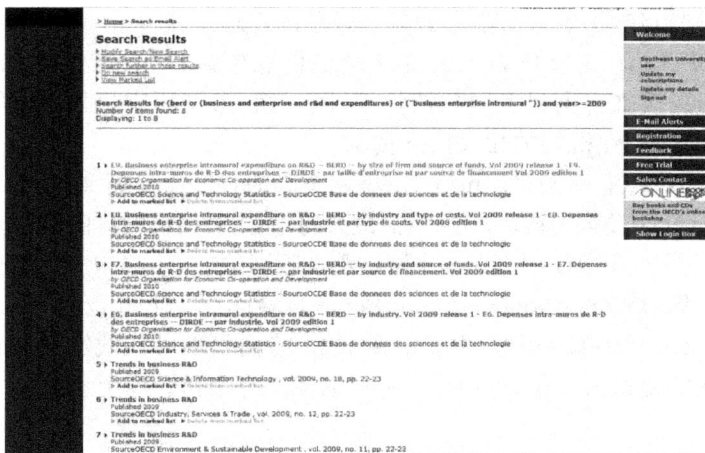

图 4.37　SourceOECD 检索结果界面

4.2.2　人文社会学科其他网络资源

1. 中国高校人文社会科学文献中心（China Academic Social Sciences and Humanities Library，简称 CASHL）（http://www.cashl.edu.cn/portal/index.jsp）：是全国性的唯一的人文社会科学文献收藏和服务中心，目前已收藏有 11 100 多种国外人文社会科学领域的核心期刊和重要期刊，1 370 种电子期刊和 27 万种早期电子图书，44 万种外文图书，以及"高校人文社科外文期刊目次库"和"高校人文社科外文图书联合目录"等数据库，提供数据库检索和浏览、书刊馆际互借与原文传递、相关咨询服务等。

2. Literary Encyclopedia 文学百科全书（http://www.litencyc.com/）包括传记、文学作品、文学术语等。

3. 中国高校人文社会科学信息网（China Social Science University Humanity）（http://pub.sinoss.net/zh-cn/paper/index.jsp）：服务人文社会科学研究、服务社科研究管理、服务人文社科资源及成果推广应用，可查在线期刊论文，并创办人文社会科学论文专栏——"论文在线"，可注册登录后提交论文，在线发表。

4. SSRN（http://www.ssrn.com）："社会科学研究网络"由美国 Harvard、Princeton 等大学建设、查找社会科学信息资源的重要网站。

5. Biographical Dictionary（http://www.s9.com/）：著名的人名大词典，收录了从古至今 33 000 多个著名人物的生平事迹。可通过人物的生卒年月、地位、著作、成就进行查询。

6. CETH（Center for Electronic Texts in the Humanities）（人文学电子文件中心）（http://www.ceth.rutgers.edu/）：于 1991 年由美国 Rutgers 与 Princeton

两所大学共同组建，从事人文学方面电子资源的整理工作。

7. EDSITEment（最好的人文科学网络信息资源）（http：//edsitement. neh. gov/）：它的链接来自世界各国的博物馆、图书馆、人文研究机构、大学，乃至政府机构、民间团体、商业机构的相关信息资源。

8. Wikipedia（主站网址：http：//www. wikipedia. org/；英文网站：http：//en. wikipedia. org/wiki/Main_Page）：网络上最大的、人人可编辑的自由百科全书，有多种语言的版本供广大用户使用。在其主网站英文版网站中，有 3 409 798 条记录。

9. HighBeam Encyclopedia（HighBeam 百科全书）（http：//www. encyclope-dia. com/）：是一个在线百科全书研究图书馆，能提供多种在线字典和百科全书的检索，同时还能提供人物传记、科学、体育、医药、会计和管理免费论文、图片、事实的检索。

10. Intute Social Science Information Gateway（Intute 社会科学信息入口）（http：//www. intute. ac. uk/socialsciences/）：Intute 是英国官方成立的免费教育和科技研究的信息门户，其社会科学信息入口是社会科学信息资源搜索引擎，是广泛收集社会科学网络信息资源并提供广泛获取重要的社会科学信息的途径。

4.3　自然科学、工程学

本节所述的自然科学、工程学科资源主要包括数学、物理、电工电子、计算机、化学类、地学与环境科学、机械、土木建筑以及科技类跨学科综合性资源等。其中，数学类较常用的包括 MathSciNet（数学评论网络版）、SIAM（工业与应用数学学会）、中国数学文摘库、数学文献信息资源集成系统、中国数学会等资源；物理类包括 AIP（美国物理联合会）、APS（美国物理学会）、IOP（英国物理学会）、SPIE（国际光学工程学会）、OSA（美国光学学会）、SPIN（物理科学文摘数据库）等著名的物理学会以及协会的电子出版物及检索工具；电工电子计算机类则包括 IEEE/IEE（IEL）、ACM（美国计算机协会）、Gale 公司计算机数据库、ComputerSelect 等；化学化工类包括 SciFinder（CA 网络版）、ACS（美国化学学会）、RSC（英国皇家化学学会）等数据库；科技类跨学科综合性资源包括 Ei Compendex（工程索引）、IN-SPEC（科学文摘）、NTIS（美国政府报告文摘数据库）、CSA（剑桥科学文摘）、中国科学技术学会网站等；另外，常用工程类资源还包括 ASME（美国机械工程师学会）、ASCE（美国土木工程师学会）、SAE（美国机动工程师协会）、ASTM（美国材料与测试协会）等。以下就自然科学、工程学中部分常用资源作一介绍，期望读者通过对这些资源的学习，并凭借资源及平台之间的互通特性，能举一反三熟练地利用相关资源，促进学术水平的提升。

4.3.1 自然科学、工程学学科核心资源

1. Engineering Village(http://www.ehgineeringvillage.org/)

（1）资源概况

Engineering Village 是荷兰 Elsevier Engineering Information Inc. 出版的专门服务于工程专业科研人员的信息检索平台,涵盖了一系列工程、应用科学领域高品质的学术文献、商业出版物、发明专利、会议论文和技术报告等文献资源。目前,Engineering Village 提供十多个数据库的在线访问,包含 Ei Compendex、Ei Backfile、INSPEC、IHS Standards、Geobase、ENGnetBASE、NTIS、Ei Patents、Referex 等数据库的内容。

Ei Compendex,即美国《工程索引》数据库,是全球最全面的工程和应用科学领域二次文献数据库,收录 1969 年以来的 5 100 种工程期刊、会议文集和技术报告的文摘,涵盖 190 余种专业工程学科,包括机械工程、土木工程、环境工程、电气工程、结构工程、材料科学、固体物理、超导体、生物工程、能源、化学和工艺工程、照明和光学技术、空气和水污染、固体废弃物的处理、道路交通、运输安全、控制工程、工程管理、农业工程和食品技术、计算机和数据处理、电子和通信、石油、宇航、汽车工程以及这些领域的子学科和其他主要的工程领域。

Ei Backfile,即 Ei 回溯库,收录美国工程信息有限公司 Engineering Information Inc. 创办年(1884 年)至 1969 年的 1 700 多万条工程科学文摘记录。

INSPEC 是理工学科最重要且使用最为频繁的数据库之一,由英国机电工程师学会(IEE,1871 年成立)出版,专业面覆盖物理、电子与电气工程、计算机与控制工程、信息技术、生产和制造工程等领域,还收录材料科学、海洋学、核工程、天文地理、生物医学工程、生物物理学等领域的内容。目前在网上可以检索到自 1898 年以来全球 80 个国家出版的 4 000 多种科技期刊、2 200 多种会议论文集以及其他出版物的文摘信息。

NTIS 是美国国家技术情报社(National Technical Information Service)出版的美国政府报告文摘题录数据库。主要收录 1899 年以来美国政府立项研究及开发的项目报告,少量收录西欧、日本及世界各国(包括中国)的科学研究报告。包括项目进展过程中所做的一些初期报告、中期报告、最终报告等,反映政府重视的最新项目进展。涉及科技报告、专利、会议论文、期刊论文、翻译论文等文献类型,内容覆盖科学技术各个领域。

ENGnetBASE 是 CRC Press 出版的用于查询世界领先的工程手册的数据库,内容包括各类工程人员需要的重要公式、最新标准和影响相关领域的最新突破性发展。

USPTO Patents 为美国专利和商标局(The United States Patent and Trademark Office, USPTO)的全文专利数据库。在此可以查找到 1790 年以来的专利全文。

esp@cenet 提供在欧洲各国家专利局及欧洲专利局(European Patent Office,

EPO)、世界知识产权组织(WIPO)和日本所登记的专利。

Scirus 是因特网上最全面的科技专用搜索引擎之一,可为用户提供精确查找科技信息、确定大学网址、简单快速查找所需文献或报告等服务。

(2)检索方法与范例

Engineering Village 平台提供的简易检索、快速检索、专家检索均遵循以下检索规则:

① 检索词书写不分大小,输入框按顺序键入。

② 可以使用逻辑算符用 AND、OR、NOT 以及邻近算符 NEAR/n(词序可颠倒)或 ONEAR/n(词序不可颠倒),但邻近算符不能与截词符、通配符、括号、引号等混合使用。

③ 支持词干检索,在快速检索中,系统自动执行词干检索(除作者字段)。如:输入 management 后,系统会将 managing,manager,manage,managers 等视为检索词。取消该功能,需点击"autostemming off"。

④ " * "表示截词符,放置在词首或词尾;通配符"?"可替代一个字母。

⑤ 检索词做精确检索时,词组或短语需用引号或括号标引。

[检索实例①] 查证 Ei 数据库中关于"农工业废水循环利用"的文献报道

分析该课题,确定检索式为(industry or agriculture or farming)AND (wastewater OR "waste water" OR effluent)AND recycling。利用快速检索界面,把 3 个概念分别输入检索框,限定检索字段为标题、文摘、主题,文献类型为期刊,点击"Search"即可获得检索结果,如图 4.38。对于获得的检索结果,可以浏览、下载、保存、发送邮件以及打印。通过注册,用户登录后可保存检索式、检索结果以及订制电子邮件的 Alerts 通知服务。

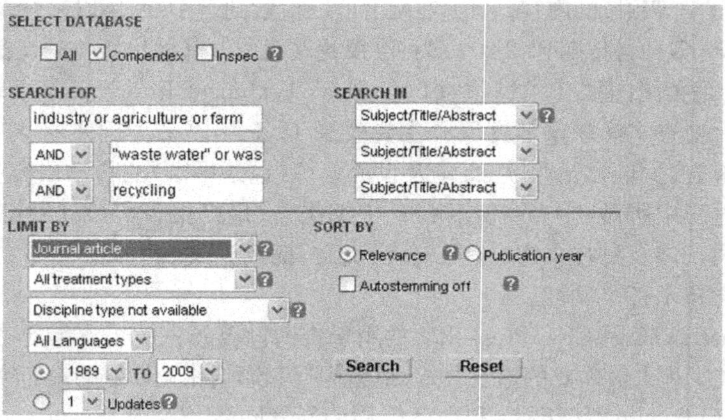

图 4.38 Engineering Village 快速检索

Engineering Village 平台对检索结果的处理提供了一个强大的分析工具,即

Refine Results,用户可以从中获得大量的情报信息。通过 Refine Results,可以了解谁在与自己研究同一课题,进展情况如何;了解自己关心的课题及其所涉及的领域,发现新的研究方向;通过年代文献量的分析,了解课题所处的生命周期;通过出版项分析了解论文的质量;通过文献类型了解论文的分布,帮助自己获取更多的信息。

Tags＋Groups 是 Engineering Village 为注册用户新增的服务,可邀请相同研究兴趣的人创建标签组并共享小组成员的搜索结果,让同事分享检索成果(通过在新建标签组时添加同事的账号信箱,系统将检索结果自动发给同事);可添加、编辑、删除自己的标签;可共享其他人添加的标签。在 Tags＋Groups 里,系统事先给出的三类型标签的权限包括:Public(选定此标签组后所建标签为所有 EV 用户可见);My Institution(选定此标签组后所建标签为所有本校用户可见);Private(选定此标签组后所建标签为我本人可见)。

2. SciFinder Scholar(CA 网络版)(http://scifinder.cas.org/scifinder)

(1)资源概况

SciFinder Scholar 是美国化学学会(ACS)旗下的化学文摘服务社 CAS(Chemical Abstract Service)所出版的 Chemical Abstract(《化学文摘》,简称 CA)的化学资料在线数据库,是全世界最大、最全面的化学和科学信息数据库。SciFinder 在充分吸收原书本式 CA 精华的基础上,整合了 Medline 医学数据库、欧洲和美国等 50 家专利机构的全文专利资料以及 CA1907 年至今的所有期刊文献、专利摘要、八千多万的化学物质记录和 CAS 注册号。除具备常规检索字段外,还具有化学结构的图像检索入口,检索结果还可以用 3D 视图工具来浏览。所涵盖的学科包括应用化学、化学工程、普通化学、物理、生物学、生命科学、医学、聚合体学、材料学、地质学、食品科学和农学等诸多领域。

SciFinder Scholar 数据库集成了 CAPLUS^SM、CAS REGISTRY、CASREACT®、CHEMCATS®、CHMLIST®、MEDLINE6 个数据库。

CAPLUS^SM 是 SciFinder Scholar 最主要的数据库,数据来源于世界各地 9 500 多种科技期刊、50 多个主要专利发行机构的专利(含同族专利)文献、会议录、技术报告、图书、学位论文、综述、会议摘要、电子期刊、电子预印本等资料。CAS REGISTRY 即 CAS 登记号数据库,是世界上最大的化学物质数据库,收录 1957 年以来在 CAS 登记的全部化学物质。CASREACT® 是关于管控化学品信息的数据库,可查询全球重要市场被管控化学品信息(化学名称、别名、库存状态等)。CHEMCATS® 化学反应数据库收录了 1840 年以来的 1 300 多万个单步或多步反应。CHMLIST® 化学品商业信息数据库,用于查询化学品提供商的联系信息、价格情况、运送方式,或了解物质的安全和操作注意事项等信息。MEDLINE 收录 1950 年以来与生物医学相关的 3 900 种期刊文献。

SciFinder Scholar 数据库的检索功能包括:可以按照期刊名称浏览,也可以直接进行文献检索（主题词检索、作者姓名检索、机构名称检索、期刊检索、专利检索）、物质检索（结构式检索、分子式检索、物质名称和化学登记号检索）以及反应式检索。SciFinder Scholar 不提供全文，但通过相关技术链接至本单位订购的全文资源。检索完毕后，数据库同时提供分析功能，只要运用 Analysis/Refine 进行分析、提炼，即可获取新的知识点和灵感。

（2）检索方法与范例

［检索实例①］ 查找自组装法制备的纳米粒子光谱性质研究的相关文献

本实例可以利用主题词检索功能，在主题检索界面（图 4.39）的检索入口输入主要关键词"self-assembly of nanoparticles"，点击"Search"，可以获得与输入的关键词相关的主题概念，再选择最紧密相关的选项获取文献。输入关键词时，可以用英文的介词 of、with、by、beyond 链接关键词，尽量不使用布尔逻辑符 and、or、not。对于检索结果（图 4.40），可进一步通过学科分类进行筛选，从而得到自组装法制备的纳米粒子的光谱性质文献（图 4.40）。

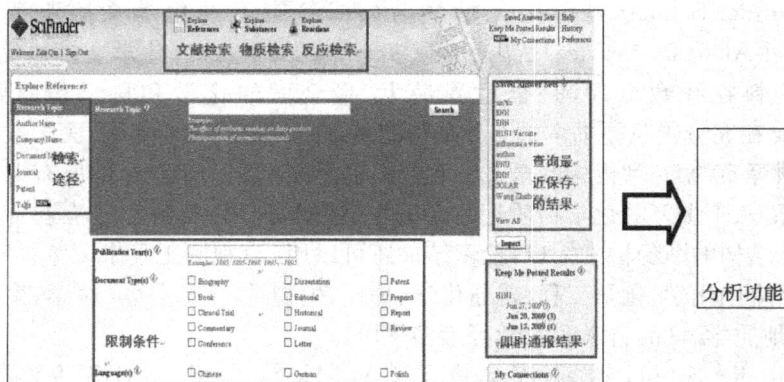

图 4.39　SciFinder 主题检索界面

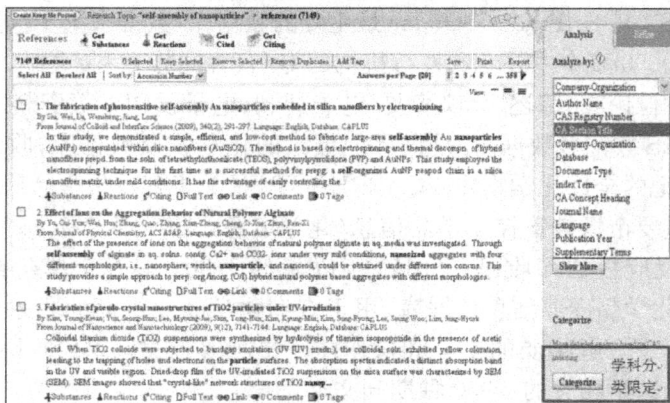

图 4.40　SciFinder 检索结果界面

SciFinder Scholar 的检索结果页面提供了 12 种字段帮助分析(图 4.40),包括作者姓名、CAS 物质登记号、题目、机构、数据库、文献类型、索引词、CA 标题词、刊名、语种、出版年、附加词,从而追踪了解课题发展的现状与趋势。

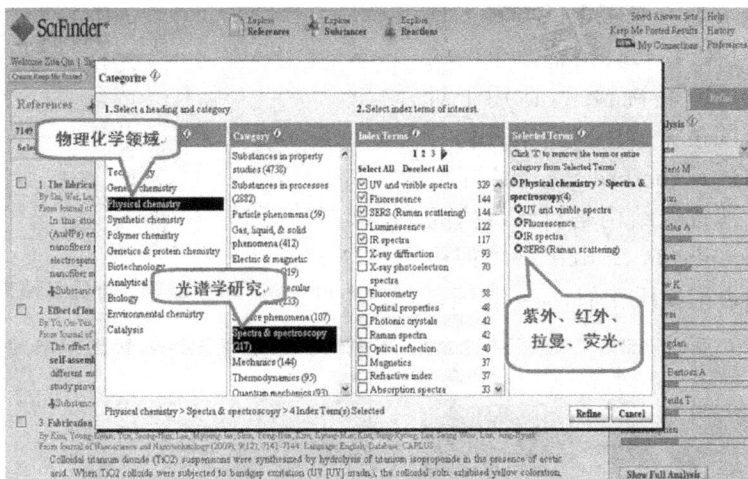

图 4.41 SciFinder 学科分类筛选结果

〔检索实例②〕 查找新型抗糖尿病药物那格列奈(Nateglinide)制备与表征的相关文献

本实例可以利用物质名称检索功能,在检索入口输入物质名称"Nateglinide",点击"Search",可以获得该物质的详细信息(图 4.42)、波谱图(图 4.43),再获取与那格列奈制备表征相关的文献,并通过分析功能寻找合适的供应商。

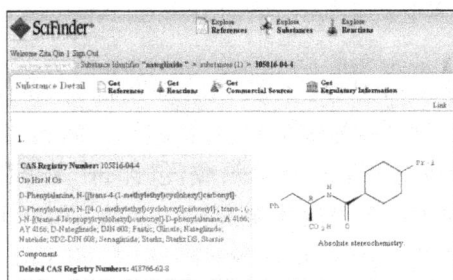

图 4.42 SciFinder 物质检索结果

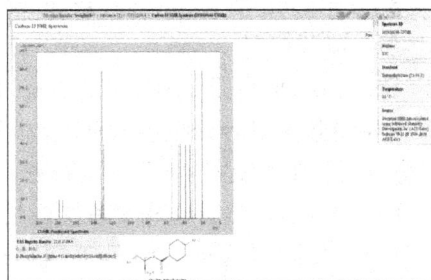

图 4.43 SciFinder 物质检索的波谱图

〔检索实例③〕 利用结构式检索,查找有关卤代咔唑的文献,其结构式为:

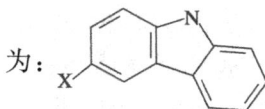

使用结构式检索 SciFinder Scholar 时,必须先根据系统提示安装 Java Plug-in 工具,然后进入结构式画板(图 4.44),画板上的各种工具的作用详见图 4.45。检索命令中的"Exact Search"精确检索,适用于对物质的盐、同位素、混合物、聚合物等的检索;"Substructure Search"即亚结构检索,其查询结构是目标结构的一部分;"Similarity Search"即相似检索,结构与查询物质相似,但不相同。

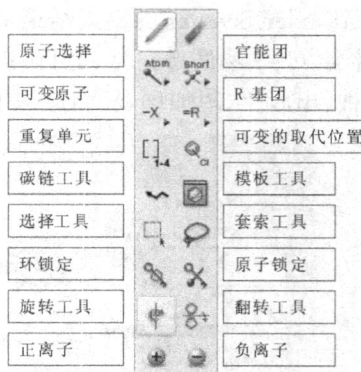

原子选择		官能团
可变原子		R 基团
重复单元		可变的取代位置
碳链工具		模板工具
选择工具		套索工具
环锁定		原子锁定
旋转工具		翻转工具
正离子		负离子

图 4.45 SciFinder 结构式画板各种工具的作用

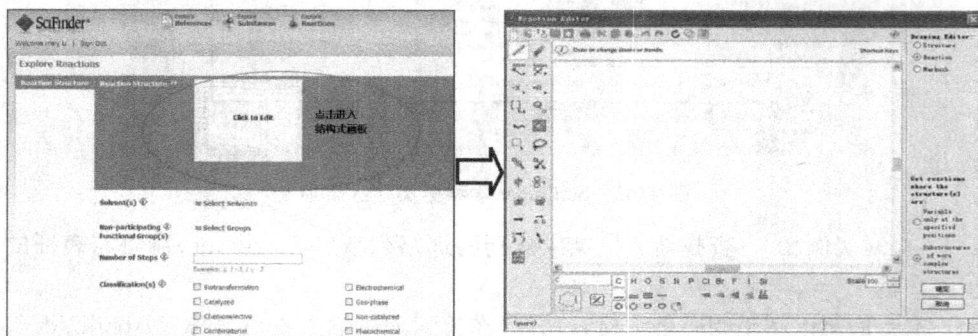

图 4.44 SciFinder 结构式画板界面

3. Scitation 平台(http://scitation.aip.org/)

(1) 资源概况

Scitation 平台是 AIP(American Institute of Physics,美国物理联合会)将原 OJPS 在线服务平台升级后的著名物理学门户平台,为多个学/协会的科技期刊、会议、标准等出版物提供电子访问服务。主要涉及科学和技术领域,包含 30 多个科技出版社(著名自然科学和工程类学协会)的 170 多种电子全文期刊。如:American Institute of Physics(AIP,美国物理联合会)、American Society of Civil Engineers(ASCE,美国土木工程师学会)、American Society of Mechanical Engineers(ASME,美国机械工程师学会)、Society of Photographic Instrdmentation Engineers(SPIE,国际光学工程学会)、SIAM Digital Library(美国工业与应用数学学会)、American Vacuum Society(AVS,美国真空学会)、Society of Rheology (SOR,美国流变学学会)、Institute for Noise Control Engineering(INCE,美国噪声控制工程学会)、Laser Institute of America(LIA,美国激光研究所)、Earthquake Engineering Research Institute(EERI,美国地震工程研究所)、Environmental & Engineering Geophysical Society(EEGS,美国环境与工程地球物理学学会)、Society of Exploration Geophysicists(SEG,勘探地球物理学家协会)等。此外,Scitation 平台还提供 SPIN(Searchable Physics Information Notices)物理科学文摘数据库的免费访问,该库是一个收录物理学、天文学及其相关工程领域 220 多种主要期刊和会议录的文摘信息数据库。

(2) 检索方法与范例

Scitation 平台支持布尔逻辑算符(AND,OR,NOT)、截词符(＊、?)、词组检索("")、位置算符(near /x、NEAR、PHRASE)。位置算符中,"NEAR",表示其前后连接的两个检索词在出现在检索结果的同一区域(如同一字段或文摘的同一段落等),但未必相邻;"near/x",表示两个检索词之间间隔≪ x 个词,词序任意;"PHRASE",表示其前后连接的两个词彼此邻近,词序任意。

Scitation 平台除了提供获得高品质学术文献的在线入口功能外,同时也是一个功能强大的在线平台。利用该平台可链接到多种外部信息资源,如 ISI Web of Science,MEDLINE,ChemPort/Chemical Abstracts Service,SPIN,Inspec,arXiv,SLAC-SPIRES 等 40 多家著名科技出版社的出版内容,实现 CrossRef 的跨出版社检索,并提供文章的被引资源链接。此外,Scitation 平台还为注册用户提供多种免费服务,如 RSS feeds、Table of Contents Alerts 邮件目录推送服务、My Sccitation 个性化功能等。

[检索实例①] 查找 ASCE 出版的会议录资料

本实例可以 Scitation 平台的浏览功能,点击"Browse"中的"By Publisher",找到"American Society of Civil Engineers",然后点击"Browse Proceedings "即可获得相应的资料。

[检索实例②] 检索 SPIN 中纳米光刻系统三维建模与仿真方面的相关文献

本实例要求先选择 SPIN 数据库,利用高级检索,在检索框中输入如下检索式:(nano ＊ lithography or nano ＊ photolithography or nano ＊ optical lithography) and (three dimension ＊ or 3D) and (model ＊ or simulate ＊) <IN> abstract 即可。也可以利用标准检索,在 3 组检索词输入框中分别输入 nano ＊ lithography or nano ＊ photolithography or nano ＊ optical lithography、three dimension ＊ or 3D、model ＊ or simulate ＊ ,通过下拉菜单来限定检索词出现在文摘字段,两组检索词之间选择"AND"进行组配,即可获得与高级检索一样的结果。如果对检索结果不满意,可以点击 Back to Search Query,对检索词或检索式进行修改,或点击 Start New Search,输入新的检索词,重新检索。对于适用的检索结果,可选择标记,将标记结果添加到我的文章列表(MyArticles)或添加到购物车(Shopping Cart);也可按指定的引文格式(EndNote、Medline、RefWorks 等)浏览

或下载引文信息；或保存、打印 PDF 全文。

4. MathSciNet(http://www.ams.org/mathscinet/)

（1）资源概况

MathSciNet 是 American Mathematical Society 出版的《数学评论》（Mathematical Reviews，简称 MR）的网络版。MR 杂志最早出版于 1940 年，专门聘请数学专家对新近出版的各种数学文献进行专业评论。这与其他只刊载简略摘要的文摘刊物不同，读者通过对 MR 正文的阅读，可以了解原始文献的主要结果及评论，决定是否需要寻找原文，是一份被世界数学工作者所公认的质量高、信息全、分类科学且检索入口多的权威性检索工具。MR 收录的主题范围以纯粹数学和应用数学为主，也包括其他学科中有价值的数学文献。其涉及的文献类型包括期刊、图书（包括正式出版的学术研究专著、水平高的教科书和正式发表的博士论文）、会议录、文集和预印本。

MathSciNet 数据库是纸本 MR 的延伸，提供了关于大量数学科学文献的评论、文摘和参考书目，原始文献涉及 220 多个出版社，830 多种期刊，是检索世界领域数学文献的重要工具。

（2）检索方法与范例

MathSciNet 支持 AND、OR、NOT 布尔算符。位置算符可用"ADJ"，如输入 module adj2 differential，则将检出 module of differential，modules and differential，modules differential 等结果。数学算符输入可用"＄"，如输入"h 3"and"＄h 3＄"，则检出"(H)＝3"，"H/(3)"以及"＄H＄,(3)"。"＊"表示截词符。

［检索实例①］　查找作者是 Daniel Kressner 发表的文献

在作者检索中输入"Kressner, Daniel"即可。检索结果中，左侧显示作者编号、最早收入文献时间、库中总文献数、总被引量、姓名缩写等。需要注意的是中国作者姓名的输入方法，一般用全拼，姓在前，名在后。如：张宏伟，则应输入"zhang, hongwei"，不区分大小写，也可以写成"zhang, hong＊"。

5. Nature 全文在线服务网站(Nature 全文在线服务网站设在美国，即 http://www.nature.com，CALIS 在国内设立镜像站，即 http://nature.calis.edu.cn/)

（1）资源概况

英国著名杂志《Nature》是世界上最早的国际性科技期刊，自从 1869 年创刊以来，始终如一地报道和评论全球科技领域里最重要的突破。

Nature 网站涵盖的内容相当丰富，不仅提供 1997 年 6 月到最新出版的《Nature》杂志的全部内容，而且可以查阅其姊妹刊物——Nature 出版集团（The Nature Publishing Group）出版的 8 种研究月刊（Nature Biotechnology、Nature Cell Biology、Nature Genetics、Nature Immunology、Nature Matericals、Nature Medicine、Nature Neuroscience、Nature Structural Biology），6 种评价月刊（Nature

Reviews Cancer、Nature Reviews Drug Discovery、Nature Reviews Genetics、Nature Reviews Immunology、Nature Reviews Molecular Cell Biology、Nature Reviews Neuroscience),以及3种参考工具书(Cancer Handbook、Encyclopedia of Astronomy and Astrophysics、Encyclopedia of Life Science)。另外,2005年以来又新增了3种期刊:Nature Physics(2005年新刊)、Nature Nanotechnology(2006年10月新刊)、Nature Photonics(2007年1月新刊)。

(2)检索方法与范例

Nature的检索方法与多数数据库类似,包括期刊浏览(按字母顺序浏览、按学科浏览),以及输入检索词进行检索的方式,支持篇目检索(包括篇名、作者、刊名、文摘)、复杂查询(篇名、作者、刊名、文摘、ISSN、作者关键词、作者单位字段检索)、二次检索。在某一检索词的词首或词尾可以用"＊"进行截词检索。具体检索案例可参照ScienceDirect、SpringerLink等数据库。

6. Science Online(http://www.sciencemag.org/)

众所周知的《Science》杂志是由Thomas Edison 1880年创办的,1900年起成为美国科学促进会(American Association for the Advancement of Science, AAAS)的官方刊物,具有科学新闻杂志和学术期刊双重特点,出版新闻和社论以及专家评审的研究论文。《Science》涵盖各种学科,其中生命科学约占53%、物理学约占35%、其他学科约占12%。

Science Online创建于1995年,是《Science》杂志的在线数据库,集成了Science Magazine、Science Express、Science Classic、Science News、Science Careers 5个内容。Science Magazine是《Science》的现刊库,收录1997年至今的文献,每周五和印本《Science》同时出版;Science Classic是《Science》过刊,收录创刊至1996年的全部文献;Science Express则是预先出版Science中具有重要价值的研究论文,每周约精选3~4篇,Science文章约15%通过express出版,这些文章在6~8周后将在《科学》正式刊登;Science News是每日新闻,简明扼要地发布科研成果或科学政策的最新消息,让读者在短时间内了解世界各地各科研领域的最新进展,另外也会提供每周出版的Science Magazine中收录的新闻类文章;Science Careers为科学家们网络谋职及寻找各种基金资助项目、科研合作项目提供与之相关的文献和议题,并设讨论区供科学家们交流求职经验。

7. IEEE/IET Electronic Library(http://ieeexplore.ieee.org/)

IEEE/IET Electronic Library,简称IEL,主要包含两个机构的出版物,即IEEE(Institute of Electrical & Electronic Engineers Inc.,美国电气电子工程师学会)和IET(The Institution of Engineering & Technology,国际工程和技术学会,前身为IEE英国电气工程师学会)。涉及电气电子工程、计算机科学人工智能等科技领域期刊,具体包括航空航天、生物医学工程、通信、电子、成像、纳米技术、光学、电力系统、交通运输、智能网络、机器人及自动化、电路、计算科学、能源、信息技术、核科学、电力电子技术、软件、无线通讯、可持续能源、半导体、生物识别测定学。内容涵盖 1988 年以后的所有文献，包括 143 种 IEEE 期刊与杂志、24 种 IET 期刊、每年 900 多种 IEEE 会议录、每年超过 23 种 IET 会议录以及近 2 000 种 IEEE 标准，部分历史文献回溯到 1893 年。

(2) 检索方法与范例

IEL 提供浏览、检索及个性化服务功能。通过主页面的浏览区，进入浏览功能，可按主题或字顺具体浏览期刊、杂志、会议录、标准。在浏览界面可查看最热点的检索词和文章、IEEE 单本期刊最热点文章、获取期刊投稿信息并利用在线投稿平台轻松管理作者信息与稿件。

［检索实例］ 如何继续追踪能量收集(Energy Harvest)方面的研究

先注册个人账号并登录 IEL，然后输入"Energy Harvest"进行检索，检索后保存该检索式，并设置检索更新 Alerts，如 Alerts 每周更新 2 次，再输入自己的邮件地址，如图 4.46。系统会自动对该检索式每周检索 2 次，并将检索结果发送到邮箱，从而可以让研究者追踪到最新的学术信息。系统最多可保存 15 个检索式。

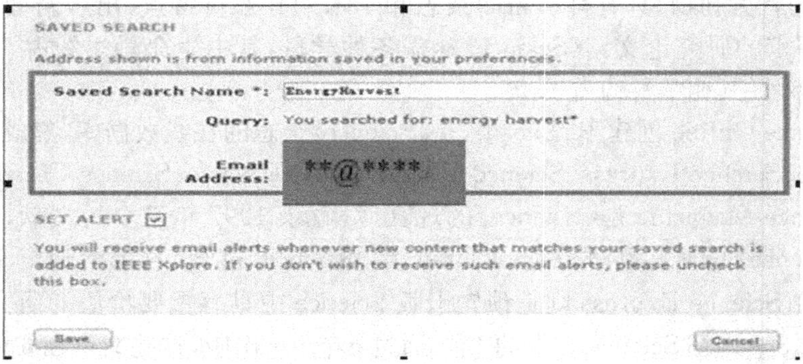

图 4.46　IEL 个性化 Alerts 通知服务

4.3.2　自然科学、工程学学科其他网络资源

1. 科技预印本系统

预印本(Preprint)是指科研工作者的研究成果还未在正式刊物发表，而出于和同行交流的目的自愿通过邮寄或网络等方式传播的科研论文、科技报告等文献。与刊物发表的论文相比，预印本具有交流速度快、利于学术争鸣的特点。从预印本网站上获取信息，一般电子预印本比印刷版论文发表早 1～2 年，这对前沿科学的研究人员有一定参考性。比较常用的自然科学、工程学预印本网站有：

(1) 中国科技论文在线(http://www.paper.edu.cn/)

中国科技论文在线是由教育部科技发展中心建立的一个电子印本系统,该网站提供国内优秀学者论文、在线发表论文、各种科技期刊论文(各种大学学报与科技期刊)全文,此外还提供对国外免费数据库的链接。

(2) arXiv. org(http://arxiv. org/或 http://cn. arxiv. org/)

arXiv. org 是美国洛斯阿拉莫斯国家实验室 1991 年建立的一个电子预印本文献库,也是世界上最大的电子预印本库,现在由 Coenell 大学维护和管理。该库在世界各地设有 17 个镜像站点,我国则在中科院理论物理研究所设有镜像站点。数据库主要分为物理、数学、非线性科学、计算机科学和数量生物学 5 个大类,还包括美国物理学会等机构出版的 12 种电子期刊全文。

(3) E-print Network(http://www. osti. gov/eprints)

E-print Network 原名为 PrePrint NetWork,是由美国能源部、科技信息局建立的电子印本档案搜索引擎,可供检索存放在学术机构、政府研究实验室、私人研究组织以及科学家和科研人员个人网站的 e-Prinet 资源。目前提供 3 万多个电子印本站点的一站式检索,还提供 2 900 个专业科技学会/协会的网站链接。主要收有物理学文献,也包括化学、生物与生命科学、材料学、核科学与核工程学、能源研究、计算机与信息技术,以及其他 DOE 感兴趣的学科。

2. 科技资源学术搜索引擎及门户

(1) Scirus(http://www. scirus. com)

Scirus 是网上最全面、综合性最强的科技文献搜索引擎之一,信息源主要是网页和期刊,所覆盖的内容有 1.6 亿多个与科学有关的网站搜索、MEDLINE 文摘、ScienceDirect 全文、美国专利、Beilstein 文摘、NASA 技术报告、部分预印本数据资源及开放获取资源(BioMed Central 期刊全文)等。

(2) WorldWideScience. org(http://www. WorldWideScience. org)

WorldWideScience. org 是美国能源部、英国图书馆以及其他 8 个参与国在华盛顿于 2007 年 6 月 22 日共同开启的从全球 15 个国家入口接入的全球在线科学信息门户,它可以为普通市民、研究人员以及任何对科学感兴趣的人提供科学信息的搜索入口,以便他们能够轻松地访问那些使用普通搜索技术不能访问的网站。

(3) SciSeek Science Directory(http://www. sciseek. com/)

SciSeek Science Directory 专注于科学与自然领域的搜索工具,采取人工收集处理的方式,提供农林、工程、化学、物理和环境方面的科技期刊及其他信息。

(4) Information Bri(http://www. osti. gov/bridge/)

该网站提供美国能源部 1994 年以来研究成果的全文文献和目录索引,涉及的学科领域包括物理、化学、材料、生物、环境科学、能源技术、工程、计算机与情报科学和可再生能源等。

(5) ChemSpider(http://www. chemspider. com/)

ChemSpider 是一个以化学家为中心社群提供免费在线服务的网站,也是一种化学搜索引擎,提供多达数百万种的化学结构式以及整合其中的多项在线服务,也包括光谱、熔点、沸点等物理性质。

(6) CiteSeer(http://citeseerx. ist. psu. edu/)

CiteSeer,又名 ResearchIndex,是 NEC 研究院在自动引文索引机制的基础上建设的一个学术论文数字图书馆,提供一种通过引文链接检索文献的方式,目标是从多个方面促进学术文献的传播和反馈。目前,在 CiteSeer 数据库中可检索超过 50 万篇论文,这些论文涉及的内容主要是计算机领域。这个系统能够在网上提供完全免费的服务,主要功能有:检索相关文献,浏览并下载论文全文(PostScript 或 PDF 格式的论文的全文);查看某一具体文献的"引用"与"被引"情况;查看某一篇论文的相关文献;可用图表显示某一主题文献(或某一作者、机构所发表的文献)的时间分布。

(7) Scitopia(http://scitopia. org)

Scitopia 是一个完全免费的科技文献、政府信息的搜索引擎,内容涉及工程、物理、数学、计算机等学科,另外它与 21 个专业学会合作,为使用者提供高品质可信赖的最新的研究成果。通过 Scitopia,可以检索从 17 世纪以来至今的超过 350 万篇的同行评审过的文章和会议录、来自全球主要专利机构的 5 000 万项专利文献、美国能源部信息网站的政府文献以及直接连接各出版社的全文电子产品信息,内容更新及时,没有延迟。

3. 开放获取的学术期刊

(1) Project Euclid(http://projecteuclid. org)

Project Euclid(欧几里得项目)是由康奈尔大学图书馆和杜克大学出版社共同管理的项目,它提供读者查阅的理论数学和统计学方面的具有高影响力并经同行评议的期刊、专著、会议文献,旨在促进这些专业领域的学术交流。欧几里得项目创办于 2000 年,推出了网站 projecteuclid. org。目前,该网站包含美国、日本、巴西、伊朗等国家出版的期刊,共 48 种可供访问。其中 29 种期刊被 SCI 收录,这些期刊收录年限为各刊创刊号至今,最早可追溯至 1935 年。文章多达 103 000 篇,已成为数学和统计学人员的重要资料来源。

(2) High Wire Press(http://highwire. stanford. edu/)

High Wire Press 是全球最大的提供免费全文的网站之一,由美国斯坦福大学 High Wire 于 1995 年建立。目前收录 140 多家学术出版机构的电子期刊 1 200 多种。

(3) DOAJ(http://www. doaj. org/)

DOAJ,即 Directory of Open Access Journal,是瑞典隆德大学(Lund Univ.)开发维护的开放获取期刊目录,截至目前共提供各学科 5 300 多种 OA 期刊的简介和网站链接,有 1 400 多种期刊提供全文,所收录期刊全部有同行评审或编辑质量控制。

(4) Exlibris 开放获取电子期刊查询系统(http://www. cceu. org. cn/demo/

findfreeej. htm)

Exlibris 开放获取电子期刊查询系统是由艾利贝斯公司为中国用户联合会用户提供的免费期刊查询服务。除一般检索外,用户可按学科进行快速分类浏览,也可以依据 OA 期刊、核心期刊、NSTL 订购期刊进行查找。该系统还对投稿及全文获取进行了很有效的指引。

4. 专业学术网站及其他

(1) SCICHINA Online(http://www. scichina. com)

SCICHINA Online 即中国科学网络版,由中国科学院主办,通过该网站可免费浏览中国科学杂志社出版的"中国科学"系列刊物、"Science in China"(英文版)、"科学通报"、"Chinese Science Bulletin"(英文版)等,这些刊物均是我国自然科学基础理论研究领域里权威性的学术刊物,在国内外都有着长期而广泛的影响,多年来被国际上多种权威检索刊物收录。下载全文需先注册、登录,然后进入相应的期刊首页,进行文章检索、过刊浏览,或查看即将发表的文章和投稿指南。还可以通过 RSS 或 Email 订阅当期目录及最新录用的论文。

(2) 科学数据共享工程(http://www. sciencedata. cn/index. php)

提供多种元数据资源,包括气象科学、地震科学、农业科学、林业科学、地球系统科学、可持续发展科学、国土资源科学、测绘科学、海洋科学、基础科学、医药卫生科学、能源科学、环境科学、水科学、先进制造科学、交通科学等领域。

(3) The National Academies Press(NAP)国家学术出版社(http://www. nap. edu/)

提供多种电子资源,涵盖农业、行为与社会科学、生物与生命科学、计算机与信息技术、冲突与安全问题、地球科学、教育、能源与能源保护、工程与技术、环境与环境研究、食物与营养、健康与医学、工业与劳动力、数学、化学、物理、科技政策、科学的过去与未来、空间与宇航学、交通与基础建设领域。发展中国家访问者可在注册后免费阅览其中 600 余部书籍。英语界面,需支付国际流量费。

(4) Open Standards 开放标准网(http://www. open-std. org/)

提供 ISO(国际标准化组织)和 IEC(国际电工委员会)的 JTC1(联合技术委员会)发布的信息技术相关标准(ISO/IEC JTC 1)全文,内容涉及编码字符集、编程语言、操作系统、用户界面等。

(5) 国家标准化管理委员会网站(http://www. sac. gov. cn/templet/default/)

提供检索国家标准目录,获得标准的题录信息,并了解标准化动态、国家标准制订计划、国标修改通知等信息。可以免费下载或阅览中国国家强制性标准的全文。

(6) 中国环境标准网(http://www. es. org. cn/cn/index. html)

提供免费查询下载国家环境标准、环境保护标准的全文,包括水环境标准、大气环境标准、固废污染控制标准、移动源排放标准、环境噪声标准、土壤环境标准、放射性环境标准、生态保护标准、环境基础标准、其他环境标准。

4.4　农业、医学学科

4.4.1　农业、医学学科核心资源

本节主要介绍世界三大农业数据库（AGRICOLA、AGRIS、CAB Abstracts）及最常用的医学数据库（CBMdisc、MEDLINE/PubMed、EMBase、BIOSIS Previews）的检索与利用，期望读者通过这些核心资源的学习，能够掌握每个数据库最基本的检索方法与检索途径，获取相关专业的国内外核心文献信息，以提高个人及学术团队的研究水平。

1.　中国生物医学文献数据库（CBMdisc）（http：//sinomed. imicams. ac. cn/）

（1）资源概况

中国生物医学文献数据库（China BioMedical literature on disc，CBMdisc），是由中国医学科学院医学信息研究所开发的医学文献书目数据库。CBMdisc 收录 1978 年以来 1 600 余种中国生物医学期刊，以及汇编、会议论文的文献题录 530 余万篇，内容涵盖基础医学、临床医学、预防医学、药学、口腔医学、中医学及中药学等生物医学的各个领域，全部题录均进行主题标引和分类标引等规范化加工处理。年增文献 40 余万篇，每月更新。该数据库是目前收录国内生物医学期刊最全的数据库。

目前由中国医学科学院医学信息研究所/图书馆开发研制的中国生物医学文献服务系统（SinoMed），整合了中国生物医学文献数据库（CBM）、西文生物医学文献数据库（WBM）、北京协和医学院博硕学位论文库等多种资源，是集检索、免费获取、个性化定题服务、全文传递服务于一体的生物医学中外文整合文献服务系统。

数据库的功能特点：

①　具有多种词表辅助检索功能，包括主题词表、中英文主题词轮排表、分类表、期刊表等多种词表。

②　主题标引、分类标引规范，主题标引采用 MeSH 词表和《中医药学主题词表》，分类标引采用《中国图书资料分类法》。

③　检索入口多，检索功能完备。可以进行关键词检索、主题词检索、分类检索、选词检索、著者、著者单位、国省市名检索及刊名、年代、卷期、文献类型检索等。也可进行截词检索、通配符检索及各种逻辑组配检索。

（2）检索方法与范例

［检索实例①］　查找肝癌的规范化主题词

本实例可以利用主题检索功能，在主题检索界面检索入口输入"肝癌"，显示"肝癌见肝肿瘤"，即"肝肿瘤"为规范化主题词。点击"肝肿瘤"可以获得该主题词的详细注释，包括对应的英文主题词、款目词、树状结构号及相应的上位主题词及

下位主题词。

主题词：
  肝肿瘤
英文名称：
  Liver Neoplasms
款目词：
  Hepatic Neoplasms; Hepatic Neoplasm; Neoplasm, Hepatic; Neoplasms, Hepatic; Neoplasms, Liver; Liver Neoplasm; Neoplasm, Liver; Cancer of the Liver; Hepatic Cancer(肝部肿瘤); Cancer, Hepatic; Cancers, Hepatic; Hepatic Cancers; Liver Cancer(肝癌); Cancer, Liver; Cancers, Liver; Liver Cancers
树状结构号：
  C04.588.274.623; C06.301.623; C06.552.697
标引注释：
  coord IM with histol type of neopl (IM), including HEPATOMA (IM); LIVER NEOPLASMS, EXPERIMENTAL is available; be careful; do not confuse "hepatic neopl" with "intrahepatic neopl"; "intrahepatic neopl" may refer to BILE DUCT NEOPLASMS with regard to BILE DUCTS, INTRAHEPATIC, not LIVER NEOPLASMS
主题词详解：
  Tumors or cancer of the LIVER.
树形结构 1
肿瘤
  肿瘤，各部位
    消化系统肿瘤
      肝肿瘤
        癌，肝细胞
        肝肿瘤，实验性
        腺瘤，肝细胞

图 4.47　肝肿瘤主题词注释及其树形结构

［检索实例②］　查找有关污水的处理及卫生方面的文献

本实例可以利用分类检索功能，通过分类导航，找到类目"污水的处理与卫生"，检索即可。采用分类检索，避免了关键词检索有可能带来的漏检，可以获得一个类目的文献，具有较高的查全率。下图 4.48 显示了分类检索与关键词检索的不同结果，请读者自行分析比较。

选择	序号	命中文献数	检索表达式	检索时间
□	7	864	缺省[智能]废水处理	2010-08-09 09:56
□	6	1027	缺省[智能]污水处理	2010-08-09 09:55
□	5	8945	分类号＝R123.3/扩展	2010-08-09 09:55

图 4.48　分类检索及关键词检索的不同结果

［检索实例③］　因投稿需要查找有关"内科学"方面的期刊

期刊分类导航	首字母导航	A B C D E F G H I J K L M N O P Q R S T U V W X Y Z
□生物医学	名称	主办编辑单位
医药、卫生（总览）	病毒性肝炎防治参考资料	
医学与其它	肠外与肠内营养	南京军区南京总医院
综合类医学期刊	传染病临床与研究	解放军 302 医院丰台路 26 号
大学学报	传染病网络动态	北京佑安医院医学情报室
实验医学、医学实验	传染病信息	解放军 302 医院
预防医学、卫生学	地方病防治科研动态	中国医学科学院医学情报研究所
中国医学	地方病通报	新疆疾病预防控制中心
基础医学	地方病通讯	吉林省地方病第一、二防治研究所
临床医学	地方病译丛	新疆维吾尔自治区地方病防治研究所
内科学	风湿病学杂志	中华医学会风湿病学学会

图 4.49　内科学有关的期刊

本实例可以利用期刊检索功能,通过期刊分类导航,找到类目"内科学",可以获得相关的内科学方面的期刊,再根据具体期刊信息,以确定投稿合适的期刊。

[检索实例④] 查找金属支架在食管癌中的应用

本实例需综合利用基本检索、主题检索、布尔逻辑运算等。确定关键词"金属"、"支架"及"食管癌",同时上述关键词对应有主题词:"金属"、"支架"及"食管肿瘤"。"金属"主题词有较多下位词,需要扩展检索。具体检索过程见图4.50。通过联合应用关键词检索与主题检索,可以较好地保证文献查全率及查准率。

选并	序号	命中文献数	检索表达式	检索时间
☐	6	459	#5 or #1	2010-07-30 15:27
☐	5	291	#4 and #3 and #2	2010-07-30 15:27
☐	4	25484	主题词 食管肿瘤/全部树码/全部副主题词	2010-07-30 15:27
☐	3	142687	主题词 金属/全部树码/全部副主题词	2010-07-30 15:26
☐	2	17004	主题词 支架/全部树码/全部副主题词	2010-07-30 15:25
☐	1	275	篇首 金属 AND 支架 AND 食管癌	2010-07-30 15:24

图 4.50 查找金属支架在食管癌中的应用

2. AGRICOLA 数据库

(1)资源概况(http://agricola.nal.usda.gov/)

AGRICOLA 数据库(Agricultural On Line Access, AGRICOLA)是由美国农业图书馆(NAL)、食品与营养信息中心(FNIC)、美国农业经济文献中心(AAEDC)等机构联合编辑的题录型数据库,主要以美国农业部国家农业图书馆馆藏文献为基础,兼收与农业有关的美国政府出版物、会议文献、专利文献等8 000多种与农业相关的文献,学科包括农林水产、生物技术及环境等农业各个领域。内容分为农

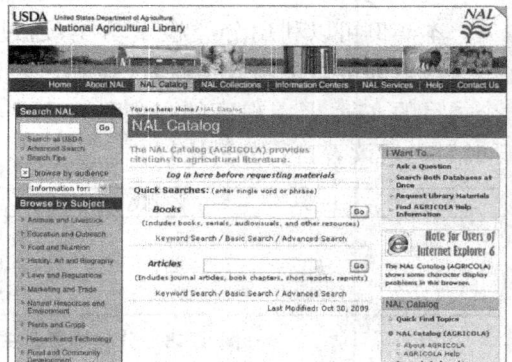

图 4.51

业经济、土壤和肥料、食品与营养、植物科学及农业专利文献等十大类。该库目前被视为世界上报道农业文献最多的目录型数据库。该数据库近年与 AGRIS 分工,偏重美国和北美地区的文献,是美国实验站的数据源。AGRICOLA 数据库可以检索 NAL 的书目、视听资料、期刊文献、图书章节、短篇报道等。

(2)检索方法与范例

[检索实例①] 查找有关控制蚊子以抑制西尼罗河病毒传播的文献

本实例涉及的检索概念有蚊子(Mosquito)、控制(Control)及西尼罗河病毒(West Nile Virus)传播。如果进行关键词检索,对于"mosquito"可以采用截词检索,"mosquito?"可以检索 mosquito 或 mosquitoes,但也可能包括 mosquitofish, mosquitocide,mosquitocidal 等无关的词。同时还要考虑与"mosquito"相关的同义词,"mosquito"实际上是一类昆虫,属于蚊科(Culicidae),有 20 个属、1 000 多个不同的种,如果要扩展检索可以选择特定的属种进行检索。同理,"control?"可以检索 control,controls,controlled,controller,controlling 等,同时要考虑同义词,如 stop,reduce,eliminate 及 destroy。所以对"控制蚊子"进行关键词检索,可以采用的检索式为:mosquito? AND(control? or destr? or eliminat? or kill? or reduc? or stop?)。

为了方便用户进行概念检索,AGRICOLA 数据库提供了主题词表。所有主题词分为 17 个大类,具体为:Animal Science and Animal Products、Biological Sciences、Breeding and Genetic Improvement、Economics,Business and Industry、Farms and Farming Systems、Food and Human Nutrition、Forest Science and Forest Products、Geographical Locations、Government,Law and Regulations、Health and Pathology、Insects and Entomology、Natural Resources, Earth and Environment、Physical and Chemical Sciences、Plant Science and Plant Products、Research, Technology and Engineering、Rural and Agricultural Sociology、Taxonomic Classification of Organisms。可以按类进行浏览主题词,也可以检索主题词。该主题词表自 2002 年起每年 1 月进行更新,同时提供英语及西班牙语两种版本。主题覆盖农业、生物学及相关学科,收录 70 000 多个主要概念词,其中包括28 000个交叉概念。对于技术性词汇有专门的词汇表"Glossary"进行定义,2010 版本收录了 2 649 个农业及相关专业的专有词汇。

本实例所涉及的"控制蚊子(灭蚊)"有专门的主题词"mosquito control",如图4.52 所示。

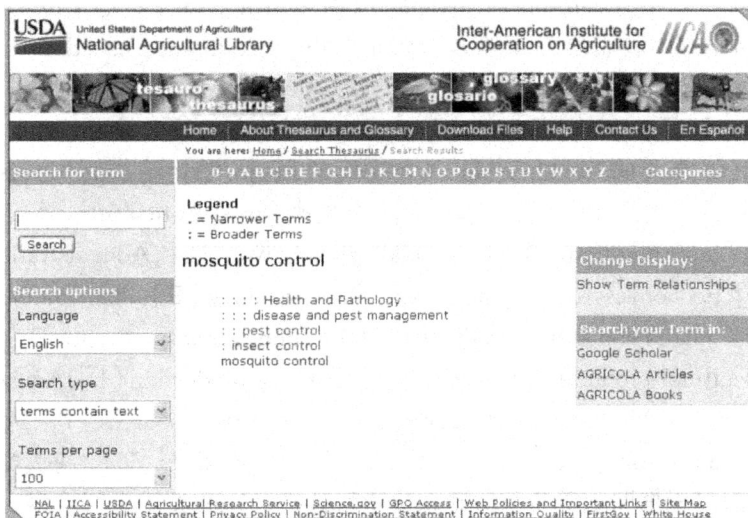

图 4.52 主题词"mosquito control"

下图显示了采用主题检索及关键词检索的不同结果。

Combine	Edit	Hits	Search Type	Searched For
☐	1	11	Search	("mosquito control")[in Subject] AND ("West Nile virus")[in Subject]
	2	92	Command	{control? or destr? or eliminat? or kill? or reduc? or stop?} and mosquito? and "West Nile virus"

图 4.53　主题检索与关键词检索的不同结果

3. AGRIS 数据库

(1) 资源概况(http://agris.fao.org/)

AGRIS 数据库是联合国粮农组织(Food and Agriculture Organization of the United Nations,FAO)根据各国农业科研和生产发展的需要,于 1975 年建立的题录型数据库。该数据库收录了 FAO 编辑出版的全部出版物以及 180 多个参加国和地区提供的农业文献信息,特别是第三世界国家农业、林业及相关学科的应用研究方面的文献,1979 年以后部分数据提供了文摘。其主题范围包括农业总论、地理和历史、教育推广与情报、行政与方法、农业经济、发展与农村社会学、植物科学与生产植物保护、收获后技术、林业、动物科学、渔业与水产养殖、农业机械与工程、自然科学与环境、农业产品加工、人类营养、污染等。收录文献类型有期刊、图书、科学技术报告、专论、学会论文、政府出版物。每年该库新增约 13 万个新记录,并配有英文、法文和西班牙文的关键词汇。

(2) 检索方法与范例

[检索实例①]　查找小麦(wheat)抗性育种(resistance breeding)方面的英文综述文献

本实例可先在"Preferences"中限定语种为"English",限定文献类型为"Review",然后在基本检索界面下输入检索词"wheat resistance breeding",系统默认将 3 个词作布尔逻辑"and"运算。

[检索实例②]　查找病虫害对野生稻培育影响方面的文献

本实例所涉及的"病虫害"是一个较大的概念,可利用类目"Pests of plants [H10]"来检索。AGRIS 的类目主要有 17 个大类,分为 Agriculture [A]、Geography and history [B]、Education, extension, and advisory work [C]、Administration and legislation [D]、Economics, development, and rural sociology [E]、Plant production [F]、Protection of plants and stored products [H]、Handling, transport, storage and protection of agricultural products [J]、Forestry [K]、Animal production [L]、Aquatic sciences and fisheries [M]、Machinery and buildings [N]、Natural resources [P]、Food science [Q]、Human nutrition [S]、Pollution [T]、Auxiliary disciplines [U]。每大类下面再分小类,检索时可根据课题所涉及的概念或学科选择合适的类目进行检索。本实例具体的检索式为"+asc:h10 +wild +rice"

4. CAB Abstracts

（1）资源概况（http://www.cabi.org/）

CAB Abstracts 是世界上最大、最具权威性的农业文摘索引型数据库之一，由英国国际应用生物科学中心（Centre for Agricultural Bioscience International，CABI）出版。CAB Abstracts 文摘记录从 1973 年至今已有 600 万篇，收录了 14 000 种期刊、图书、会议录、科技报告中的文摘数据，涵盖了农业、林业、兽医学、环境科学、人体营养等应用生命科学学科领域。主题涉及动物和农作物管理、动物饲养和植物种植、农作物保护、遗传学、林业工程、经济学、牲畜医药学、人类营养学和贫瘠地区发展。每年会有选自 6 000 种期刊、3 500 种其他类型文献中的 30 万篇记录新增入库，覆盖了世界上 130 余个国家、50 多语种，几乎涵盖了所有世界农业核心连续性出版物。CAB Abstracts 的文摘、分类和主题标引均由专业人员制作，95%的记录有英文文摘，主题标引使用世界知名的 CAB Thesaurus，具有文摘更新率快、查全查准率高等优势。CAB Abstracts 是我国农业科学领域最受欢迎、利用率最高的检索类数据库，也是农业科技查新的基础数据库。

CAB Abstracts Plus 是 CAB Abstracts 的全文增强版，是在 CAB Abstracts 数据库的基础上开发的独特的全文资源，包括难以获取的研究论文、会议论文、综述和分布图。于 2006 年 5 月正式出版。是集 CAB Abstracts 全文版和全球珍贵文献于一体的颇有价值的集合。此数据库面向动物科学、营养学、植物科学、农业和环境等领域，拓展了研究人员对全球化全文在线信息资源的获取。用户在链接到主流期刊获取全文信息的基础上，可以访问到比以往更高层次、更难获取的全文资源。

包括以下五部分内容：

① CAB Abstracts Full-Text Select（CAB 全文精选）：收录了全球难以获取的全文文献，来源于难以获取的 80 余种期刊和 120 余种会议文献。该精选包含大约 10 000 篇文章全文，即独家的会议论文集、报告和期刊内容。

② CAB Reviews（CAB 综述）：在农业、兽医学、营养学和自然资源领域的综述——每年特约专家撰写的综述可达 100 篇，可访问 1973 年至今的数据。

③ Map of Plant Pests（植物病害分布）：关于危害农业和森林的植物病害的最权威信息来源，包括每年 36 种最新分布，和自 1942 年起的 940 多种病害分布的电子存档。

④ Map of Plant Diseases（植物虫害分布）：包含在全球分布状态和具体植物虫害范围上广受推崇的参考来源。每年更新 18 种最新分布，和可追溯到 1951 年的 665 种植物虫害分布。

⑤ Map of Fungi and Bacteria（真菌和细菌的描述）：标准化的、配有插图的描述病原体和其他具有重大经济价值的种类。每年多达 40 种生物体的描述，外加追溯至 1964 年的 1 600 多种真菌和细菌分类的电子存档。

（2）检索方法与范例

目前，CAB Abstracts Plus 已经在 CAB Abstracts 服务平台上（OVID 平台：http://gateway. ovid. com/autologin. html）进行了全文链接，读者也可通过查询 CAB Abstracts 数据库中的相关文章，直接链接 CAB Abstracts Plus 全文文档。

登陆 OVID 平台，选择 CABI abstracts 这个数据库，输入关键词（高级检索）或输入一个问题（初级检索），然后点击"检索"，在检索结果中，右侧的明细出现"CAB Database PDFs"，点击就可以看全文或 REVIEW 文章，或病害分布图。

也可直接登陆 CABI 平台进行检索，但需要 IP 认证。可以通过下面的几个链接直接查找：

① CAB Reviews

http://www. CabAbstractsPlus. org/CABReviews/

② Distribution Maps of Plant Diseases

http://www. CabAbstractsPlus. org/DMPD/

③ Distribution Maps of Plant Pests

http://www. CabAbstractsPlus. org/DMPP/

④ Descriptions of Fungi and Bacteria

http://www. CabAbstractsPlus. org/DFB/

5. MEDLINE 及 PubMed（http://www. pubmed. gov 或 www. ncbi. nlm. nih. gov/PubMed）

（1）资源概况

MEDLINE 数据库是美国国立医学图书馆（The National Library of Medicine，NLM）建立的 MEDLARS（Medical Literature Analysis and Retrieval Systems）系统中最大和使用频率最高的生物医学数据库。收录了 1966 年以来全世界 70 多个国家和地区出版的生物医学及其相关学科期刊 3 900 余种，涉及 40 多种语种，其中约 75％为英文文献，70％～80％有英文摘要，年报道量约 30～40 万条。该数据库包括 3 种重要索引：Index Medicus（医学索引），Index to Dental Literature（牙科文献索引）和 International Nursing Index（国际护理学索引），涉及基础医学、临床医学、环境医学、营养卫生、职业病学、卫生管理、医疗保健、微生物、药学、社会医学等领域。到 1988 年底，有近 20 个机构获准转换 MEDLINE 数据库，发行 MEDLINE 的 CD—ROM 产品，其中包括 Silver Platter、Cambridge、Dialog 等。上述公司产品的检索功能、检索指令、数据结构虽基本相似，但也有不同。近些年一些综合性检索平台也整合了 MEDLINE 数据库资源，如 EBSCO、CSA、ISI Web of Knowledge、OCLC 及 EMBase 等，具体使用方法详见各检索平台介绍。

PubMed 是由 NLM 下属的国家生物技术信息中心（NCBI）开发的基于 WWW 的查询系统，是 NCBI Entrez 多个数据库查询系统中的一个，提供免费的 MED-

LINE、preMEDLINE 与其他相关数据库接入服务,是一个拥有 1 亿字条的巨大数据库,也包含与提供期刊全文的出版商网址的链接,来自第三方的生物学数据、序列中心的数据等等。PubMed 提供与综合分子生物学数据库的链接与接入服务,这个数据库归 NCBI 所有,其内容包括:DNA 与蛋白质序列、基因组、3D 蛋白构象、人类孟德尔遗传在线等。

PubMed 的收录范围包括:

① MEDLINE:是 PubMed 中最主要的数据库,其记录标记有[PubMed_Indexed for MEDLINE],经过 MeSH 词标引。

② PREMEDLINE:是 MEDLINE 前期数据库,收录文献多为最近一个月内发表。PREMEDLINE 记录标记有[PubMed-in process],未经 MeSH 词标引,被暂时存放以待加工处理,每周被转至 MEDLINE 数据库一次,同时从 PREMEDLINE 中删除。

③ Publisher-Supplied Citations:其记录标记有[PubMed-as supplied by publisher],未经 MeSH 词标引。其文献大多来自出版商提供的电子期刊中一些"选择性期刊",如某些综合性期刊,MEDLINE 只收录其中与医学专业有关的部分文献。

④ OLDMEDLINE:收录 200 多万篇在 1950—1965 年期间发表的生物医学文献,其记录标有[PubMed-OLDMEDLINE for Pre1966],未经 MeSH 词标引。

(2)检索方法与范例

[检索实例①] 查找维生素 C 对普通感冒的作用方面的文献

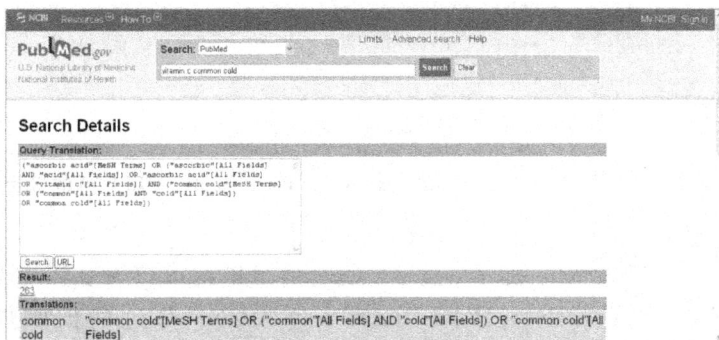

图 4.54 "Details"显示检索后台实际进行的检索过程

本实例可在 PubMed 主页直接输入"vitamin c common cold",系统具有自动词语匹配功能(Automatic Term Mapping),该功能可以实现词语的自动转换,其目的是尽可能使文献查全但并不要求作复杂的操作。通过高级检索界面(Advanced search)的"Details"链接可以显示检索后台实际进行的检索过程"("ascorbic acid"[MeSH Terms]) OR ("ascorbic"[All Fields] AND "acid"[All Fields]) OR ("ascorbic acid"[All Fields]) OR ("vitamin c"[All Fields]) AND ("common cold"[MeSH Terms]) OR ("common"[All Fields]) AND ("cold"[All Fields])

OR（"common cold"[All Fields]）"，其中显示了维生素 C 对应的规范化主题词"抗坏血酸 ascorbic acid"，检索兼顾了主题词检索及关键词检索，并合理应用了布尔逻辑组配检索，对于初学者来说很有帮助。

[检索实例②]　查找有关基因芯片(Gene Chip)的规范化主题词

读者在检索过程中需要了解某个概念的内涵与外延，通过了解某个概念的规范化主题词及其上下位主题词的关系，可以进一步理解该概念。有些专业期刊在读者提交稿件时也需要列出论文相关的主题词。

本实例可利用 PubMed 的"MeSH Database"来查找，"gene chip"对应的规范化主题词为"Oligonucleotide Array Sequence Analysis"，所包括的款目词有 Oligodeoxyribonucleotide Array Sequence Analysis、DNA Microarrays、DNA Arrays、DNA Microchips、DNA Chips、Gene Expression Chips 等。

Entry Terms:
- Oligodeoxyribonucleotide Array Sequence Analysis
- Sequence Analysis, Oligonucleotide Array
- DNA Microarrays
- DNA Microarray
- Microarray, DNA
- Microarrays, DNA
- DNA Arrays
- Array, DNA
- Arrays, DNA
- DNA Array
- DNA Microchips
- DNA Microchip
- Microchip, DNA
- Microchips, DNA
- DNA Chips
- Chip, DNA
- Chips, DNA
- DNA Chip
- Gene Expression Chips
- Chip, Gene Expression
- Chips, Gene Expression
- Expression Chip, Gene

图 4.55　主题词"Oligonucleotide Array Sequence Analysis"所包括的款目词

通过查看树状结构表，也可以获得该词的上位主题词、下位主题词及同位主题词。如其上位主题词"Microarray Analysis"，通过链接可以看到还有两个同位主题词"Protein Array Analysis"及"Tissue Array Analysis"，这对于课题扩展及相关检索很有帮助。

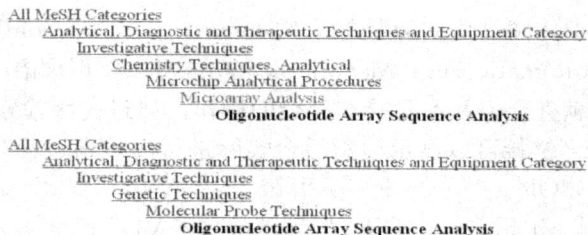

All MeSH Categories
　Analytical, Diagnostic and Therapeutic Techniques and Equipment Category
　　Investigative Techniques
　　　Chemistry Techniques, Analytical
　　　　Microchip Analytical Procedures
　　　　　Microarray Analysis
　　　　　　Oligonucleotide Array Sequence Analysis

All MeSH Categories
　Analytical, Diagnostic and Therapeutic Techniques and Equipment Category
　　Investigative Techniques
　　　Genetic Techniques
　　　　Molecular Probe Techniques
　　　　　Oligonucleotide Array Sequence Analysis

图 4.56　主题词"Oligonucleotide Array Sequence Analysis"在树状结构表中的位置

［检索实例③］ 查找 SARS（严重急性呼吸综合征，Severe Acute Respiratory Syndromes）的临床预后方面的文献

本实例主要是查找临床方面的文献，可以利用 PubMed 的临床文献查询功能（Clinical Queries），这是一个专门为临床医生和临床试验工作者设计的检索服务。输入"SARS"，限定类目"Prognosis"及"narrow"检索。

Clinical Queries 包括 3 个方面的检索，① Search by Clinical Study Category，可以查询疾病的 therapy（治疗）、diagnosis（诊断）、etiology（病因）、prognosis（预后）4 个方面的文献，选项"broad，sensitive search"和"narrow，specific search"称为检索过滤器（Search Filter），用来表示倾向查全还是查准；② Systematic Reviews，可以检索疾病的 systematic reviews（系统评论）、meta-analysis（meta 分析）、reviews of clinical trials（临床试验评论）、evidence-based medicine（循证医学）等方面的文献；③ Medical Genetics Searches，可以检索医学遗传学方面的文献。

［检索实例④］ 查找中国国内进行的乙型肝炎相关临床试验

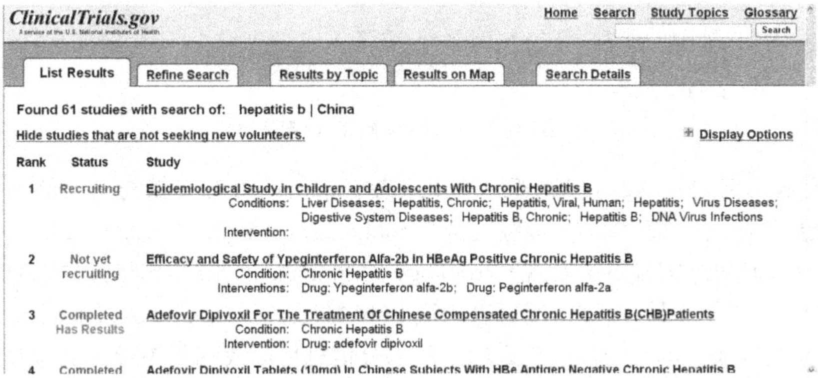

图 4.57 有关中国国内进行的乙型肝炎相关临床试验列表

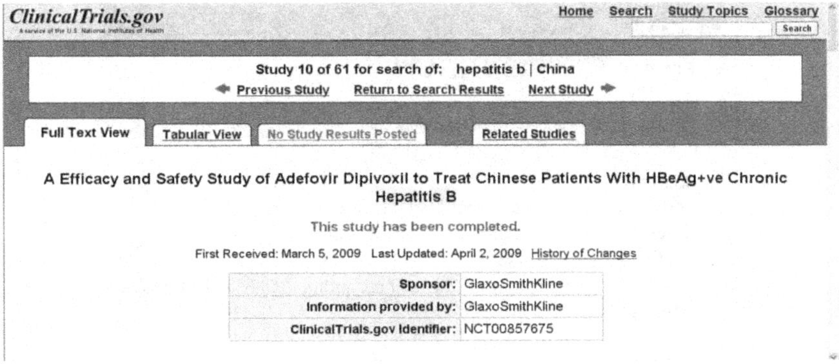

图 4.58 临床试验的详细资料

本实例可以利用 PubMed 首页列出的 ClinicalTrials 进行检索,在高级界面下输入检索词"Hepatitis B",限定国家"China",可以获得 61 条记录,点击其中的记录,可以看到该临床试验的详细资料。

[检索实例⑤] 查找乳腺癌相关专题文献

本实例可以利用 PubMed 首页的"Topic-Specific Queries"中的"Cancer Topic Searches"子数据库。点击"Breast Cancer"链接,再选择子类目,如乳腺癌的化疗、手术、放疗等进行检索。

图 4.59 乳腺癌的相关专题

[检索实例⑥] 如何查找著录不全或者有错误的参考文献的准确信息

有读者查到一篇文献的参考文献"Stollberger C,et al. Cardiol,2004,59(3):341—344",但通过馆藏目录发现 Cardiology 期刊 2004 年并没有 59 卷,或者 59 卷中没有 341—344 的文献,这种情况可以利用 PubMed 的 Single Citation Matcher(单引文匹配器)功能,通过填表的形式输入期刊的部分信息可以找到某单篇的文献或整个期刊的内容。本例只需输入年代、卷、期、页码首页,即可获得该文献的准确信息。检索过程及结果见图 4.60 和图 4.61,原参考文献期刊来源实际上是"Acta Cardiology"。

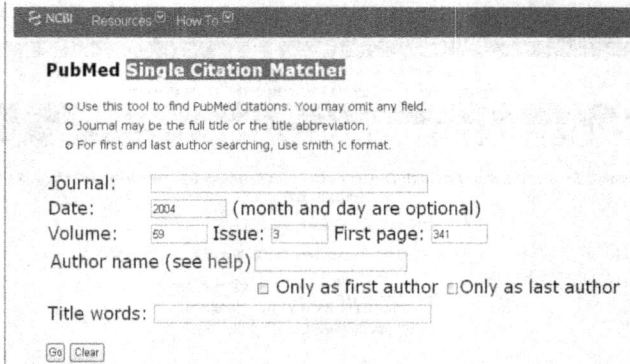

图 4.60 PubMed 单引文匹配器

6. 荷兰医学文摘(EMBase)(http://www.embase.com/)

(1) 资源概况

EMBase. com(荷兰医学文摘)是荷兰 Elsevier Science 出版社建立的世界上著名的生物医学与药学方面的文摘型数据库,收录了世界上 70 多个国家/地区出版的 5 000 多种期刊,特别是涵盖大量的欧洲和亚洲的医学刊物。收录文献的内容涉及药物研究、药理学、药剂学、药学、药物的副作用和相互作用、毒理学、人类医学(临床和实验方面)、基础生物医学、补充与替代医学、生物技术、生物医学工程和仪器、卫生政策和管理、药物经济学、公共卫生、职业卫生、环境卫生、环境污染、化学物质依赖与滥用、精神病学、法医学、替代动物实验等。

EMBase 突出药物文献和药物信息。具体体现在:① 收录药物文献多,数据库中 40% 以上的记录与药物有关;② 药物副主题词多,药物副主题词占副主题词的大半,另有给药方式副主题词 40 多个;③ 提供药物信息的字段多,有药物叙词字段(DRM 和 DRR),药物分类名字段(EL)、药物制造商名字段(MN)、化学物质登记号字段(RN)、药物商品名字段(TN)。

EMBase. com 与 MEDLINE 数据库进行了整合,并从 MEDLINE 中去掉重复记录,目前 EMBase. com 包括 EMBase 收录的 1974 年以来的 900 多万条记录,和 MEDLINE 收录的 1966 年以来的 600 多万条记录,并以每年 60 多万条记录的速度递增。

(2) 检索方法与范例

EMBase 有特色的检索途径:

① Drug Search,在检索框内输入药物名称,EMBase 提供了 2 项扩展检索功能:A. Also search as free text,以自由词在全部字段中进行检索。B. Include sub-terms/derivatives (explosion search):利用 EMTREE 主题词树状结构,对检索词与对应于 EMTREE 主题词的同位词及下位词进行扩展检索。

EMBase 也可以检索以某药物为研究重点的文献,还提供药物专题检索和用药方式的检索。

② Disease Search,在检索框内输入疾病的名称,EMBase 提供了 2 项扩展检索功能:A. Also search as free text,以自由词在全部字段中进行检索。B. Include sub-terms/derivatives (explosion search):利用 EMTREE 主题词树状结构,对检索词与对应于 EMTREE 主题词的同位词及下位词进行扩展检索。

还可以检索以某疾病为研究重点的文献。EMBase 提供了 14 个疾病的副主题词(Disease Subheadings)。

[检索实例①]　查找动物实验中阿司匹林(aspirin)给药剂量方面的文献

本实例可以利用 Drug Search,输入"aspirin",限定"drug dose"及"animals",检索式显示"'aspirin'/exp/dd_do AND [review]/lim AND [animals]/lim AND [embase]/lim"。

［检索实例②］ 查找药物治疗肺癌后有关抗药性方面的文献

本实例可以利用 Disease Search,输入"lung cancer",限定"drug resistance"。

	Search Query	Results	Actions	Alerts
#5	#3 OR #4	1,083	View | Edit	
#4	'lung cancer'/exp/dm_dr AND [embase]/lim	1,075	View | Edit	
#3	'lung tumor'/exp/dm_dr AND [embase]/lim	1,083	View | Edit	
#2	'lung'/exp/dm_dr AND 'cancer'/exp/dm_dr AND [embase]/lim	0	View | Edit	
#1	'aspirin'/exp/dd_do AND [review]/lim AND [animals]/lim AND [embase]/lim	64	View | Edit	

图 4.61 EMBase 检索结果

7. BIOSIS Previews 数据库(http://gateway.ovid.com/)

(1) 资源概况

BIOSIS Previews 由美国生物科学信息服务社(BIOSIS)出版,是世界上最大的关于生命科学的文摘索引数据库。该数据库对应的出版物是《生物学文摘》(Biological Abstracts,1969 年至今),《生物学文摘——综述、报告、会议》(Biological Abstracts/RRM,1980 年至今)和《生物研究索引》(BioResearch Index,1969—1979)。收录世界上 100 多个国家和地区 5 500 多种期刊的文献和 1 650 多个会议的会议录和报告,每年大约新增 28 万条记录。所涉及学科范围广泛,涵盖所有生命科学内容,其中包括(不局限于这些学科)空间生物学、农业、解剖学、细菌学、行为科学、生物化学、生物工程、生物物理、生物技术、植物学、细胞生物学、临床医学、环境生物学、实验医学、遗传学、免疫学、微生物学、营养学、职业健康、寄生虫学、病理学、药理学、生理学、公共健康、放射生物学、系统生物学、毒理学、兽医学、病毒学、动物学。内容偏重于基础和理论方法的研究。

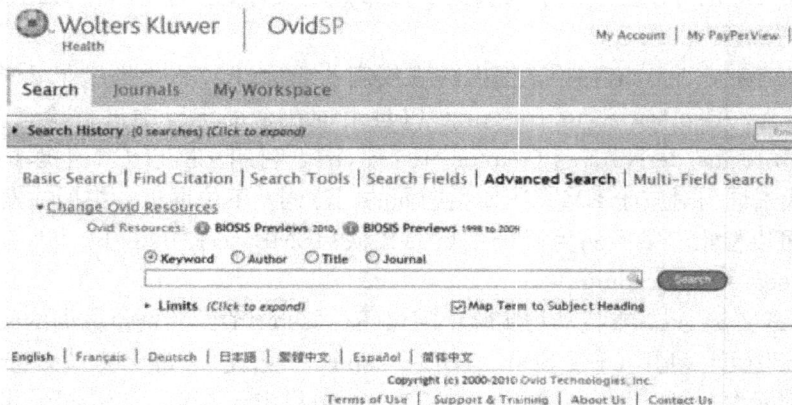

图 4.62 BIOSIS Preview 检索界面

目前 BIOSIS Preview 可在以下平台上检索：ISI 公司基于 Web of Science 平台的 BIOSIS Previews；OVID 公司基于 DB Search 平台的 BIOSIS Previews 及 SilverPlatter，Dialog，STN 等公司提供的检索平台。下面主要介绍基于 OVID 检索平台的 BIOSIS Preview 的检索与利用。

（2）检索方法与范例

BIOSIS 的检索字段依查询功能区分为查询特定记录、查询作者、查询文献信息、主题查询及生物体查询，主题查询与生物体查询是 BIOSIS 非常有特色的查询方式。主题查询的字段包括 Alternate Indexing（AI）、Chemicals & Biochemicals（CB）、Concept Codes（CC）、Diseases（DS）、Geopolitical Location（GE）、Major Concepts（MC）、Methods & Equipment（MQ）、Miscellaneous Descriptors（MI）、Registry Numbers（RN）、Sequence Data（SQ）、Time（TM）、Title（TI）、All Descriptors（DE）等，生物体查询的字段包括 Biosystematic Codes（BC）、Organisms（OR）、Parts，Structures & Systems of Organisms（PS）、Super Taxa（ST）、Taxa Notes（TN）。

从 1993 年开始，BIOSIS 在权威档案（Authority File）中加入大量的自然语言（Natural Language）作为控制词汇（Controlled Vocabulary），而不再只以编码（Codes）作为专有名词的控制查询。BIOSIS 的控制词汇依主题分为许多类项，使用者可以用控制词汇做大范围的查询，或是以自由词（Free Text）做特定主题的查询。利用检索接口提供的工具，可以浏览控制词汇的定义，scope notes，以及扩大或缩小检索范围，增强搜寻功能。但 BIOSIS 的控制词汇的选择和编排方式与 Medline、CAB 等数据库不同，BIOSIS 使用大量的 natural language 作为控制词汇，而 Medline 和 CAB 则是以大量的专有名词作为控制词汇。在进行检索之前，建议先看看要查的专有名词（包括 synonyms and variants）是否出现在控制词汇表中。

［检索实例①］ 查找戊型肝炎病毒（Hepatitis E Virus，HEV）培养方面的文献

本实例首先应看一下戊型肝炎病毒是否有专有名词及其控制词汇。HEV 是一种大小为 7.2 Kb，无囊膜、单股正义 RNA 病毒，属于戊型肝炎病毒科（Hepeviridae）戊型肝炎病毒属（Hepevirus）中的一员，主要通过消化道传播。可以通过高级检索的"Map Term to Subject Heading"获得 HEV 在 Super Taxa 所属的位置，见图 4.63。或者通过"Search Tools"中的"Permuted Index"找到其控制词汇。

Super Taxa

Microorganisms

Viruses

Positive Sense ssRNA Viruses

Hepeviridae

图 4.63 戊型肝炎病毒在生物分类中的位置

Super Taxa/Biosystematic Name(上位生物分类/生物系统名称)：全部生物体按照类、门、纲、目、科、属、种的顺序排列。大类分为微生物、植物、古生物、动物，每大类分为四级类目(门、纲、目、科)，使用任一生物体的科以上类目，都可以查出与该生物相关的文献。生物系统学代码/名称是一个五位的代码，代表种级别以上的分类组。通过生物分类检索，既可以聚类检索，又可以专指检索。如乙型肝炎病毒在生物系统分类的位置与戊型肝炎病毒完全不同，它属于 DNA 与 RNA 反转录病毒目下的肝 DNA 病毒科（Hepadnaviridae），而戊型肝炎病毒属于单股正义 RNA 病毒目下的戊型肝炎病毒科（Hepeviridae）。通过生物分类检索，可以获得更高的查准率。

```
Super Taxa
  Microorganisms
    Viruses
      DNA and RNA Reverse Transcribing Viruses
        Hepadnaviridae
```

图 4.64   乙型肝炎病毒在生物分类中的位置

Major Concepts：主要概念是涉及生命和生物科学领域的相关词汇，Biosis Previews 有 168 个主要概念词，主要概念通过主题方式来类聚文献。主要概念的列表分为字顺列表和按照概念的层级排列两种格式。BIOSIS 将生命科学的主题学科再细分为 571 个次标题，每一个次标题以 5 个数字编码组成，而成为 Concept Codes。

本实例所涉及"culture"概念，除了用关键词检索，也可以结合主要概念"Tissue culture，apparatus，methods and media"检索。

表 4.2 显示了分别以主题"Hepeviridae"、将"hepatitis e virus"限定在所有字段 (af)或作为关键词(mp)或包括相关词(Including Related Terms)检索的不同结果。

表 4.2   查找戊型肝炎病毒培养方面的文献检索结果

#	Searches	Results
1	exp Hepeviridae/	822
2	hepatitis e virus. af.	1 308
3	hepatitis e virus {Including Related Terms}	1 894
4	hepatitis e virus. mp.	1 297
5	culture. mp. or exp "Tissue culture, apparatus, methods and media"/	237 229
6	1 and 5	31
7	2 and 5	48
8	1 or 2 or 3 or 4	1 907
9	5 and 8	72

[检索实例②] 查找近 5 年有关果蝇(Drosophila)神经系统发育(Neurogenesis)方面的综述文献

本实例涉及"果蝇"及"神经系统发育"两个概念,同时需要限定年限(近 5 年)及文献类型(Review)。对于"果蝇"需要考虑其学名"Drosophila Melanogaster"(黑腹果蝇)、同义词(Fruit Fly)、生物分类学上所属位置(Diptera,双翅目)等。

Super Taxa

Animalia 动物

Invertebrata 无脊椎动物类

Arthropoda 节肢动物门

Insecta 昆虫纲

Diptera 双翅目

图 4.65 果蝇在生物分类中的位置

对"神经系统发育"除了考虑关键词"neurogenesis"外,还需要考虑相关的主要概念,如:"Nervous System"、"Nervous System-Physiology and Biochemistry"、"Development"、"Development and Embryology-General and Descriptive"。

表 4.3 显示了本实例具体检索过程,对于检索序号 8、9、10、11、12、13 的命中文献数目的不同,读者可以自行分析。

表 4.3 查找近 5 年有关果蝇神经系统发育方面的综述文献的检索过程

#	Searches	Results
1	exp Nervous System/ or exp "Nervous system-Physiology and biochemistry"/	824 619
2	"Development and Embryology-General and descriptive"/ or exp Development/	407 575
3	1 and 2	68 977
4	neurogenesis {Including Related Terms}	3 830
5	fruit fly {Including Related Terms}	8 507
6	Drosophila melanogaster. or.	17 725
7	diptera/ or "invertebrata：general and systematic-insecta：diptera"/	89 468
8	5 and 3	1 091
9	5 and 4	37
10	6 and 3	795
11	6 and 4	24

续表

#	Searches	Results
12	7 and 3	3 536
13	7 and 4	135
14	8 or 9 or 10 or 11 or 12 or 13	3 560
15	limit 14 to ("review articles" and yr＝"2006-2010")	224

4.4.2 农业、医学学科其他网络资源

1. 中国农业科技文献信息平台（http：//www.nais.net.cn/site/Default.aspx）

中国农业科技文献信息平台（NAIS，以下简称平台）是中国农业科学院农业信息研究所（AII，原中国农科院科技文献信息中心）自主开发、拥有独立知识产权的"一站式"农业科技文献信息保障与服务平台。

2. 美国国际药学文摘（International Pharmaceutical Abstracts，IPA）

国际药学文摘（International Pharmaceutical Abstracts，IPA）由美国医院药师协会出版，其光盘数据库由美国银盘公司发行。成立于1964年，1970年后实现了计算机化服务。IPA数据库主要用于检索和显示药学文献，范围包括药物临床和技术信息、药学实践、药学教育、药学和药物的相关法律。数据库数据由美国医药卫生协会（American Society of Health-System Pharmacists，ASHP）提供。IPA收录了1970年以来世界各地出版的750多种药学期刊的文献摘要，每季度更新一次，总记录超过32万条。1988年开始收录美国医药卫生协会（ASHP）主要会议推荐的论文文摘，现在也包括美国药学协会（American Pharmaceutical Association，APhA）和美国药学学院协会（American Association of Colleges of Pharmacy，AACP）年会推荐的论文文摘。还将增加专家和医生推荐的，由药学学校提供的学位论文文摘。IPA的另一特点是，它既包括了美国所有州的药学期刊，又包括了大部分化妆品出版物。美国医药卫生协会（ASHP）选择标准没有文章语种和杂志影响大小的限制，无论社论、评论还是其他文字信息，凡是带药学重要信息的都被摘录和索引。IPA分类采用美国医院药典服务（American Hospital Formulary Service，AHFS）药物学/治疗学的分类。数据库中药物术语，是由美国医院药剂师学会（American Society of Hospital Pharmacists）公布，AHFS确定种类，可以在药物/治疗分类（PC）字段中检索这些术语。

3. 循证医学网络数据库（http：//www.thecochramelibrary.com/）

（1）Cochrane图书馆（Cochrane Library，CL）是获取循证医学证据的主要来源，包含各种类型的证据，如系统评价、临床试验、卫生技术评估等。CL由

Cochrane 协作网制作,由 John Wiley & Sons 公司负责以光盘和网络形式出版发行。CL 旨在为临床实践和医疗决策提供可靠的科学依据和最新证据。

CL 由多个数据库组成,主要包括以下 6 个数据库:

① Cochrane 系统评价资料库(Cochrane Database of Systematic Review,CDSR)。该库收集了协作网 52 个 Cochrane 系统评价组在统一工作手册指导下对各种健康干预措施制作的系统评价,包括全文(Completed Review)和研究方案(Protocols)。目前主要是根据随机对照试验完成的系统评价,并随着读者的建议和评论以及新的临床试验的出现不断补充和更新。Cochrane 图书馆以每年新生产 200~300 个系统评价的速度递增,协作网所制作的系统评价几乎涵盖整个临床医学领域。

② 疗效评价文摘库(Database of Abstracts of Reviews of Effectiveness,DARE)。该库包括非 Cochrane 系统评价(非 Cochrane 协作网成员发表的普通系统评价)的摘要和目录,是对 Cochrane 系统评价的补充,由英国约克大学的国家卫生服务部评价和传播中心提供。DARE 的特点是其系统评价的摘要包括了作者对系统评价质量的评估。与 CDSR 不同的是它只收集了评论性摘要、题目及出处,而没有全文,并且不一定符合 Cochrane 系统评价的要求。

③ Cochrane 临床对照试验注册资料库(Cochrane Controlled Trials Register/CENTRAL)。资料来源于协作网各系统评价小组和其他组织的专业临床试验资料库以及在 MEDLINE 上被检索出的随机对照试验(Randomiaed Controlled Trials,RCT)和临床对照试验(Clinical Controlled Trials,CCT),还包括全世界 Cochrane 协作网成员从有关医学杂志会议论文集和其他来源中收集到的 CCT 报告。目前 CCTR 收录了 1948 年以来全世界已发表的所有 RCT 和 CCT 几十万余条,其中包括中国循证医学中心提交的 RCT。

④ Cochrane 方法学数据库(Cochrane Methodology Register,CMR)。该库包括用于系统评价所有发表的方法学研究,收录有关对照试验方法和系统评价方法学的相关文献书目信息。这些文献来源于 MEDLINE 数据库和人工查找所得。

⑤ 卫生技术评估数据库(Health Technology Assessment database,HTA)。由英国约克大学 Centre for Reviews and Dissemination(CRD)编制,收集来自国际卫生技术评估协会网(INHTA)和其他卫生技术评估机构提供的已完成和正在进行的卫生技术评估。

⑥ NHS 经济评估数据库(NHS Economic Evaluation database)。有关成本效益、成本效能的分析,有关成本效益的信息较难被证明、鉴定和解说。可协助决策者从全世界搜集系统性的经济性评估,并鉴定其质量及优缺点。

(2) EBM Reviews

OVID 循证医学数据库(OVID EBM Reviews)是获取循证医学证据最重要的数据库之一,目前包括 7 个循证医学方面的子数据库:① CDSR:Cochrane 系统评价资料库;③ DARE:疗效评价文摘库;③ CCTR(CENTRAL):Cochrane 临床对照试验注册资料库;④ CMR:Cochrane 协作网方法学文献注册数据库;⑤ HTA:卫生技术评估数据库;⑥ NHSEED:英国国家卫生服务部卫生经济评价数据库;⑦ ACP Journal Club:由美国内科医师协会(American College of Physicians)和美国内科医学会(American Society of Internal Medicine)出版的循证医学刊物,主要包含从 50 多种核心期刊中选出的高质量的系统评价,并整理为结构式摘要,目前已经出版了 100 多期。ACP Journal Club 还收录了 1995 年至 1999 年英国医学杂志(BMJ)出版的 Evidence-Based Medicine 期刊的内容,共 25 期,可逐期浏览。

4. 临床医学网络资源

(1) MD Consult(http://www.mdconsult.com/)

MD Consult 由世界最大的英文医学出版商 Elsevier 出版发行,每月提供超过 100 万条信息,以及 700 万页的临床资料。MD Consult 是专为医生和临床工作者提供权威临床信息的网站。它从世界上最重要的医学期刊、医学教科书、医学会议中收集最新信息,并以实用、便捷的方式为广大医务工作者提供最新的医学全文信息、药物信息、行医指南等网上临床医学信息服务,是医生探讨临床热点问题、进行自我考查、继续教育、了解世界上各学科发展动态的医学信息浏览工具和忠实顾问。MD Consult 拥有 51 套完整的权威医学参考书,88 种专业期刊,22 000 种药物指南,600 多种临床行医指南,10 000 多种患者教育资料,近 300 种医学继续教育课程,且在不断增加中。

目前,MD Consult 已被北美 95% 以上的医学院和全球超过 1 700 家保健机构采用,拥有涵盖 70 多个国家的 25 万用户。服务人群:医学生和医学工作者,特别是临床工作者,帮助解决临床问题,提供医学信息。

(2) Medscape(http://www.medscape.com)

由美国 Medscape 公司 1994 年研制,1995 年 6 月投入使用,由功能强大的通用搜索引擎 AltaVista 支持,可检索图像、声频、视频资料,至今共收藏了近 20 个临床学科 25 000 多篇全文文献,拥有会员 50 多万人,临床医生 12 万人。是 Web 上最大的免费提供临床医学全文文献和继续医学教育资源(CME)的网点,可选择 Fulltext、Medline、DrugInfo、AIDSLine、Toxline、Whole、Web、News、Medical Images、Dictionary、Bookstore 等十多种数据库进行检索,同时还可浏览每日医学新闻,免费获取 CME 各种资源,免费获取"Medpulse",同时网上查找医学词典和回答用户咨询,提供根据疾病名称、所属学科和内容性质(会议报告、杂志文章的全文或摘要等)的英文按 26 个字母顺序进行分类检索(The Medscape Index)。

(3) Docguide(Doctor's Guide)(http:www.docguide.com)

Docguide 是一个在全球具有广泛影响力的优秀医学信息资源网站。网站致力于向全球医师和患者提供快捷、全面、专业化的信息服务,促进医疗水平的提高。

Doctor's Guide 网站由 P/S/L Research 集团下属的 Doctor's Guide 出版有限公司建立和维护，提供多语言的信息服务版本，所有信息对注册用户免费提供。Docguide 旨在为临床医师提供最新新闻和医学进展信息，是临床医生最大的在线帮助网点，特别提供网上在线报道的医学会议查询。同时，为用户提供个性化的订制服务，用户可以在注册时选择感兴趣的领域，以后进入时就可以按注册者的要求显示出个性主页，该页面每日更新。

5. 分子生物学信息数据库

（1）核酸序列数据库

GenBank、EMBL 和 DDBJ（DNADataBankofJapan）是目前最全面、规模最大的公共核酸序列数据库，收录了当前所有已知的核酸序列及相关的文献和生物学注释，这 3 个数据库之间每天都在进行数据交换，以保持最新、最全的数据。

GenBank（http://www.ncbi.nlm.nih.gov/Genbank/）：是由美国国家生物技术信息中心（NCBI）管理和维护大型、综合性的公共核酸序列数据库，GenBank 的数据可以从 NCBI 的 FTP 服务器上免费下载完整的库，或下载更新的数据。NCBI 还提供广泛的数据查询、序列相似性搜索以及其他序列分析服务。GenBank 的数据来源于约 200 000 个物种，其中 26% 是人类的基因组序列，所有序列中的 20% 是人类的 EST 序列。所有数据记录被划分在若干个子库中，如细菌类（BCT）、病毒类（VRL）、灵长类（PRl）、啮齿类（ROD）以及 EST 数据、基因组序列数据（GSS）、高通量基因组序列数据（HTG）等 17 类，其中 EST 数据等又被分成若干子库。

EMBL 核酸序列数据库（http://www.ebi.ac.uk/embl/）：是国际上三大核酸序列数据库之一，由欧洲生物信息学研究所（EBl）管理和维护，主要收集欧洲测序的核酸序列数据。科研人员可以通过因特网上的序列检索系统（SRS）查询检索其中的核酸序列数据。

DDBJ（日本核酸数据库）（http://www.ddbj.nig.ac.jp/）：在日本科教文化部的认可下，于 1986 年由日本国立遗传学研究所（NIG）创建。作为一个国际性的核酸数据库，它主要负责收集亚洲地区的核酸数据，并同时与 GenBank 和 EMBL 相互协作，同步更新，每年 4 版。

（2）基因组数据库

基因组数据库是生物信息学数据库的重要组成部分，其内容丰富、种类繁多、格式不一，分布在世界各地的生物信息中心、测序中心以及与医学、生物学、农业等有关的科研机构和大学，如英国 Roslin 研究所的 ArkDB 包括猪、牛、绵羊、山羊、马、鹿、狗、鸡等基因组数据库；美国、英国、日本等基因组中心的斑马鱼（Zebrafish）、罗非鱼（Tilapia）、鲑鱼（Salmon）等鱼类基因组数据库；英国谷物网络组织（CropNet）建有大麦、玉米、高粱、菜豆等农作物以及紫苜蓿（Alfalfa）、牧草（Forage）、玫瑰（Rose）等基因组数据库。除了模式生物基因组数据库外，基因组信息资源还包括染色体、基因突变、遗传疾病、分类学、比较基因组、基因调控表达、放射杂交、基因图谱等各种数据库。

人类基因组数据库(GDB)(http://www.gdb.org/):由美国 John Hopkins 大学于 1990 年建立,1998 年年底移至加拿大多伦多儿童医院生物信息中心。GDB 采用表格方式给出基因组结构数据,包括基因单位、PCR 位点、细胞遗传标记、EST、连续子、重复片段等;并可显示基因组图谱,包括细胞遗传图、连锁图、放射杂交图、转录图等,并给出等位基因等基因多态性数据。此外,还与 GenBank、EMBL、OMIM、MEDLINE 等数据库建立了链接。

鼠基因组信息学(Mouse Genome lnformatics,MGl)(http://www.informatics.jax.org/):由 Jackson 实验室于 1997 年创建,收录遗传、物理、比较图谱数据、克隆/探针/PCR 信息、基因的表型描述、突变和老鼠种株的遗传记、哺乳类同源性确定、参考文献等。

线虫基因组数据库(ACEDB)(http://www.Acedb.org/):是一种被广泛应用的数据库管理平台,适用于许多动物和植物的基因组计划。数据库以丰富的图形界面提供信息,包括有具体显示的基因图谱、物理图谱、新陈代谢的途径和序列等。数据采用面向对象的形式进行组织,如相关的文献、基因、描述和克隆的 DNA 等。可用于专用的数据分析以及许多永久性数据的采集,而且使用者无需经过专门的计算机和数据库的训练就可以使用 ACEDB。

(3) 蛋白质序列数据库

PIR(http://pir.georgetown.edu/):1988 年,美国的 NBRF、日本的国际蛋白质信息数据库(Japan International Protein Information Database,JIPID)与德国的慕尼黑蛋白质序列信息中心(Munich Information Center for Protein Sequences,MIPS)合作成立国际蛋白质序列信息中心(PIR-International),共同收集和维护蛋白质序列数据库(PIR)。第 75.03 版的 PIR 数据库按照数据的性质和注释详略分成 4 个子库:PIR1、PIR2、PIR3 和 PIR4。PIR1 中的序列已经验证,注释最为详尽;PIR2 中包含尚未确定的冗余序列;PIR3 中的序列尚未加检验,也未加注释;而 PIR4 中则包括其他各种渠道获得的序列,既未验证,也无注释。

SWISS-PROT(http://www.expasy.org/sprot/):是另一个非常重要的蛋白质序列数据库,1986 年由瑞士日内瓦大学创建,现在由瑞士生物信息学研究所(Swiss Institute of Bioinformatics,SIB)和欧洲生物信息研究所(EBI)共同维护和管理。2005 年 6 月 7 日的第 47.2 版,该数据库收录了 184 304 条序列,包含 66 619 967 个氨基酸。1994 年,SIB 创建蛋白质专家分析系统(Expert Protein Analysis System,ExPASy)(http://www.expasy.ch),除了开发、维护和管理 SWISS-PROT 数据库外,还提供蛋白质序列、结构、功能和蛋白质 2D-PAGE 图谱等蛋白质信息资源,是国际上蛋白质组和蛋白质分子模型研究的主要网站。

NRL-3D(http://pir.georgetown.edu/pirwww/dbinfo/nrl3d.html)：是三维结构已知的蛋白质一级结构序列数据库,该数据库的序列是从三维结构数据库 PDB 中提取出来的。除序列信息外,还包括二级结构、活性位点、修饰位点等与蛋白质直接有关的注释信息,对研究蛋白质结构功能关系和同源蛋白分子模型构建特别有用。

TrEMBL(http://www.ebi.ac.uk/trembl/)：创建于 1996 年,意即"Translation of EMBL",是计算机翻译并注释的蛋白质序列数据库,收录的序列是从 EMBL 中的 cDNA 序列翻译得到的。记录采用 SWISS-PROT 数据库格式。

TrEMBL 分为两个部分：SP-TrEMBL 和 REM-TrEMBL。SP-TrEMBL 的条目已经专家分类并且给予 SWISS-PROT 存储号,但尚未通过人工审查,最终将收入 SWISS-PROT。REM-TrEMBL 包含其他剩余序列,主要是免疫球蛋白、T 细胞受体、少于 8 个氨基酸碱基的多肽、人工合成序列、专利序列等。

GenPept(http://ncbi.nlm.nih.gov/genbank/genpept)：是由 GenBank 中的 cDNA 序列翻译得到的蛋白质序列数据库。由于 TrEMBL 和 GenPept 均是由核酸序列经过计算机程序翻译生成的,这两个数据库中的序列错误率较大,并存在较多的冗余序列。

OWL(http://umber.sbs.man.ac.uk/dbbrowser/OWL/)：于 1994 年由英国里兹大学和 Daresbury 国家实验室合作创建并维护的一个复合型数据库,其数据来源于 SWISS-PROT、PIR、GenPept、Swissprot、PDB、NRL3D 等数据库,是去重后整合而成的非冗余蛋白质序列数据库。

上述蛋白质序列数据库各有优缺点：① NRL3D 包含空间结构已知的序列,但数量有限;② SWISS-PROT 的序列经过严格审核,注释完善,但数量仍较少;③ PIR 数据量较大,但包含未经验证的序列,注释也不完善;④ TrEMBL 和 GenPept 的数据量最大,且随核酸序列数据库的更新而更新,但它们均是由核酸序列翻译得到的序列,未经实验证实,也没有详细的注释;⑤ OWL 中的序列虽具有较好的代表性,但采用某些标准取舍序列,导致某些数据不完整。因此,蛋白质序列数据库种类繁多,各有特色。科研人员使用蛋白质序列数据库时,不能只选择其中的一个,而应根据实际情况进行选择。如有可能,应该尽量选择几个不同的数据库,并对结果加以比较。

（4）蛋白质结构数据库

生物大分子三维空间结构数据库是另一类重要的生物信息学数据库。20 世纪 90 年代以来,越来越多的蛋白质分子结构被测定,蛋白质结构分类的研究不断深入,出现了蛋白质家族、折叠模式、结构域、回环等数据库。

PDB(ProteinDataBank, http://www.rcsb.org/pdb/)：是 1971 年创建的国际上最著名、最完整的蛋白质三维结构数据库。最先由美国 Brookhaven 国家实验室负责维护和管理,从 1998 年开始,由结构生物信息学合作研究协会(RCSB)负责管理。与 GenBank 序列数据库一样,科研人员可以通过网络直接向 PDB 数据库提交数据。

SCOP(Structural Classification of Proteins,http://scop. mrc-lmb. cam. ac. uk/scop/):是英国医学研究委员会分子生物学实验室和蛋白质工程中心开发的基于 Web 的蛋白质结构数据库分类、检索和分析系统。SCOP 数据库将计算机程序自动检测和人工验证结合起来,将 PDB 数据库中的蛋白质按传统分类方法分成 α 型、β 型、α/β 型(α 螺旋和 β 折叠交替出现)、$\alpha+\beta$ 型(α 螺旋和 β 折叠连续出现),并将多结构域蛋白、膜蛋白和细胞表面蛋白、小蛋白单独分类,一共分成 11 大类型,并在此基础上,按折叠类型、超家族、家族 3 个层次逐级分类。对于具有不同种属来源的同源蛋白家族,SCOP 数据库按种属名称将它们分成若干子类。

CATH(http://www. biochem. ucl. ac. uk/bsm/cath/):是另一个著名的蛋白质分类数据库,分类体系包括类型(Class)、构架(Architecture)、拓扑结构(Topology)和同源性(Homology),由英国伦敦大学开发和维护。与 SCOP 数据库一样,CATH 数据库的数据既经计算机程序,又经人工检查。CATH 数据库的分类基础是蛋白质结构域。与 SCOP 不同的是,CATH 把蛋白质分为 4 类,即 α 为主类,β 为主类,α-β 类和低二级结构类。显然,它把 α/β 型和 $\alpha+\beta$ 型(前者是 α 螺旋和 β 折叠交替出现,后者是 α 螺旋和 β 折叠连续出现)归纳为一类,低二级结构类是指二级结构成分含量很低的蛋白质分子。

思考题

1. 如何查找某研究领域高影响力论文及在该研究领域最具影响力的研究人员(如:基因芯片(Gene Chip)在肿瘤学方面的应用,研究生也可以根据自己所从事的学科领域,设定检索范围)。

2. 如何查找某项技术的理论基础、实践发展及最新进展(如克隆技术,Cloning Technique)。

3. 如何了解国外某大学或研究机构相关科研人员主要的研究方向。

4. 查找 2009 年经济合作发展组织区域创新方面的文献。

5. 查找南非 2000 年以来在经济、金融、自然资源、基础设施及环境等方面的统计指数。

6. 利用 SSCI、A&HCI、CSSCI、读秀学术搜索及中国期刊网等对自己的研究课题进行国内外研究现状的分析,分析课题趋势并创建课题跟踪。

7. 了解本单位、本地区网络资源的发展状况,并通过网络练习搜索相关学科信息站点。

8. 查找 EPA("脑黄金"的主要成分)的化学结构。

9. 利用相关工具了解世界各地各科研领域的最新进展。

10. 怎样快速获得并追踪你所关注的某主题的科研信息,如"隐身衣材料"。

11. 利用世界三大农业数据库(AGRICOLA、AGRIS、CAB Abstracts)查找有关病虫害(Pest)对野生水稻(Wild Rice)培育影响方面的文献。

12. 利用CBM及PubMed数据库查找性激素(Sexual Hormone)及兴奋性氨基酸(Excitatory Amino Acid)与儿童Tourette综合征行为问题相关研究方面的文献。

13. 利用EMBase数据库查找肝癌(Liver Cancer)患者化疗后发生的有关抗药性(Drug Resistance)报道的文献。

14. 利用BIOSIS数据库查找霍乱弧菌(Vibrio-Cholerae)多耐药菌株(Multi-drug-Resistant Strains)研究方面的文献。

参考文献及信息来源

1 张厚生主编. 信息检索(第4版). 南京:东南大学出版社,2006.

2 董建成主编. 医学信息检索教程(第2版). 南京:东南大学出版社,2009.

3 方平主编. 医学文献信息检索. 北京:人民卫生出版社,2005.

4 聂绍平主编. 医学信息搜集的途径与方法. 北京:人民卫生出版社,2008.

5 中国期刊网. [2010-8-12]http://dlib2. edu. cnki. net.

6 万方数据资源系统. [2010-8-12]http://www. wanfangdata. com. cn.

7 中国科学引文数据库. [2010-8-12]http:// http://sdb. csdl. ac. cn.

8 ISI Web of Knowledge检索平台. [2010-8-12]http://apps. isiknowledge. com.

9 ProQuest数据库检索平台. [2010-8-12]http://proquest. umi. com.

10 EBSCOhost数据库平台. [2010-8-12] http://search. ebscohost. com.

11 超星数字图书馆. [2010-8-12] http://58. 192. 117. 14/markbook/GetIndex. jsp.

12 国家科技图书文献中心. [2010-8-12] http://www. nstl. gov. cn.

13 中华人民共和国国家知识产权局. [2010-8-12] http://www. sipo. gov. cn.

14 OCLC检索平台. [2010-8-12] http://firstsearch. oclc. org.

15 ScienceDirect全文数据库. [2010-8-12] http://www. sciencedirect. com.

16 SpringerLink全文数据库. [2010-8-12] http://www. springerlink. com.

17 欧洲专利. [2010-8-12] http://gb. espacenet. com.

18 美国专利. [2010-8-12] http://patft. uspto. gov.

19 浙江大学图书馆计算机信息检索. [M/OL][2010-8-30] http://libweb. zju. edu. cn/new-portal/jskweb/index. htm.

20 浙江大学信息检索精品课程. [M/OL][2010-8-30] http://jpkc. zju. edu. cn/k/244/.

21 李爱国. 工程信息检索[M]. 南京:东南大学出版社,2005.

22 张厚生,袁曦临. 信息素养[M]. 南京:东南大学出版社,2007.

23 中国社会科学引文索引[OL][2010-8-10] http://cssci. nju. edu. cn/.

24 Web of Science[OL][2010-8-10] http://www. isiknowledge. com/.

25　读秀学术搜索[OL][2010 - 8 - 10]http://www. duxiu. com.

26　人大复印资料全文数据库[OL][2010 - 8 - 10]http://ipub. zlzx. org/.

27　爱如生数字书城[OL][2010 - 8 - 12] http://www. er07. com/flash. jsp? name=gjk. swf.

28　国研网[OL][2010 - 8 - 20]http://edu. drcnet. com. cn;http://www. drcnet. com. cn; http://search. drcnet. com. cn.

29　LexisNexis 学术大全数据库[OL][2010 - 8 - 12] http://origin - www. lexisnexis. com/us/ lnaca-demic.

30　中国资讯行高校财经数据库 [OL][2010 - 8 - 20] http://www. bjinfobank. com;http:// www. infobank. cn.

31　开世览文[OL][2010 - 9 - 13] http://www. cashl. edu. cn/portal/index. jsp.

32　中国高校人文社会科学信息网[OL][2010 - 9 - 13] http://pub. sinoss. net/zh-cn/paper/ index. jsp.

33　World Bank 数据库[OL][2010 - 8 - 26]http://www. worldbank. org/online.

34　SourceOECD 数据库[OL][2010 - 8 - 28]http://www. sourceoecd. org/databases.

35　EB Online[OL][2010 - 8 - 30] http://search. eb. com/.

36　Gale[OL][2010 - 8 - 26] http://find. galegroup. com/menu.

37　Literary Encyclopedia[OL][2010 - 9 - 13] http://www. litencyc. com/.

38　CETH[OL][2010 - 9 - 13] http://www. ceth. rutgers. edu/.

39　EDSITEment[OL][2010 - 9 - 13] http://edsitement. neh. gov/.

40　HighBeam Encyclopedia[OL][2010 - 9 - 13] http://www. encyclopedia. com/.

41　SSRN[OL][2010 - 9 - 13] http://www. ssrn. com.

42　Wikipedia[OL][2010 - 9 - 13] http://www. wikipedia. org/.

43　SSRN[OL][2010 - 9 - 13] http://www. ssrn. com.

44　Biographical Dictionary[OL][2010 - 9 - 13] http://www. s9. com/.

45　Intute Social Science Information Gateway[OL][2010 - 9 - 13] http://www. intute. ac. uk/ socialsciences/.

46　姚钟尧. 化学化工科技文献检索[M]. 广州：华南理工大学出版社,2007.

47　赵乃瑄,冯新. 化学化工电子文献检索与分析策略[M]. 北京：化学工业出版社,2007.

48　任平. SciFinder Scholar 的检索及其特点[J]. 现代图书情报技术,2006(2).

49　柴晓娟. 网络学术资源检索与利用[M]. 南京：南京大学出版社,2009.

50　赵冬梅. 自然科学学术资源分布及其网络检索[J]. 图书馆学研究,2005(1).

51　李爱国. 工程信息检索[M]. 南京：东南大学出版社,2005.

52　张厚生,袁曦临. 信息素养[M]. 南京：东南大学出版社,2007.

53　Engineering Village. http://www. engineeringvillage. org,[2010 - 8 - 16].

54　CSA. http://csa. tsinghua. edu. cn/htbin/dbrng. cgi? username = chin55&access = chin5555,[2010 - 8 - 16].

55　AIP. http://scitation. aip. org/,[2010 - 8 - 18].

56　APS. http://publish. aps. org,[2010 - 8 - 18].

57 SciFinder Scholar. https；//scifinder. cas. org/scifinder，[2010-8-23].

58 IEEE/IEE Electronic Library. http；//ieeexplore. ieee. org/，[2010-8-26].

59 MathSciNet. http；//www. ams. org/mathscinet/，[2010-8-28].

60 Science Online. http；//www. sciencemag. org/，[2010-8-28].

61 Nature 电子期刊. http；//www. nature. com/，[2010-8-28].

62 中国科技论文在线. http；//www. paper. edu. cn/，[2010-9-3].

63 arXiv. org. http；//cn. arxiv. org/，[2010-9-3].

64 E-print Network. http；//www. osti. gov/eprints，[2010-9-3].

65 Scirus. http；//www. scirus. com，[2010-9-9].

66 WorldWideScience. org. http；//www. WorldWideScience. org，[2010-9-9].

67 SciSeek Science Directory. http；//www. sciseek. com/，[2010-9-9].

68 Information Bri. http；//www. osti. gov/bridge/，[2010-9-9].

69 CiteSeer. http；//citeseerx. ist. psu. edu/，[2010-9-9].

70 ChemSpider. http；//www. chemspider. com/，[2010-9-11].

71 scitopia. http；//scitopia. org，[2010-8-26].

72 Project Euclid. http；//projecteuclid. org，[2010-9-11].

73 Exlibris 开放获取电子期刊查询系统. http；//www. cceu. org. cn/demo/findfreeej. htm，[2010-9-7].

74 DOAJ. http；//www. doaj. org/，[2010-9-11].

75 High Wire Press. http；//highwire. stanford. edu/，[2010-9-11].

76 E-print Network. http；//www. osti. gov/eprints，[2010-9-11].

77 SCICHINA Online. http；//www. scichina. com，[2010-9-12].

78 科学数据共享工程. http；//www. sciencedata. cn/index. php，[2010-9-12].

79 NAP. http；//www. nap. edu/，[2010-9-12].

80 Open Standards 开放标准网. http；//www. open-std. org/，[2010-9-12].

81 国家标准化管理委员会网站. http；//www. sac. gov. cn/templet/default/，[2010-9-12].

82 中国环境标准网. http；//www. es. org. cn/cn/index. html，[2010-9-12].

83 清华大学图书馆推荐网络学术站点系统. http；//wr. lib. tsinghua. edu. cn/ref/，[2010-9-10].

84 李箐. 全方位使用 IEEE 数据库获取科技文献信息[EB OL]. http；//jnulib1. jnu. edu. cn/UserFiles/File/IEEE%20Xplore. ppt，[2010-8-26].

85 俞靓. SciFinder 检索介绍[EB OL]. http；//www. cwnu. edu. cn/libweb/dzzn/CA. PPT，[2010-8-23].

86 iGroup China. Science Onlin 使用指南[EB OL]. http；//www. igroup. com. cn/UploadFiles/ad2009713112547827. ppt，[2010-8-28].

87 数学评论使用方法介绍. http；//lib. snut. edu. cn/UploadFiles/wxjs/MR. ppt[EB OL]，[2010-8-28].

88 黄健安. Nature. com 文献数据库使用介绍[EB OL]. http；//lib. csu. edu. cn/pub/zndxtsg/pxyd/Nature. ppt，[2010-8-28].

89　张厚生主编. 信息检索(第 4 版). 南京：东南大学出版社,2006.

90　董建成主编. 医学信息检索教程(第 2 版). 南京：东南大学出版社,2009.

91　方平主编. 医学文献信息检索. 北京：人民卫生出版社,2005.

92　聂绍平主编. 医学信息搜集的途径与方法. 北京：人民卫生出版社,2008.

93　朱海燕,王国龙,李佩. CABI、AGRICOLA 和 AGRIS 数据库比较研究. 农业图书情报学刊,
　　2002,(6)：89—93.

94　余平静,张宇. 基于 Ovid 平台的 BIOSIS Preview 数据库检索应用初探. 四川动物,2010,
　　29(3)：481—483.

95　王刚,熊松锟. 利用 Internet 网络免费使用 AGRIS 数据库的方法. 农业网络信息,2004,
　　(7)：24—25.

96　中国生物医学文献数据库. ［2010－8－20］http://sinomed. imicams. ac. cn/index. jsp/.

97　AGRICOLA 数据库. ［2010－8－20］http://agricola. nal. usda. gov/.

98　AGRIS 数据库. ［2010－8－20］http://agris. fao. org/.

99　PubMed. ［2010－8－20］http://www. pubmed. gov/.

100　EMbase. ［2010－8－20］http://www. embase. com/.

101　BIOSIS Previews. ［2010－8－20］http://gateway. ovid. com/autologin. html/.

102　中国农业科技文献信息平台.［2010－8－20］http://www. nais. net. cn/site/Default. aspx/.

103　Cochrane Library. ［2010－8－20］http://www. thecochranelibrary. com/.

104　MD Consult. ［2010－8－20］http://www. mdconsult. com/.

105　Medscape. ［2010－8－20］http://www. medscape. com/.

106　Docguide. ［2010－8－20］http://www. docguide. com/.

5 学 术 评 价

5.1 学术评价原理

5.1.1 评价目的

　　学术评价本质上是判断某研究者或学术团体的学术水平。学术评价既是对研究者或团体学术地位的确定,同时也在学术交流与科研评价方面具有重要的作用。不论是自然科学,还是社会科学,或是人文学科,不管承认与否,评价都客观存在,在科研过程,诸如试验、阅读、写作、引用、阐释、论证等;在学术交流,诸如访学、寻求科研合作伙伴;在科研评估,诸如判断某一项研究的创新性或某研究成果的学术价值;在科研管理,诸如科研机构选择和聘任科研人员以及相对应的科研人员选择适合个人学术发展的研究机构等各个方面。学术评价可以说与研究者的学术生命各个阶段息息相关,学术交流链中的学者、编者、文摘索引编制者、图书情报管理者、科研管理者关心并努力推进学术评价的发展。

　　尽管学术是非功利的,但无法回避的是在学术发展的各个环节存在着一个选择(Select)的问题,研究人员选择优秀的符合自身需要的学术信息资源、选择一个未被研究从而可被认可是创新的研究方向、选择合适的方式发布(期刊、会议等)自己的研究成果、选择合适的科研合作伙伴、选择依附适合自身学术发展的学术机构;基金组织选择有价值的科研选题进行资助、判断所资助科研成果的价值;学术机构的科研管理者选择并聘用科研人员等各个方面。而学术评价作为一种评价行为,其目的是得出优秀的、精选的(Selected)结果。

　　因此,在学术发展过程中,学术评价的意义是不言而喻的。当前对于学术评价,不是要不要评价的问题,或者说不是评价目的的问题。而是如何评价,以什么为标准评价等问题。

5.1.2 评价对象

　　信息技术的发展至少从两个方面推动着学术研究环境的变化。其一在于学术信息资源，包括学术信息资源在数量级上的再一次大发展，以及在学术信息资源载体方面由传统向数字发展，如纸质期刊对应电子期刊、纸质图书对应电子图书、纸质检索期刊对应二次文献数据库（文摘索引数据库）等，也包括一些并无对应传统载体的学术信息资源，如科学仪器产生的大量科学数据等原始数字资源（Digital Born）；其二在于学术交流方式，包括交流学术信息与获取学术信息资源的途径向更多依托网络以及开发获取（Open Access）方式在学术出版的发展等。

从科研人员的研究过程了解到，科学研究往往从问题和创意开始，之后包括信息检索、分析和管理；开题；实验与计算；写作、发表，包括口头报告、论文或专利；同行评议、引用，或付诸实际应用；并因此产生新的问题、发展和延伸。据美国科学基金会（National Science Foundation，NSF）统计，一个科研人员花费在查找和消化科技资料上的时间需占全部科研时间的 51%，计划思考占 8%，实验研究占 32%，书面总结占 9%。由上述统计数字可以看出，科研人员花费在科技出版物上的时间为全部科研时间的 60%。随着研究者个人和组织对学术信息资源依赖性的增强，学术信息资源质量必将影响其利用效果。

从上一小节对学术评价的含义、意义以及目的等方面的分析我们可以了解，学术评价的对象包括学术信息资源、学术研究者、学术团体/学术机构等。进一步分析我们可以发现，按学术信息资源的颗粒度，第一层级可以分为期刊论文、会议论文、学位论文、图书（章节）等各种类型；第二层级为期刊、会议论文集等；第三层级包括学术出版机构（学、协会）、出版学术信息资源的商业出版社、全文数据库出版商等。而对于学术研究者、学术团体/学术机构，我们也可简化，从绩效角度，以科研产出为标准进行评价，处于第一层级的学术信息资源作为科研产出最主要的部分成为对学术研究者、学术团体/学术机构进行评价的指标。因此，我们将处于第一层级的学术信息资源作为学术评价最主要的对象，学术评价的着眼点，以此为基础，可以实现对学术信息资源其他层级以及对学术研究者、学术团体/学术机构的评价。第一层级的学术信息资源，我们一般称之为科学文献。

不同类型的科学文献中，学术期刊反映着学术发展的最前沿，也是科研人员研究过程中获取科学信息最主要的途径。中国科协组织"科技工作者获取科学信息和情报途径"的问卷调查，1 727 名科研人员的调查结果显示，选择通过学术期刊获取科学信息和情报的约有 84.4%，其他途径包括互联网、学术会议、私人交往、考察访问、文件资料等，可见学术期刊在学术交流体系中的重要性。因此本章讨论学术评价主要以对学术期刊及期刊学术论文的评价为主，这也是目前学术评价实施及理论发展最主要的方面。在对学术期刊及期刊学术论文的评价的基础上，实现对学术研究者的评价，以及我们称为学科竞争力分析的学术团体/学术机构的评价。本章还会以较小篇幅简要讨论其他科学文献，如图书等，并简单分析网络学术资源的评价。

5.1.3 学术评价相关基本概念

在继续讨论学术评价的方法之前,一些相关基本概念需要厘清,包括同行评议、引用、文献计量学等。

1. 同行评议

同行评议(Peer Review)最初是学术交流的一种相关表现形式。一般意义上的学术交流通过间接或直接的方式保证研究者获取其相关研究领域所需要的学术资料,然而如何评价学术资料和学术研究,如何保证有价值的学术资料进入学术交流以及将有限的经费投入到有价值的科研项目而推动学术研究,可以通过同行评议实现。目前,同行评议的运作流程不断完善,其作用也为学术界所认可。

同行评议也称为同行评审,作为学术研究中的相关制度最早起源于西方国家。最早的同行评议源于对专利申请的审查,1416 年,威尼斯共和国在世界上率先实行专利制度,它在对发明者提出的新发明、新工艺等进行审查,以确定是否授予发明者对其发明的垄断权时,就采用了邀请同一行业或最接近行业的有一定影响的从业者帮助判断的做法。1665 年英国皇家学会首创聘请同行,评审投寄给皇家学会《哲学汇刊》的文章以及评议学者的入会申请,其方式也类似现在的同行评议。20 世纪 30 年代以后,美国则将同行评议引进科研项目经费申请的评审工作中,此后这一做法为欧美国家广泛采用,成为国际学术界通行的学术水准评价手段。

同行评议广泛应用于自然科学、社会科学及哲学人文学科,区别于行政评价、公众评价和其他科学计量方法,是一种对于研究工作的学术水准加以判定的方法。同行评议有许多同义词,诸如同行咨询、同行评估、同行审查、专家鉴定等等。国内外现在都把同行评议作为包容上述诸多同义语的通用术语。1990 年,英国同行评议调查组给研究理事会咨询委员会的报告中,将同行评议定义为"由从事该领域或接近该领域的专家来评定一项工作的学术水平或重要性的一种机制"。美国国家科学基金会(NSF)在提交给国会的一个有关同行评议的报告里,将同行评议定义为"NSF 根据决策过程标准,确定应向哪些申请项目提供研究经费,因为 NSF 的负责官员在确定哪些申请者可以获得资助是根据与申请者同一研究领域的其他研究人员的评议结果"。国内学者认为,"同行评议指的是,某一或若干领域的专家采用一种评价标准,共同对涉及上述领域的一项事物进行评议的活动。"这些定义,都不同程度地反映了同行评议的特征。在一本关于同行评议的书——《没有同行的科学》中,给出的定义比较简洁:"所谓同行评议,乃是一种有组织的用于评价科研工作的方法。"综合以上描述,我们可以将同行评议定义为:"针对涉及学术研究工作的某项事物,聘请在该领域或相近领域工作的专家,运用其专业修养,就对象的学术水准及相关价值作出评价的活动,其评价结果是决策的重要依据。"所谓"涉及研究工作的某项事物"包括以下几个方面:① 学术论著的发表与出版;② 研究工作的基金课题申请;③ 学术成果的评价;④ 学位与职称的评定;⑤ 学术研究机构的运作;⑥ 学术活动的组织与运筹。对于"在该领域和相近领域工作的专家"(有人分别称之为狭义的和广义的同行专家),由于我们通常把学科划分为一级学科、二级学科和三级学科,针对评审对象的不同,"该领域"一般意指对象所属的三级学科,少数情况下可以是二级学科;"相近领域"一般意指对象所属的二级学科,少数情况下可以是一级学科。"专业修养"要求专家以并且仅以自己的专业眼光来评价对象的价值,而不能掺杂专业之外的因素。"学术水准及相关价值","学术水准"指对象的学业积淀、学术规范、创造性;"相关价值"指可开发性、可应用性、可完成性等。同行评议是"决策的重要依据",强调了决策者应当尊重同行评议的结论,不能脱离同行评议自行随意决策,否则该次同行评议就变成了一个形式主义的过程,失去了其应有的功能。

所以,我们认为,同行评议是以评价同领域或相近领域研究为目的的学术活动。对于学术评价,同样源于西方的各种定量分析方法的确有其特殊的价值,也受到学术界的尊重。现在的问题是,定量化也存在根本性的缺陷。我国近年来学术评价的定量化取向所诱发的负面后果则表现得日益显著和严重,越来越多的学人对此表示忧虑。主要表现在量化评估可能改变科学行为,它将导致研究人员去追求获得最大的计量学得分上,而不去努力实现研究目标,激发大量诸如回避重大艰难的研究,追求短期行为,把一项成果拆解成多份发表,重复发表,增加自我引证等等对于研究本身没有多大意义的行为。同行评议可以避免这些问题,但也存在着一些值得重视的不足,概括起来表现在下述几个方面:① 同行评议可能会形成一个"熟人关系网",在一些难以隐名的评议范围可能造成"熟人好办事"。② 在适应新的研究领域,支持大胆而崭新的研究方面会存在困难。专家,尤其是权威专家都是在已经得到承认的研究工作中作出了一定的甚至重大成就的人,按照科学的范式(库恩)的说法,他们是些运用常规的或者自己熟悉的方法在解难题方面获得成功的人,他们与常人一样,存在难以摆脱的思维定式。在一个刚刚开辟的领域,他们的学识和经验可能还不足以判断对象的优劣;面对崭新的思路,他们以比较有把握的主流评价尺度去衡量,固然有利于淘汰大量无助于科学进化的恶性突变,保证学术的渐进积累,但也可能淘汰少数标新立异的真知灼见,阻碍了学术的良性突变与革命。③ 同行评议难免马太效应。毫无疑问,越是在学术界名气大的人,本人便越有资格参与同行评议,而且越有资格推荐他人参与同行评议。同样,无论是出于崇信名人的声望,还是顾忌名人的小气,当有名人参与的项目在被评审的时候,名人们往往要多多少少占些便宜。这些正是学术交流和学术自由中要避免的。尽管有以上这些问题,同行评议依然是目前学术交流过程中对学术成果和研究水平进行判断的重要方法,相比之下,定量方法仅作为验证和补充而被利用,且事实上学术研究和科学发展中的很多重大错误都是在同行间相互交流及评议过程中发现的。我们所要做的是在操作规范、流程和机制方面力求避免以上提及的因素,从而最大限度地保证其合理和公正。

同行评议的结果由评议委员会做出,质量则取决于评议委员会的组成,所以选择委员会成员是至关重要的。成员的首要标准是其在专业领域公认的权威;其次,成员的范围应当尽可能拓宽;第三,应当在专家系统或学术团体内公布选择评议委员的方法。为了保证评议人的学术水准和提高评议的透明度,需要建立有关学者研究专长的数据库,向各学术机构和学者公开;主管部门还要向这些学术机构和学者提供哪些人参与了评议工作,以及每个人已经评议次数的信息。在评议方式上施行匿名制,所谓匿名制有双向和单向之分,双向匿名一方面在评议学术成果或项目时隐去被评议者的姓名,以避免私人关系的进入;另一方面,只公布委员会的评议结果,对评议中每个评议人的态度或投票不予透露,或采取无记名投票的方式,以避免评议人顾虑种种利害关系而不能放手运用自己的权利。双向匿名自然有其理由和正面效果,但负面作用也是明显的,即评议人无所顾忌地利用投票权谋取个人或圈子利益,置学术公正于不顾,于是匿名制蜕化成行为低下不敢承担责任者的避风港。为了把公开性运用为一种压力机制,有人主张改取"单向匿名"办法,即对被评议者实行匿名,而公开评议人的投票或态度。这当然可能伤及专家系统内部关系,很多评议人也不赞成。折中的办法是理事会根据被评议事务的性质决定公开与否,若宜于公开,则可以选择同意公开的人担任评议人;或由委员会公议是否公开,若同意则公开;或对评议的详细过程制定一个保密期限,解密期后有兴趣的人有权利了解当时的评议过程及投票情况;或在事先征得本人同意的前提下,评议委员会可以把评议人的意见连同姓名一起送给申请人。为了保证评议的公正性,还可实行回避和推荐制度,允许被评议人在说明理由的前提下,提出不希望介入的评议人,或者推荐评议人。在评议后,评议委员会需要主动向所有申请人提供反馈意见。所有这些方法都是为提升同行评议的客观和公正,使得其能够实现"鉴定真理",能够免于欺骗及学派偏见,保持诚信,也使学术研究和成果评判保持自己的独立性。

同行评议日渐为学术研究和学术评价所重视。Sense About Science 是一家在英国注册的慈善机构,致力于帮助人们更好地了解科学和证据,已出版"Peer Review and the Acceptance of New Scientific Ideas: a working party report"和同行评议公共指南《我不知道相信什么》。2008 年,该机构创建了关于科技出版和同行评议的在线教育资源 www. senseaboutscience. net。Sense About Science 在 2009 年 7 月 28 日至 2009 年 8 月 11 日期间开展了一项同行评议的电子调查,该调查自 ISI 作者数据库中随机挑选出 40 000 名研究人员作为调查对象,包括众多在10 000 多份期刊上发表过论文的研究人员。共有 4 037 名研究人员完成了调查。79% 或以上的研究人员认为,同行评议应识别最好的论文,确定它们的原创性和重要性,改进那些低分论文,并鉴定该研究是否涉嫌抄袭或欺诈。只有15％的调查对象觉得"正式"同行评议可被使用统计所取代。

2. 引用

引用体现了学术研究成果与其他研究成果的相关关系,引用包括在学术成果通过列出参考文献的方式引用前人的研究成果,也反映本研究工作的背景和依据;以及学术成果公布后被他人引用,也反映了一项研究的继续和发展。我们知道,一个符合学术规范的研究论文总有参考文献部分来指示该论文和其他论文的逻辑关系,这是现代学术研究的基本范式。

参考文献体现该研究成果与以前的研究成果的相关性,表现为该成果引证先前的相关研究成果,即引用率指标。一个研究成果如果没有引文,其学术性会引起非常大的争议,进一步而言,如果一个研究成果引证的是相关研究非主流的研究成果,而没有印证主流研究成果,那么这个研究成果的价值也是可疑惑的。所以,如果某论文参考文献的质量不高,有理由怀疑该研究者是否认真研读过相关领域里的重要论文,进而怀疑该论文的质量。对参考文献内容的引用反映了该项成果和以前已完成的研究成果的相关性。任何学术研究都如牛顿所说的,是站在巨人的肩膀上的,都是在前人的研究基础上进一步探索的结果。所以,一个学术成果和前人的研究成果的相关关系,显然可以作为判断该成果价值的依据。我们可以通过该成果的前向时间维度,来评估该项研究是建立在前人研究基础上的进一步探索,还是重复别人已有的成果。研究成果的前向历时性可以通过该成果论文中的引文表现出来,我们可以通过这项成果引证他人的研究成果的情况来判断这项成果的新颖性,可以判断这项成果是否站在前人已有的研究成果上继续探索,可以判断该作者是否做了全面的文献综述。

学术成果被他人引用描述了该项研究成果对其他研究成果的影响,即描述了这项成果的影响力。一个学术研究成果没有足够的影响力,未被人引用,从而不能够成为别人进一步探索的基础,其原因大致有:

(1) 该项研究成果缺乏新颖性,不是一个前沿性的研究成果,自然不能成为进一步探索的出发点。

(2) 该项成果缺乏启发性,不能引起其他学者的关注和进一步研究的兴趣。

(3) 该项成果游离于学术界的研究兴趣之外,或者说,该项成果不被学术界认为是值得研究的。

(4) 该项研究成果游离于学术界的研究范式之外,比如很多民间科学家的研究。

(5) 该项研究成果是无意义的和无价值的。

反过来说,如果一个学术研究成果和其他研究成果有密切的相关关系,那么至少可以说,这种成果是为学术界认可的。该研究成果被别的成果引证的情况也表现了与这些成果的相关性,即该成果的被引率指标。一般说来,被别的成果引用得越多,说明这个成果可能具有越强的新颖性、启发性,越能说明该项成果能够成为进一步研究的出发点,具有较高的学术价值。一个学者,如果其研究成果被别人广泛引用,那么可以认为这个学者对学术的发展有比较大的贡献。当然,如果一个研究成果完全是错的,其被引率也会很高,并不说明该成果具有很高的学术价值,而是说明该成果具有很高的荒谬性,但至少表明该成果的被关注度。其他还有自引用、伪引用、关系引用(相互熟知的研究者为提升被引率指标进行无意义的应用,是一种违反学术规范的做法),这些是目前引用分析研究的难点。所以,被引率往往要和内容评价结合在一起,才能客观地描述出研究成果的价值。

引用还反映了一项研究的学术生命周期。我们知道,学术成果是有生命周期的,学术生命周期主要是指该项研究成果对以后学术研究成果具有参考价值的时间长度。也就是说,该成果发表后多少时间内,能够持续地对后续的研究产生影响。一些成果的生命周期长些,甚至长至百年;一些成果的生命周期短些,可能发表出来就结束了。学术成果的生命周期造就了学术相关性评价的理论基础之一。学术成果生命的最好度量是通过引文实现的,举例来说,一篇论文发表后的5年内被其他论文持续大量引证,以后逐渐减少,直到没有,这一个时间周期就表征了该学术成果的生命周期,也是描述该成果与其他成果相关性、历时性特征的重要依据。当然,不同的学科,被引率与学术生命周期会有所不同。

3. 文献计量学

回顾科学发展的历史过程,我们就会发现,无论是自然科学还是社会科学,都是从初始阶段的定性描述逐步发展为定量描述,这是科学发展的必由之路。只有达到定量描述阶段的,才能称得上是成熟的学科。

文献计量学是用定量或半定量的方法去研究文献工作中各种现象的特征及其规律性。"文献计量学"(Bibliometrics)这个术语正式出现于20世纪60年代末,但作为一个学科分支则产生于20世纪20年代。1923年英国专利局的图书馆员休姆(E. W. Hulme)首先提出了"统计书目学"这一术语,并发表了题为《统计书目学与现代文明增长的关系》的专著。1926年,美国一家保险公司的统计员洛特卡(A. J. Lotka)在"华盛顿科学院杂志"上发表了题为"科学生产率的频率分布"的论文,首次揭示了文献与著者的数量关系,后人称之为"洛特卡定律"。1934年,英国化学家和文献学家布拉德福(S. C. Bradford)在"Engineering"上发表了对文献计量学的形成具有历史意义的论文"特定学科的情报源",提出了著名的文献分散定律——布拉德福定律。40年代末,美国哈佛大学的语言学教授齐夫(G. K. Zipf)提出了文献中自然语言词汇的分布规律,即齐夫定律。1958年,贝尔纳在于美国举行的一次国际科学情报会议上发表的论文中,首次借用核物理学中"半衰期"的概念来定量描述文献的老化现象。1961年美国科技史家普赖斯(D. Price)在对文献的增长情况进行大量的研究之后,提出了著名的文献指数增长规律。1969年,英国全国计算中心的普利查德(A. Prichard)在深入研究的基础上提出了"文献计量学"这一术语。这一新名称一经提出,很快得到了各国情报学界的承认,取代了诸如"统计书目学"、"图书馆计量学"等术语,并在很多国家得到正式使用。至此,可以说,"文献计量学"已发展成为一门独立的分支学科。

关于"文献计量学"的定义,普利查德在提出这一术语时指出,文献计量学是用数学、统计学方法分析文献以探明文献本身、科学技术及科技人员的特性的一门科学。目前,文献计量学已越出纯理论研究的狭小范围,进入了广阔的应用研究阶段,在学术评价领域,文献计量学也有广泛的应用。包括出版物统计、期刊论文统计、科学术语统计、著者统计、引文统计等。

布拉德福定律是文献计量学中最重要的理论之一。我们在本章其他部分将会提及由布拉德福定律引出的核心期刊概念。

5.2 学术评价方法

5.2.1 基于内容的学术评价方法

期刊学术论文评价最直接的办法是针对论文内容的评价。即通过对论文内容的评价,判断和评价学术成果的学术水平和学术价值。显然,基于内容的评价模式是最符合逻辑的学术评价方式。但基于内容的评价模式的先决条件是评价人应该能够读懂和理解学术成果的内容,应该对相关的学术领域有深刻的了解和非凡的洞察力。而要满足这样的条件,评价人非该领域的专家莫属。所以,基于内容的学术评价本质上就是专家评价或同行评价。许多学术刊物采用的专家审稿就是一种典型的基于内容的学术评价方式;学位论文的评审及答辩过程实际上也是对学位论文进行学术评价,其结语即是对学位论文学术水平和学术价值的判断。

真正意义上基于内容的评价模式对专家要求较高,需要相关专家能够将近期这个领域里的研究情况作一总结,分析出某一时期相关学科的重要进展和未来发展趋势。显而易见,进行这样的评价,其本身就是一种学术研究。因此,首先,评价专家其本身就应该是这个领域的研究者,甚至是领先的研究者,他们对所讨论的研究课题有比较深刻的理解,具有比较敏锐的学术洞察力;其次,由于学科本身的内在逻辑和研究范式,相关专家应可以比较准确地描述出该学科研究的现状和发展趋势,由此可以比较准确地对学术研究成果作出评价。

基于内容的评价其本质是同行评议。虽然是最符合逻辑的学术评价方式,但是,这种方法也具有一定的局限性。其一是我们所说的所谓"隔行如隔山",随着学科分级概念的形成,"同行"又被分为"大同行"和"小同行","小同行"为所从事的三级或四级学科与被评价学术成果相同或相近。然而随着各学科的发展,学术研究深化,学科细化现象越来越严重,相互交叉渗透的现象也越来越明显,如何才能找到符合我们以上描述专家的小同行难度越来越大。其二,这种评价方法往往受到评议人主观因素的影响。基于内容的评价主要依托于评价人对内容的理解,这往往受制于评价人学识、兴趣、情感等个人因素的影响。这些因素会降低学术评价的准确性和公正性。为了尽量降低这种主观因素的影响,基于内容的评价往往需要多个评价人从不同的方面进行评价,就像一篇论文会有若干个专家评审一样,这样会有效降低主观因素对学术评价所产生的负面影响。

以上这些局限性使得同行评议主要应用于科技期刊遴选论文,成为维护和提高学术质量的重要途径,也成为国际学术期刊体现学术品质的标志和高质量文摘索引数据库遴选来源刊的标准。但对于目前已经形成制度化的学术评价体系,以及为实现我们在上一小节提出的学术评价的目的,这种模式并不具备实际操作的可行性,因此人们在寻找更具可操作性的学术评价模式。

5.2.2 基于形式的学术评价方法

单纯理解意义上基于形式的评价游离于学术研究之外,客观描述学术研究成果的外在特征和学术成果之间的形式联系,从而描绘出学术研究的形式化图景,达到学术评估的目的。或者说是利用学术研究成果的客观性参量来描述学术成果的客观特征(如学术成果数量等)及其与其他成果之间的相关关系(如被引用次数等),从而达到评价的目的。

1. 学术成果数量

通过学术成果数量如发表期刊论文篇数、出版图书数量等描述学术成果的数量特征,即同一个研究者的相关研究成果的数量。这里需要强调的是相关研究成果。相关研究成果是指和评价目标相关的研究成果,比如,我们的评价目标是这位研究人员总体的研究水平,那么相关就是指这位研究人员和从事研究的成果,只要是研究成果,都是相关的。如果评价的是这位研究人员在某一领域的研究成果,比如说,数字图书馆,那么其相关性就是其所有和数字图书馆相关的研究成果,显然,其他关于读者学的研究成果就不相关了。数量特征描述了该研究者的研究经验。如果我们评价一项成果,那么通过数量特征,我们可以估计该研究成果的研究者在这个领域中的研究经验,这项成果是一个在相关领域研究多年,并有多项成果,具有丰富研究经验的研究者,还是初次涉足该领域的研究者。如果评价一个学者的研究水平,那么数量特征可以描述该研究者的总体研究经验。

2. 优秀学术成果数量

仅仅是数量大概无法表现一个人的学术水平,学术水平的高低与能否有高水平的学术成果有关。

首先在于学术成果是否发表在专业性核心期刊上,由布拉德福定律产生核心期刊的概念,有研究者坚持,所谓核心期刊,其本身并不一定是某一学科最优秀的期刊,即核心期刊不能与优秀期刊完全等同,布拉德福定律也仅仅从刊载论文数量而不是质量上讨论期刊,只是纯粹基于计量含义的。但由于学术文献的分布具有聚类分布的特征,而所谓聚类关系指的是学术成果是否聚类于相关的研究成果,这项指标描述了学术成果被同行认可的程度。实际上,更多受到某学科研究者的关注,将会有更多的稿源,从而有可能从中遴选(通过同行评议等方式)更具学术水平的论文。因此,一般来说对于一个专业领域的学术期刊区分的所谓核心期刊和非核心期刊,核心期刊往往就是该学科比较优秀的期刊,显然,发表在核心期刊上的专业研究成果,其聚类性要强于发表在非核心期刊上的成果,或者说其学术水平往往高于非核心期刊上的成果。

同样的情况也在于被主流文摘索引数据库收录的论文数量,论文往往因刊登在被文摘索引数据库收录的期刊而被这些数据库所揭示,这些期刊被称为文摘索引数据库的来源刊。目前一些学术评价体系逐渐以此作为某一学科的核心期刊,作为学术成果被认可的标志。

其次,如我们在上小节提到,学术评价需要归结到具体的学术文献,发表在核心期刊上的期刊论文往往可能是优秀的,但也不一定肯定是优秀的,不能用对期刊的评价取代对期刊论文的评价。期刊评价主要是指期刊的质量评价。目前利用引文数据(引文次数、影响因子、H 指数等)、被摘、被转载、被下载率等对期刊的评价,仅是从几个方面对期刊影响力的评价。尽管影响力与"质量"、"价值"有很强的正相关性,但它并不是期刊"质量"的直接评价。期刊质量评价是指对期刊的整体品质、内容与形式优劣的判断,需要学者、读者、期刊编者、图书情报人员、科研管理者等共同参与。在参考引文等各种数据后,要对期刊进行直接的审读和评价。即使期刊质量评价完成后,期刊评价也不能代替该刊所刊载论文的评价,已正式发表过的论文是否有"高质量",还必须由同行对论文的内容和实质性贡献及与相关论文相比较后才能得出结论。对于未发表的论文通过同行评议来实现,而已发表的论文一般以"引用"表达同行对此论文的看法。

5.2.3 引文评价方法

以上我们明确了单纯学术成果的数量特征只是描述该研究者的总体研究经验,并不能代表学术水平,确定了只有优秀学术成果的数量才能代表研究者的学术水平。但无论是评价研究者、期刊还是某个学术团体,我们都不可以用学术成果在"优秀"学术期刊发表的数量来判断。一个不争的事实是:虽然目前我国 SCI 论文总数居世界前列,但反映论文质量的重要尺度总被引用率和单篇论文平均引文量的排名相对靠后,其中 1994 年到 2004 年,10 年间平均索引率排名一直都在全球120 名之外。论文数量增长与质量下降并存。

所以,当前的学术评价,虽然不同的变种和新的方法产生,其最主要的基本点往往是基于对学术文献的被引用情况的分析的,即引文评价方法。对于这种评价方法有诸多研究者指出其中的弊端,但也有研究者认为"引文评价法不是最理想的评价工具,但却是目前最不坏的评价工具",而且如上面提到,引用实际上含有"同行评议"成分,并非纯粹意义上形式化评价,也因此包含内容评价的含义。尽管目前存在评价制度不完善、"同行"自律不严等情况下同行评价也会引发一些"流弊",但从总体上看,同行评价仍不失为学术评价最主要的方法,尤其是对研究的质量进行高端、精细的评价时更是如此。因为只有具有专门的知识,才能评价本专业研究的得失。学术造诣越高,越能看清研究的高下。为了使同行如实表达出来,就需要设计好评价制度,包括评价的公开性、透明性和可检验性。而引文评价并不是通常所认为的只是定量评价法、间接评价法,或是"客观"的、基于形式的,是与同行评价对立的方法,引文评价首先是一种同行评价,是作者的"主观"判断。引文是能够读懂被引文献的本领域同行或相关领域同行对其研究是否"有用"或"有帮助"的判断。引文数据既是定性的,又是定量的,准确地说,它先是定性的,然后才是定量的。引文评价是没有经过事先聘请的许多大众同行的评价,是任何人都不能控制的。正是由于这个特点,引文评价可以与事先聘请的精英同行专家的精细评价相互印证、相互制约和校正。但也应清醒地看到,引文是科学对话的一种方法,是作者认为对自己的研究"有用"的资料,并不是专门对研究质量的评价,有的引文可以测量学术质量,有的则不行。因此在进行学术评价时,要根据各学科不同的引文行为来具体对待,要区分正面引用、负面引用和引文深度。要根据不同的评价对象和目的,适当利用引文数据,夸大或缩小其评价功能都不可取。在没有更好的评价方法出来之前,引文评价法是最不坏的方法。

5.3 学术信息资源评价

5.3.1 核心期刊

关于学术信息资源的评价,最早是从核心期刊的研究开始。期刊是学术交流最主要的途径之一,而 20 个世纪 30 年代,学术期刊和论文激增,某个学科的论文不仅发表在本学科的专业期刊上,而且出现在另一学科的期刊上,尤其出现在多学科的期刊上。同时各种检索期刊也不断增多,这些文摘期刊经常摘自一些期刊,而不常或很少摘自另一些期刊。期刊论文的相对集中和分散的现象是显而易见的,评价这些资源,并帮助研究人员有指向性的阅读,是对核心期刊研究最初的原因。

研究人员是从寻找上面提到的"集中和分散的现象"的规律着手,并通过抽样统计分析推导进行研究的。首先进行并最终做出结论的是英国文献学家布拉德福

(Bradford,1878~1948),布拉德福同时还是一个物理化学家。当时布氏选择润滑学和应用地球物理学为调查对象,每天对到馆的 490 种期刊上 1 727 篇论文进行逐册逐篇统计,按其发表论文数量的多少排出序列。他发现,少数期刊中集中了大量某个学科的论文,而另一些期刊却较少或很少出现某个学科的论文。如果把这些期刊分成几个区,各区的论文数大体相当,则核心区中的期刊与相继各区中的期刊呈 $1:a:a^2\cdots$ 的关系(a 是常数,大于等于 1,约等于 5)。这就是期刊文献的集中分散定律——布拉德福定律(Bradford's Law)。1934 年,布氏的论文"专门学科的情报源"(Sources of Information on Specific Subject)发表在"工程"(Engineering)期刊上,首次公布了他的研究成果。

后来人们将核心区期刊称为核心期刊,并在这个基础上开展了深入的研究,如维克利对布拉德福定律的修正,高夫曼和沃伦的最小和最大核心的划分方法,莱姆库勒利用数理统计的方法得到的"布拉德福累积分布函数式"等等。这些研究对布拉德福定律存在的原因进行探讨,对定律数学表达式进行修正,并与文献计量学的其他定律进行比较,从而探索文献分布的规律,其根本目的是期望能够从文献的分布规律中得到更为合适的核心期刊筛选方法,从而得到数量更为合理的核心期刊。布拉德福提出的是一个经验公式,后来的研究者将其提升为一种数学模型和理论。其意义在于通过某个主题文章在期刊中的分布分析,获取一定数量的核心期刊,从而减少读者面对浩如烟海的信息以及面对期刊难以选择的痛苦,使读者选择专业期刊时更有针对性,即完成对期刊的评价。

其他同样很有影响的关于核心期刊测定的还有美国加菲尔德(E. Garfield)的研究,加菲尔德从期刊论文后参考引文的角度着手,一方面证实了布氏定律及核心期刊的存在,并从作者的引用行为上证明了文献集中的规律,形成了著名的加菲尔德文献集中定律。关于引文索引法及相关的国内外期刊评价的工具,将在后面专门讨论。

从布拉德福定律的产生到现在,确定核心期刊的方法已经有很多,常用的是载文法、文摘法、引文分析法、读者利用率法和专家意见法等。其中载文法、文摘法、引文分析法、读者利用率法等为定量评价方法,专家意见法为定性评价方法。在期刊评价中定量评价具体、明确,但单纯依靠统计数据却有一定的局限性,即使是应用较广、较为可靠的引文分析法,也由于引文的不确定性和复杂性,在其科学性、准确性方面有待完善;定性评价宏观、全面,但单纯的定性评价则有相当的随意性、主观性,所以将两者结合起来,优势互补,基本已成为大家的共识。

对期刊文献的评价,从而确定核心期刊的最初目的是研究学术论文的分布情况,指引研究人员在有限的时间里有选择地阅读相关专题学术论文更集中的期刊。除此之外,一般认为,核心期刊是按照科学的方法和指标评选出的、审稿制度严格的、学术质量高的期刊,所以利用核心期刊代替行使部分评价论文的职能,能简化评价手续,提高评价效率,而且能解决因评审者不是同一领域的专家,很难公正评价其论文的难题;对于图书馆等文献收藏机构,可以实现优化馆藏,利用有限的经费,选择、收藏最有价值、最大信息量的期刊,许多大型研究型图书情报单位直接或间接利用各种核心期刊表,为订购期刊服务,不仅节省了宝贵的经费,而且提高了馆藏期刊质量,同时为用户利用较少时间获取最大信息量提供了帮助;对于期刊出版社,核心期刊的确定是一种激励机制,推动出版社从学术、业务水平等各方面提高期刊的质量,推动不同学科期刊出版的发展。

　　核心期刊是动态的概念,定期通过各项指标的评价获取核心区的刊物应该不是一成不变的,一种期刊进入核心区后,一旦学术质量下降就会从核心区剔除,未进入核心区的期刊也会因水平提高而成为核心期刊。另外,核心期刊有着严格的评级制度,因此核心期刊上的论文一般好于非核心期刊上的论文,但并非核心期刊上的文章篇篇是高质量文章;反之,非核心期刊上文章的质量并非皆差。通过引文分析获得的影响因子等文献计量指标,只有从一些侧面来评价期刊的质量,并不能完全代替期刊质量评价。最后,我们还要注意期刊评价的"异化"现象。即许多学术单位和部门在评职称、评奖等实际操作时,为了追求评价的"客观性、简便性、易操作性",往往会出现过分拘泥于形式而忽视内容的倾向。

5.3.2　核心图书

　　图书不同于期刊,难点主要在于统计样本。统计样本存在两个方面的问题,其一是样本范围的确定;其二是无论如何确定范围,都存在样本过大及过于分散的情况。对于核心中文图书的评价,北京大学图书馆文献计量室的相关研究所确定的指标包括被引量、借阅量、被摘量、获奖情况、核心作者著作等方面。被引量方面采取对一定数量的期刊源的参考文献进行分析和统计的方式,期刊源的选定一般采用各学科的核心期刊,并限定期刊的年限;借阅量是对图书利用情况的考察,通过对多个图书馆图书借阅情况的统计,并合并汇总;由于图书不同于期刊文献,一般无法通过二次文献和三次文献确定,所以被摘量及获奖情况则利用如《中国出版年鉴》等;核心作者是图书评价的重要指标,一般通过各学科专家推荐的方式确定。

　　获取基于以上各指标的统计数据后,首先确定学科分类表,作为分学科定量评价的基础。接着在各学科内确定各评价指标权重,比如获奖情况中,国家奖的分值高于省部级奖等,其他分值还包括是否是核心著者、再版次数、出版年份等。通过利用模糊数学的多指标综合评价方法,将实测数据换算成评价数据,再加权平均,获得定量评价结果,然后结合专家评定的定性方法,最终确定各学科初选核心区、扩展区,其中确定学科核心图书及扩展区图书大约分别各占总种数的 5%,附属产出包括各学科核心出版机构,以及各学科通过统计获得的核心著者。

　　核心图书的评价工作工程浩大,比如借阅量指标的统计数量可能会达到千万级,其他各项指标都接近或超过百万级,需要很大的经费支撑或权威部门的支持才能完成。

5.3.3 网络信息资源评价

对网络信息资源进行评价的原因主要是因为目前网络信息资源发展迅猛,网络信息资源日益膨胀,已经发展成为具有多种形式和类别的一个极具价值的信息源。然而由于网络信息发布本身具有很大的自由性和随意性,缺乏必要的过滤、质量控制和管理机制,所以给网络用户查找有价值的网络信息资源带来极大的不便,严重影响了用户对网络信息资源的使用。因而,需要确立一定的指标去评价网络信息资源的质量,并从众多网络信息资源中筛选出符合需要的有用信息或知识。

对传统的出版物及其服务的评价主要依据文献计量学原理,如我们在上面提到关于核心期刊测定的布拉德福定律等。网络环境下,文献计量学有了进一步的发展和延伸,这就是网络信息资源计量分析,也即网络计量学,是指在电子网络环境中,运用文献计量学、科学计量学、情报计量学的方法,对各种信息、信息媒介及其功能进行定量研究和分析。它包括文献计量学中数学和统计学的内容,以网络资源为研究对象,同时充分利用计算机技术,与布拉德福对核心期刊研究的时期不同,对于网络信息资源的计量研究,其数据的积累和分析主要依靠数据库及其系统进行,分析和评估更加科学、可靠。

网络信息资源的评价方法和一般学术评价方法一致,对应着基于内容与基于形式以及两者相结合的评价。网络信息资源评价方法通常有3种,即定性评价、定量评价、定性和定量相结合评价。定性评价即指按照一定的评价指标,依靠评价者的主观判断,对网络信息资源所做的客观、全面、公正的评价,一般采用用户问卷调查和专家评议等方式;定量方法即用数量分析方法,对各种统计数据进行分析和综合,形成较完备的计量指标体系,这种方法能够系统、客观地对信息资源进行优选和评价,如网站常用的评价方式就是我们在上面提到的网络计量方法,通常是利用网络技术实现网站的访问量统计和链接情况统计,进而对网站影响力、站点提供信息的水平、可信度等做出评价;第三种方法是定性和定量相结合评价,常用的评价方法有层次分析法等。

定性评价方法需要确立相关的评价标准,目前相关标准是在信息评价标准基础上,根据网络信息资源的特点做一定程度的扩展。主要包括以下方面:

(1) 客观性。包括页面的目的、偏向性、广告的目的、作者的目的和观点等。

(2) 准确性。包括作者身份鉴别、信息资源的识别和验证。

(3) 来源的权威性。出版机构的性质、作者的资格及权威性、其他媒体的评论。

(4) 传播性。创作时间、更新时间、链接的可靠性。

(5) 信息内容相关性和范围,目的与受众的明确性。

（6）信息组织方式。包括信息结构和设计、导航系统、可检索性和可用性。

（7）技术因素。包括美观与效果、图像和多媒体设计。

（8）价格和可获取性。包括如获取费用的高低、用户帮助及支持系统。

也有人将网络信息资源的定性评价归纳为"10C"原则。所谓"10C"原则是指内容（Content）、置信度（Credibility）、批判性思考（Critical Thinking）、版权（Copyright）、引文（Citation）、连贯性（Continuity）、审查制度（Censor Shop）、可连接性（Connectivity）、可比性（Comparability）和范围（Context），或更简洁的"CARS"体系，主要有4个方面组成：置信度（Credibility）、准确性（Accuracy）、合理性（Reasonableness）和支持度（Support）。除了这些定性的标准和原则之外，网址内容和结构的评价还可以通过网页和网址的形式特征，如文件和图像的大小和类型，格式的数量和相互作用等方法。包括利用这些数据推断出网页的复杂性，包括标题、长度、色彩、图像及互动等。

对一个事物的定性评价往往是不能完全说明问题的，所以基于内容的网络信息资源评价指标还存在诸多缺陷，包括如人工评价不可避免地受到主观价值的影响，各评价机构采用的评价标准和评价指标体系不尽相同，在一定程度上影响了评价结果的客观性，也降低了评价的可信度，评价过程花费时间较多等等。于是有学者提出了根据网络信息资源自身规律进行定量评价的思路。包括基于传统的文献计量的"网络计量"（Web-Metrics）以及基于期刊影响因子的"网络影响因子"（Web Impact Factor，Web-IF）。无论是"网络计量"还是"网络影响因子"，就定量的网络信息资源评价来说，对于网络链接的研究都是比较核心的内容。网络链接是基于网页之间的连接，是网络信息资源之间联系的桥梁。采用这样的角度是因为万维网是利用超文本语言编制起来，并利用超文本链接而建立联系的一种信息组织方式。对万维网进行链接分析理所当然地成为网络信息计量方法的一项重要内容。人们将网页的链接类比为文献计量中的引用，将万维网看作是引文网络，论文对应着网页，期刊对应着网站。并认为，可以通过大规模的网页链接的分析，可以筛选出被链接频率最高的网站，一个网站的外部链接数越多，该网站在网络空间中的影响就越大。基于链接分析的评价指标也非常多，在链接数量上衡量的指标通常包括网站链接总数、指向内部的链接数、指向外部的链接数、被链接网站数、链出、链接耦合、共链等。基于链接分布特征的衡量指标包括链接密度、页面平均链接数。而总的来说，衡量网站影响力的指标则包括网站被链接次数、网站影响因子、扩散系数。

基于以上原理，人们确定了多个网络信息资源的评价方法。最主要的是由佩奇（L. Page）在1998年提出的Page Rank（佩奇排序）法。它以传统的引文分析思想为基础，不是简单地针对一篇文献的链接次数进行计算，而是把发出链接的网页的质量也考虑进去。但也有人认为，传统引文和超文本链接之间的类比略有不同看法，传统引文中，文章B援引了文章A，在两篇文献的产生时间上，文章B必定是在文章 A 之后撰写的,有了这样的时序,就没有文章 A 引用文章 B 的可能。然而,对网络来说却不是这样,因为网页修订较为方便,页面之间的相互链接是屡见不鲜的,于是难以确定谁先谁后。搜索引擎质量计量法是一种扩展,即为评估网页的质量,在搜索万维网的某些部分,然后用访问到的这些高质量网页作样本去提问各搜索引擎,以确认它们是否把这些网页编入索引,并作为统计的依据之一。网页知名度计量法也是通过针对各网页的链接次数来确定的,同时加入第三方即一个客观的团体计算出对一个网址的访问人数,相关的评价通过监测因特网的搜索者从搜索结果名单中选择哪个网址,以及他们在这些网址中花了多少时间等指标。很明显,搜索者们选择的这些网址,其排名会上升,而经常被忽视的那些网址,排名就会下降。

引文分析法是对文献进行定量评价最为有名的方法之一。它的主要依据和研究内容是科学文献之间的引证与被引证关系。网络影响因子正是基于网页中的链接与引证的关联类似而确定的,网络影响因子不只简单和概括地计算链接的次数,并认为万维网是由链接点和链组成的资源网络,链接点是超文本表达信息基本单位,表现形式可以是一个网站,网站中的某个频道,某个网页文件,文件中的段落、图像,甚至是电子邮箱。链用来连接相关的链接点,揭示链接点之间的联系,两个网页之间建立链接,一个是主动实施链接的网页,即施链网页,另一个则为被链接网页。根据施链网页与被链接网页是否处于同一个主机上,可以将某一站点的链接分为站内链接与站外链接两种。与引文分析法的基本假设相比,一个网页被其他网页链接的原因有两种:一是因为提供的资源或服务被利用;二是因为该网页质量高而被推荐。这两种原因都能说明一个网页被链接与其质量存在正向和肯定的关系,链接分析法符合引文分析法的基本假设,和施链次数相比,一个网页被链接次数越多,且以网站和网页的站外链接数为基准,即从一个侧面证明该网页质量越高,也就是我们常说的影响因子高。区分站内和站外的不同,是为区分基于结构的链接和基于内容的链接。站内链接一般是基于结构的,比如一个网站的导航系统,而站外链接大多是基于内容的。

面向定量的网络信息资源评价也存在一些问题:

首先,当前搜索工具还不是很完善,它们在万维网上的覆盖范围有一定的限制,故链接的信息也受到了限制,还有一些隐私和利害关系以及其他一些难以接受的因素所造成的障碍,如一些商业性网站一般不会链接对其产品评价不高的网址或表扬竞争对手的网页,事实上,很难想象有网站会愿意列入对该网站具有否定看法的那些网页目录中去。

其次,与印刷文献中引用情况一样,链接可能会有许多不同原因,例如,一个站点可能因负面典型榜样而被链接;而与传统论文不同,一篇完整的"网络文献"可能由多个网页组成,而一个网页也可包含多个不同主题的内容。因此,需要基于内容的分析。

最后,老化是网页文献最主要的特征,印刷文献的内容和形式在出版后不会改变,而网页文献的情况并非如此。一方面,新文献不断在网上发布;另一方面,现有的文献很容易并且也很及时地从网上被清除,地址或内容形式上都可以有改变。文献从网上被清除可能是多方面的。其他或是由于技术上的原因,文件地址发生变化,等等都会对网络信息资源的计量及评价产生障碍。

所以目前人们正在研究网络信息资源定性和定量相结合的评价方法,主要有建立基于模糊层次分析法的网络信息资源评价体系。模糊层次分析法(Fuzzy Analytic Hierarchy Process,简称FAHP)是在模糊数学中综合评判法的基础上,在权重集的构建上使用基于层次分析法的思想,并引入的模糊一致性矩阵对网络信息资源进行评价的一种方法。它是一种对非定量事件进行定量分析的简便方法,也是对人们的主观判断做客观描述的一种手段。利用模糊层次分析法计算评价指标的权数分配,与综合评判法相比可以有效地减少主观因素,这是一种定性与定量相结合,综合化程度较高的评价方法。采取这样的方法正是因为网络信息资源具有广泛的模糊性,存在着我们在定性和定量评价体系中提到的相关问题,所以需要对一些不确定现象进行较为客观的数量描述,并对所建立的判断矩阵采用客观赋权,通过各指标值的差异程度来确定各个指标的权重,最后进行实例分析。具体实施过程中,需要建立因素集,将网络信息资源评价中的各方面问题概念化,找出研究对象所涉的主要因素,通过分析各因素的关联、隶属关系,构建有序的多层次结构模型,结构模型中的具体指标包括对以上定性和定量指标的选取。

5.3.3　学术评价指标体系及其发展

长期以来,研究在人类文明中发挥着重要的作用,但是对研究的评估却是备受争议的。在过去的几百年中,同行评审一直是评价研究出版物的首选,但是,文献计量法在最近几年异军突起。运用文献计量指标进行研究评价也并非没有争议,最近也一直在探索新的计量指标,在学术界对期刊评价,目前也正处于从传统的单一指标评价向多维度指标评价的转型期。这些不同的计量指标有着不同的特性,因此,可以提供对研究各个方面的新评价视角。

自1955年Garfield博士在Science发表论文,提出用"影响因子"(Impact Factor,IF)评价科技期刊以来,有关核心期刊、TOP期刊、权威期刊等概念不断出现,有关期刊评价的指标体系也处在不断修正、改进和完善之中。用IF来评价科技期刊及其论文作者对学科的贡献存在诸多不足,近年来科学计量学家们提出了AF(Audience Factor,读者指数),SNIP(Source Normalized Impact Per Paper 单篇文章源标准化影响指数),SCImago Journal Rank(SJR),以及Crown Indicator(荣誉指数)等新概念。2005年,美国物理学家J. E. Hirsch教授提出评价科学家科研绩效的h指数,在学术界引起巨大反响。因此,分析研究期刊评价指标以及科学地运用这些指标,对我们开展期刊评价、论文评价、人才评价与机构评价等信息服务工作具有重要意义。以下简要描述这些评价指标及其发展。

1. 引文索引法

提到对信息及信息资源的评价,我们不得不提到引文索引法的作用,虽然如国内一位著名的情报学家在"科学引文索引"(SCI)创始人尤金·加菲尔德博士的著作《引文索引法的理论及其应用》中译本后记中提到,近几年SCI像一个"幽灵"在国内高等学校、科研院所乃至社会上游荡着,并描述了SCI在科研绩效的量化评价及管理方面被歪曲利用的情况,但我们无法否认,也不可回避引文索引法自身的科学性以及引文索引法在信息资源评价方面的重要性。本章以上内容中关于核心期刊评价以及网络信息评价曾简单提及引文索引法,本部分将专门介绍引文索引法的理论、产生、发展和应用。

英国学者吉曼曾指出,没有一篇科学论文是孤立存在的,它是被深嵌入在某学科的文献系列之中。体现科学论文这种状态,引文有着无可替代的重要作用。大约在20世纪50年代,文献学家便开始了对引文索引和文献引用规律的研究。加菲尔德1955年在美国"科学"杂志上发表了"引文索引用于科学"的重要论文,系统地提出用引文索引检索科技文献的新方法,从而打破了分类法和主题法在检索方法中的垄断地位,也打开了从引文角度来研究文献及科学发展动态的新领域。在这篇文章中,加菲尔德就预见到引文索引可以用于评价期刊。加菲尔德在哥伦比亚大学学习化学,获得科学学士学位,硕士是图书馆学,他还在宾夕法尼亚大学获得了结构语言学的博士学位。加菲尔德的研究表明,通过期刊论文的被引用的统计,期刊的分布也有一个比较集中的核心区域和一个比较分散的相关区域。加菲尔德从作者的引用行为上证明了文献集中的规律,形成了著名的加菲尔德文献集中定律。此后他和美国著名科学学和科学史专家普赖斯(D. T. Price)在引文索引的基础上发展了引文分析技术。普赖斯在1965年提出论文网络的概念,使引文分析成为研究过程的一种历史研究方法。

引文是由测度指标来衡量的,目前常用的引文分析测度指标包括以下方面:

(1) 引文率。该期刊中参考文献数量除以载文量。

(2) 期刊载文量。抽样时间内,某期刊登载论文的数量。

(3) 期刊被引量。抽样时间内,某刊被别的期刊引用的数量。

(4) 期刊引用量。某刊引用他刊的次数。

(5) 影响因子。期刊中论文的平均被引率,是期刊论文被引量与可引论文总数之比,具体计算是某刊的影响因子等于该年引用该刊前两年论文的总次数除以前两年该刊所发表的论文总数。

(6) 学科影响因子。测度某刊中论文被某一学科的核心期刊所引用的平均次数。

(7) 当年指标。表示期刊某年发表的论文及当前被引用的平均次数,当年指数等于某年度对该刊当年发表论文的引用次数除以当年发表论文的总数。

（8）引证系数和被引证系数。表示各种期刊或各学科之间引用关系的测度。引证系统等于某刊引用另一种刊的次数除以该刊的总引用次数，被引证次数等于某刊被另一种期刊引用的次数除以该刊被引用的总次数。

（9）自引证系数和自被引证系数。自引证系统等于引用本种期刊的次数除以该种期刊的总引用次数。自被引证次数等于被本种期刊引用的次数除以该种期刊被引用的总次数。

通过这些指标，我们可以看到，引文分析现在沿着 3 个方向发展，一是从引文入手，主要用于评价期刊和论文；二是从引文之间立体网络关系着眼，研究将这种关系用于揭示科学发展、沿革、历程和前景；三是进行引文分析反映主题相似性的研究，主要用以描述科学结构和进行文献检索。引文分析方法已经成为文献计量学、科学计量学用以评价国家科学能力，科学团体和科学家个人的学术水平和影响力，评价核心期刊、核心出版社，分析预测科学进展的动向和趋势等方面的重要方法和工具。

同时，这些指标中主要应用在作为信息资源集合的期刊方面，其中影响因子（IF）指标是目前应用最为广泛的。我们认为期刊影响因子高低只是宏观评价一种刊物水平的相对指标，并不能据此断定该刊中每篇论文水平的高下。因此，就每篇论文而言，作为微观指标被引次数（Times Cited，TC）的多寡不容忽视，甚至应视为更有意义的指标，这样评价才会更加合理。因为显而易见，高 IF 值期刊上的论文未必就有高的 TC 值；相反，低 IF 值期刊上的论文未必没有高 TC 值，这也是布拉德福离散定律早已揭示过的现象。所以有学者提倡，发表论文时不必过分在意期刊的名气，而是要通过作者自己的优秀论文去提升期刊的声誉，因为突出的论文是不会被埋没的。

当然，我们也不得不承认 20 世纪 60 年代后，世界范围内科技期刊种类剧增，文献收藏机构的购置经费日益紧张，迫使人们不得不选购那些 IF 值高的期刊，也就是所谓的核心期刊。于是在这类期刊上发表的论文自然容易得到较高的 TC 值。还有研究表明，当前在网络上易于获取的文献也会比只有印刷型文献更容易获得较高的 TC 值，许多作者都有这样的体验，水平相近的论文如果发表在著名期刊上会被更多地引用。

所以，在引文分析方法中，对文献的评价只是众多利用中极小的部分，即便如此，我们也不能将计量方法的作用过分夸大，因为数字研究终究不能代替人脑的科学评价能力和鉴赏能力。

2. h 指数

我们曾讨论过，要评价一个科研人员的学术成就，仅看其发表的论文总数并不妥，还要看这些论文的质量。但是把期刊的影响力视为论文的质量指标也是不妥的，必须具体地看其论文的情况，总体地衡量其论文的被引用情况。

一种常用的简单方法是统计一个人发表的所有论文的被引用总次数。这也不是一种准确的方法。如果某人曾经发表过一两篇被引次数很多的论文,即使其他论文被引次数少,他的总体成就也会因此被夸大,特别是如果被引次数多的论文有多名共同作者的话,其水分就更多了。而且,有的综述文章的被引次数会比原创论文高得多,但是它并不代表作者的学术成果。另一种方法是把被引用总次数除以总论文数,得到平均被引次数。但是这种做法对论文少的人有利,而对论文多的人不利。还有的办法是设置门槛,只统计某个人"重要论文"(被引次数较多)的数量,或这些论文的被引总数。但是把门槛设在哪里,并无一定的标准,是任意设置的。

2005年底,为了解决这些问题,美国加州大学圣地亚哥分校物理学家乔治·赫希(Jorge E. Hirsch)提出了一种新的、已开始在美国应用的定量评价科研人员的学术成就的新方法——h指数。赫希将自己提出的新方法首先写成一篇论文在2005年8月率先在网上公布,当时就引起了广泛的注意,英国《自然》、美国《科学》都立即做了报道。该论文在2005年11月正式发表在《美国科学院院刊》上。

赫希将这种方法称为h指数(h-index),h代表"高引用次数"(High Citations)。一个人的h指数是指他至多有h篇论文分别被引用了至少h次。例如,赫希本人的h指数是49,这表示他已发表的论文中,每篇被引用了至少49次的论文总共有49篇。与其他统计方法不同的是,要确定一个人的h指数非常容易,用赫希的话说,只需要"花30秒钟"。到SCI网站,查出某个人发表的所有SCI论文,让其按被引次数从高到低排列,往下核对,直到某篇论文的序号大于该论文被引次数,那个序号减去1就是h指数。赫希认为h指数能够比较准确地反映一个人的学术成就。一个人的h指数越高,则表明他的论文影响力越大。在当代物理学家中,h指数最高的是普林斯顿大学的理论物理学家爱德华·维腾(Edward Witten),达110。维腾被普遍认为是当代最有影响的理论物理学家。中国读者较为熟悉的霍金的h指数也比较高,为62。生物学家中h指数最高的为沃尔夫医学奖获得者、约翰斯·霍普金斯大学神经生物学家施奈德(Solomon H. Snyder),高达191;其次为诺贝尔生理学或医学奖获得者、加州理工学院生物学家巴尔的摩(David Baltimore),为160。生物学家的h指数都偏高,表明h指数就像其他指标一样,不适合用于跨学科的比较。

赫希还计算了在最近20年获得诺贝尔物理学奖的物理学家的h指数,平均值为41。美国科学院物理学与天文学部2005年新科院士的h指数平均为44,而生物医学部新科院士的h指数平均高达57。很显然,h指数的高低与从事科研的时间长短有关。对于年轻的科学家来说,由于发表论文数量太少,论文的数目成了其h指数的上限,计算其h指数没有多大的意义。h指数比较适合用于衡量已从事科研多年的资深科学家的总体成就。一个人的h指数不会随着时间的推移而减少,只会增加或保持不变。

通过研究许多物理学家的 h 指数,赫希认为如果一个人在从事科研 20 年后(从发表第一篇论文算起)h 指数能达到 20,就算是一名成功的科学家;能达到 40,则是一名杰出的科学家,很可能只能在名牌大学或研究所才能见到;能达到 60(或30 年后达到 90),则是首屈一指的大科学家了。

赫希提出,美国研究型大学的物理学家要获得永久教职(副教授),h 指数一般为 10~12,晋升为正教授则大约为 18。成为美国物理学会会士的 h 指数一般在15~20,而成为美国科学院院士则一般在 45 或更高。

h 指数的局限,除了不适用于评价年轻的科学家外,也不适合用于评价历史上科学大师的成就。比如,如果根据 SCI 的收录计算大物理学家费曼的 h 指数,仅为 21,按赫希提出的标准只能算是一名"成功科学家"。老一辈科学家并不像当代科学家那样频繁发表论文,而且他们的重大贡献很快成为专业常识,人们在提及时不再引用其论文,这两方面的原因使得他们在 h 指数方面大大吃亏。

论文引用包括作者本人在后来的论文中自我引用(自引)和他人的引用(他引)两种,SCI 在统计时并不对二者做出区分。显然,自引次数的多少与论文的影响力毫无关系,但是有些科研人员却故意频繁自引,制造论文被引次数高的假象。赫希认为 h 指数的一个优势是很难通过自引来拔高,"无法伪造它",因为它衡量的是一个人的全部学术成果能否经受长时间的考验。波士顿大学物理学家悉尼·莱德纳(Sidney Redner)接受《自然》的采访时对此也表示同意:"想要假造全部的科研生涯是非常困难的。"

h 指数现也被扩展到对期刊的评价,期刊 h 指数是在统计时段内,该期刊至少有 h 篇论文获得了 h 次引用。

3. SJR 指数

目前广泛使用的期刊评价指标是期刊影响因子(JIF),但期刊影响因子在计算过程中存在的缺陷一直备受学术界的批评,其中最主要的反对观点包括:

(1)期刊影响因子在计算过程中并没有对引用行为的质量进行评估,只是对引文的绝对数量的统计。一篇学术权威发表的文章中引用的参考文献与一些作者毫不相关的引用相比,谁的价值更高不言而喻。

(2)计算过程中未能排除期刊的自引行为,使得期刊可以通过增加自引来提高影响因子。

(3)期刊影响因子计算方法采用的时间段为两年,由于研究领域差异性导致不同领域论文被引频次有较大差异。对于研究成果时效性强、持续时间较短的热点研究领域论文,出版周期快的话容易得到更多的引证。而有些领域科研周期较长,发表周期也相对较长,就有可能出现引用行为因超出两年的时限不能被计入被引频次,进而影响影响因子的计算结果。

(4)SCI 收录的不同学科的期刊数目差别很大(即 SCI 检索的不同学科的论文

数和引文数相差较大)。而相同或相近研究领域的论文倾向于相互引证,这又反过来加大了不同学科间刊物的影响因子的差异。

(5)基于少量期刊刊载大量有重大意义和影响的科研成果的研究结果,ISI 只对其收录的期刊进行数据采集和评价。而 SCIE 收录期刊只占全世界期刊总量的 3.6%,虽然我们可以认为这些是世界上最好的期刊,但 SCI 来源刊语种分布也极不平衡,极少收录英文之外的语种。这种收录期刊数和语种分布,非常有利于以英语为母语的国家的刊物获得高影响因子;反之,对于其他国家的非英文刊物来说,获取高影响因子的难度相对较大。

2008 年,Nature 报道了基于 Scopus 数据库的期刊评价新指数 SCImago Journal Rank(SJR)。SCImago 是一个由来自西班牙的 Consejo Superior de Investigaciones Científicas 机构的 Félix de Moya 教授带领的研究团队提出的。该团队致力于利用可视化技术进行信息分析、信息表征和信息检索,目前该团队成功地开发了 SJR 指标(SCImago Journal Rank,SCImago 期刊排名)。基于 3 年的出版物信息,SJR 利用 Scopus 数据库中期刊的引文网络,对不同的文献源(期刊论文、会议论文和评论性文章)赋予不同的分值。SJR 用于衡量学术来源的科学声望,即每篇论文的加权引用价值。某一期刊在被另一期刊引用时将赋予该期刊其自身的"声望"或地位,也就是说,引用具有较高 SJR 的来源比引用具有较低 SJR 的来源更有价值。受 Google 利用网页进行排名计算方法的启发,SJR 在赋予分值的时候考虑被引期刊的级别,也就是说,被 SJR 分值相对较高的期刊被引其分值要高于被 SJR 分值相对较低的期刊。关于这项研究的具体研究方法和研究结果目前可以公开获取,并允许对不同时段的期刊进行比较。

与期刊影响因子和近期被学术界广泛关注的期刊 h 指数均不同,SJR 衡量了期刊的声望,其基本假设是:一种期刊越多地被高声望期刊所引用,则此期刊的声望也就越高。

首先,SJR 利用期刊之间的引用关系来计算期刊的重要性,将期刊 A 引用期刊 B 的次数解释为期刊 A 对期刊 B 所投的票数。这样,期刊 B 在期刊 A 处得到的分数为期刊 A 的得分(代表期刊 A 的重要性)乘以期刊 A 对期刊 B 所投的票数;其次,与 PageRank 算法一样,由于每本期刊 SJR 指数的计算都依赖于其他期刊的 SJR 指数,所以必须采用多次迭代计算的方式才能使 SJR 指数值稳定下来。在计算过程中,首先假定每本期刊的 SJR 指数都一样,并给它设定一个初始值。由于要进行多次迭代计算,初始值并不会影响最终结果,只会影响迭代次数而已。当两次迭代计算之间 SJR 值的变化小于某一个阈值时就意味着期刊 SJR 值趋于稳定,即迭代计算达到收敛,此时就得到了期刊最终的 SJR 指数值,以此衡量期刊被引数量和质量的指标。

期刊引文网络是复杂网络在情报学领域的一个具体体现,由作为节点的期刊和作为节点间联系的引用所组成。期刊影响因子 JIF 将期刊引文网络视为无权网,衡量期刊的流行度。SJR 则将期刊引文网络视为权重网,考虑了引文的水平和重要程度,计算时给予来自高声望期刊的引用更高的权重,进而衡量期刊的声望。流行度表示了期刊是否被广泛引用,声望表示了期刊是否被重要期刊所引用。JIF与 SJR 可在流行度与声望两个维度上区别出期刊的特点,SJR 同时计量了引用的数量和质量,与期刊影响因子相比更客观地反映了引用的价值,衡量了期刊的声望,具有重要的学术价值和实践意义。SJR 的提升依赖于重要期刊的引用,因而也可克服影响因子易被操纵的缺点。

简言之,一本期刊的影响因子是该刊前两年发表论文在统计当年被来源期刊引用的总次数(包含了该刊本身)除以该刊前两年发表的可被引论文总数。期刊的可被引论文主要指原创性论文和评论文章。一本期刊的 SJR 指数是通过迭代计算3 年内该刊获得的"声望"而得到的,而这种"声望"可以通过期刊引用网中其他期刊的声望计算得到,声望的初始计算方法是用该刊过去 3 年发表论文在过去 3 年被引总次数除以该刊前 3 年发表的论文总数。一本期刊在引用中传递给另一本期刊的声望值由前者引用后者的引文占其总引文数的比例决定。因此,从计算方法上来比较两种指标,最大的不同在于 SJR 指标不仅考虑了绝对数量也考虑了引文的质量,而影响因子只能从绝对数量上来考虑。由于影响因子的计算方法比较简单,促使编辑们针对性地使用各种手段去提高其期刊的影响因子。最为常见的包括提高自引,多刊载综述论文,降低计入刊载论文的论文数量。相比而言,由于期刊的影响力是由其他引用它的期刊而不是其本身来影响的,SJR 指标的计算与自引并不相关。应该说,SJR 指数和期刊影响因子都属于"篇均"指标,因而综述性期刊因为综述论文被引次数多、持续时间长等特点数值出现膨胀,这对偏重于原创性研究论文的期刊不利。然而在两种指标的计算过程中,都没有为原创性研究论文和综述论文赋予不同的权重。

SJR 指数一个最主要的缺点是通过期刊所有类型的文章的被引情况来计算其影响力,而不是通过期刊中的学术论文,而期刊影响因子则相反。由于理论上所有文章都可能被引用并且所有引文都能被计算到分子中,SJR 的计算策略在数学上是正确的。但实际上,诸如通讯、读者来信、评注、观点、新闻、讣告、社论、采访和致谢不大可能被引用。在这方面,有一些期刊为了吸引读者,往往有大量这些类型的文章,从而在 SJR 指数上会略微吃亏。然而,值得注意的是,在这方面影响因子也不是最优的指标,因为它没有考虑期刊所获得的引文大部分来自于其一小部分文章。

实证研究结果表明:SJR 与期刊影响因子有较强的正相关性;SJR 与期刊影响因子的联合判定可区别出期刊在流行与声望两个维度上的特点;SJR 和期刊被引及参考文献的平均性指标具有较强的内部关联性。

4. SNIP 指数

SNIP(Source Normalized Impact Per Paper,单篇文章源标准化影响指数)是由

CWTS 开发的,用于衡量期刊的上下文引用影响。它可依据作者引用其他论文的频次、引用影响的成熟速度和数据库在领域内的文献覆盖率对不同学科领域的期刊作直接比较,并考虑了不同学科或同一学科不同研究领域的作者引文行为的差异性。

SNIP 指数是莱顿大学科学和技术研究中心的 Henk Moed 教授的心血结晶。SNIP 将以下几个因素考虑在内:源学科领域的特性,尤其是作者在参考文献清单中引用其他文章的频次,引文影响成熟度,用于评估的数据库对学科领域所有文献的覆盖程度。

SNIP 是在 3 年引文期中某一来源出版物中每篇论文的平均被引次数与该学科领域的"引文潜能"之间的比值。所谓"引文潜能"是指一篇文章估计在指定的学科领域中所有达到的平均被引次数。这个指标是重要的,因为它考虑到这么一个事实,即被引量通常在不同的学科中差异很大。比如说,生命科学领域的引文量就比数学或社会科学领域的引文量要高。"引文潜能"在同一学科的不同研究领域也可能不同。比如说,基础研究期刊的"引文潜能"通常要比应用研究期刊的要高,而刊载学科热点的期刊则通常要比发表成熟研究主题论文的期刊具有更高的"引文潜能"。SNIP 指数是从传统的单一指标评价向多维度指标评价发展的例证之一。

5. 单篇论文评价

应该强调的是,尽管期刊的影响力是研究其学术质量的一个重要方面,但是用于评价期刊的指标不应该取代对单篇论文或某一类研究论文集的评价指标。这一原则对于已有的期刊计量评价或将来的期刊计量评价都应适用。

为了提供有别于传统期刊影响力因子的新指标,内容免费开放的期刊《公共科学图书馆·综合》(Public Library of Science,PLoS)总编辑 Peter Binfield 在 2009 年美国科学博客大会 Science Online 上宣布了"文章级指标计划",这一计划将给《PLoS综合》期刊数千篇文章中的每一篇都标上一系列数据指标,包括使用数据(Usage Data)、浏览量、从 Scopus and CrossRef 获得的引用量(CrossRef 是基于 DOI 技术的开放式参考文献链接系统)、社会网络链接(Social Networlking Links)、相关新闻报道、评论和读者评级。Binfield 认为,传统的影响力因子概念评估了期刊的综合表现,但不能在单篇文章层面上估计影响力。他表示现在这一新方案的目标是评估每篇单独的文章,而不管同一期刊上的其他文章。

5.4 学科竞争力分析

上小节最后提到对单篇论文的评价,本章开篇我们也分析了学术评价对象即将处于第一层级的学术信息资源即科学文献作为学术评价最主要的对象,或从另一角度说是学术评价的着眼点,在实现了以引文指标体系及其发展的学术信息资源评价的基础上,可以实现学术研究者、学术团体/学术机构的评价。因为无论是学者还是机构,对其学术水平的评价,我们都可以通过对其作为学术成果产出的学术文献来体现,上一节分析的 h 指数,实际上即是通过对学者期刊论文发表数量和被引用数量实现对其学术水平的评价。

其他指标是通过期刊论文的引文分析评价期刊,与此不同,h 指数一开始就是评价学者的,而后才被扩展到对期刊的评价。期刊 h 指数是在统计时段内,该期刊至少有 h 篇论文获得了 h 次引用。对于机构,如果硬性套用,即是机构 h 指数是在统计时段内,该机构至少有 h 篇论文获得了 h 次引用。但共同认可的事实是,被引量通常在不同的学科中差异很大,我们不可以如此照搬。

目前,以两个大型的引文数据库的数据为依托,衍生了对机构的学术水平进行评价的指标体系,我们称对机构的学术评价为学科竞争力分析。其中依托 Web of Science 的是基本科学指标(Essential Science Indicators,ESI)和依托 Scopus 的 "SciVal Spotlight"工具。

5.4.1 ESI

ESI 是由世界上著名的学术信息出版机构美国科技信息所(ISI)于 2001 年推出的一项文献评价分析工具。这是一个基于 SCI(Science Citation Index,科学引文索引)和 SSCI(Social Sciences Citation Index,社会科学引文索引)所收录的全球 11 000 多种学术期刊的 1 000 多万条文献记录而建立的计量分析数据库。提供与 ISI Web of Knowledge、ISI Document Solution 和 Science Watch 的链接。

ESI 由引文排位(Citation Rankings)、高被引论文(Most Cited Papers)、引文分析(Citation Analysis)和评论报道(Commentary)四部分组成。数据库以引文分析为基础,针对 22 个专业领域,通过计算论文数、引文数、篇均被引频次(Average Citations Per Paper)和单篇年均被引频次(Averages)、平均年份(Mean Year)、标准共引阈值(Normalized Co-citation)、引文阈值等指标,从各个角度对各国科研水平、期刊的声誉和影响力,以及科研机构和科学家的学术水平进行全面衡量,并对当前正在深入研究和有突破性进展的科学领域进行直观反映。

ESI 专门用于全球科学研究发展动态分析,包含 10 年累计数据,每 2 个月更新,因而可追踪各学科的最新进展,通过聚类分析、模式识别分析等方法进行研究,能够对科学文献进行复杂的、全面的分析。

可以利用 ESI 了解在各研究领域中最领先的国家、期刊、科学家、论文和研究机构,识别自然科学和社会科学领域的重要趋势与方向,还能够确定具体研究领域内的研究成果及其影响,评估潜在的雇员、合作者和竞争对手,并对彼此的研究业绩和竞争能力进行评估,从而具备更深层次的战略竞争情报意义。ESI 提供各类排名情况:按科学家、国家、大学及研究机构、期刊、高引用/热门论文、研究前沿、引文分析等排名,除提供具体的数据图表以外,ESI 还为提供简要的数据分析指导,并为所有图表提供解释性的链接页面。

5.4.2　SciVal Spotlight

爱思唯尔(Elsevier)公司发布的"SciVal Spotlight"工具应用创新的可视化技术生成订制地图,以图像化视角衡量一个机构多年来在科学领域(尤其是具体专题领域)的研究表现。通过确定大学的主要研究优势并识别各领域的顶尖研究人员和机构,旨在帮助学术决策者优化资金分配以及聘用与合作决策。该工具的独特作用有:

1. 评估机构科研产出

(1) 查看机构专属的地图,了解机构独特的"研究指纹",发现机构的"独特竞争优势"。

(2) 查看机构在重点研究领域中所处的竞争地位。

2. 制定或调整战略方向

(1) 发现优势学科和新兴领域。

(2) 了解正在增长或下降的研究领域。

(3) 发现未来可能在哪些领域占据领先地。

(4) 决定未来重点投入的科研领域。

3. 实施科研战略

(1) 寻找潜在合作伙伴。

(2) 发现、吸引和留住优秀的人才。

SciVal Spotlight 应用创新的可视化技术生成订制地图,以图像化视角衡量一个机构多年来在科学领域(尤其是具体专题领域)的研究表现。通过确定大学的主要研究优势并识别各领域的顶尖研究人员和机构,该工具旨在帮助学术决策者优化资金分配以及聘用与合作决策。该工具将各个专题领域的总体规模进行量化,使机构能了解其研究的重要性和市场份额及其在领域内的竞争排名。同时,该工具还评估了机构在过去 5 年间的研究表现和市场增长或下滑情况,以两年为阶得出其平均增长率。此外,它还确定出该机构的研究是否建立在已有最新发现的基础之上,并通过分析论文中引用文献的发表时间提供出一个"最新商数"。

与通过期刊计算衡量研究产出的传统方法不同的是,SciVal Spotlight 工具主要基于当前科学结构的具体模型构建而成;该模型不是基于期刊分类评估研究,但几乎涵盖了世界上所有的科学门类,并运用同引分析方法对包含 6 100 000 篇单独文章(发表于 2004 年至 2008 年间)和 2 000 000 篇参考文献的综合型数据库进行了研究。运用这一新型科学模型,SciVal Spotlight 识别并聚焦于在特定专题领域或"独特竞争能力"方面处于领先地位的机构所进行的相关研究工作,同时还提供机会以更好地了解哪些机构才是研究能力方面的真正竞争者。

SciVal Spotlight 工具是 elsevier 产品 SciVal 套装的一部分,旨在提供智能解决方案以帮助学术机构和政府研究机构更有效地评估、制定并执行其研究战略。该套装目前包括 SciVal Spotlight 和 SciVal Funding。SciVal Funding 是一个在线资助智能解决方案,旨在帮助研究人员和管理人员更有力地争取研究资助。该工具提供了 5 000 多个资助来源并包括基于已有研究概况和资助历史而做出的具体建议。

总的来说,无论是 ESI 还是 SciVal Spotlight,其工作机制大致相似,所实现的功用也大同小异,只是在学术资源的范围以及对检索技术(可视化)等方面有所不同。

5.5 案例分析——以 ESI 应用为例

本小节以 ESI 为例,简单介绍学术评价的应用。

ESI 是一个了解有关研究绩效的有用的工具,通过它可以回答我们在本小节一开始提到的关于学术评价的目的涉及的很多问题:

(1) 在某个特定研究领域里是哪一个机构产出了高被引的研究成果?

(2) 某机构在某一研究领域中的排名情况如何?

(3) 在这个领域里谁是最具影响力的研究人员?

(4) 某机构发表文献的被引趋势是上升的还是下降的?

(5) 在某个国家或者机构里,研究基金的变化是怎样影响研究成果的产出的?

(6) 研究领域里现在最热门的话题是什么?

(7) 某论文的被引用情况同其他类似的文章相比的结果如何?

5.5.1 浏览各种排名

登陆 ESI 数据库(http://isiknowledge.com/esi),可以通过"Citation Ranking"浏览各种排名。共提供 4 种引文排序,将近 10 年的记录按照总被引次数和篇均被引次数按照如下字段进行排序:Scientists(取排名前 1%)、Institutions(取排名前 1%)、Journals(取排名前 50%)、Countries/Territories(取排名前 50%)。

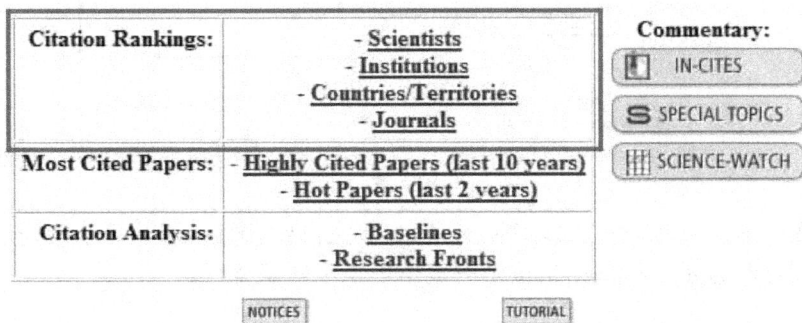

图 5.1

在机构排名查找中,可在此找到单学科或者各学科综合的排名情况,也可选择某一个指定的研究机构,如东南大学(se univ),检索结果表明,东南大学有两个学科被列入 ESI 机构排名中,可以浏览在检索结果中查看这两个学科的统计结果概要,同时可以浏览按照时间的走势图,这样更易于看清趋势。

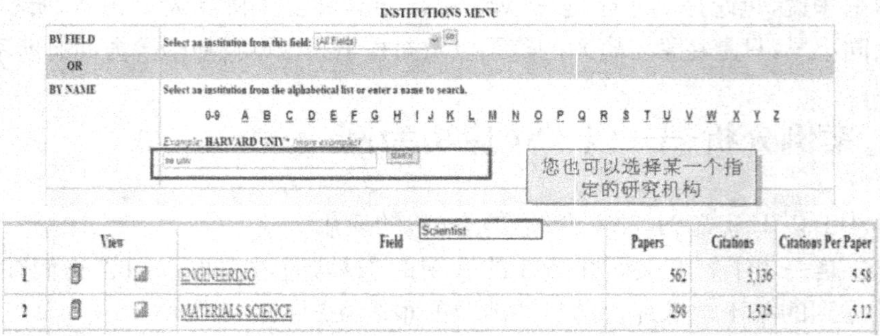

图 5.2

5.5.2 高被引文献查询

高被引文献包括两个方面:

(1) Highly Cited Papers:列出在 22 个学科里被引次数最高的文献,排序列表基于按照年代该论文被引用次数的高低排在前 1% 的论文而给出。

(2) Hot Papers:在最近两年里发表的论文中,按照最近两个月里某个学科领域中被引用次数最多的论文排序而来,选择被引次数最高的前 0.1% 论文。这个指标反映了在近两年来高被引的文章,反映了在短期内最具影响的研究。

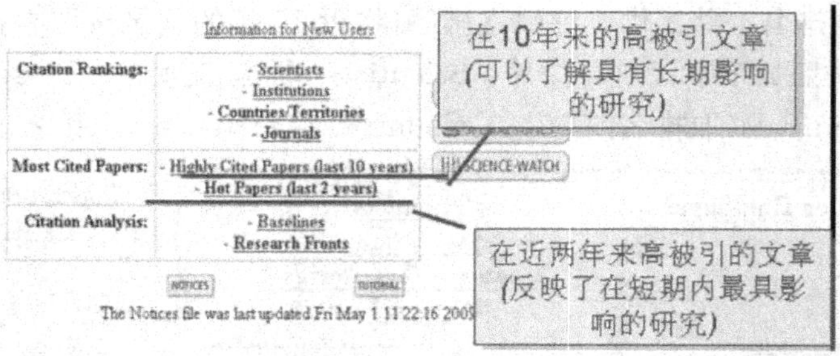

图 5.3

而在高被引文献,可以按学科、科学家、研究机构、国家、期刊显示,甚至可以通过检索词订制显示。检索结果也可浏览图形来了解趋势。

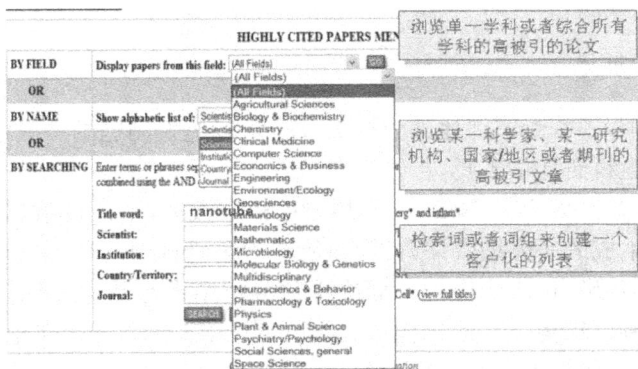

图 5.4

5.5.3 研究绩效基准

衡量研究绩效的基准(Baselines),可以帮助理解引文统计的标尺,包括:

(1) Average Citation Rates:平均引文率按照 10 年间各年进行统计,表示各学科中每年发表论文的篇均被引次数。

(2) Percentiles:每年发表的论文达到某个百分点基准应被引用的次数。

(3) Field Rankings:显示某个学科中的论文总数和引文总数。

(4) Research Fronts:创建了高被引论文的集合,对于标识隐含的突破性发现及研究极为有用。

基线数值为引文统计数据提供了比较分析的依据,按照每一学科和年限比较引文率与平均数的大小,例如:1999 年在化学领域发表的论文至今平均每篇文章被引 15.90 次,化学领域的论文可以以此为基准确定其水准;利用百分比来了解一篇具体的研究论文的被引情况在该学科中所处的位置,例如:对于一篇 1999 年在农学领域发表的论文,可以很容易地了解它是位于什么样的被引率百分比内。

5.5.4 研究前沿分析

研究前沿按照共引关系聚类高被引论文,以一种独特的方法来区分隐含的可能会带来突破性的研究课题。

按照学科浏览列表或者查找聚类中所涉及的词或词组,研究前沿采用独特的视角来审视学科领域,用以了解新的突破可能出现的领域以及科学家之间的非正式交流的关系;学科分类精确到学科或者期刊,而不是具体到单篇文章;研究前沿是一组高被引论文,是通过聚类分析而定义的核心论文;通过测量高被引论文之间的相关度而形成聚类。测度的方式是一对被统计论文的共被引次数。聚类的形成是通过按照特定的共引基线将论文分组而定义的;聚类的命名基于半自动化的词频处理过程而形成。

5.5.5 专家评述

与以上几项不同，专家评述部分在 ESI 是可以免费浏览的。其中 InCites 是基于引文的综合性科研评估工具。

InCites 是基于 Web of Science 高质量的权威数据，是经过数据清理与机构名称规范化处理生成的研究绩效评价工具；能够为科研管理人员提供科研项目管理、人才评估、学科建设、科研合作等方面决策的分析结果与数据支撑；能够提供全球基准数据用于将本机构与其他机构进行横向对比，掌握本机构在全球各学科领域的相对位置；基于网络平台的分析型数据资源，每季度更新，为评估分析工作提供最新结果。以下是 InCites 以图形方式显示的学术成果对比，InCites 还可实现重点学科和相对于全球的平均影响力分析以及机构的研究重点转变趋势分析等。

InCites：某机构和其他研究机构的学术成果对比

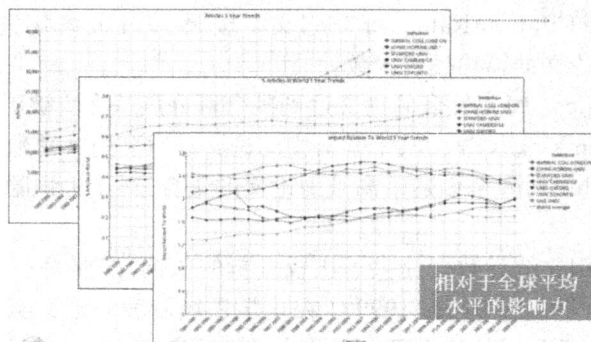

图 5.5

InCites：某机构和其他研究机构的学术成果对比
纳米科学和纳米技术学科

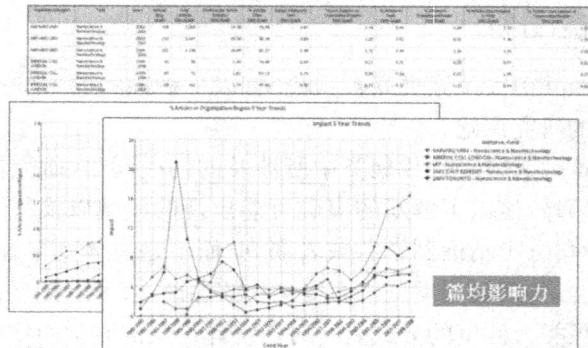

图 5.6

思考题

1. 学术评价主要的评价对象有哪些？为什么要对这些进行学术评价？
2. 什么是同行评议？如何理解引用与同行评议的相关性？
3. 网络信息资源的评价与图书、期刊等文献资源评价有什么不同？
4. 什么是 h 指数？
5. 如何利用 ESI 找到某学科的研究前沿？

参考文献

1　张咏. 网络信息资源评价的方法及指标[J]. 图书情报工作,2001(12).

2　http://baike. baidu. com/view/664684. htm.

3　叶继元. 期刊评价不等于论文评价 如何改进学术评价. 光明日报,2009 - 5 - 26.

4　http://www. science. cn/blog/rensl. htm.

5　邹志仁. 情报学基础[M]. 南京：南京大学出版社,1988.

6　学术评价有新招. 中国青年报,2006 - 1 - 11.

7　http://isiknowledge. com/esi.

8　http://china. elsevier. com.

9　赵星. SJR 与影响因子、h 指数的比较及 SJR 的扩展设想[J]. 大学图书馆学报,2009(2).

6 电子工作平台

　　信息存储,是指把用过的、有备用价值的信息保存和积累起来。其意义在于:在需要时,能够向使用者提供最需要、最有价值、最感兴趣的各种信息,并尽可能迅速有效地满足这些需要,从而实现对信息的有效利用。信息资料的存储在信息资源的管理开发中起着至关重要的作用。

　　信息资料存储,不同于原始形态的信息收集。它主要是存储那些经过利用的或暂时用不着的有价值的信息资料,以便恰到好处地提供给信息使用者。因此,信息资料的存储应该遵循既便于查找、利用、更新,又利于保密的原则。同时,还能按不同的要求和用途实现精确、快速的检索。

　　相信有很多人从网上下载了很多论文和书籍等电子资料,这些电子资料的文件类型没有统一格式,如果不加以整理归类,想从计算机硬盘的众多文件中查找到自己想看的资料肯定是一件非常费力的事。本章将通过用户建立个人电子工作平台来有效管理个人信息资料。

6.1 个人学习档案

　　当前,人类正在步入一个全新的技术发展时期,以个人电脑、网络技术和多媒体技术为主要内容的现代信息技术革命的出现,为信息社会课程教学方式、学习方式、评价方式的变革提供了新的技术基础。在日益强大的多元化、网络化、信息化学习环境的今天,更加强调网络学习环境下学生自己完成对学习过程、学习活动和学习资源的自我评估、自我反思和自我管理过程。而个人学习档案平台的使用在当前这种多元化网络学习环境中正体现出越来越重要的价值。这种新型管理工具与形式能够实现学生发展性学习评价。

　　所谓个人学习档案指的是:学生对自己本身学习历程中所产生的所有外显及内隐行为,将它们加以整理、分类、省思及重新建构之后,汇整而成的个人身心发展记录。为了鼓励学生能提早规划学习生活,以及为未来走向工作岗位做准备,以争取更多的成功机会,建立个人学习档案便成为在学习期间很重要的任务。通过融入计算机及美工技巧,呈现出个人专属、独一无二的学习成果。本节将重点介绍

Mylibrary 和 E-Portfolio 两种个人学习管理平台。

6.1.1　Mylibrary

　　互联网成功的主要原因在于为人们提供了极其丰富的数字化信息,但是与此同时,当人们面对数量庞大的电子资源时,很容易迷失方向,不知道该如何着手寻找到自己需要的特定信息。其实,每个用户的需求都是个性化的,根据用户的学科背景、阅读习惯、性格偏好等会有所不同,所需要的资源和信息也是不同的。因此,怎样满足用户个性化的需求,让人们方便快捷地找到自己所需的内容就成了当务之急。Mylibrary 就是针对这一问题提供解决方案而产生的。

　　Mylibrary 是一个以用户为中心、用户可操作的、个性化的收集组织数字资源的门户,用户从图书馆网站所提供的全部数字资源里,选择自己需要的信息组织在 Mylibrary 中,在此之后该用户访问时将获取与此相关的最新内容。也就是说,在 Mylibrary 里,一方面,用户通过系统界面、资源集合、检索工具、系统服务等的订制来创建愉悦的个性化界面以及对图书馆及网络资源与服务的便捷的链接;另一方面,系统通过提供个性化的信息编辑工具来创建、组织、加工和维护用户的个性化信息、个性化论文、读书笔记等,构筑一个满足自己需求的图书馆。

　　国外图书馆 Mylibrary 是 20 世纪末推出的读者个性化集成服务系统,Mylibrary 是数字图书馆个性化服务的一个解决方案,最早建立 Mylibrary 的有北卡罗莱纳州立大学、南加州州立大学等十多所高校,和它同样性质的相关项目还包括华盛顿大学的 MyGateway 和伦敦经济学院的 HeadLine 以及多伦多大学图书馆的 Mylibrary 系统等等。

　　其中最有代表性之一的是北卡罗莱纳州立大学,其 Mylibrary@NCState 的用户包括本科生、研究生、教师、科研人员以及社团合作者。北卡罗莱纳州立大学图书馆的 Mylibrary@NCState 提供的主要服务为订制图书馆资源(学科模板)、查阅图书馆目录及借阅记录、提供馆际互借和原文传递服务、本站快速检索(或只查某学科资源)、与搜索引擎连接、最新资源通告消息(全球消息和图书馆消息)、个人链接收藏(E-mail 形式)、个性化页面及资源显示以及个人图书馆管理等功能。

　　1. **Mylibrary 的工作原理**

　　目前读者使用网上资源主要存在三个方面的问题:① 信息查找困难;② 信息获取困难;③ 与图书馆馆员间的交流有待加强。Mylibrary 正是解决以上三种问题的有效的技术方案,Mylibrary 的工作原理为首先由学科图书馆员将图书馆的数字资源按学科主题或资源类型为读者创建一个资源列表,有些 Mylibrary 系统还将资源列表按某些专题做成模版,此模板是学科图书馆员根据自己的学科知识和对图书馆相关资源的了解而组织起来的关于某一专题的资源列表;其次系统给读者提供一个登录账号(MyAccount),读者通过账号登录后,可以在图书馆所提供的资源列表中选择自己所需资源以及其他的 Web 资源加入 Mylibrary,也可以直接选择某一个专题模版,各类资源一般以文件夹的形式进行组织。另外 Mylibrary 除了提供订制资源的服务外一般还提供其他服务,如 Altering(最新快报服务)、Bookmark 服务等,读者可以根据需要选择服务项目。系统为每一个读者建立策略文件,内容包含读者的账号、密码和代表读者选择数字资源清单的参数。这个文件以 Cookie 的形式被保存在读者使用的计算机硬盘中,或者保存于服务器端的数据库中。当读者以后访问 Mylibrary Web 页面时,策略文件中的参数则被提取,通过 Web 服务器向读者返回订制的页面内容。

2. Mylibrary 的特点和功能

Mylibrary 的特点主要表现在:

(1)资源丰富。Mylibrary 存储和处理的对象不仅包括大量的一次文献,还包括网络资源、全文或二次文献数据库、全文电子期刊、编目资源、知识库等,并且很多信息资源是基于多媒体的形式出现的。因此,Mylibrary 不仅可以提供具有直接性的原始文献,而且它还可以在同一个库中存储和处理文字、图像及声音。

(2)个性化。Mylibrary 提供符合使用者需求的个性化界面和服务方式,以及个性化的服务内容。通过 Mylibrary,用户不仅可以直接享受图书馆的各种服务,还可以进行个人订制。用户只需选择自己所关注的领域及学科的相关数据资料库和电子期刊等数字资源,系统就会根据用户信息需求特征提供信息咨询和订制服务,引导用户快速寻找所需求的信息。用户还可以在 Mylibrary 上放置自己喜欢的网络搜索引擎,收藏常用的网络链接,甚至可以将自己收集的其他数据存放到系统为其分配的个人存储区内。此外,图书馆还会对用户喜好和行为进行分析,利用现有的资源向用户推送附加信息。

(3)集成化。集成化主要体现为专业集成和服务集成。

① 专业集成。图书馆在 Mylibrary 系统内整合了每一学科或专业领域的各种文献信息资源系统,并提供分布资源的集成界面,逐步实现同构和异构数据库的整合检索。

② 服务集成。Mylibrary 的用户界面上集成了图书馆所提供的各种服务。通过用户化选项,用户可以选择需要的服务,包括学科的参考咨询服务、馆际互借、文献传递、新书通报、定题服务等。目前,国外图书馆 Mylibrary 系统提供的服务内容包括:数据库和全文电子期刊资源、图书馆服务、学科馆员服务、个性化链接、机构链接、快速检索参考咨询工具书图书馆新闻等。

(4)动态性。Mylibrary 会动态地了解用户特征,协助图书馆更好地提供服务。系统定期自动检查用户订制的各种网络链接数据来源,并将最近更新通知给用户,包括主动发布信息、预测需求、采集信息、挖掘灰色信息等。这样一来,用户就可以实时维护这些链接并及时跟踪相关学科的最新发展动态。与以往信息服务方式相比,这种服务更具实时、快捷等特点,大大方便了读者。

Mylibrary 功能丰富,主要体现在以下几个方面:

(1)书签功能。该功能类似于浏览器提供的 bookmark,允许用户挑选若干个 Web 页面的 URL 地址放入书签,Web 页面可以是图书馆网站的检索页面、搜索引擎或者其他需要经常访问的站点。与浏览器的 bookmark 相比,Mylibrary 书签的内容可以让用户在任何机器上访问。用户可以对自己常用数据库、图书馆、爱好的站点、喜欢的搜索引擎建立链接,并可随时增减。另外,系统还会定期检测这些链接资源,以确保这些链接的有效性。为了方便用户的选择和收录,系统会在用户进行订制的时候提供一些标准链接供用户选择。

(2)分类订制资源功能。Mylibrary 有我的订制数据库模块,包括本地图书馆所有的网络数据库、电子期刊、新书书目等。用户可以通过对系统界面、资源集合、相关服务等进行订制,以方便检索。订制页面内容的更新将与网络资源的更新同步。

(3)推送信息功能。Mylibrary 有信息推送(提问和回答)、新书公告、图书馆动态等模块。用户访问 Mylibrary 页面时会弹出一个窗口,通告图书馆最新动态和最近投入使用的数字信息资源,用户可直接把感兴趣的资源添加到 Mylibrary 里。这个功能缩短了用户网络请求的时间,提高了网络服务的准确性,从而使网络资源的利用实现了个性化、智能化和高效化。

(4)智能代理和帮助检索的功能。智能代理具有一定的数据挖掘能力,通过跟踪用户在信息空间中的活动,自动捕捉用户的兴趣爱好,主动搜索可能引起用户兴趣的信息提供给用户。在用户需要时,帮助调整和修改检索策略,从而使用户得到满意的检索结果。

(5)学科导航功能。Mylibrary 建立与搜索引擎的衔接,提供一些著名的搜索引擎列表,用户只要挑选其中一种并输入关键词,浏览器便自动跳转至该搜索引擎的搜索结果页面,建立与更多图书馆的链接,提供国内外著名的图书馆链接地址,然后,用户可根据自己的需要进行选择。

6.1.2 E-Portfolio

电子学档(缩写为 E-Portfolio),或称电子档案袋,是指在信息技术环境下,学习者运用信息手段表现和展示学习者在学习过程中关于学习目的、学习活动、学习成果、学习业绩、学习付出、学业进步以及关于学习过程和学习结果进行反思的有关学习的一种集合体。主要内容包括学习作品、学习参与、学习选择、学习策略、学习自省等材料,主要用于现代学习活动中对学习和知识的管理、评价、讨论、设计等,主要由学习者本人在他人(如教师、学伴、助学者等)的协助下完成,档案的内容和标准选择等必须体现学习者的参与。

E-Portfolio在20世纪90年代随着网络技术的发展而被广泛应用于教育。E-Portfolio是应用电子技术作为资料容器，它容许学习者和教师运用多种媒体形式搜集和组织档案袋作品，并应用超级链接来组织材料，为成果、目标或标准连接合适的证据。同时，它注重使用数字化的技术手段支持学习与反思，注重对学习过程的关注，强调情境真实性和教师、家长、学习伙伴、学习者等多方的参与，特别是给电子档案袋的使用者以充分的自主空间，让学习者参与到真实的学习情境中，在学习过程中获得真实的体验。可见，E-Portfolio不仅是一个学习者学习成果、学习进步等的展示，学习者更得益于与教师、学习同伴间的观点交流和反馈。另外，E-Portfolio中的关于工作、学习的反思能帮助学习者创建一个意味深长的学习经历。

1. E-Portfolio 的特点

E-Portfolio的这些特点从某种意义上适应了实践性课程的评价需求：

（1）体现了"以学习者为主体"的思想

传统的评价往往是教师根据教学目标、教学内容、学习材料等来掌控学习评价的主动权。而基于电子档案袋的评价从学习目标的确定、评价量规的制定、学习资料的搜集、学习作品的提交到组织管理、学业成绩的评定都由学习者参与，学习者是整个学习过程的主导者，是评价的参与者。

（2）实现了学习评价与学习过程的有效融合

现行的实践性课程的评价偏向于最后成绩的评定，即使是实验这种能体现过程的评价也非常注重对实验结果的评价，考察的也是学习者对知识的掌握和技能的熟练程度。基于E-Portfolio的评价是过程性评价和结果性评价进行有机结合，并且更加注重评价的过程性，E-Portfolio嵌入学习者的整个学习过程，学习者可以在其间得到及时的学习反馈，对学习进行不断的回顾、反思，进而改进学习策略，即评价过程也是学习的过程。

（3）注重多元化的评价

传统的课程评价多采用总结性评价，评价方式单一。基于E-Portfolio的评价具有多元性，评价内容上可以是实验记录，可以是设计方案、作品，可以是一个作品的制作过程，也可以是总结性的测试；评价人员可以是教师、家长、学习同伴，甚至是学习者本人。教师、家长和学习同伴的参与将对学习者的学习起到指导和促进作用，学习者的自我评价和自我反思也将促进后续学习。

（4）强调评价的真实性

传统的实践性课程评价大多使用总结性评价的方式，评价标准单一，缺乏真实性。基于E-Portfolio的学习评价要基于学生在实际学习过程中的表现，对学习者在实际任务中所表现出来的学习素养和能力进行评价，进而促进学生在这些能力上的发展与提高，真正体现课程、学习和评价的一体化。

2．E-Portfolio 的功能模块

作为对学习者学习状况的诊断，主要是对学习者学习状况的整体把握，特别是对学习时间、学习过程、学习经历、学习成果，以及学习之后教师的反馈和学习者本身对学习的反思（沉思）等多个方面的把握，以对学习者的真实学习状况和真实能力进行全面评估。同时，此种学习诊断也有利于学习者对自身的正确评价，能有效促进学习者全面客观的自我定位，促进学习者的自我发展。参考一些系统实例，结合有关电子学档内容框架的设计，E-Portfolio 系统应具备下列九大功能区。

（1）内容管理：首先是内容索引或档案地图，为避免学习档案过于庞杂，在电子学档系统中应该通过内容索引建立网站地图，以使学习者能根据索引选择代表性的资料来展现其真正的学习成果，教师与学生也可以用来对照关于档案内容选择的一些基本准则，以便于评估也可以设置站内搜索工具，或者同时嵌入一些搜索引擎如 Google、Baidu、Sina、Yahoo 等，以便浏览者根据相关内容进行搜索。

（2）学习安排：学习目标和计划，让学习者在电子学档中明确陈述他们的学习目标和大致的学习计划安排，作为未来衡量或评估学习成果和学习进步情况的依据。

（3）学习量规：电子学档强调学习者的学习主动控制权，包含其自我评估的能力，因此此功能区提供一个明确的评价量规（可由当地管理部门、教师与学生共同制定），让学生参考和衡量自己的学习成果。

（4）学业展示：首先是学业成品展示，展示的是学习者已完成的作品，除了供教师进行作品的总结性评价，也可展示学生的学习实力与成就，通过共享与同伴互相学习，自我表现评价和别人评价，最佳的作品也可上传到"最佳作品范例"，以供更多的学习者学习和浏览。其次是学生过程性作品，学生必须每隔一段时间，将进行中的作业或作品上传到网络上，以供教师进行作品的形成性评价。这些作品包含一些进行中的作品与工作内容、未完成的草稿或进行过程的记录，也可以显示学生如何经历及完成一项任务或作品，这有助于教师了解学生的进度与态度，以及学生自我了解其真实的学习过程与学习策略。再其次是优秀作品范例，除展示较优秀的学生作品当作范例供参考外，作品的标准和范例也可供学生制定目标时参考，以激励他们朝该标准或目标努力。

（5）反思记录：学生可以利用此功能区内提供的在线笔记本记录对学习过程与成果的反思及对选入学习档案的各项资料的反思，通过反思记录与反思，有助于学生了解自我学习的过程以及相关的学习与认知策略，达到元认知的效果。

（6）学习评价：一是教师评价记录与反馈，电子学档强调学习者自我指导的学习，但教师的指导与辅助角色仍不容忽视，因此教师可利用此功能区内提供的在线笔记本记录评价记录与反馈，供学生查询及作为比较学生进步情况的参考。二是学生自我评价区，学生可利用在线笔记本记录对自己作品、作业或学习过程的自我评价的结果，以供学生自我反思与参考之用。三是学生互评记录与反馈建议，学生

可利用在线笔记本记录对其他同伴作品、作业的评价结果，除了可以观摩同伴作品外，亦可获得同伴对自己作品的评价结果、反馈与建议，增进同伴间的互动与了解。电子学档的运用隐含建构主义的概念，学生的学习包含与他人的互动或合作，因此同伴的反馈与建议有助于学生的学习，也可供学生利用多方面的信息了解自己的学习过程、成就及优缺点。

(7) 网络发言：一是讨论区，除了提供学生对于所有教学相关课题讨论的空间，也记录了学生参与讨论与活动的情况，让教师了解学生的学习动机与学习情况。二是意见反馈区，设系统管理者一人，主要工作除了对系统做整体的运作、管理、维护、更新和修改外，也提供教师与学生之间的沟通途径，例如以 E-mail 及 BBS 的方式，当学生有任何意见、建议或提供信息时可以通过此途径随时反映给系统管理者与教师。三是公布栏，提供课程的相关信息，如学习活动、作业上交、测验及注意事项等。

(8) 个人信息：包括履历表、课程、个人技能、社会工作等资料，主要目的在于让学生及教师了解学生的学习情况和进步情况以及学生潜在的能力。

(9) 辅助技术："上传工具"指将硬盘上或外部资料直接上传到网络上"后台修改编辑工具"，能够对相关的文件、资料进行编辑修改，进行在线修改和预览。

6.2　如何管理学术文献

从文献的查找、保存到文献的整理、引用和撰写，文献管理一直是贯穿学术研究的重要环节。最初的文献管理采用的是纯粹的人工管理。计算机的普及则使得学术研究迅速向机器平台转换，各类文献管理工具应运而生。从建立小型数据库来管理文献，到专业的文献管理软件的出现，呈现出了文献管理自动化的趋势。而随着互联网络的发展，WEB 2.0 技术的深入人心，各种基于网络的文献管理的方式和工具纷纷出现。传统的文献管理软件也在不断地调整和扩充自己的功能，以满足用户对于文献管理新的需求。

本书所指的文献管理，主要是指电子文献的管理。其基本的管理方法，尽管经历了漫长的时代变迁，却没有发生太大的变化。即：采用诸如分类法和主题法的手段来对文献进行组织并加以利用。同时，从用户角度出发进行组织的方法，如 Folksonomy 也出现了，并得到了广泛的应用。

按照学科类别和主题来分类的方法已经在各类桌面文献管理软件中得以利用。桌面文献管理软件可谓层出不穷，如目前市场占有率较高的 ISI 旗下的 End-Note 软件。而 Folksonomy 在文献管理中的应用则更多地在各类学术书签网站中体现。典型的学术书签网站，如 Connotea、Citeulike、2collab、Scirus Topic Pages。此外，一些依附于浏览器的文献管理工具（如 Zotero）也开始受到用户的欢迎。

6.2.1 基于 Desktop 文献管理软件

所谓桌面文献管理软件,有别于下文将要提到的基于 WEB 服务的文献管理应用。桌面文献管理软件事实上是一个功能强大的用于完成文献的管理和写作辅助的数据库管理系统。简单说来,桌面文献管理软件的主要作用就在于帮助用户组织数量众多的学术文章、书籍等参考文献数据。同时,通过内置的众多期刊的投稿格式,辅助在字处理软件中生成特定期刊的投稿格式。

目前市场上有很多商业桌面级文献管理软件,常见的文献管理软件有 Thomson 公司的 Endnote、Reference Manager、ProCite,以及基于网络的 Refworks。其中 Endnote 是 Thomson 公司推出的文献管理软件,是众多文献管理软件中的佼佼者。Reference Manager 提供网络功能可同时读写数据库,ProCite 提供弹性的群组参考及可建立主题书目,WriteNote 是基于 Web 的 EndNote。中文文献管理软件中,有 NoteExpress、文献之星、PowerRef 等,其中 NoteExpress 是较好的中文文献管理软件,可以比较方便地与 Endnote 交换数据,也被越来越多的接受和使用。在本部分中将重点对目前应用最广泛的 EndNote、NoteExpress 两个桌面级文献管理软件的使用功能进行简要介绍。

1. EndNote 简介

EndNote 由 Thomson Corporation 下属的 Thomson ResearchSoft 开发。EndNote 是一个专门用于科技文章中管理参考文献数据库的软件,通过其 Word 中的插件,可以很方便地插入所引用的文献,软件自动根据文献出现的先后顺序编号,并根据指定的格式将引用的文献附在文章的最后。如果在文章中间插入了引用的新文献,软件将自动更新编号,并将引用的文献插入到文章最后参考文献中适当的位置。英文文献兼容性好,可以通过 Internet 到 Pubmed 直接检索后保存到数据库中或者读入各种格式的 Medline 检索的结果。

软件优点:

(1)根据杂志的要求自动生成参考文献,所以在写文章的时候再也不要考虑如何根据杂志的要求进行排版了。

(2)随时调整参考文献的格式。使用这些软件可以在需要的时候随时调整参考文献的格式。

(3)方便自己查找文献。可以把自己读过的参考文献全部输入到 EndNote 中,这样在查找的时候就非常方便。

(4)参考文献库一经建立,以后在不同文章引用时,既不需重新录入参考文献,也不需仔细地人工调整参考文献的格式。而且参考文献在很多情况下可以直接从网上下载导入库中,很方便。可谓一劳永逸。

(5)对文章中的引用进行增、删、改以及位置调整都会自动重新排好序。文章中引用处的形式（如数字标号外加中括号的形式，或者是作者名加年代的形式，等等）以及文章后面参考文献列表的格式都可自动随意调整，这对修改退稿准备另投他刊时特别有用。

（6）EndNote 处理中文有点问题，主要是显示不正确，但其功能不受影响。实际上，真正的不方便之处在于中英文混合引用的时候。这时，由于习惯不同，中英文文献格式会出现混乱。比如，某个文献的多位中文作者排列时出现类似"刘某某，张某某，et al"字样，而不是中文习惯里的"刘某某、张某某，等"字样。

（7）与 Word 的真正协同功能。安装了 EndNote 后，自动在 Word 中建立了一个新的工具栏，我们在写作时最常用的几项功能都只需简单点击这个工具栏即可。

EndNote 中的概念：

Library：EndNote 用来存储参考文献数据的文件，其实就是 database。

Reference：参考文献。

Reference Type：参考文献类型，如 Journal Article、Book 等。

Style：样式，即参考文献在文章末尾的格式，每家杂志社都不尽相同。

Filter：把通过检索（比如 PUBMED）得来的参考文献导入（Import）EndNote 时所用的过滤方式。由于每个搜索引擎输出的数据格式都不一样，因此导入数据时根据搜索引擎选择对应的 Filter 很重要。

操作流程：

进入到 EndNote 网站 http：//www. endnote. com，下载 EndNote，正常安装之后，启动程序，我们就可以看见它的主界面了，然后可以看见欢迎界面。

（1）数据库操作

既然我们还没有建立自己的数据库，不妨先看看 EndNote 自带的一个范例文件，这个文件在 EndNote 安装目录的 Examples 文件夹下，名字叫 Paleo. enl。用工具栏上的图标或者 File→Open→Open Library 打开这个文件，我们会看到这样的界面：

1 主窗口，浏览参考文献的信息所用，最多显示 5 个字段。

2 字段栏，显示字段可以订制。比如图中我们可以看到图片、作者、年份、标题、链接。点字段名可以以该字段顺序或逆序排序记录。

3 预览窗口，点击文献时可以在预览窗口中显示其详细信息。信息显示格式可以在工具栏的 Current Style 中即时切换，缺省 4 种，Annotated、Author-Date、Numbered、Show All。显示格式也可以自定义。如果同时选择多个记录，则预览窗口中只显示第 1 个记录的内容。

4 预览切换按钮，点击此处可以切换预览窗口的显示与否。

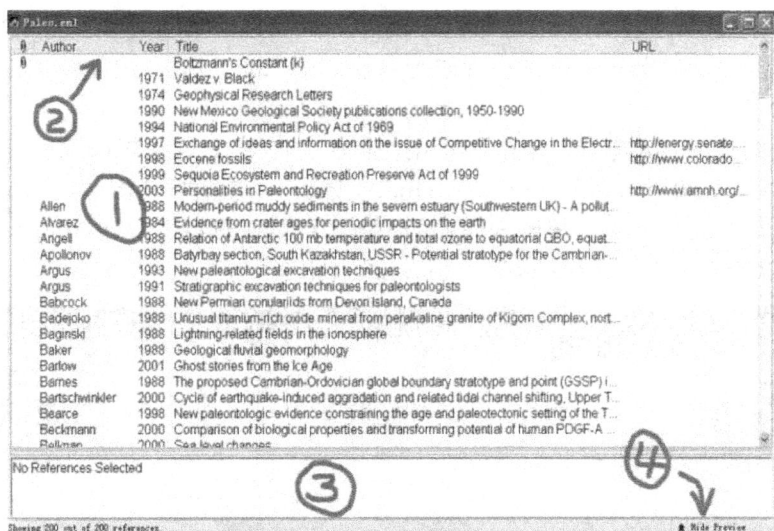

图 6.1 EndNote 自带的范例文件 Paleo. enl

（2）文献基本操作

打开及编辑：在某个文献上双击鼠标左键或者按回车，都可以打开文献，显示它的详细资料。在这个画面可以对文献的各项内容进行修改，关闭时会自动保存所做的修改。

修改某个类型文献包含的项目：Reference Types→Modify Reference Types。可以修改某种文献所包括的项目，以及该项目在字段栏中显示的名称。

修改字段栏显示内容：Edit→Preferences→Display Fields。可以选择字段栏中显示的项目。

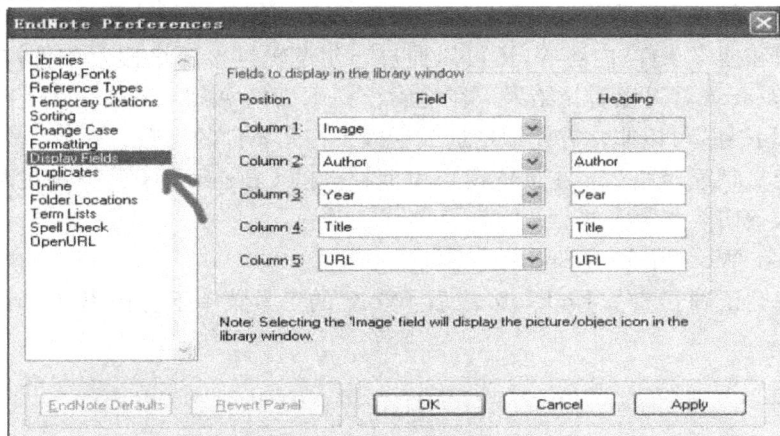

图 6.2 EndNote 修改字段栏显示内容

简单添加文献：Reference→New Reference，可以添加新文献的各个项目以及选择文献类型。以前输入过的作者或者专业词语 EndNote 会记住并加以提示，这样就节约了时间。

加入图片或者对象（管理全文就用这个方法）：在文献编辑画面里，光标定位到 image 字段，然后选择 References→Insert Picture，就是插入图片，可以显示缩略图，还可以在 caption 字段里输入简要的说明。而如果选择 Insert Object 就是插入对象，可以插入文件。常用的有 pdf、doc、xls、ppt 等。

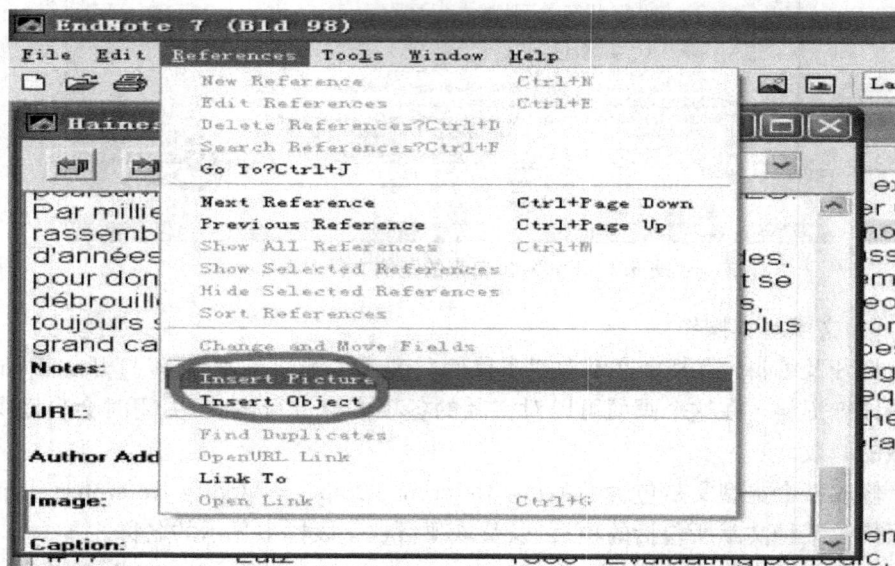

图 6.3　EndNote 加入图片或者对象

检索文献：选择 References→Search References，出现搜索界面。可以选择搜索的字段和搜索条件、内容等，还可以通过布尔逻辑连接两个搜索条件，与、或、非等，点击 search 就可以看见结果。在检索窗口下面的 Add Field、Insert Field、Delete Field 按钮，可以非常方便地增加或者减少搜索条件的个数。

改变文献显示格式：在预览窗口里面提到的 Current Style，通过工具栏上的下拉显示条切换非常方便。

（3）在 Word 中使用 EndNote

在我们正确安装了 EndNote 之后，Word 的工具菜单下应该出现 EndNote 的菜单项。

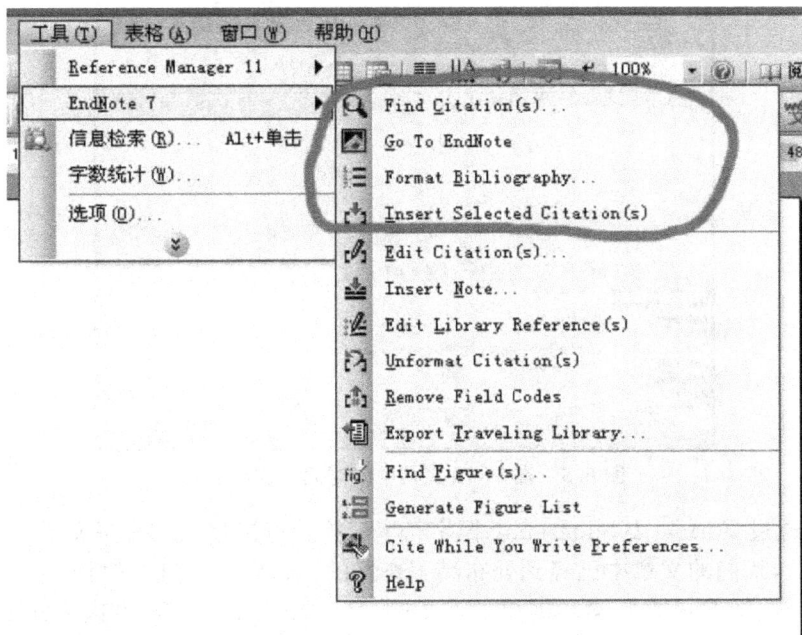

图 6.4　在 Word 中使用 EndNote

① 把在 EndNote 中选择好的文献插入 Word 文档中

无论是通过搜索还是我们自行挑选的方式,找到我们想要插入到论文中的文献,并选中这些文献(EndNote 支持像按住 Ctrl 选择多个、按住 Shift 选择一排这样的操作)。然后在 Word 的 EndNote 菜单条里选择 Insert Selected Citations,就会插入像{Billoski,1992 #6;Forbes,1860 #8;Joblonski,1986 #10}这样的字符。这些是 EndNote 用来识别它的参考文献格式的字符串。通过 Format Bibliography 可以转换成我们所需要的参考文献格式。

② 在 Word 文档中即时插入参考文献(此时 EndNote 程序应该已经开启)

当我们在写论文的过程中想要在某处插入文献的时候,可以像上文所讲的,通过在 EndNote 里选择文献然后插入。但是如果我们插入的文献还不确定,想要通过搜索的功能查询到想要的文献以后再插入,是否必须切换到 EndNote 程序里呢? 当然不必了。我们可以直接使用 EndNote 工具条的 Find Citations 命令。当然,这个时候,EndNote 也要启动。把光标定位在你想插入文献的地方,选择 Find Citations,会出现一个简单的搜索窗口。可以输入相关的词语在文献数据库中查询你想要的文献。点击 Search 即可开始搜索,显示结果以后点击每个文献会在下面的窗口里显示文献的详细内容。决定了要插入的文献之后(1 篇或者几篇),点 Insert 即可插入文献。

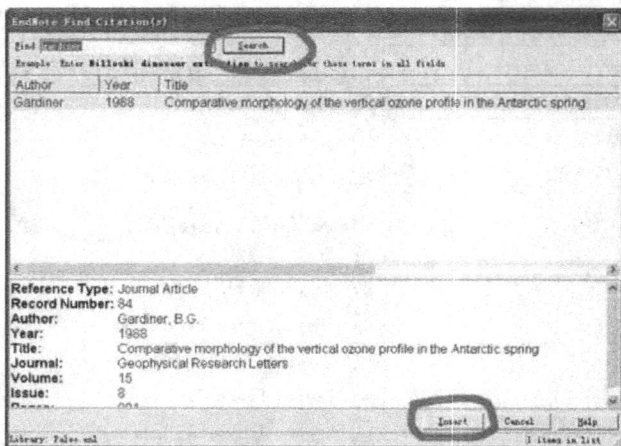

图 6.5　在 Word 文档中即时插入参考文献

③ 通过 Format Bibliography 把字符串转换成标准格式的参考文献

最后,我们的文章中已经到处布满了奇怪的字符串了。这个时候,就可以插入文献了。选择 EndNote 菜单条里的 Format Bibliography 命令,有以下几个问题需要注意设置。With Output 是参考文献的格式,这个当然最重要了,这也是 End-Note 最大的好处。缺省有 4 种格式,也就是 Style。我们可以在点 Browse 然后在里面选择某种杂志要求的参考文献输入格式。Layout 标签里的 Font 指的是论文末尾参考文献的字体,可以根据需要设置。Bibliography 下面的文本框里是显示在参考文献之前的文字,Text Format 按钮是这几个字的字体,也可以根据需要设计。下面是一些排版方面的选项,可以根据自己的需要进行调整。把这些项目都调整好之后,点击"确定"。EndNote 就会自动查找文字中的字符串,并自动根据我们选择的杂志格式在插入点插入标注,在论文尾部插入参考文献。这一切都是全自动的。如果我们删除或者加入了参考文献,序号的调整也是自动的。

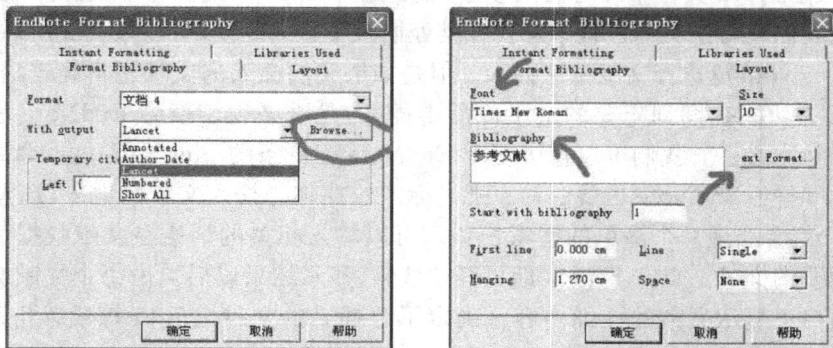

图 6.6　通过 Format Bibliography 把字符串转换成标准格式的参考文献

④ 自动转换参考文献格式

上面介绍了 2 种插入参考文献的方法。但是，都是通过先插入字符串，最后用 Format Bibliography 转换的办法。那么有没有办法可以在插入文献的同时就显示出来呢？当然有了。就在 Format Bibliography 的窗口里，Instant Formatting 标签下，点击 Enable 即可。如果你觉得这种方式比较别扭，点击 Disable 就是了。

（4）通过 EndNote 检索网上数据库

本部分将介绍如何通过 EndNote 直接检索网上数据库，比如平时常用的 Pubmed。

连接：Tools→Connect→Connect，就会出现连接选择窗口，选择一个想要查询的数据库，比如 Pubmed，然后按 Connect，就会弹出连接窗口了（如果你装有防火墙，这时可能会跳出提醒窗口，允许连接即可）。

搜索：连接以后，出现窗口 1，这和搜索窗口是一样的，我们可以按照自己的要求进行检索，就像在 Pubmed 网站上一样。输入条件之后，按 Search，会出现窗口 2，也就是确认窗口。告诉你找到了多少篇文献，以及是否开始下载文献的相关信息。

显示、选择、保存文献：在上面的确认窗口里点"yes"后会来到窗口 3，这个就是下载窗口。"Endnote"开始从 Pubmed 网站上下载文献的相关信息。

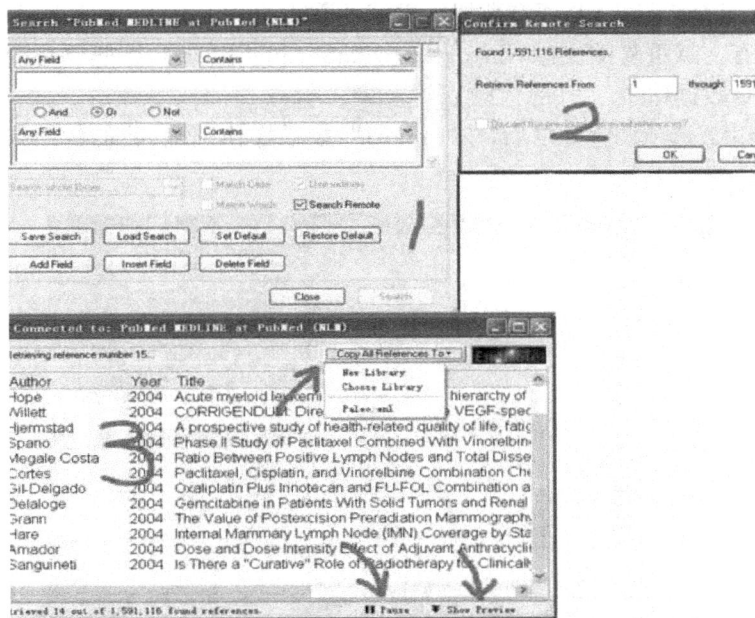

图 6.7 通过 EndNote 检索网上数据库

说明：在下载的过程中，随时都可以点击窗口下方的"pause"暂停下载过程。下载完毕后，可以选择需要保存的文献。点击窗口右下角的"Show Preview"可以看到文献的信息，这和数据库浏览的时候是一样的。当我们已经选择好需要保存的文献后,点击窗口上方的"copy all references to"按钮,选择"new library"(新建一个数据库)或者"choose library"(添加到当前数据库)。添加完毕后,关闭窗口即可。

(5) 把检索所得结果导入 EndNote

EndNote 搜索是好,但是有的时候 EndNote 连接不好,或者我们习惯于使用 IE,或者我们检索的机器上没有 EndNote,需要把检索的结果拿回我们自己的机器上去导入,这个时候,应该如何去做呢? 首先,我们的检索结果必须是保存为纯文本格式,并且数据排列方式为 tagged 格式,也就是每行一个字段。然后开始导入。

① 选择 filter:即过滤器。每个数据库的结果都有自己不同的格式,而要针对不同的格式,就要选择对应的 filter,这样才能得到正确的结果。在 Edit→Import Filters→Open Filter Manager,打开 filter 管理器(窗口 1),选择我们所使用的数据库(这里选择的是 Pubmed)。

② 导入:首先打开你要导入的目标数据库,然后 File→Import,会出现导入窗口。点"choose file"选择保存的结果文件。在"import option"(窗口 2)里选择使用的数据库,这里选择 pubmed(从这里还可以看出,endnote 也可以导入 reference manager 和 procite 的数据,毕竟都是 isi 一家人)。在 Duplicates(窗口 3)里选择 import all 是全部导入(与原有数据库重复的文献也导入),discard duplicates 是不导入与原有文献重复的文献,import into duplicates library 是把重复的文献导入到另外一个数据库中。

③ 结束:选项调整好之后,按"import",如果操作正确,我们的结果就进入数据库中了。

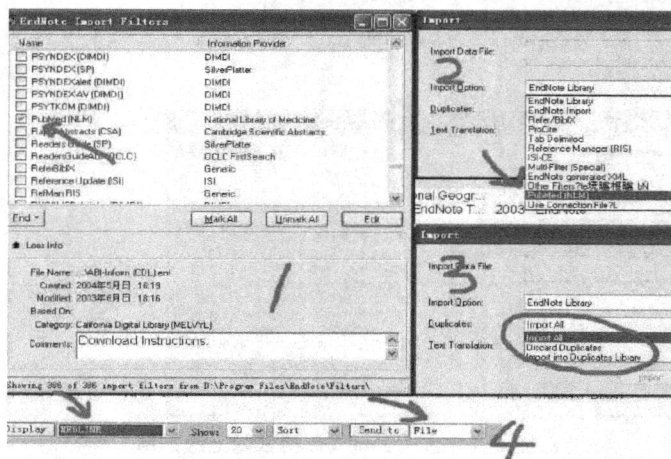

图 6.8　把检索所得结果导入 EndNote

2. NoteExpress 简介

参考文献的概念,源于科学研究时需要参考的各类文献资料。传统的科研参考文献靠研究人员亲自查阅,然后手工摘录有关文献的信息,按照一定的格式加工整理而成。在当今数字化时代,随着论文和期刊数量的激增,各学科的文献总量也随之水涨船高。SCI、Ovid、Jstor、中国期刊网、万方、维普等电子数据库的检索结果如何规范化永久保存到计算机中?当搜集的文献总量积累到一定程度后,仅仅靠大脑记忆很辛苦,阅读时产生的思考如何实时记录并与文献本身联系起来?写论文时手工输入文中标引和文后参考文献列表,这个过程既沉闷又容易出错,特别是不同期刊要求不同参考文献引用格式的问题让人苦不堪言,该过程如何自动化的一键完成?当传统的手工式科研参考文献方法越来越无法满足高度竞争的科研环境的压力和需要时,科研人员迫切需要一种高效、方便、准确地管理和利用海量参考文献的工具,NoteExpress 参考文献管理软件应运而生。

NoteExpress 是世界上第一款多国语言版的通用参考文献管理软件,一起步便赢得了业界和科研人员的高度评价和热切期盼,清华大学、北京大学、北京师范大学、北京航空航天大学、北京理工大学、北京交通大学、中国医科大学、首都医科大学、天津大学、南开大学、山东大学、中国社会科学院等高校和研究机构的图书馆通过网站向广大读者推荐,一年时间内,超过 10 万人次国内外科研人员下载使用。与同类国外相关软件相比,NoteExpress 不仅具有更高的效率,更好的兼容中文信息,更容易上手,而且具有一些独特的创新功能以及丰富的辅助资源,具有良好的发展潜能,是您管理和使用参考文献资料和信息的首选。

NoteExpress 软件安装:

您可以在 www.SciNote.com 下载得到最新版本的 NoteExpress。安装后软件自动根据操作系统的语言显示默认界面。建议在简体中文版面下载以得到中文的帮助文件。

安装过程:

NoteExpress 安装版提供了标准的 Windows 应用程序安装向导。双击"安装文件",根据相关向导即可完成安装。在安装过程中,如果之前安装有较低版本NoteExpress,请先关闭 NoteExpress 以及 MS Word。如果之前安装有较低版本NoteExpress,并且使用默认的数据库 Sample.ned,也可以在之前 NoteExpress 路径下重新安装,不会覆盖以前的数据库文件。如果之前安装有较低版本 NoteExpress,并且使用自己新建的数据库,重新安装后请通过 NoteExpress 菜单【文件】→【打开数据库】打开该数据库。

操作流程:

(1)建立自己第一个 NoteExpress 数据库

① 新建自己的数据库

安装后默认的示例数据库为"sample.ned",保存在 NoteExpress 安装目录下。新建自己的数据库步骤如图 6.9 所示。

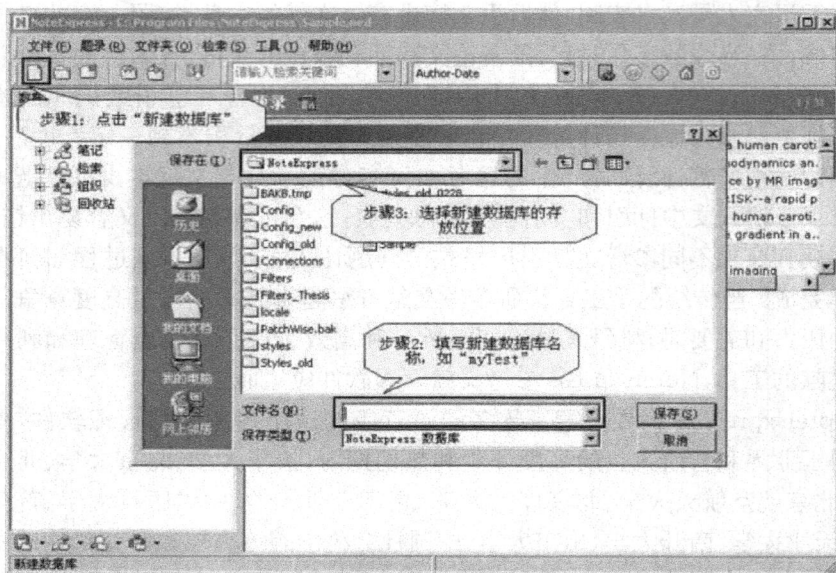

图 6.9　NoteExpress 新建自己的数据库

② 建立并维护个人题录数据库

参考文献的标题、作者及相关摘要、关键词等信息即通常所说的文献，在 NoteExpress 中称为题录，存储在数据库节点下的题录（References）文件夹。如图 6.10 所示。

建题录数据库，一方面是为了写作时能实时插入题录作为文中标引；另一方面，多数文章看摘要、少数文章看全文是一种良好的科研习惯，可以节约科研工作者的宝贵时间。在之后的教程

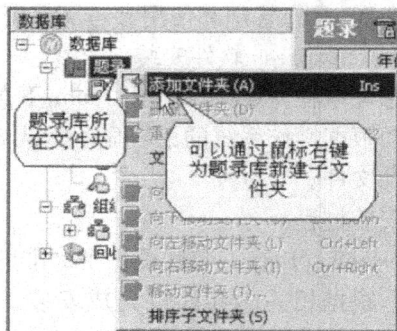

图 6.10　NoteExpress 建立并维护个人题录数据库

中，书目、手稿、软件以及图片等信息也统称为题录。NoteExpress 中通过给题录添加附件的方式管理参考文献的原文。

新建题录有 3 种方式：一是手工建立；二是文献数据库检索结果批量导入；三是从在线数据库检索后直接导入。

A. 手工建立题录

步骤如下：

a. 在"题录"文件夹下选中某子文件夹，作为新建题录的存放位置。

b. 在右方题录列表中点击鼠标右键，选择"新建题录"。

c. 在"新建题录"窗体的"题录类型"字段鼠标单击,选择题录类型。

d. 填写其他字段的相关内容,字段内容可以为空。

e. 保存并关闭新建题录。

如以下两张图片所示:

特别说明:作者的格式为:姓名 1;姓名 2;……。多个姓名之间必须用英文分号加空格(;)隔开。中文作者的姓与名之间不要留空格。这样以后在 MS Word 中才会按照您希望的格式输出。题录类型要尽量准确,如"期刊文章"、"书"、"学位论文"等。如果某条题录的内容不合适,可以先选中该条题录,然后点击鼠标右键,在弹出的菜单中选择"编辑题录"或者"删除题录"。手工录入是输入少量题录时的办法,稍后将介绍如何批量导入大量题录。

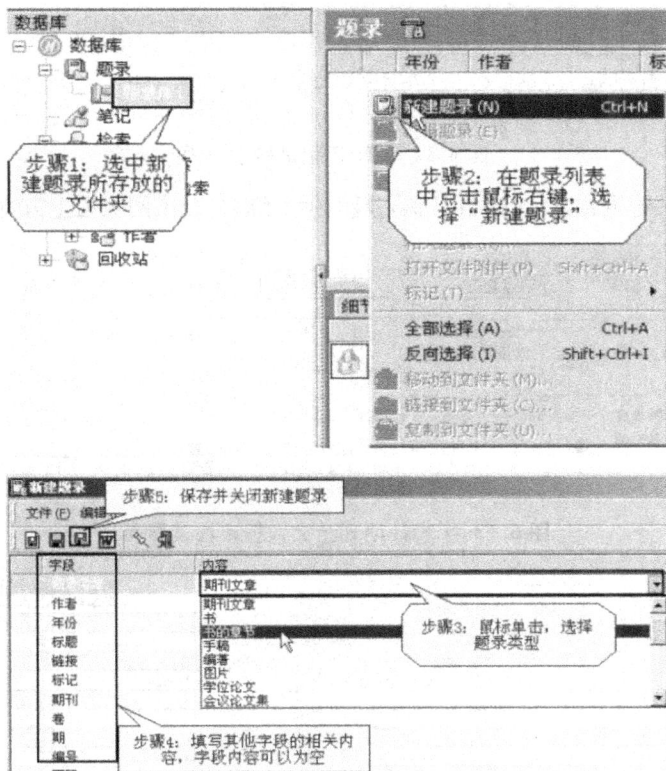

图 6.11　NoteExpress 手工建立题录

B. 文献数据库检索结果批量导入

在国内的维普、万方、CNKI,国外的 PubMed、Wiley、ProQuest、Elsevier 等厂商的电子数据库网站检索后,可以直接导出批量题录。将题录信息输出到剪贴板或者文件(如 txt,ris 格式),这些题录数据就可以被批量导入 NoteExpress 的数据

库供平时阅读、研究或论文写作时引用。下面以 CNKI 为例介绍文献数据库检索
结果批量导入的方法。

  a. 通过 CNKI 网址 http://www.cnki.net/index.htm 进入 CNKI 期刊全文
数据库。

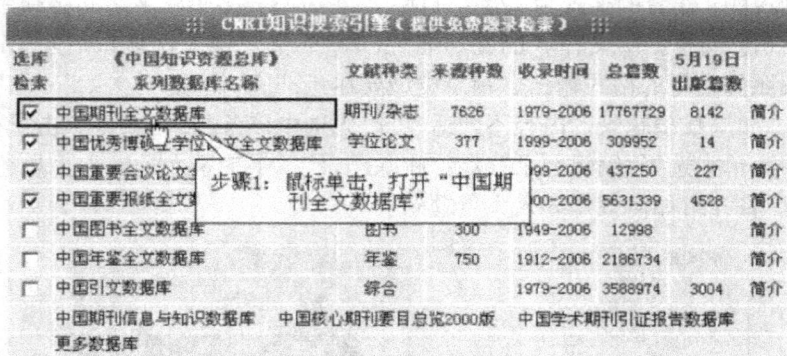

图 6.12　CNKI 题录检索界面

  b. 输入关键词检索,选中自己感兴趣的搜索结果,点击网页右上方"存盘"按钮。

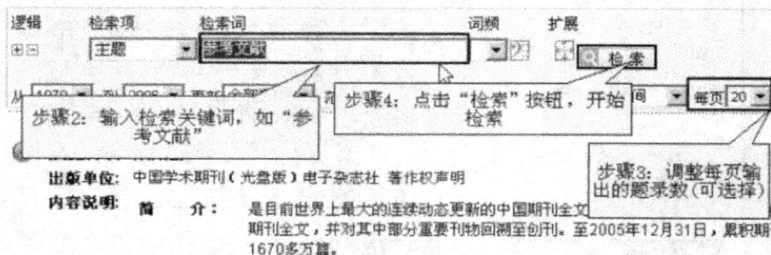

图 6.13　CNKI 期刊全文数据库检索界面

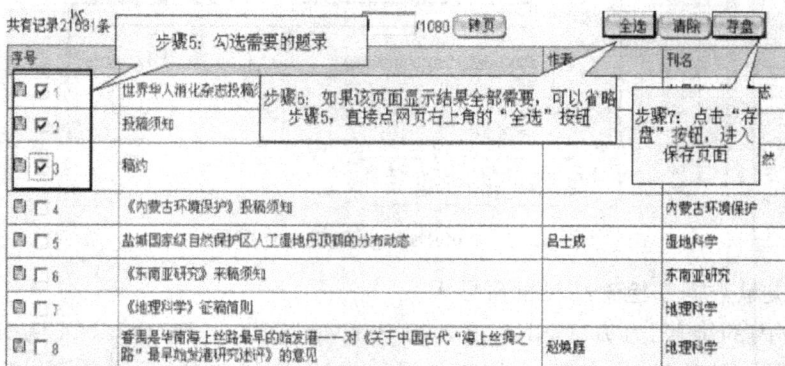

图 6.14　CNKI 期刊全文数据库检索结果

c. 在显示的页面上选中"自定义",然后选择自己感兴趣,希望长期保存的多个字段。

d. 点击"预览"按钮。

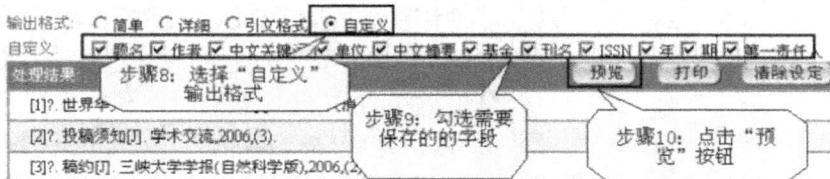

图 6.15　CNKI 期刊全文数据库检索结果自定义输出格式

e. 在显示预览结果的页面点击鼠标右键,选择【全选】菜单,再次点击鼠标右键,选择【复制】菜单。可以通过键盘快捷键 Ctrl ＋ A(全选),Ctrl ＋ C(复制) 快速完成这一步。

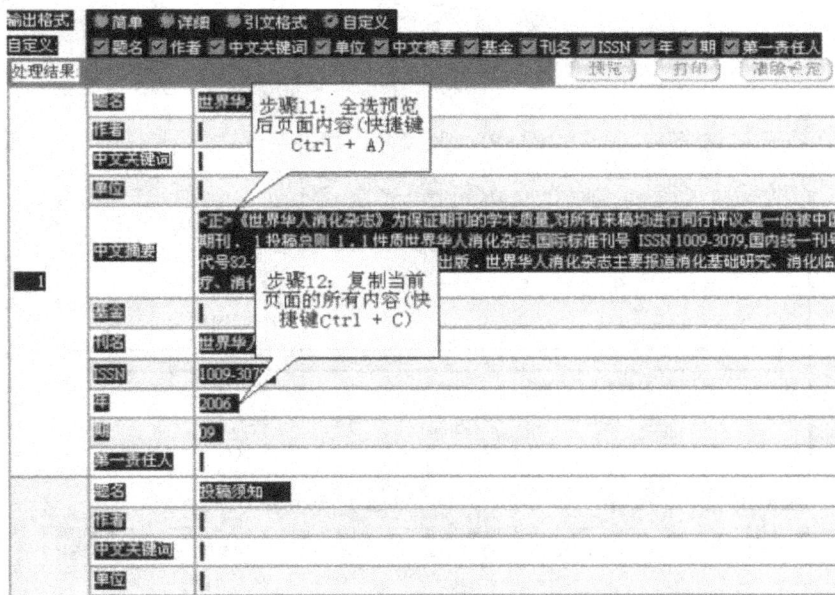

图 6.16　CNKI 期刊全文数据库检索结果自定义输出预览

f. 通过 NoteExpress 菜单【文件】→【导入题录】或点击工具栏上的"导入题录"按钮,进入 NoteExpress 的"导入题录"窗口,选中"来自剪贴板";点击"选择"按钮,选择相应的过滤器"CNKI5.0",双击该过滤器或者再点击"确定"按钮,返回"导入"界面。如图 6.17 所示。

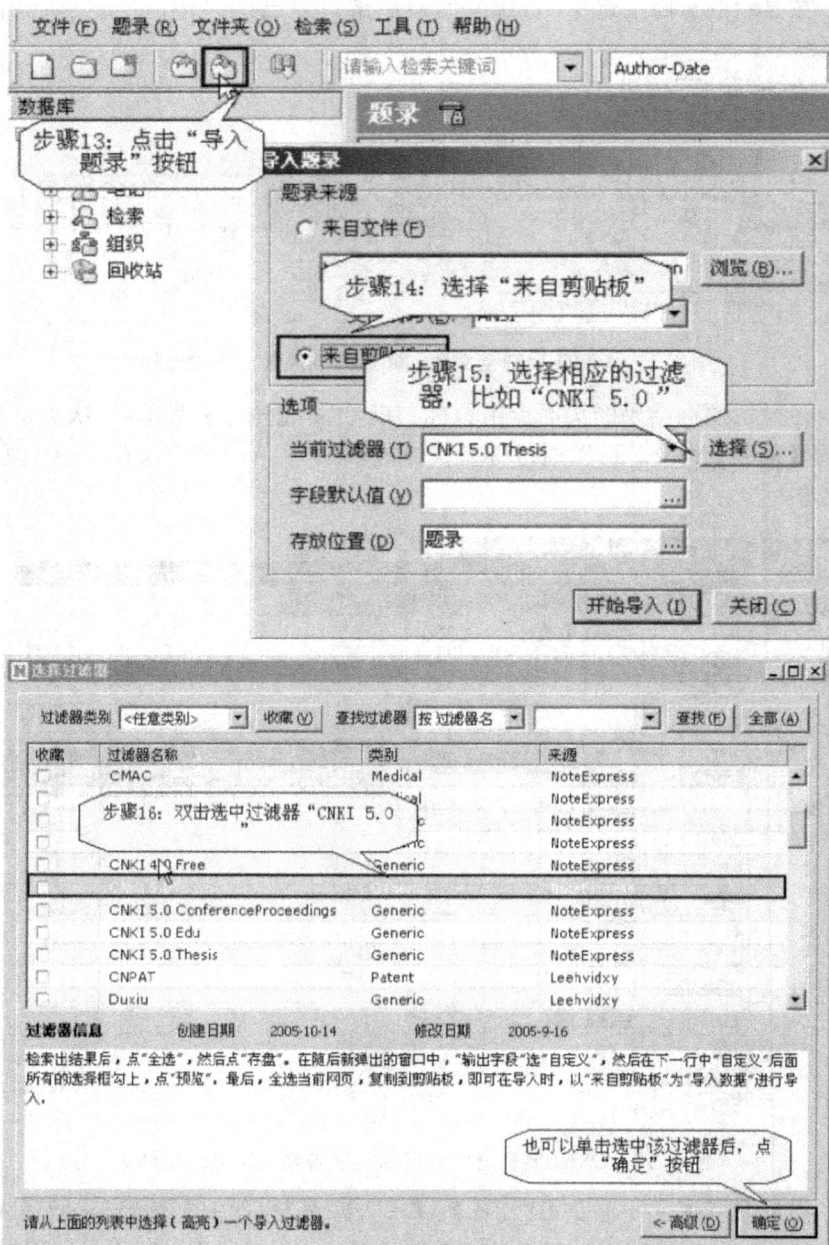

图 6.17　NoteExpress 导入 CNKI 题录数据

g. 点击"导入题录"窗体的"开始导入"按钮，开始批量导入题录。

小技巧：如果需要导入多页的题录，可以将每页预览的结果保存到同一个 txt

文件中,然后在"导入窗体"的"题录来源"部分选择来自该文件一次性导入多页题录数据。

C. 从在线数据库检索后直接导入

文献数据库检索结果批量导入的办法仍然略显繁琐,为了更方便地检索和保存参考文献信息,NoteExpress 集成了互联网上 Amazon、PubMed、北大图书馆等在线文献库、图书馆等几百个信息源,并且在逐步增加。比如 Amazon 检索,可以检索到关于某研究方向的最新书目(包括介绍、摘要、链接等),如果有国际信用卡,还可以在线阅读。

下面以 Amazon 为例,介绍在线数据库检索步骤:

a. 点击菜单【检索】→【Amazon 检索】,弹出 Amazon 检索窗体。如果选择其他全文数据库或者在线图书馆,请点击菜单【检索】→【在线数据库】,选择目标数据库或图书馆。

b. 选择和填写检索条件,点击"增加条件"按钮,然后点击"开始检索"按钮,如图 6.18 所示。

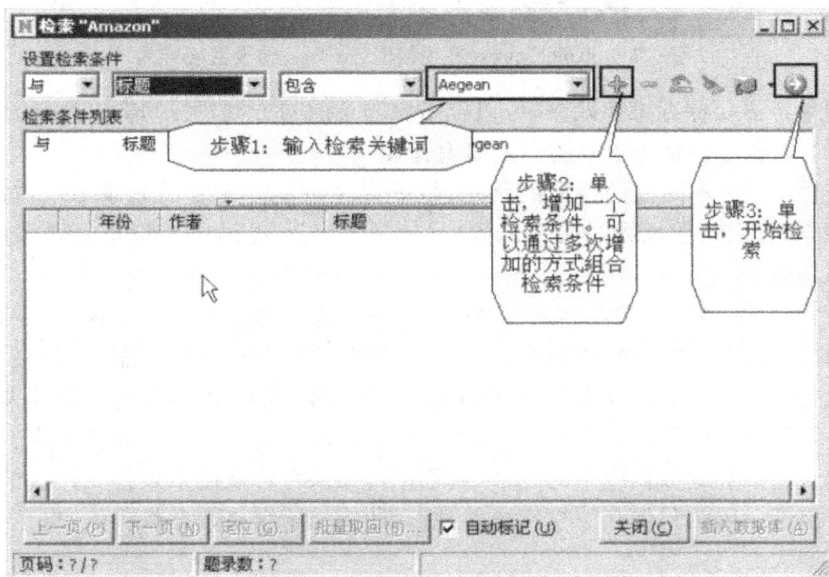

图 6.18　NoteExpress 在线检索 Amazon

Amazon 以及其他在线图书馆的检索结果都可以很方便地保存到本地供平时研究或在论文写作中引用。步骤如图 6.19 所示。

图 6.19 NoteExpress 在线检索 Amazon 结果直接导入

如果不需要保存某条题录,可以单击该题录前的方框,去掉勾选(默认)。

(2) 以参考文献为中心的个人知识管理

查重:通过不同途径获取的题录,可能存在重复。重复的题录不仅占用数据库物理空间,也给数据维护带来麻烦。NoteExpress 提供了查找重复题录并快速删除的功能。

检索,保存检索结果及结果自动更新:可以连续增加多个搜索条件,并且各条件之间可通过与或等逻辑进行组合。检索后在"检索"→"最近检索"文件夹下自动形成以关键词命名的新文件夹(如"Aegean"),可以通过鼠标拖拽该文件夹到"保存的检索"文件夹,可以永久保存检索结果。该文件夹下的内容是自动更新的,这就意味着新添加到数据库中的题录(或笔记),如果符合该搜索条件,将自动在该文件夹下出现。因为只保存了检索条件,所以即使检索结果数据量很大,也不会导致数据库增大。

以附件方式管理参考文献的全文以及相关资源:可以将与题录相关的文献全文、电子书或者任何格式的文件,通过添加附件的方式与题录联起来管理,这样便拥有了自己的个人电子图书馆。

标识:阅读题录时,可能要对该题录的重要级别等做一些标记,NoteExpress 提供了这样的支持。

回收站:回收站分为题录和笔记两部分,删除的题录、笔记均会出现在回收站中。可以直接从回收站中进行恢复，最大限度地保护了用户的数据安全。

（3）利用 Word & NoteExpress 撰写论文

NoteExpress 可以将参考文献题录作为文中注释插入文章中，同时可以在文章末尾按照各个期刊杂志的格式要求自动生成参考文献列表。这样处理既精确又快速，节约了研究人员的宝贵时间。NoteExpress 安装后，如果计算机上有 MS Word 字处理软件，则会自动安装一个 MS Word 插件，如图 6.20 所示。

图 6.20　MS Word 中的 NoteExpress 插件

如果没有该 Word 插件，请通过 NoteExpress 菜单【工具】→选项的"扩展"页面，重新安装 NoteExpress Word 插件。

具体使用步骤如下：

① 将鼠标移至想插入文中注释处。

② 选择 NoteExprss Word 插件上的按钮"切换到 NoteExpress"，打开 NoteExpress。

③ 选中某条题录，然后点击 Word 插件列表中的"插入引文"按钮，如图 6.21 所示。

图 6.21　在 MS Word 中安装 NoteExpress Word 插件

④ 在需要插入引文处重复步骤③，插入所有引用的参考文献，如图 6.22 所示。在文章中插入的引用称为"文中标引"，第一次使用 NoteExpress，软件默认是采用"作者年份制（Author-Date）"输出样式，所以文中标引显示为（作者，年份）的格式，如图 6.22 所示。

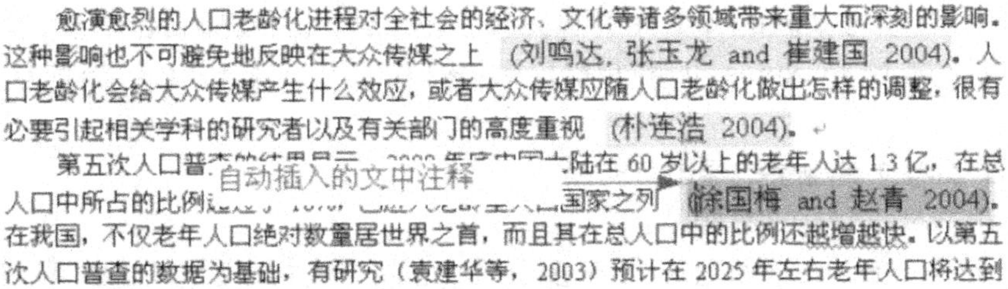

图 6.22　在 MS Word 中 NoteExpress 的文中标引

第一次使用 MS Word 插件时，点"插入引文"后如果出现"ref. nef"字样，请重新启动 MS Word 以清除安装时的缓存。

⑤ 点击 Word 插件上的按钮"格式化参考文献"，在"格式"窗体中点击"浏览"按钮，选择要使用的输出样式，点击"确定"按钮，即可自动完成引文格式化。

图 6.23　在 MS Word 中 NoteExpress 的格式化参考文献

格式化后生成的文末参考文献列表如图 6.24 所示：

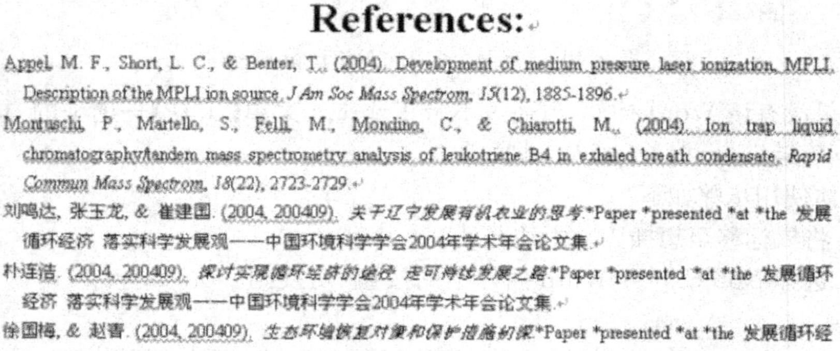

图 6.24　格式化后生成的文末参考文献列表

如果需要其他的输出样式，比如编序制输出样式（Numbered，比如[1]，[2]），请再次点击 Word 插件上的按钮"格式化参考文献"，在出现的"格式"窗体中点击"浏览"按钮，选择要使用的输出样式，点"确定"按钮，即可自动完成。

可以在 MS Word 插件的"设置"按钮中启动实时格式化功能，这样用户插入文中标引后，NoteExpress 可以当即在文章末尾生成格式化的参考文献列表。也可以在"设置"中为 Word 插件的所有按钮设置快捷键。

⑥ 除了通用的作者年份制（Author-Date），编序制（Numbered），NoteExpress 内置了 800 多种国内外著名期刊要求的样式，并且在不断增加。如果希望编辑输出样式，让参考文献的文中标引和文末参考文献列表按照自己需要的方式生成，可以通过 NoteExpress 的菜单【工具】→【输出样式】→【编辑当前样式】来进行。

（4）参考文献题录的导出与交换

导出 NoteExpress 的题录：

导出 NoteExpress 的题录，便于多个用户之间交流共享数据，比如可以通过导入其他用户导出的题录资料，达到分享的目的。

步骤如下：

① 通过菜单【工具】→【输出样式】→【选择输出样式】，选择导出题录数据的样式，为方便与其他文献管理软件交换数据，建议选择"RefMan－（Ris）"样式。

② 选中要输出的题录。

③ 通过菜单【文件】→【导出题录】，导出之前选中的题录。

④ 如果是 Latex 用户，可以将 NoteExpress 软件的题录导出为 BibTex 格式后使用。

与其他文献管理软件交换题录：

在 NoteExpress 推出之前，部分用户使用 EndNote 文献管理软件。EndNote 中题录（Reference）导入 NoteExpress 的过程如下：

① 通过 EndNote 菜单【Edit】→【Output Styles】，选择输出格式为"EndNote Export"。

② 选中要输出的题录。

③ 通过 EndNote 菜单【File】→【Export...】，导出题录资料为一个 txt 文件。

④ 通过 NoteExpress 菜单【文件】→【导入题录】，选择从 EndNote 中导出的数据，再选择相应的过滤器"EndNote Import"，点击"导入"窗体的"导入"按钮。

⑤ 导入数据。

其他软件的数据导入 NoteExpress 的过程与此类似，如果导入后出现乱码现象，请在导入前先将文本以 ANSI 格式另存一次，再导入另存时生成的文本。

6.2.2　基于 Web-Based 文献管理软件

传统的桌面文献管理软件很好地完成了参考文献的组织和利用功能，而面对学术交流活动的网络化趋势，各类学术书签网站基于浏览器的插件程序由于其免费和强大的社会化应用的功能开始得到越来越多的研究人员的利用。这些网站和插件程序直接嵌入在用户的工作流中，极大地方便了用户的利用。

参考文献管理是科研工作流中极为重要的一环。科研活动的网络化倾向，要求各类文献管理工具能够更好地支持在网络上的学术研究活动。同时，由于科研活动本身越发的呈现社会化合作的趋势，如何对科技文献等科研资源进行更好地共享和交流也成为当前的热点。面对这一趋势，一些传统的桌面文献管理软件诸如 Endnote 软件也推出了 Endnote Web 功能。在本部分中将以 RefWorks、Note-First 和学术书签网站为例，简要介绍基于网络的文献管理软件的主要特点和使用功能。

1. RefWorks 简介

CSA 公司的 RefWorks（http://www.refworks.com）是一个联机个人文献书目管理系统，用于帮助用户建立和管理个人文献书目资料，并可以实现在撰写文稿的同时即时插入参考文献,同时生成规范的、符合出版要求的文后参考文献。用户的数据均储存在服务器上,不占用个人电脑空间,授权用户可以随时随地地访问个人文献书目数据库,并提供中、英、日、法等不同文种的选项。

RefWorks 的功能和特点:

(1) 只需有一台与因特网相连的电脑,就可以方便、快捷地创建、管理和使用个人文献书目数据库。

(2) 个人文献书目数据库建立在服务器上,不占用个人电脑空间和资源,用户可以随时将数据以自己需要的文件格式导出到自己的电脑中。

(3) 提供快速检索和高级检索两种检索模式,用户可以轻松地查到所需的书目信息。

(4) 个人的书目数据既可以从其他数据库批量导入,也可以由手工录入。

(5) 可以将众多其他数据库中的书目数据直接批量导入个人文献书目数据库中,通过个人文献书目数据库的检索,间接实现对多个数据库的跨库检索,提高资料检索的查全率和查准率。

(6) 在个人文献数据库中建立文件夹,存放文献的数目不受限制。

(7) 个人书目数据库提供了全文链接,获取全文快捷、方便。

(8) 在撰写文稿过程中随时可在文稿中插入参考文献标识,文稿撰写完成后,利用提供的工具,在文稿末尾可自动生成规范的符合出版要求的参考文献。

RefWorks 的适用对象:

(1) 研究人员:RefWorks 是一个理想的工具,它可以用来储存个人在科研过程中积累的有价值的书目资料,可以与其他科研人员共享这些资料,可以将个人数据库中的书目数据下载,并保存成多种文件格式。

(2) 学生:该工具不仅可以培养学生使用图书馆资源、管理个人有价值的参考文献的良好习惯,还可以通过将学位论文的文后参考文献著录规则添加到系统中,从而帮助每一个学生在撰写学位论文时,更轻松地生成符合学校要求的学位论文文后参考文献。

(3) 教师:RefWorks 不仅提供了检索工具,还帮助教师们利用它的只读共享功能,向学生提供与课业有关的参考资料。

(4) 图书馆馆员:图书馆老师向各个年级的学生讲授信息检索课时,RefWorks 是一个很好的教学工具;学科馆员们利用它则可以非常方便地将图书馆采购的某一学科的最新资料信息实时发送给有关老师;可以让图书馆在提高图书馆资源利用率的同时,最大限度地降低访问其他数据库的信息流量。

操作流程:

(1) 登录

访问 www.refworks.com/refworks 并输入您的个人登录名称和密码(对于首

次使用用户,需要按照屏幕提示,登录到个人账户)。特别提示:远程用户即从非注册 IP 地址访问 RefWorks 时,必须输入"组代码",然后再输入个人登录名和密码,或通过您所在单位的代理服务器登录。

(2) 创建 RefWorks 数据库

RefWorks 提供了将数据添加到数据库中的多种方法。

① 直接导入数据

A. 从在线数据库的保存或导出功能中,选择或单击保存到 RefWorks 选项(A1)。

B. 如果您已经打开了 RefWorks 账户,导入过程将自动开始。如果没有打开账户,将提示您转到 RefWorks 登录页面;在您登录后,导入过程将自动开始。

C. 选择"浏览"最近导入"文件夹"查看导入的记录。

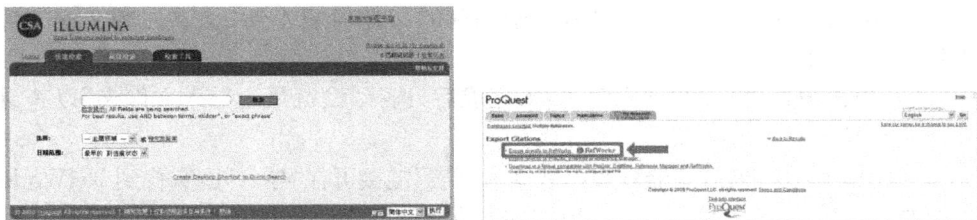

图 6.25　RefWorks 直接导入数据

帮助提示:每个添加到 RefWorks 中的参考文献(导入或手工输入),其"载体类型"的字段都会被定性为电子或印刷型,它将将有助于您在生成有关书目时获得必需的全部数据。有关设置默认"载体类型",可由您的账号管理员或用户自己在帮助菜单的"自定义"选项中设置(A2)。

② 从文本文件中导入数据

可以将很多在线数据库或其他参考文献管理工具的检索结果保存为文本文件(.txt)并导入到 RefWorks 中。

图 6.26　RefWorks 从文本文件中导入数据

A. 从网络数据库或其他参考文献管理工具中检索要导出的结果,并将其保存为文本文件。如果数据库供应商列出了用于保存参考文献的多种不同的文件格式,有关选择适合您要求选项的详细信息,请参见 RefWorks 的帮助文件。

B. 访问 RefWorks 账户并单击下拉菜单中的"参考文献",然后选择"导入"。

C. 在打开的窗口中,点击"导入过滤器/数据源"旁的下拉菜单,然后选择相应的数据来源(B)。

D. 单击"数据库"下拉菜单,然后选择(如果有)相对应的数据库。

E. 单击"导入参考文献"到菜单,然后指定将要导入的参考文献保存在数据库中的具体文件夹。如果您不想选择文件夹,参考文献将被自动保存在名为"上次导入"文件夹(Last Imported Folder)的文件夹中。

F. 浏览并从电脑中选择文件,将刚保存的文件名输入到"从下列的文本文件中导入数据"中。

G. 单击窗口底部的"导入"。导入完成后,选择"浏览最近导入文件夹"以查看并修改刚导入的参考文献。

帮助提示:单击"过滤器列表&数据库列表"链接可在"导入"区域找到 RefWorks 支持的,可以使用这两种方式导入数据的所有在线服务和数据库的最新列表。

③ 将其他参考文献管理工具中导入

RefWorks 与许多其他参考文献管理工具兼容。可以将诸如 EndNote 等已有的参考文献管理数据库导入到 RefWorks 中。有关从具体的个人参考文献管理工具中导入数据的相关信息,请参见 RefWorks 的在线"帮助"。

手动输入参考文献:

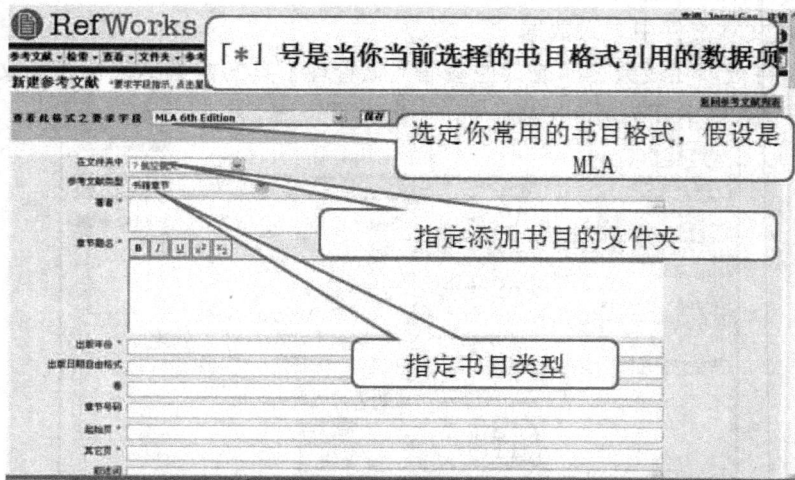

图 6.27　RefWorks 手动输入参考文献

A. 从下拉菜单工具条中选择"参考文献",然后选择"新增参考文献"。

B. 在"查看此格式之要求字段"下选择需要的参考文献输出格式(例如,APA、Chicago 和 MLA 等)以启用 AccuCite 功能。

C. 在"参考文献类型下"指定要输入的参考类型(例如期刊、书籍或论文)。带有绿色复选标记的字段名称(a) 表示该字段的内容是您所选择的参考文献输出格式所要求填写的。当然,如果不填写这些带有绿色复选标记字段内容,也能在 RefWorks 中执行保存。

D. 在相应的字段中输入信息,完成后单击"保存"。

通过 RSS 导入参考文献:

RefWorks 兼容了 RSS 阅读器的功能,因此,用户可以将出版商或网站上喜爱的 RSS 添加到 RefWorks 中,从而更方便地查看信息并将数据导入到 RefWorks 数据库。

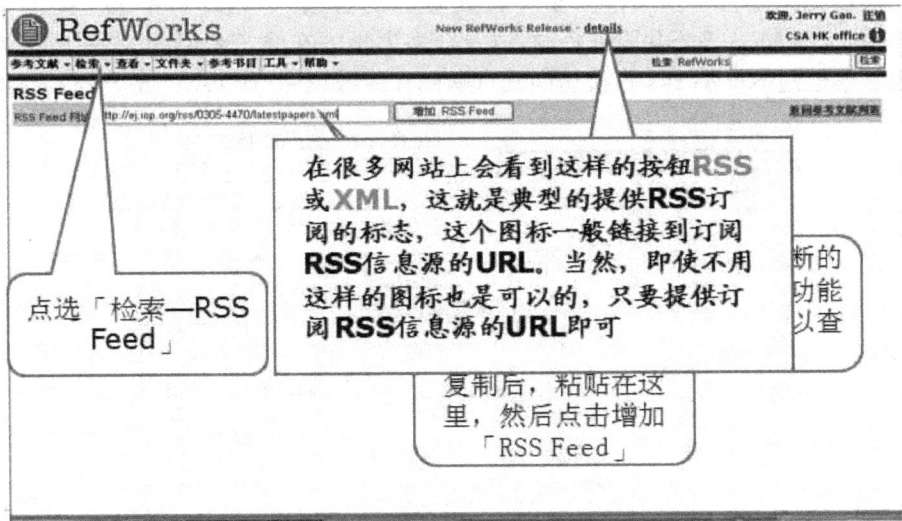

图 6.28　RefWorks 通过 RSS 导入参考文献

A. 找到需要的 RSS。用鼠标右键单击"RSS 图标或链接",并选择"复制快捷方式"。

B. 在 RefWorks 中,从"检索"下拉菜单中选择 RSSFeed。

C. 将快捷方式粘贴到 RSS 简易聚合网址文本框内,然后单击"增加 RSS 简易聚合"按钮(D)。

D. 单击名称链接,启动 RSS。将在新打开的窗口中显示 RSS 的内容,以供用户选择并将数据导入 RefWorks。

从在线目录或数据库中导入:

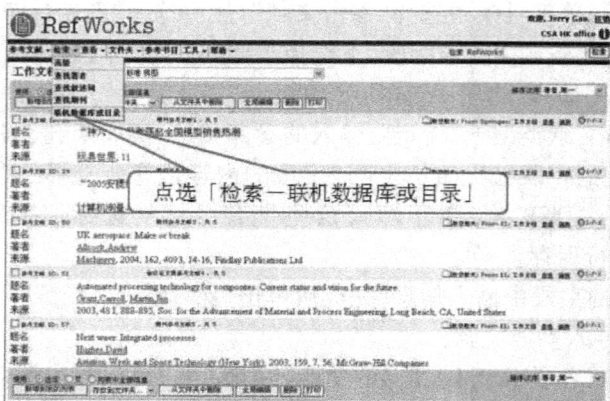

图 6.29　RefWorks 多种在线资源的检索入口

可以使用 RefWorks 作为多种在线资源的检索入口。RefWorks 提供了如 NLM 的 PubMed 等公共服务资源，以及众多大学的在线馆藏目录。另外，机构订户还能够通过 RefWorks 直接访问其订购的在线数据库（如 Ovid 或 ProQuest）。

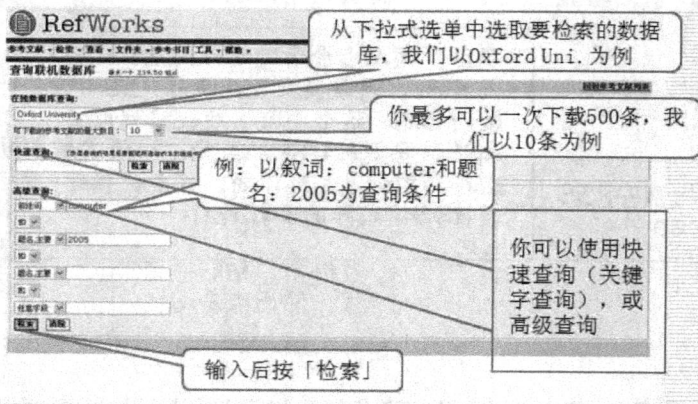

图 6.30　RefWorks 从在线目录或数据库中导入

A. 从"检索"下拉菜单，选择"在线数据库或目录"。

B. 从"在线数据库查询"下拉菜单中选择数据库。

C. 从下拉菜单中选择"可下载的参考文献的最大数目"。

D. 在"快速查询："或"高级查询："框中键入检索词。

E. 单击"检索"开始搜索，并将在新打开的窗口中显示搜索结果。

F. 选择要导入到 RefWorks 账户中的参考资料，并单击"导入"。

(3) 管理个人参考文献

RefWorks 提供了用于组织、编辑和查看个人数据库中参考文献的多种方法。

创建文件夹：

① 从"文件夹"下拉菜单中，选择"新建文件夹"。

② 在"新文件夹名称"中输入名称并单击"OK"。在RefWorks账户中创建的文件夹的最大数量没有限制。

帮助提示："最近导入"文件夹（Last Imported Folder）仅包含还没有保存到其他文件夹的最近导入的参考文献。

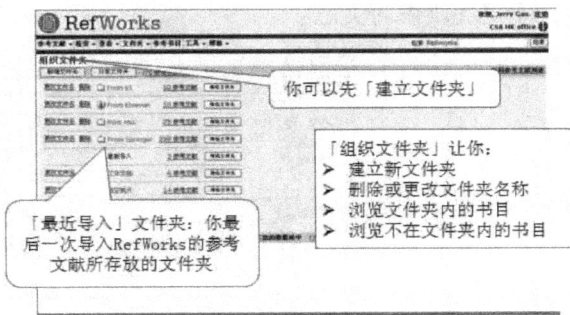

图 6.31　RefWorks 创建文件夹

如果在此次导入数据之前，"最近导入"文件夹中保存有以前导入的参考文献，那么这些参考文献就会自动转存到名为"不在文件夹中的参考文献"文件夹中。

将参考文献存放到文件夹：

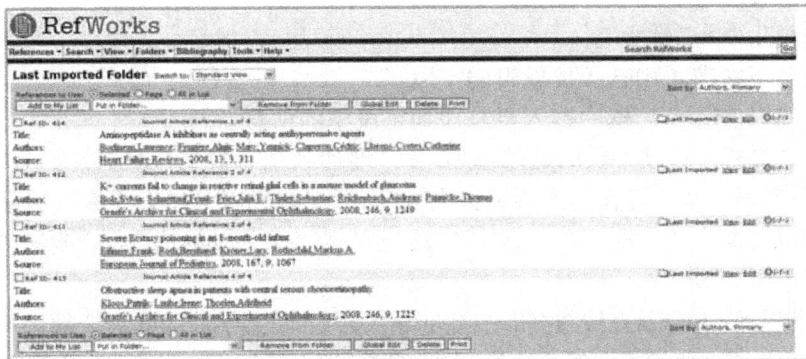

图 6.32　RefWorks 将参考文献存放到文件夹

① 从"检索"下拉菜单中，执行搜索或查找，检索 RefWorks 数据库中已存在的参考文献，将其存放到某文件夹。

② 标记搜索结果页中所需参考文献，然后单击"选定"按钮。选取参考文献是按页显示的，这意味着必须在移动到下一页之前就要将选定的参考文献保存到所指定的文件夹。也可以标记"列表中全部信息"或当前页中的全部信息。

③ 从"存放到文件夹"下拉菜单中选择文件夹。

④ 参考文献将被自动添加到指定的文件夹中。

帮助提示：可以将参考文献保存到多个文件夹。

排序参考文献：

① 从"查看"或"文件夹"下拉菜单，选择文件夹。

② 使用位于页面顶部右侧的"排序次序",按照数据库中的不同字段查看参考文献。
全局编辑参考文献：

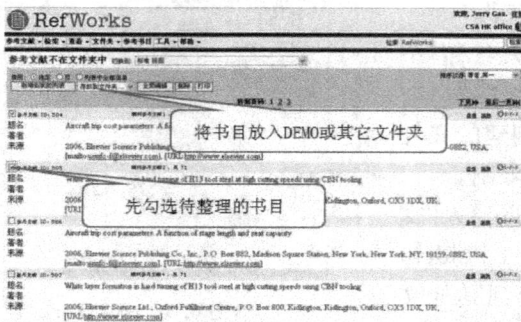

图 6.33　RefWorks 全局编辑参考文献

① 从"查看"下拉菜单中，选择"所有参考文献"或某个文件夹。也可以是在
RefWorks 中的检索结果。

② 选择要编辑的参考文献。

③ 单击"全局编辑"。

④ 从下拉菜单中选择要编辑的字段。

⑤ 在"编辑内容"框中键入要添加到字段中的信息。

⑥ 选择用于处理字段的适用选项——"增加到现有数据（追加数据）"；"覆盖现
有数据"（字段中目前存在的内容将丢失）；"不管现有数据"（如果要编辑的字段内容
非空，则保持原来的数据不变，如果该字段为空，则将要添加的信息保存到该字段中）。

⑦ 单击"确定"。

帮助提示：如果从在线数据库中批量导入数据时，某字段的数据全部丢失或导入
错误，而在生成文稿参考文献时又需要这些数据，那么使用此功能将非常方便和有效。

查看参考文献：

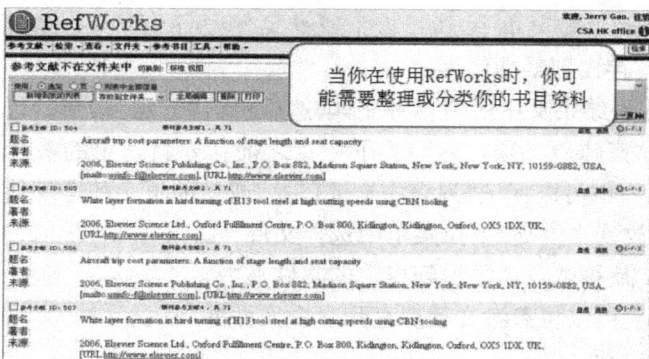

图 6.34　RefWorks 查看参考文献

搜索内容中的参考文献时，可以选择多种不同方法显示参考文献。注意：可使用"工具"下拉菜单下的"自定义"选项对显示内容进行订制。

① 在"查看"下拉菜单中选择"所有参考文献"或指定某个文件夹。

② 从"切换到"下拉菜单中选择参考文献显示格式。此下拉菜单中最多可以包括 6 种显示格式。

可用的显示格式包括：

- 标准视图（其中包括作者、标题、来源信息等）
- 一行/引文视图
- 全字段显示（记录中的所有字段）
- 3 种可订制的显示格式（例如 APA、MLA 或 Chicago）

■ 创建文稿及其参考文献

利用 Write-N-Cite，用户仅需点击鼠标即可在 Microsoft Word（或其他字处理程序）文稿中插入引用的参考文献。

通过参考书目列表创建文稿参考文献：

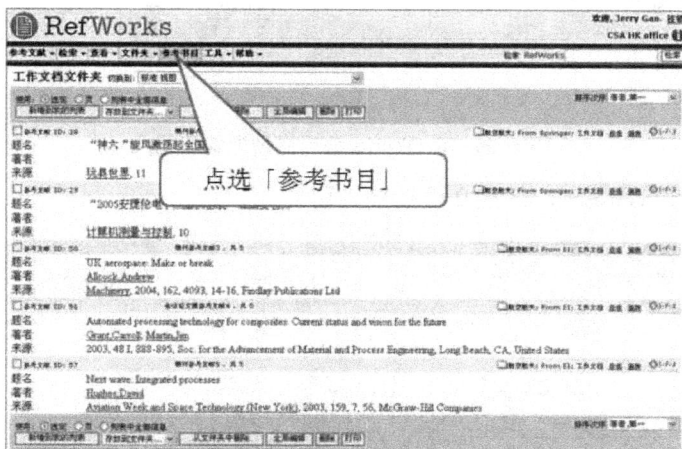

图 6.35　RefWorks 通过参考书目列表创建文稿参考文献

① 从菜单中选择"参考书目"。

② 选择输出格式。

③ 选择"书目以参考文献列表为基准"。

④ 选择"待新建的文件类型"。

⑤ 指定要创建的文稿参考文献是来自"所有参考文献"还是来自某文件夹。

⑥ 单击"创建书目"。

⑦ 新打开的窗口中将显示符合输出格式要求文稿参考文献（L）。

⑧ 将参考文献保存到您的计算机或磁盘。

编辑或创建输出格式:

RefWorks 可提供数百种输出格式可供选择。如果没有一种格式能够满足您的要求,可以使用"输出格式编辑器"创建全新的格式或修改已有输出格式,以创建满足您所需要的输出格式。

① 单击"参考书目"。

② 单击"编辑"或"新建"(M)。

使用"帮助"菜单,可以获得有关创建或编辑新的参考文献输出格式的相关帮助。

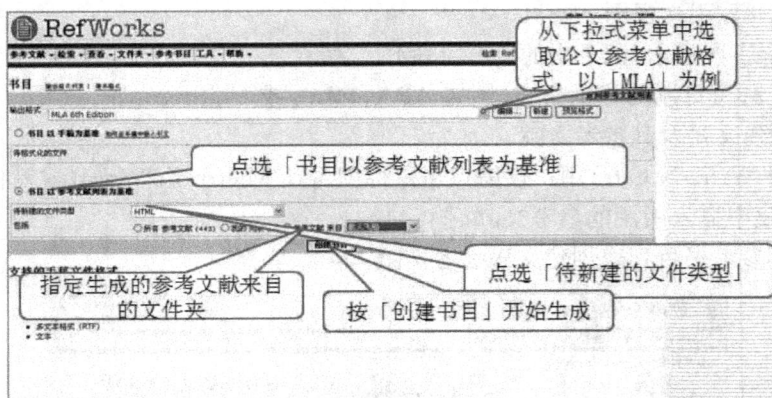

图 6.36 RefWorks 编辑或创建输出格式

(4) 利用 Write-N-Cite 在文稿中插入引文

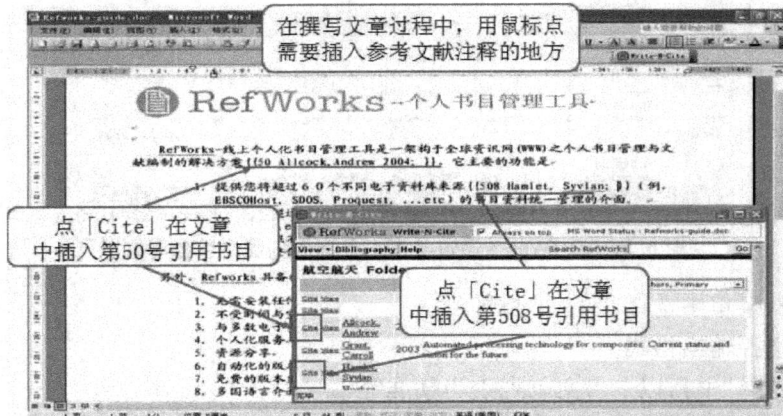

图 6.37 利用 Write-N-Cite 在文稿中插入引文格式

使用 RefWorks Write-N-Cite 功能创建带有文本内引文的论文。

注意:该功能与 Windows 和 Macintosh 应用程序兼容。要想使用该功能,必须先从"工具"下拉菜单中下载并在电脑中安装 Write-N-Cite。

① 在 Microsoft Word 中打开一个新的空白文档。

② 启动 Write-N-Cite。

③ 将光标放置在 Microsoft Word 文档中引用参考文献的位置，然后单击 RefWorks 屏幕中参考文献旁的 Cite 引用(N)。

④ 完成后，保存 Microsoft Word 文稿。

利用 Write-N-Cite 在文稿中插入引文并保存文稿后：

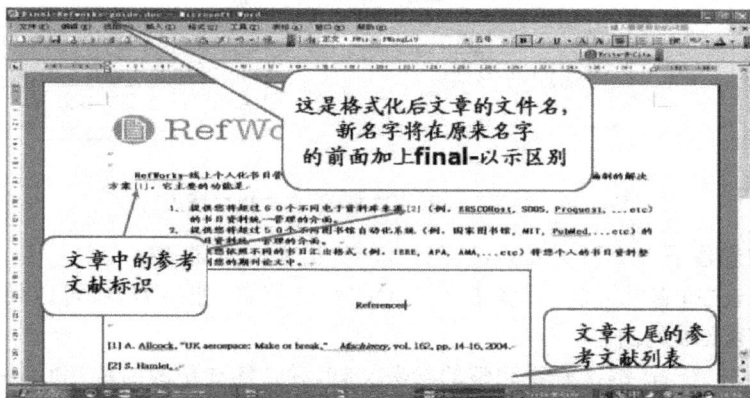

图 6.38　利用 Write-N-Cite 在文稿中插入引文并保存文稿后

① 启动 Write-N-Cite(如果 Write-N-Cite 已关闭)。

② 单击"书目"，选择"输出格式"(O)，点击"创建书目"，将会自动生成并在新的窗口打开一个符合所选参考文献输出格式要求的(包括文中及文后)文稿。

③ 保存您的 Microsoft Word 文稿。

利用"一行/引文视图"在文稿中插入引文：

① 从参考文献视图(所有参考、文件夹或搜索结果)中，单击"一行/引文视图"链接。

② 单击相应参考文献左侧的"引用"链接。将弹出"引文阅读器"窗口，其中包括缩写格式的引用内容(P)。

③ 要在文中相同位置引用第二个参考文献，只需再次单击相应参考文献左侧的"引用"链接。如果用户使用 Macintosh，需要点击两次，第一次点击可启动 RefWorks 程序，第二次点击可执行"引用"功能。

④ 在文内某处引文的所有参考文献全部添加到"引文阅读器"窗口后，单击"选择引文"按钮。

⑤ 复制并"粘贴"或将"引文阅读器"窗口中的信息拖放到文稿中引用这些参考文献的位置。

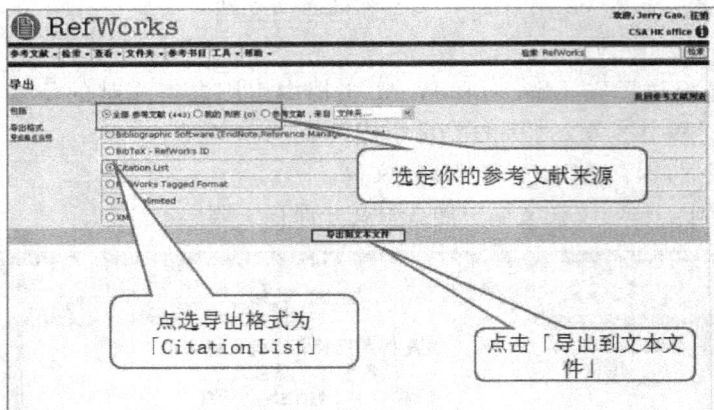

图 6.39 利用"一行/引文视图"在文稿中插入引文

⑥ 在创建下一个引文之前,应确认清空"引文阅读器"窗口。

⑦ 单击"查看"链接以查看参考文献的所有信息,如果需要,可以使用"编辑"以修改参考文献的内容。

⑧ 单击"查看"链接查看完整的参考文献,并在需要更改时使用"编辑"命令。

一行/引文视图生成文稿参考文献:

① 在创建文稿参考文献之前,应保存刚刚撰写的文稿。

② 单击"引文阅读器"窗口内的"书目"或 RefWorks 中的"参考书目"按钮。

③ 选择所需的"输出格式",并使用"书目以手稿为基准"选项,并通过浏览选择将要格式化的文稿。

④ 单击"创建书目"。

(5) 在 RefWorks 数据库中查找参考文献

RefWorks 数据库提供 3 种用于检索的方法:快速检索、高级检索和浏览索引。

① 快速检索。

使用快速检索功能的检索对象是 RefWorks 数据库的所有字段。另外,快速检索遵循的是嵌入式检索规则,即如果以"art"为检索词,则可以检索到带有"heart"、"part"等单词的所有参考文献。"快速搜索"的结果总是按相关度排序的。

A. 在检索 RefWorks 框中输入搜索词。

B. 单击"检索"。

C. 在检索结果中会加亮显示检索词。

② 高级搜索

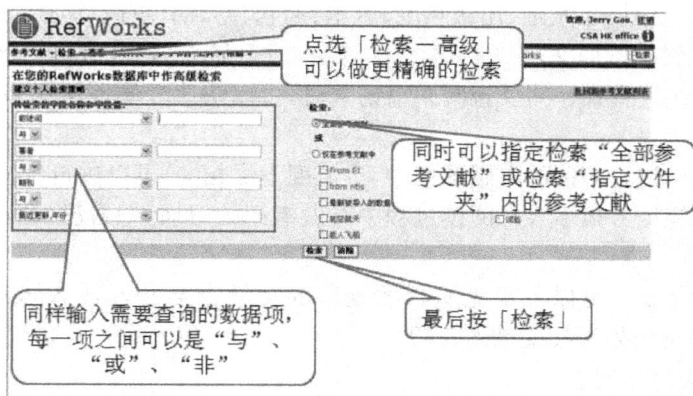

图 6.40 在 RefWorks 数据库中查找参考文献——高级检索

"高级检索"便于执行对特定字段的检索(例如,作者、标题、关键字等)、利用布尔算符(例如,AND、OR、NOT)和将搜索范围限制在指定文件夹。"高级检索"的结果按照作者名的字母顺序显示,并加亮显示检索词。

A. 单击"检索"下拉菜单,并选择"高级"(K)。

B. 在"高级检索"菜单中选择检索字段,并输入检索词。

C. 选择构建检索式的布尔运算符。

D. 选择"全部参考文献"或指定文件夹(可选择多个文件夹)。

E. 单击"检索"。

2. NoteFirst 简介

NoteFirst(http://www.notefirst.com)是新一代的网络版文献管理软件,功能上不仅具有主流的文献管理软件所能提供的功能,还具有全面支持国标、支持多语言方案、支持双语参考文献等其他软件所不具备的功能,是中国科研人员和研究生们不可缺少的文献管理和论文写作工具。NoteFirst 由知先信息自主研发,向广大科研人员提供免费的软件下载使用,用户不必再受到试用期以及盗版等问题的困扰。

NoteFirst 文献管理软件在传统的参考文献管理软件基础上增加了参考文献自动校对(国内外首次发布)、科技文献订阅、期刊介绍、学术会议、自有版权文献共享、群组交流等功能,是一款专门为有论文写作需求的科研人员开发的文献收集、文献管理、论文写作、论文发表、论文仓储的全流程服务软件和平台。

NotFirst 文献管理软件主要功能:

(1) 文献管理

① 文献归类。

② 元数据记录。收集的文献经常要在论文中引用,需要记录主要元数据,如

标题、作者、出版社、出版地、出版年度、版本、期刊、卷、期、页码等，还需要提供全文的链接，以方便查阅原文。

③ 文献快速查找。需要查阅某篇论文时，可以快速方便地从众多的文献中找出来。

④ 文献标记。阅读的文献图书中，价值度不尽相同，可以进行价值度标记。

⑤ 读书笔记。很多人在阅读过程中有做笔记的习惯，把自己的收获、发现、思考记录下来。

⑥ 文献收集。可以把常见文献数据库的文献直接导入到 NoteFirst 进行管理，还可实现国内外科技文献的订阅。

（2）论文写作助手

① 参考文献管理软件可以方便地在 Word 中插入所引用的文献，自动根据引用文献的先后顺序对引文编号，并根据指定的格式将引用的文献形成参考文献列表附在文章的最后。如果在文章中间插入了新参考文献或者删除了某个参考文献，引文编号自动调整，文后参考文献列表也自动进行相应的调整。

② 可根据不同杂志对参考文献格式的要求自动形成相应的参考文献，当论文从一个期刊转投其他期刊时，参考文献格式可以自动调整。

（3）参考文献自动校对

对形成参考文献进行校对，指出存在的缺项、格式错误、数据错误，减少投稿过程中修改环节，提高稿件的文字质量，增大稿件的录用概率。

（4）科研协作交流平台

① 把用户自己发表的著作在 NoteFirst 上进行自存档，提高著作的影响力。

② 科研人员可根据兴趣、方向、研究团队组成虚拟科研团体和社区，社区内用户可以把收集的文献进行交流。

③ 团队协作。研究生导师、产品项目负责人可以建立私有社区，进行任务安排、信息通报、科技文献共享。

NotFirst 文献管理软件主要特点：

（1）互联网版文献管理软件

不同计算机上登录同一账户时可实现数据自动同步，这样在家中的计算机上收集的文献会自动出现在办公室的计算机中。

用户所服务机构不用架设服务器，只要在 NoteFirst 上注册账号即可使用。

（2）对参考文献国家标准的全面支持

NoteFirst 支持多语言方案，一个引文样式中可以为不同语言的引文提供不同的样式。例如，国标 GB/T 7714－2005《文后参考文献著录规则》中规定，期刊论文作为参考文献时，如果作者超过 3 个，可以只列出前面 3 个作者，如果是中文文献，省略的作者用"，等"代替，如果是英文文献，省略的作者要用"et al"代替。这是大多数国外软件做不到的。

此外,即便参考文献为英文时,如果作者是中国人,要求中文作者姓名一定不缩写。但是大多数期刊在参考文献格式中,要求英文作者采用"姓名缩写",这样不仅仅要区分题录的语言,还要区分作者的国籍。即便是国内的参考文献管理软件业目前也无法支持。

（3）支持 EI、SCI 中文收录期刊的双语参考文献

EI、SCI 收录的中国期刊要求提供中英双语参考文献。例如:

［2］马志刚. 基于小波分析的车辆噪声特征提取方法研究［J］. 电子设计工程,2010,18(1)：3—7.

MA Zhi-gang. Research of feature extraction of vehicle noise based on wavelet analysis［J］. Electronic Design Engineering,2010,18(1):3—7.

（4）参考文献校对报告

（5）科研协作和文献交流平台

操作流程:

（1）安装和注册账户

NoteFirst 文献管理软件包括一个需要在用户计算机上安装的软件和 NoteFirst 网站。

用户到 NoteFirst 网站(http://www. NoteFirst. com)可以下载 NoteFirst 文献管理软件,安装后即可使用。

如果计算机安装了防病毒软件或者防火墙,安装时,要允许 NoteFirst 对系统的一些设置进行改动。这是因为 NoteFirst 对计算机的 Word 和浏览器都有相应的插件,否则程序可能会出现运行错误。使用之前,需在 NoteFirst 网站免费注册账号。注册账号后,要到邮箱中进行账号激活。图 6.41 是 NoteFirst 的登录和注册入口窗体。

图 6.41　NoteFirst 登录和注册入口窗体

（2）题录管理

图 6.42 为 NoteFirst 文献管理软件登录后的页面，用户可以通过菜单栏、快捷工具栏、右键操作等对收藏文献进行管理。

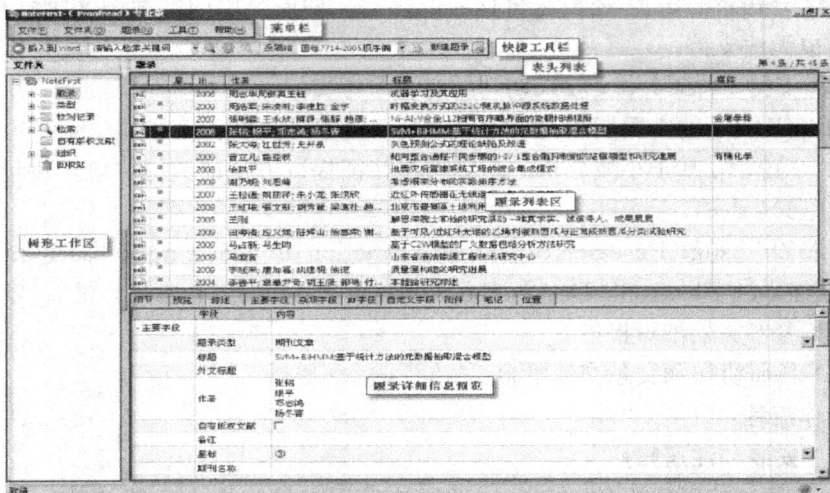

图 6.42　NoteFirst 文献管理软件登录后的页面

① 文件夹

用户可以根据研究关键词、学科等把收集的文件分成若干文件夹。

这里的文件夹为虚拟文件夹，相同的文献可以出现在多个文件夹中，支持把同一文献关联到多个文件夹（分类）中。数据保存时，文献数据只在一个地方保存；修改时，也只需要在一个地方修改。文件夹支持多级嵌套，允许用户新建、删除、更名、移动文件夹。

新建文件夹可以通过：

A. 菜单栏的"文件夹－新建文件夹"。

B. 树形工作区的右键菜单中的"新建文件夹"。

② 题录列表

列表头中显示的数据可以自定义。在题录列表区，右键点击列表表头，即可出现排序列表、默认表头、自定义 3 种选择。

默认的排序是按题录的添加时间升序排列。单击表头字段即可对该字段排序。第一次点击为升序，再次点击为降序。如果需要复杂排序，通过在表头位置点击右键选择"排序列表"可实现。目前 NoteFirst 支持通用文章、图书、期刊文章、会议文章、学位论文、报纸文章、报告、标准、专利、汇编、档案、古籍、参考工具、数据库、软件、电子公告 16 种文献类型。题录类型通过图标来表示，在列表的最左侧。

第二列为资源标记,表示是否有全文文件、附件、网络链接、笔记。

③ 快速检索

要查找某篇文献时,在快捷工具栏输入检索关键词按回车即可。默认从标题、作者、媒体中查找。支持从结果中再次检索。如果要进行自定义检索,可点击"设置"图标进行设置。

图 6.43 NoteFirst 快速检索快捷工具栏

④ 全文文件、附件、网络链接地址

添加任何形式的文件(比如 PDF,MS Word,JPEG 等)作为 NoteFirst 的附件。

全文文件、附件、链接地址的添加通过题录列表区右键菜单中的"添加附件"或者题录详细信息区中的"附件"来实现;附件的编辑、删除只能通过题录详细信息区中的"附件"来实现。

如果有全文文件,点击题录详细信息区中"全文"图标的即可打开全文。

⑤ 笔记

NoteFirst 支持用户对题录添加笔记。同一题录可以建立多条笔记。

笔记的添加通过题录列表区右键菜单中的"添加笔记"或者题录详细信息区中的"笔记"来实现;笔记的编辑、删除只能通过题录详细信息区中的"笔记"来实现。

添加笔记成功后,NoteFirst 会在标记列显示绿色色块表明该题录有笔记。

⑥ 星标

NoteFirst 中,通过使用星标标记以突出用户对某篇题录价值的评定。用①②③④⑤表示。通过题录列表区右键菜单中的"标记"来实现。

⑦ 题录数据修改

在题录详细信息预览区可以对题录进行修改。还可以在题录列表区选中一条题录双击,通过题录编辑窗体进行修改。

(3) 文献收集

① 新建题录—手动添加

手动添加题录,就是给当前文件夹中添加题录信息。

通过快捷工具栏的"新建题录"、菜单栏的"题录<新建题录"、树形工作区和题录列表区的右键菜单中"新建题录"来实现。

新建题录时,先要选择题录类型。选定题录类型后,需要添加的元数据就随之确定。

输入作者时,系统会智能区分作者的姓和名。当作者为中文姓名时会自动添加英文姓名。

如果系统无法自动区分输入的姓、名，需要通过作者编辑器来完善。点击题录详细信息显示区作者一行最右侧的按钮，打开作者编辑器。

如果是中国作者的汉语拼音，系统会自动表示为汉语拼音作者。

系统会自动对英文作者的姓和名进行分解。在 NoteFirst 中，根据目前国际上参考文献的通用规则，姓显示在前面，名显示在后面。这和论文中作者署名时的次序是相反的（论文中西文作者署名大多是名前姓后）。如果系统自动拆分的姓名不对，可以通过姓名编辑器来进行修改。

② 把之前收集的文献文件导入到题录数据库

用户在没有使用论文写作助手或者参考文献管理软件之前，往往会把收集的文献放在一个或者多个文件夹下。

通过"文件导入"可以帮助用户把文献导入到题录数据库。

导入时会自动根据文件夹名称来建立题录文件夹。

通过菜单栏"文件＜导入文件"完成。

③ 把文献数据库中的文献添加到题录数据库

NoteFirst 支持用户把从 Springer、Elsevier、Medline、IEEEXplore、知网、万方等在线文献数据库中感兴趣的文献直接导入到自己的题录数据库，避免了题录数据输入的麻烦。

导入的方法有 3 种：

一是在浏览器的题录摘要页面，右键点击菜单中会出现"将题录添加到 NoteFirst 客户端"选项。点击该选项，即可实现该页面题录的自动添加。NoteFirst 软件的安装包中包括这样一个浏览器插件。

目前，NoteFirst 支持从大多常见的在线文献数据库中直接导入。如果不能支持，会出现提示：在抽取元数据的过程中，不一定所有文献页面的所有元数据都能正确无误的抽取。如果遇到不能抽取的文献页面，请将相关信息提交给我们的技术支持人员，我们会及时处理。

二是目前很多在线数据库文献页面中都提供了"导出到 NoteFirst"的链接。点击该链接，即可把选中的题录导入到 NoteFirst 中。

三是如果数据库没有提供导出到 NoteFirst 的链接，但提供了到其他参考文献管理软件，如 EndNote、RefWorks、NoteExpress 等，可以通过这些方式导出，之后通过 NoteFirst 提供的"导入题录"功能来实现题录的导入。

④ 把其他同类软件中的题录导入到 NoteFirst

如果用户之前试用了其他同类软件，可以通过"导入题录"实现数据的转移。

通过菜单栏"文件夹＜导入题录"完成。

NoteFirst 目前提供了 EndNote、Refmanager、RefWorks、NoteExpress、Bib-

Tex、Bibliogscape Tag 六种过滤器。

（4）论文写作助手

NoteFirst 安装后，会在 Microsoft 的 Word 软件中添加功能插件，实现参考文献的自动形成。论文写作助手的主要功能就是把作者管理的文献可以直接插入到活动文档的当前光标处，自动形成文中引文标记和文后参考文献列表。

插入引文的步骤如下：

1）选择引文样式（每种期刊的参考文献有不同的细节要求）。一篇文档只选择一次即可自动记忆。

2）在 NoteFirst 客户端上，选择要插入的题录，点击客户端中"插入到 Word"或者 Word 插件中"插入引文"。

3）重复步骤 2)，直到插入了所有引文。

4）引文格式化。在打印之前，一定要进行一次引文格式化。

① Word 插件组成

Microsoft Office Word 2003 写作插件如图 6.44 所示。

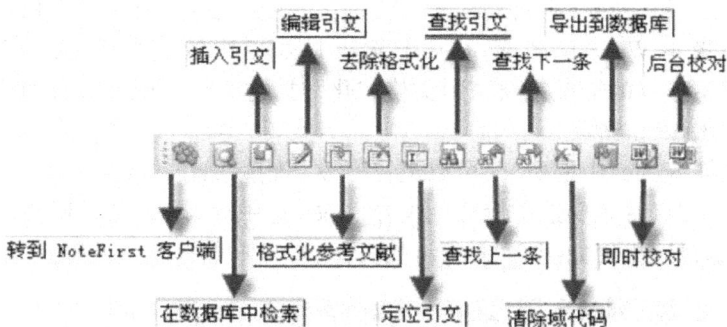

图 6.44

Microsoft Office Word 2007 写作插件如图 6.45 所示。

图 6.45

② 期刊引文样式选择

虽然有国际、国家的参考文献标准，但是不同期刊对标准中没有明确规定的部分都有不同的规定。用户首先需要选择按哪一种引文样式来编辑引文。

目前 NoteFirst 已经提供了 2 种国际通行引文格式和 2 种国标规定的格式，还建立了常见期刊的引文格式,用户在写作时直接选择即可。

选择引文样式有 2 种方法:一种是在 NoteFirst 快捷工具栏"引文样式"的下拉菜单中选择;另一种是在对参考文献进行"引文格式化"时进行选择。

NoteFirst 会自动记录每一篇文稿的引文格式。

如果是新建的文稿,选择系统默认样式(国标规定中的顺序编码制)作为引文样式。

用户可以新建引文样式。通过把已有模板"另存为"新模板,然后在新模板上进行修改。还可以把期刊社提供的引文样式文件导入到 NoteFirst 的引文样式库中。

③ 引文插入

通过两种方式插入引文。

A. 在客户端选定要引用的文献后,点击快捷工具栏"插入到 Word"图标,即可把选中的引文插入到当前活动的 Word 文档的光标所在处。

B. 在 NoteFirst 客户端中先选定要插入的引文,在 Word 中点击插件中的"引文插入",一次可以插入多篇引文,支持单选、连选、多选。

引文插入后,会在文中自动插入引文标记,并在文后形成参考文献列表。

为了不影响 Word 的效率,在一个文档中插入 20 篇引文后,文中引文的序号可能会出现不连续的情况,进行"引文格式化"时,这些暂时现象会自动消除。

④ 引文编辑和删除

对已经插入到文中的引文,可以进行修改和删除操作。

删除引文时,首先要选中操作的文中引文(选中后,该引文标记会变为灰底),点击"引文编辑",出现如图 6.46 所示的页面。

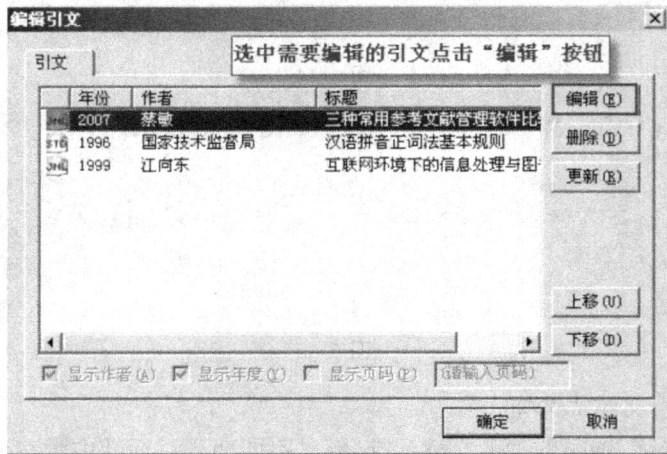

图 6.46　NoteFirst 引文编辑和删除

选中要删除、编辑、更新的题录,选择相应的操作即可。

更新就是把在 NoteFirst 题录数据库中修改的题录数据更新到 Word 引文中。

在引文编辑页面,还可以实现同一个引文位置中多引文之间次序的调整。

如果选择了作者年度制,还可以显示是否省略作者、年度。

支持在文中引文显示"页码"(同一文献在文中多次引用,每次引用的页面不同时使用)。

对参考文献的修改,不能在文后参考文献列表中直接修改,要到 NoteFirst 中去修改相应题录的数据。在进行"引文格式化"时,原来的修改会被覆盖。如果有题录数据进行了修改,在"引文格式化"时,一定要选中"与客户端同步题录数据",否则修改的题录信息不会对应到文档中。

目前,暂时不能支持通过键盘操作直接删除添加的引文标记。通过键盘删除的文中引文,在"引文格式化"时还会出现。

⑤ 引文格式化

为了提高效率,在单文档插入引文超过一定量、块复制、块删除、块移动等情况下,会导致引文序号的不连续现象。用户在最后定稿时,通过引文格式化来消除这些现象。

当用户需要把论文从一个期刊转投另外一个期刊时,在引文格式化时选择新的期刊引文样式即可轻松的实现引文格式的转变。

如果已经插入到 Word 文档的题录进行了修改,在格式化时要选中"与 NoteFirst 参考文献管理软件同步题录数据",否则 Word 文档的引文会继续沿用已经保存到 Word 文档中的题录数据。

选中"校对报告"时,会在参考文献列表后形成参考文献校对报告。

提示:单文档允许插入的引文数量受用户权限的限制,普及版用户在单文档中只能插入 20 篇引文。同样,校对报告的条数也受用户权限的限制,可能仅仅出现一条发现需要更正的题录报告。

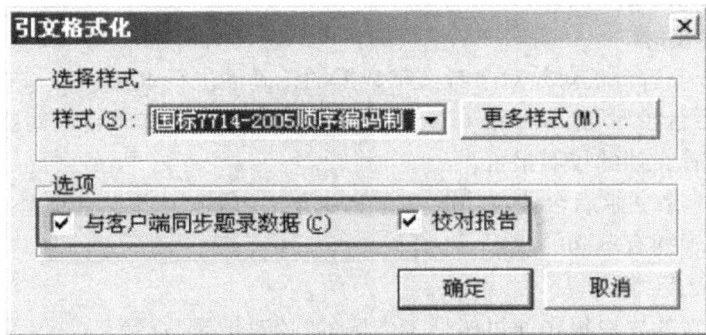

图 6.47　NoteFirst 引文格式化

⑥ 定位

通过定位功能，实现文中引文和文后参考文献列表的跳转。可以从文中引文跳到文后参考文献列表中对应的参考文献，反之同样。

⑦ 搜索

可以在当前文档中根据作者、标题、媒体来搜索引文，并进行定位。

⑧ 其他功能

NoteFirst 写作助手中除上述功能外还具有转到 NoteFirst、去除格式化、移除标记、导出、查找、上一条、下一条操作功能。

（5）参考文献校对报告

参考文献校对报告是针对期刊编辑开发的功能。

编辑可以对收到的稿件中的参考文献进行自动校对，并给出校对报告。

参考文献校对通过 3 种方式形成：格式化时自动形成、即时校对、后台校对。

① 引文格式化时自动形成

"引文格式化"时勾选"校对报告"项，即可在文后参考文献列表之后自动形成校对报告。

系统默认为选择了"校对报告"。如果不希望显示校对报告部分，进行"引文格式化"时，不选择"校对报告"即可。

提示：校对报告的条数受用户权限的限制，普通版只会给出一条题录报告。标准版和高级版才能显示出全部的校对报告。

② 即时校对

NoteFirst 提供对参考文献的即时校对，校对报告直接形成于参考文献列表之后，检查的项目包括写作工具报告、文档引文样式审查、缺项检查、格式审查、常见错误。

点击插件中"即时校对"即可。

提示：参考文献即时校对功能只有 Proofread 角色用户才能使用，可以通过用户升级来实现拥有不同的权限。

③ 后台校对

NoteFirst 后台校对是对参考文献数据的正确性进行审查。

点击"后台校对"，NoteFirst 软件对当前打开的文档作后台校对操作，校对完成后可以查看文档的校对报告。

提示：参考文献后台校对功能只有 Proofread 角色用户才能使用，可以通过用户升级来实现拥有不同的权限。

④ 查看校对报告

后台校对的校对报告通过树形工作区的"校对记录"查看。

在"校对记录"列表中，双击标题，可以打开原来的文档，双击校对报告，可以查看形成的校对报告。在校对报告,点击"我要修改"链接,可自动进入对应题录的编辑页面。

⑤ 题录自动导入

为了便于编辑修改参考文献,在 ProofRead 版本的 NoteFirst 中,当打开一个 Word 文件时,系统会把该文档的引文自动导入到题录数据库。一篇文档对应一个文件夹,文件夹采用 3 级结构,分别是年度、月份、文档标题。

(6)科研协作和文献共享

该功能要配合 NoteFirst 网站使用。

① 自有版权文献仓储

用户收集的文献中,用户自己的作品会自动归入"自有版权文献",出现在树形工作区的"自有版权文献"中。

系统根据用户注册时填写的姓名和文献作者自动判断用户文献是否为自有版权文献,因此用户在注册时一定要进行实名注册。

拥有自有版权文献的用户有权在互联网上进行自存档,大多数出版机构都允许作者进行自存档。这就是开放存取的绿色道路。

自有版权文献会出现在 NoteFirst 网站上,访问者可以免费自由下载。

如果用户不想共享自有版权文献,通过文献的共享属性修改。

② 群组交流

NoteFirst 网站会根据用户注册时填写的学科领域、机构、研究方向等关键词自动建立一些公共群组。用户可以在这里进行交流,系统会为群组提供关联期刊和相关学术会议通报,便于用户发表论文。

③ 团队协作

用户可以建立私有群组,群组成员由自己设定,可以进行群组内的文献共享、通知通告、任务协调。

3. 学术书签网站:新科学

书签无疑是当今 WEB 2.0 大潮中最时尚的应用之一。从开山之作的美味书签到照片分享网站 Flickr,各类书签网站充分满足了用户对于在互联网环境下进行创造、分享的需求。随着大量的传统应用纷纷转移到 WEB 平台,基于 WEB 服务的各类学术书签网站也应运而生。这类网站有老牌的学术书签网站 Citeulike,NPG(Nature Publishing Group) 集体下属的 Connotea,以及 Elsevier 目前还在推广中的 2collab、Scirus Topic Pages。

学术书签网站的利用描述了如下的应用场景:用户在使用某个学术页面的时候(可能是某数据库查询结果页面或者是其他的学术来源网页),可以方便地通过一键点击将该页面保存到学术书签网站。并且,由于学术书签网站往往能自动识别欲保存的学术页面中的书目数据,因此,保存在学术书签网站中的"书签"往往具备了比较完整的参考文献书目数据。这使得学术书签网站成为了在线的参考文献管理工具。

新科学网(http://www.xinkexue.com)是一个科学2.0的先锋网站,我们的目标是以互联网为依托,以"科学·连接·人"为理念,打造一个更加开放、互动、协作的科学平台。让所有从事科学研究以及其他热爱科学的人都聚到一起,分享资源、交流互动、享受科学。

为了实现以上构想,开发国内第一款基于社交网络(SNS)的在线文献管理系统。这款在线文献管理系统在帮助科研工作者轻松管理文献的同时,还能将自己收藏的文献分享给自己的好友或者其他网友。与此同时,通过新科学,也能看到好友或者其他网友所分享的文献。而围绕这些文献,网友之间又可以展开讨论,让原本枯燥的文献管理变得更有生气,让智慧的火花在讨论文献的过程中迸发,继而在分享文献的同时还能找到更多的朋友或同行,真正实现了以文会友的目的。

除了文献管理的一大特色之外,新科学网还提供了另外几个良好的交流平台,比如以话题为中心的论坛和以兴趣为导向的群组,借助这两个相辅相成的交流工具,科学的资源也将被更有效地传播,科学人与科学人之间的距离将进一步被拉近。还有科学维基,它是一个容量巨大的科学知识库,在这里不仅能够获取知识,还有机会把知识分享给别人,成为知识的传播者。

(1) 新科学的特点

新科学是一个以"在线文献管理"为特色的新型学术网站:

① 提供"一站式"科研文献服务。

② 从找文献、求全文,到管理文献,写文献笔记等一气呵成。

③ 为青年科学工作者提供学术资源支持。

④ 你贡献一份资源,新科学给你十份回报。

⑤ 科学人际关系网络(SNS)。

⑥ 结交学术同行,扩展科研人脉,以文会友。

⑦ 这里是青年科研人员的精神家园。

(2) 新科学的功能介绍

① 如何通过 URL 地址导入文献

新科学文献管理系统可以自动识别 URL 地址及其对应的内容,实现文献信息的导入。也就是说,用户只需要知道文献的来源地址,新科学就会自动识别其中的标题、作者、摘要、期刊等各种相关信息,然后帮您自动导入文献。

一篇文献导入过程总结为3个步骤:

A. 复制地址:从文献数据中找到您需要的文献,然后从浏览器地址栏中复制 URL 地址。

B. 粘贴地址:将复制的 URL 地址粘贴到新科学的文献导入界面,点击"导入文献"按钮。

C. 保存文献：设置好文献选项（如标签、读书笔记、全文附件等），按"保存"按钮。

② 如何使用收藏夹（书签）导入文献

新科学文献管理系统能够自动识别多种文献数据库的数据格式，通过文献的URL地址，就能实现把文献信息导入到新科学网。通过粘贴 URL 地址，然后将文献导入。新科学还提供了通过收藏夹（或 firefox 中的书签）直接将文献导入的新科学的办法，即在我们的文献管理界面的右上部，有"导入到新科学"字样的超级链接，只需要在浏览器中（IE8 为例）将这个链接，用鼠标右键打开右键菜单，然后选择"添加到收藏夹"就可以了。这将使您的每次文献导入过程节省 5～10 秒钟时间。

③ 如何添加文献标签

标签是新科学文献管理系统中的重要功能，通过标签，我们可以很容易地将文献进行标识或者归类。使用标签后，您的文献将更容易地被管理和组织。另外，这种标签的使用，也将被用来分析用户的兴趣爱好，如果不同用户使用了相同的标签，那么我们认为这些用户就有共同点，新科学可以帮助这些用户互相认识，创造更多的交流机会。

A. 标签输入规则

多个标签之间用空格分开。例如：太空 生化。

如果一个标签内部包含空格（很多英文词组由多个单词组成），那么需要用半角的双引号""将这个词组引用起来。例如：生物 "gene expression"。

B. 标签特殊功能

用户在添加标签以及文献之后，会形成一个一个属于自己的标签库，那么就可以实现以下功能：

导入文献过程中输入标签，可以通过直接点击输入框正下方标签库中的标签来完成表填写，不需要再次手工打入。

在您输入标签的过程中，会提示相关的"建议标签"，您可以直接点击建议标签中的标签，完成自动输入。

④ 如何用收藏夹导入支持 DOI 的文献

新科学目前支持多种数据库，用户一般可以通过搜索学术数据库来导入您需要的文献。但是我们也发现，有些用户有直接访问杂志的网站来查看文献的习惯，那么导入文献就略显麻烦。如果文章有 DOI 表示，那么您需要复制这个 DOI，然后在这个DOI 之前要加上前缀 http://dx.doi.org/，做成一个像 http://dx.doi.org/10.1126/science.1169588 这样的 URL，然后再用添加文献才能将文献导入到新科学。

通过收藏夹功能，结合 DOI，只要"一选一点"，就能轻松地将电子杂志上网站的文献直接导入到新科学了。

您要添加"导入到新科学"这个链接到您的浏览器收藏夹中，具体如何操作，请看如何使用浏览器的收藏夹"快速"导入文献；

从杂志网站上找到您需要的文献，然后从页面上找到 DOI 标识，例如 doi：10.1038/ng.389，然后将这个标识选中；

从收藏夹点击"导入到新科学"这个链接，这篇文献就被自动导入到新科学了。

⑤ 如何写文献的读书笔记

阅读文献之后写读书笔记是一个非常好的科研习惯，特别是对于年轻的科研工作者来说。好记性不如烂笔头，写读书笔记可以让自己在阅读文献的过程中不断积累知识；此外，在写读书笔记的过程中，我们对文献的理解和思考也有助于我们更好地发展创新思维。

新科学将文献管理和读书笔记管理相结合，让您更加容易的记读书笔记，更容易的管理读书笔记。

思考题

1. 如何在 Word 中使用 EndNote？
2. 请列举 EndNote 和 NoteExpress 两个个人文献管理软件的共同点和差异。
3. 如何使用 Access 创建个人参考文献数据库？
4. 在 RefWorks 中如何将参考文献存放到文件夹？

参考文献

1 于淑霞．图书馆个性化信息服务方式——Mylibrary[J]．科技情报开发与经济，2009(33)．
2 丁琴兰．从 Mylibrary 到构建知识管理新模式[J]．情报资料工作，2009(1)．
3 王翠萍．国内外图书馆 Mylibrary 个性化服务系统比较研究[J]．情报资料工作，2004(3)．
4 Mylibrary 使用教程：http://www.njmic.com.
5 卢强，张屹，周平红．E-Portfolio 在汉语言远程可视化教学平台中的应用[J]．中国远程教育，2007(12)．
6 王佑镁．信息化学习环境中学生发展性评价系统设计与应用初探[J]．现代教育技术，2004(6)．
7 卢强．基于 E-Portfolio 高校实践性课程评价模式的重构[J]．中国远程教育，2010(3)．
8 http://www.ncu.edu.tw/ch/news/819.
9 余敏，朱江，丁照蕾．参考文献管理工具研究[J]．现代情报，2009(2)．
10 王宪洪．个人参考文献数据库的创建[J]．晋图学刊，2009(4)．
11 http://www.endnote.com.
12 http://www.reflib.org.
13 http://www.refworks.com.
14 http://www.notefirst.com.
15 http://www.xinkexue.com.

7 论文写作与规范

7.1 论文类型与结构

本章探讨学术论文的写作与规范。学术论文是科研人员交流学术成果和心得、获取科研信息的最佳手段，也日益成为衡量科研人员工作成绩的重要标准。为了便于学术交流、促进知识传播，以及实现科学研究的"可重复性"，学术论文在格式和语言方面都要遵循一定的规范。另外，在发表和利用学术论文时也要遵守版权方面的法律法规，维护作者和他人的权益。

7.1.1 学术论文

学术论文，有时也称为科学论文、研究论文，简称论文（Articles）。国家标准GB 7713－87 中描述："学术论文是某一学术课题在实验性、理论性或观测性上具有新的科学研究成果或创新见解和知识的科学记录；或是某种已知原理应用于实际中取得新进展的科学总结，用以提供学术会议上宣读、交流或讨论；或在学术刊物上发表；或作其他用途的书面文件。"由此可知，学术论文是科学研究工作的总结，陈述原创性的研究，而不是重复、模仿、抄袭前人的工作，通常发表在学术期刊和会议论文集上。学位论文也是一种学术论文。

为了清楚有效地进行学术交流与传播，应用合理的论文结构是关键所在。任何类型的学术论文，其结构都可以分为前置部分、主体部分和结尾部分。前置部分即正文之前的部分，一般包括题名、作者、摘要、关键词、目录等。主体部分包括论文正文、注释、参考文献。结尾部分仅在有必要时撰写，包括索引、附录、致谢、作者简介等。

正文是论文的主体和核心。这一部分直接表述科研成果。国内对正文的结构无具体规定。国家标准 GB 7713－87《科学技术报告、学位论文和学术论文的编写格式》中写道："主体部分的编写格式可由作者自定，但一般由引言（或绪论）开始，以结论或讨论结束。"在当前的写作实践中，理工社科类论文的正文格式趋于一致，一般包含引言或前言，方法、理论或模型的介绍，实验部分，结论等内容。其中实验部分往往缺乏清晰的层次，经常出现将实验过程、实验结果以及对结果的分析混在一起写的情况。国外在正文撰写方面形成了一些规范格式，对我们写出逻辑分明的学术论文很有借鉴意义。其中最常用的格式就是 IMRAD(Introduction，Methods，Research ［and］ Discussion)，即引言、方法、结果和讨论。"方法"在更多情况下指的是"材料与方法"(Methods and Materials)，前者是后者的简称。

IMRAD 格式可以用这样的问答形式给出：（问）研究的是什么问题？ 答案在正文的"Introduction"引言部分；（问）作者是如何研究这个问题的？ 答案在正文的"Methods"方法部分；（问）研究结果如何？ 答案在论文的"Results"结果部分；（问）这些研究结果有什么意义？ 答案在论文的"Discussion"讨论部分。 显然，IMRAD 的这种简单格式符合逻辑，能够帮助作者组织和撰写论文。 同时，这种格式也为审阅论文的编辑和最终读者提供了极大便利。

多年来，国际科学界讲授和推荐的论文结构都是 IMRAD。自 1972 年和 1979 年 IMRAD 两次被美国国家标准协会指定为学术论文标准格式以来，IMRAD 格式日渐成为学术期刊的标准论文格式，并且出现了 IMRAD 的一些变体。如 Cell 等期刊把"方法"部分放到论文的最后一部分，还有些期刊则要求把"方法"部分中的很多细节内容放到图表的说明中。 尽管出现了 IMRAD 的一些变体结构，IMRAD 还是因为其极强的逻辑性而得到越来越广泛的应用。

我们在撰写论文时，除了采用标准的 IMRAD 格式论文外，同样也可以灵活运用 IMRAD 结构。 比如，采用了若干个方法做实验，并且都取得了相应的结果，就可以把论文中的"材料与方法"部分和"结果"部分合并成"实验及结果"(Experimental)部分。 有时如果实验结果很复杂或者结果间差异较大，可以把论文中的"结果"部分和"讨论"部分合并在一起。

7.1.2　综述性论文

从广义上来看，学术论文也可以是对前人工作总结的回顾及做出评价的综述性论文(Reviews)，其论文题目中往往含有"综述"、"评论"、"评述"或"述评"等字样。 综述性论文的主要任务就是评论文献。 但是，综述性论文绝非注释性的目录资料，而是对发表的文献给予批判性的评价，并基于文献工作给出重要结论。 综述性论文虽然一般不包含原创性研究，但并非没有新意。 事实上，优秀的综述性论文不仅全面、有条理地综合了前人的工作，还在此基础上提出了新的想法与理论，有时甚至会给出全新的研究范式。

显然，综述性论文是有学术价值的，与一般研究论文相比，综述性论文的篇幅通常较长，论文的主题相当广泛，综述中所涵盖的文献量较大，常常会有上百篇文章，包括过去一段时间内比较有价值的研究。 对于学生来说，一些课堂作业，课程论文，协助老师进行的一些研究课题，都会涉及文献综述问题。 因此完全可以在此基础上撰写相应的综述性论文并发表，一举两得。撰写综述性论文非常有利于熟悉相关主题文献，研究历史及进展，培养对问题进行总结、归纳的能力，也能培养自己发现问题、找出有价值的研究课题的能力。

综述性论文的前置部分和结尾部分与期刊论文一致（参考 7.13），主体部分与一般的学术论文不同，通常没有"材料与方法"、"结果"这样一些项目的写作格式。正文有可能完全是叙述性的，按讨论的问题逐层展开，有时文中也会包含定量统计数据。不过，有的综述性论文或多或少地采用 IMRAD 格式。比如，正文中可能会有"方法"部分，讲述论文作者所采用的评论方法。将综述性论文看作特殊的研究性论文会有所帮助：充分扩展引言部分；删除材料与方法部分（除非文中要引入原始数据，或作者希望解释自己是如何遴选已发表文献的）；删除结果部分；扩展结论部分。

由于综述性论文没有规定的结构，因此事先确定论文提纲，或者说设定论文小标题就显得十分重要。提纲有助于组织文章内容。如果可以设计出合理的小标题形成正文结构，将要综述的内容组织起来，那么综述性论文的总体框架就能确定下来，论文的各部分内容就能有机地整合起来。下文将会讲到，在格式上，综述性论文与组织得很好的其他学术论文中的文献综述部分没有太大区别。下面这个例子是由综述性论文的资深作者 Schacter 发表的综述性论文 The Cognitive Neuroscience of Memory Distortion（*Neuron* 44：149—160，2004）的子标题：

Introduction

Distinguishing between True and False Memories：The Sensory Reactivation Hypothesis

Neuroimaging of True and False Recognition

Electrophysiological Differences between True and False Recognition

Brain Regions that Support False Memories：Clues from Neuropsychology and Neuroimaging

False Recognition and Amnesic Patients

Neuroimaging of True and False Recogntion

Monitoring and Reduction of False Memories：A Role for Prefrontal Cortex？

False Recognition and Frontal Lobe Damage

Neuroimaging of Frontal Function during True and False Recognition

ERP Evidence for a Late Frontal Component

Conclusion

由于在科技综述性论文和书籍方面的突出贡献，该作者于 2005 年获得了 National Academy of Sciences Award for Scientific Reviewing。在 National Academy of Sciences 的网站 http://www. nasonline. org/site/PageServer? pagename ＝Awards_scirev,人们可以查找历届获奖人员名单。如果想阅读自己研究领域的优秀综述性论文,可以通过该网站的获奖人员名单去查询他们所写的获奖综述性论文。

7.1.3 期刊论文

期刊论文,即发表在学术期刊上的学术论文。需要注意的是,在学术期刊上发表的不一定都是学术论文,因为除了一般研究论文和综述性论文外,学术期刊还会刊登书评、译文、通讯、报道等非学术类文章。此类文章在科研评价、职称评定中,通常不作为学术研究成果。

学术期刊是我们发表学术论文最主要的途径。由于其传播周期短,容量大,能及时反映学科发展的最新动向和科学研究的最新成果,因此学术期刊被誉为"整个科学史上最成功的无处不在的科学情报载体"。学术期刊一般经过比较严格的评审。国内越来越多的期刊采用了"同行评审"(Peer Review)制度,即编辑部挑选和聘请学科专业中杰出的研究者担任特约编辑,由他们具体负责论文的评审工作。具体做法是,编辑将一篇收到的认为有可能出版的稿件送给文章所涉领域的专家(即同行)进行评审,这一过程一般经由电子邮件或网络审稿系统完成,通常一篇文章由 1～3 人审查。评审人(Referees)将其评审意见反馈给编辑,编辑再将评审人的意见整理,转达给作者。大多数文章经过评审过程后可能有如下结果:

(1) 录用。

(2) 退改。分两种情况：一种是根据退改信中的意见进行修改后采用;另一种是修改后再次进行评审,决定录用与否。

(3) 退稿。退稿原因可能是论文的学术水平没有达到该刊的录用标准,也可能是论文内容不符合该刊特色,建议改投他刊。

以上各种情况都会在编辑部的通知中注明。如果是退改的话,要注意退改期限,应该在此期限之前完成。如果在修改稿中所做的修改符合退改信中审稿意见的要求,或者作者能够解释清楚为什么退改信中审稿意见不对,那么修改稿可能被录用。退稿一般也会收到评审人的评阅意见,这些意见对于作者提高写作平水很有帮助,认真考虑这些建议并修改论文,同时也可以请教老师和同学,待修改或重新撰写的论文达到一定水平后再选择合适的期刊投稿。由此可见,期刊论文的发表有着严格的程序,同行评审制度在一定程度上保证了论文的学术水平和学术质量。尤其是权威性越高的期刊,其同行评审制度执行得就越严格。

每一种期刊对于投稿的论文结构都有规定,一般在期刊或期刊编辑部网页上的"投稿须知"或"投稿指南"中有具体要求,在打算向某刊投稿之前一定要仔细阅读。一般来说,国内期刊论文的基本结构安排如下:

（1）前置部分：① 中文题目；② 作者姓名；③ 作者单位名称及邮政编码；④ 中文摘要；⑤ 中文关键词；⑥ 中图分类号；⑦ 英文题目；⑧ 作者汉语拼音姓名；⑨ 作者单位英文名称；⑩ 英文摘要、英文关键词。

（2）主体部分：正文；参考文献。

（3）结尾部分：作者简介；通讯地址。

学生在写期刊论文时可先按照以上通行的基本结构撰写，在决定投稿期刊后，再根据特定期刊对论文结构的具体要求进行调整。当然，越早决定投稿期刊越好，有些期刊在编辑部网页上提供了"论文模板"供作者下载，如果一开始就按照模板来撰写论文，既省时又省力。

7.1.4 会议论文

顾名思义，会议论文是各类学会年会、研讨会、论坛等征集的论文，在会议等正式场合宣读，首次发表，用以公布或讨论研究成果的论文。一般正式的学术交流会议都会出版会议论文集，这样发表的论文一般也会作为职称评定等的考核内容。会议论文也是发表学术论文的重要渠道，与期刊论文不同的是，前者重在反映最新的科研动态，因而会议论文报道的可以是阶段性的研究成果或初步研究成果。会议论文的结构与期刊论文基本相同，但一般内容完整性的要求相对低一些，字数也少一些，国内会议不要求英文的题名、摘要、关键词。

会议一般在举办前 3 个月至 1 年开始进行会议论文征集。征文通知可通过以下途径获得：一些学术期刊经常刊登国内外本学科重要会议的通知；学会、协会，研究机构的主管部门，以及一些专门的会议网站会在网页上发布会议征文通知；会议程序委员会也会向相关科研单位邮寄会议通知。学生可以通过浏览专业期刊、相关网站获得会议信息，也可以通过导师、教研室获得通知。如果想向某会议投稿，则要重点关注会议通知中的以下内容：

（1）学术题目。包括会议主题和会议分主题，即具体征文主题。

（2）征文要求。主要包括对论文的字数限制；论文的格式要求；提交论文的截止日期；提交方式及地址。

（3）会议初步日程。包括会议地点、会议时间和会议安排。

（4）参会方式。一般有投稿参会和直接报名参会，注意是否需要填写、邮寄参会回执单。

会议征文一般都会要求论文紧密结合会议主题，论文内容未公开发表过。会议征文有可能直接向会议代表征集论文全文，也可能是先征集论文摘要，待程序委员会根据摘要的内容和质量，再决定是否通知论文作者提供论文全文。大部分会议的程序委员会对论文的评审，特别是对论文摘要的评审都采取较宽容的标准，但仍然需要注意以下问题：

（1）内容切题。论文的内容一定要在会议的议题规定范围之内，否则即使内容再好也不会被录取。

（2）限定篇幅。论文和摘要的字数要遵照会议要求，不能随意超出。

（3）格式符合标准。严格按征文通知中所要求的论文格式提交。

（4）语言。对于国际会议而言，如果提交的论文中语法错误太多，则无法被录用。目前由于该原因被筛选下来的论文占了相当大的比例。

7.1.5 学位论文

学位论文是作者提交的用于其获得学位的学术论文，分为学士论文、硕士论文、博士论文。《学位论文编写规则》(GB/T 7713.1－2007)指出："学位论文是表明作者从事科学研究取得的创造性成果和创新见解，并以此为内容撰写的、作为提出申请授予相应的学位评审用的学术论文。"因此，学位论文与其他学术论文一样须具有创新性，只是对于不同类型的学位论文，创新性要求的程度不同。根据《中华人民共和国学位条例暂行实施办法》的规定，3种学位论文各有相应的写作要求。

（1）学士论文

学士论文是在大学本科毕业前提交的学位论文，是考核学生的学识水平是否达到本学科学士水平的主要凭据。这种论文可以表明作者确已较好地掌握了本学科的基础理论、专门知识和基本技能，并具有从事科学研究或担任专业工作的初步能力。

（2）硕士论文

硕士论文是硕士研究生毕业前撰写的学位论文，是取得硕士学位的主要凭据。这种论文已进入专题研究的层次，撰写的论文应表明作者确已在本学科上掌握了坚实的基础理论和系统的专门知识，并对所研究的课题有新的见解，有从事科学研究或独立担负专业工作的能力。

（3）博士论文

博士论文是博士研究生毕业前提交的学术论文，是取得博士学位的主要凭据。这种论文应表明作者确已在本门学科上掌握了坚实宽广的基础理论和系统深入的专门知识，并具有独立从事科学研究的能力，能在本门学科领域中提出创造性的学术观点，具有较高的学术价值。

学位论文是全面反映学位申请者的科研能力和学术水平的重要标志。文科硕士论文一般不少于3万字，文科博士论文一般不少于10万字。理工科、医科学位论文字数根据各专业实际情况确定。虽然在字数上的要求不同，但硕士论文和博士论文在格式上是基本一致的。根据我国2006年制定的《学位论文编写规则》，结合当前国内高校对学位论文结构的一般要求，学位论文的基本结构如图7.1所示。当然，学生在实际撰写学位论文之前一定要仔细阅读本校研究生院发布的学位论文编写格式规定。

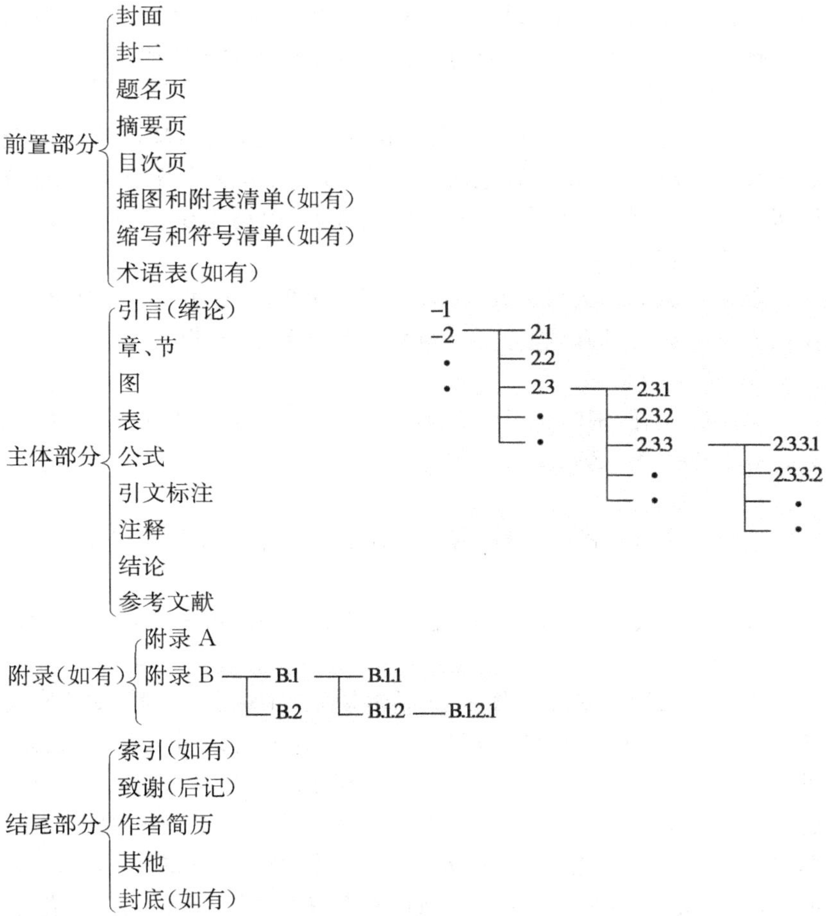

前置部分
- 封面
- 封二
- 题名页
- 摘要页
- 目次页
- 插图和附表清单（如有）
- 缩写和符号清单（如有）
- 术语表（如有）

主体部分
- 引言（绪论）
- 章、节
- 图
- 表
- 公式
- 引文标注
- 注释
- 结论
- 参考文献

```
-1
-2 ──┬── 2.1
    │   2.2
    │   2.3 ──┬── 2.3.1
    •   •     │   2.3.2
        •     │   2.3.3 ──┬── 2.3.3.1
        •     •          │   2.3.3.2
              •          •
                         •
```

附录（如有）
- 附录 A
- 附录 B ── B.1 ── B.1.1
- B.2 ── B.1.2 ── B.1.2.1

结尾部分
- 索引（如有）
- 致谢（后记）
- 作者简历
- 其他
- 封底（如有）

图 7.1 学位论文结构图

如图 7.1 所示，学位论文比一般的学术论文多了一个附录部分，附录有则必备，位于主体部分之后，是对主体部分的补充。学位论文各部分的组成要素如下。

（1）前置部分

① 封面

封面是学位论文的外表面，除了对论文起到装潢和保护的作用外，还提供相应的信息。学位论文封面应包含题名页的主要信息，如论文题名、论文作者等。其他信息由学位授予机构自行规定。如有的学校要求将校徽放在封面，对封面作统一的美化设计等。

② 封二

封二内容可包括学位论文使用声明和版权声明及作者和导师签名等。随着我国电子化学位论文的发展,部分学位授予单位统一要求在学位论文中包括学位论文使用声明和版权声明,以及作者和导师签名等。《学位论文编写规则》对这部分的具体内容不作规定,但要求符合我国著作权相关的法律法规。

③ 题名页

题名页是对学位论文进行著录的重要依据,包括学位论文的全部书目信息。题名页单独成页,主要内容包括:中图分类号、学校代码、国际十进分类法(UDC)、密级、学位授予单位、题名和副题名、责任者、申请学位、学科专业、研究方向、论文提交日期、培养单位。

英文题名页是题名页的延伸,必要时可单独成页。英文题名页对促进我国学位论文国际交流具有重要意义,相关内容应完整、准确。

A. 中图分类号

采用《中国图书馆分类法》(第 4 版)或《中国图书资料分类法》(第 4 版)标注,如:中图分类号 G250.7。

B. 学校代码

按照教育部批准的学校代码进行标注,如东南大学学校代码:10286。

C. UDC

按《国际十进分类法》进行标注。可登录 www.udcc.org,点击 outline 进行查询。

D. 密级

需保密的论文要注明密级及保密期限,密级按《文献保密等级代码与标识》(GB/T 7156 - 2003)标注。该标准将文献保密等级分为公开级、限制级、秘密级、机密级和绝密级 5 级,保密期限递增。秘密级文献不超过 10 年,机密级文献不超过 20 年,绝密级文献不超过 30 年,公开级可不标识。国家保密文献的密级和保密期限的组成是:从左向右按密级、标志符、保密期限的顺序排列。国家保密文献的标志符为“★”。保密文献的标注如:秘密★5 年,机密★10 年,绝密★长期。各学校对涉密论文的归档与管理有具体规定,一般将限制级规定为内部文献。

E. 学位授予单位

指授予学位的机构,机构名称应采用规范全称。

F. 题名和副题名

题名以简明的词语恰当、准确地反映论文最重要的特定内容(一般不超过 25 个字),应中英文对照。题名通常由名词性短语构成,应尽量避免使用不常用缩写词、首字母缩写字、字符、代号和公式等。如题名内容层次很多,难以简化时,可采用题名和副题名相结合的方法,其中副题名起补充、阐明题名的作用。

示例 1:斑马鱼和人的造血相关基因以及表观遗传学调控基因——进化、表达谱和功能研究

示例 2:阿片镇痛的调控机制研究:Delta 型阿片肽受体转运的调控机理及

功能

G. 责任者

责任者包括研究生姓名,指导教师姓名、职称等。如果指导教师一栏署名多于一人,一般第二导师应是经过研究生院审核批准作为第二导师的专家才能署名。

H. 申请学位

参照《中华人民共和国学位条例暂行实施办法》的规定,标注申请的学位类别和级别。学历博士、硕士的类别为:哲学、经济学、法学、教育学、文学、历史学、理学、工学、农学、医学、军事学、管理学。学位级别包括学士、硕士、博士。专业学位分为工程硕士、工商管理硕士、公共管理硕士、艺术硕士、法律硕士、公共卫生硕士、临床医学硕士、建筑学硕士、风景园林硕士等。

I. 学科专业

参照国务院学位委员会颁布的《授予博士、硕士学位和培养研究生的学科、专业目录》进行标注。

J. 研究方向

指本学科专业范畴下的三级学科。

K. 论文提交日期

指论文上交到授予学位机构的日期。

M. 培养单位

指培养学位申请人的机构,机构名称应采用规范全称。

④ 摘要页

摘要页是论文摘要及关键词、分类号等的总和,单独编页。中文摘要页在前,英文摘要页在后。摘要是对学位论文内容不加注释和评论的简短陈述,忠实反映论文全文。摘要应具有独立性和自含性,即不阅读论文的全文,就能获得必要的信息。摘要的内容应包含与论文等同量的主要信息,供读者确定有无必要阅读全文,也可供二次文献采用。摘要一般应说明研究工作目的、方法、结果和结论等,重点是结果和结论。硕士论文中文摘要字数为 300～600 字,外文摘要实词在 300 个左右。博士论文中文摘要一般在 1 000～1 500 字,英文摘要不宜超过 1 000 个实词。

关键词是学位论文的检索标志是从学位论文中选取出来的用以表示全文主题内容信息款目的单词或术语。每篇论文选取 3～8 个关键词,用显著的字符另起一行,排在摘要的左下方。如有可能,尽量采用《汉语主题词表》或各专业主题词表提供的规范词。为便于国际交流,应标注与中文对应的英文关键词。

⑤ 目次页

学位论文应有目次页,排在论文主题部分之前,单独成页。目次表是集中表示学位论文各类内容及所在位置的表格。目次表应放置在目次页中,其编排、设计可用软件自动生成。目次页有重要的使用价值,读者可依据目次有选择地阅读自己想要的信息。一般标注到三级标题,如:4.1.2。

⑥ 插图和附表清单

论文中如果图表较多,可以分别列出清单并置于目次页之后。图的清单应有序号、图题和页码。表的清单应有序号、表题和页码。

⑦ 缩写和符号清单、术语表

符号、标志、缩略语、首字母缩写、计量单位、术语等的注释说明,如需汇集,可集中置于图表清单之后,以便于论文阅读和迅速查出某符号的明确含义。

(2) 主体部分

主体部分应从另页右页开始,每一章另起页。主体部分是学位论文的核心,不同学科专业对主体部分有不同的写作要求。但是,必须实事求是、客观真实、准备完备、合乎逻辑、层次分明、简练可读。

引言(绪论)作为论文的开端,应包括论文的研究背景、选题意义、国内外研究进展、研究目的、研究思路与内容安排、研究方法与流程等。文献综述可单独成章。学位论文为了反映出作者确已掌握了坚实的基础理论和系统的专门知识,具有开阔的科学视野,对研究方案作了充分论证,因此,有关历史回顾和前人工作的综合评述以及理论分析等可以单独成章,用足够的文字叙述。以后各章包括理论分析、数据资料、实验方法及结果、本人的论点、结论等内容,还要附有各种有关图表、照片、公式等。

主体部分正文的结构可以参照 IMRAD 格式。学位论文通常包括好几个章节,有时,这些章节同 IMRAD 格式的学术论文中的各部分相对应:引言、方法、结果、讨论。如果学位设计了几个不同的研究主题,那么论文的中间部分可能会对各个不同主题各用一章来陈述。

注释是为论文中的字、词或短语做进一步说明的文字。一般分散著录在页下(脚注),或集中著录在文后(尾注),或分散著录在文中。参考文献是正文中引用的具体文字来源的文献集合,其著录项目和格式遵照 GB/T 7714 - 2005 的规定执行。所有被引用文献均要列入参考文献列表中,参考文献列表应置于正文后,并另起页。参考文献在正文中的引用位置用引文标注标识,可采用顺序编码制或著者—出版年制。有关注释、参考文献以及引文标注的内容参见 7.3 节。

(3) 附录

附录作为主体部分的补充,并不是必需的。下列内容可以作为附录编于主体部分之后。

① 为了整篇论文材料的完整,但编于正文中又有损于编排的条理性和逻辑性,这一材料包括比正文更为详尽的信息、研究方法和技术更深入的叙述,对了解正文内容有用的补充信息等。

② 由于篇幅过大或取材于复制品而不便于编入正文中的材料。

③ 不便于编入正文的罕见珍贵资料。

④ 对一般读者并非必需阅读,但对本专业同行有参考价值的资料。

⑤ 正文中未被引用但被阅读或具有补充信息的文献。

⑥ 某些重要的原始数据、数字推导、结构图、统计表、计算机打印输出件等。

附录作为论文主体部分的补充,不是孤立存在的,它与学位论文的正文紧密相连。在正文写作时,当认为某些内容编为一个附录更合适,如正文内过分冗长的公式推导、过长的计算机程序清单等,可在原来要编写这些内容的位置上用一句话引出相关的附录,如"参见附录 B"。

(4)结尾部分

① 索引(如有)

可以编排分类索引、关键词索引等,中文按汉语拼音字母顺序、英文按照英文字母顺序编排。

② 致谢(后记)

《学位论文编写规则》规定致谢放置在摘要页之前,但很多学校的学位论文将致谢放置在结尾部分,还有放在作者简历之前,或放在作者简介之后的情况。无论放置在哪,致谢均需另起一页,对在论文科研活动中给予帮助的个人或单位致以感谢。致谢的对象包括:

A. 各项资助基金,资助研究工作的奖学金,合同单位,资助或支持的企业、组织或个人。

B. 协助完成研究工作和提供便利条件的组织或个人。

C. 在研究工作中提出建议和提供帮助的人。

D. 给予转载和引用权的资料、图片、文献、研究思想和设想的所有者。

E. 其他应感谢的组织和个人。

③ 作者简历

作者简历包括教育经历、工作经历、攻读学位期间发表的论文和完成的工作等。

④ 其他

包括学位论文原创性声明等。

7.2 论文表述规范

7.2.1 拟定论文标题

标题是以最恰当、最简练的词语的逻辑组合,高度概括论文最重要的特定内容,反映论文的主题。对于论文的所有潜在读者而言,论文标题都很重要。标题就像论文的商标,是一篇论文区别于其他论文的显著标记。标题的好坏直接影响论文的传播效果。好的标题能够起到启迪、提示和吸引读者的作用。因此,制定论文标题时,应该好好斟酌标题里的每一个字,力求简练、确切、鲜明。

(1)简练。在能够清楚地表达意思的前提下,题名越短越好。题名应是一个短语,而非句子,题名中尽量不用标点符号。一般的学术论文,题名在20字以内为宜,学位论文的标题不宜超过25个字。若题名短了无法清楚地概括内容,则可以加副标题补充说明。

(2)确切。能恰如其分地反映研究的范围和深度、主要特征或内容属性。要突出本文的特点,即人无我有、人有我精的地方。为便于检索,题名通常包含论文的主要关键词。标题不够确切,主要表现为过于空泛、笼统。如:"反应堆慢化剂的性能"。该标题就过于笼统,限定不明。慢化剂分为液态与固态,而液态慢化剂有水、重水等,固态的包括石墨、铍等,这里指哪一种?此外,究竟研究什么性能——是核性能,还是一般物理性能?最终确定的题名是"反应堆石墨慢化剂的核性能"。另外,还有标题过大,内容较小的情况。如:"自然灾害的预警与防治研究"。实际上,该文仅研究了泥石流的预防和治理问题。泥石流只是自然灾害的一种,显然原标题所反映的面很宽,而实际内容却仅是某一较窄的研究领域。可以改为:"泥石流的预警与防治"。

(3)鲜明。让人一目了然,不会产生歧义。应尽量避免使用数学、物理公式,化学结构式,最好不用未被公认的或不常见的缩略词、首字母缩写词、字符和代号。如:"35Ni—15Cr型铁基高温合金中铝、钛含量对高温长期性能和组织稳定性的影响"。该标题共30余字,冗长烦琐,重点不突出,使读者印象模糊,难以记忆和引证。

其他注意事项:

(1)副标题。副标题起补充、说明的作用。主题名与副题名之间用分号或冒号分隔。国内一般强调在必要时使用,但国外使用副题名的较多。

(2)英文标题。英文标题多采用短语形式,最常见的是名词短语,即题名通常由1个或几个名词加上其前置定语和(或)后置定语构成。题名中出现的一般有名词、形容词、介词、冠词和连接词。动词通常以其现在分词、过去分词或动名词形式出现。例如:

① The Frequent BryoPhytes in the Mountain Helanshan(贺兰山习见苔辞植物)

② Studying Direction of Moisture Motion in Unsaturated-soil by Using Thermodynamic Theory(用热力学理论研究非饱和土壤中水分运动的方向)

另外,近年来,英语题名趋向简洁,其中冠词可用可不用时均不用。例如,题名"The Effects of the Patient Age and Physician Training on the Choice and Dose of Anti-melancholic Drugs",其中的3个定冠词the均可删除。

（3）题名一般不用陈述句形式。原因有二：一是陈述句不够简练和醒目，重点不突出；二是陈述句易使题名具有判断式的语义。一旦作者使用这种断言式标题大胆宣布研究成果，却在论文的结论部分或其他部分以有所保留的试验性口吻来陈述研究成果，那么此标题就会显得轻率不妥，同时削弱了研究论文的分量。

（4）何时拟定标题。撰写科技论文，首先应拟定题名。有了题名，就等于明确了中心，一切材料安排都要服务于这个中心，一切论述都要围绕这个中心。尚未确定题名就动手写文章，往往会出现观点不明确、重点不突出、逻辑性不强、材料零乱的缺点。但是题名也不是一成不变的，在写作过程中思路发生了变化，或又有了新的材料，则可重新修改题名。

7.2.2　作者署名与排序

1. 署名的作用

（1）表明作者对论文享有著作权。《中华人民共和国著作权法》规定，"著作权属于作者"，著作权包括"署名权，即表明作者身份，在作品上署名的权利"。可见，在论文上署名是国家赋予作者的一种精神权利，受法律保护。其实，署名也是作者辛勤工作理所应得的一种荣誉，以此表明作者及其研究成果获得了社会的承认。

（2）体现作者文责自负的承诺。论文一经发表，署名者就要对论文负法律责任，负政治上、科学上、技术上和道义上的责任。若论文出现剽窃、抄袭、伪造篡改实验数据的问题，或者存在《出版管理条例》禁载的内容，或者内容有严重的科学技术错误并造成严重后果，或者被指控有其他不道德问题，则署名者应负全部责任。

（3）便于读者与作者联系。每篇论文都设有通讯作者，通讯作者指负责论文发表前后通讯事宜的作者。若读者想就某个问题与作者商榷、求教或质疑，则可以直接与通讯作者联系。如果论文只有一位作者，则该作者即为通讯作者。如果有多位作者，通常有两种情况：一种情况是由于研究生毕业后的去向无法确定，因此如果是研究生与导师合作的文章，则由导师作为通讯作者；另一种情况是第一作者作为通讯作者，因为第一作者对论文有主要贡献，对文章和实验的细节最清楚，可以给读者更有深度的回答。

2. 署名资格及排序

关于作者的署名资格及排序，国家标准 GB 7713 - 87 作出了明确规定："学术论文的正文前署名的个人作者，只限于那些对于选定研究课题和制订研究方案、直接参加全部或主要部分研究工作并作出主要贡献，以及参加撰写论文并能对内容负责的人，按其贡献大小排列名次。至于参加部分工作的合作者、按研究计划分工负责具体小项的工作者、某一项测试的承担者，以及接受委托进行分析检验和观察的辅助人员等，均不列入。这些人可以作为参加工作的人员——列入致谢部分，或排于脚注。"该规定明确了 3 个方面的内容：

(1) 署名作者仅限于对论文报道的科研工作作出主要贡献的个人或单位,学术论文最重要的特点就是它的原创性,那么主要贡献就是指同论文的原创性直接相关的新知识和新概念。不管是导师还是同学、同事,如果没有密切参与某项科研工作,就不应该提出将名字列在报道该科研工作的论文的作者名单上,也不应该允许自己的名字随便列在论文作者名单上。论文作者应该是能对论文里报道的研究成果承担责任的人。

(2) 论文作者署名应该按照各作者对论文内容的贡献大小来排列名次:第一作者被视为主要作者;第二作者被视为主要协助人;第三作者的贡献可能与第二作者贡献相当,但更可能是比第二作者的贡献小。

(3) 对于论文的形成提供帮助,但不具备作者资格的人或单位可列在论文的致谢或注释中。

3. 署名及标注作者单位

各期刊编辑部对作者署名的格式要求大同小异,大多参照新闻出版署印发、1999年2月试行的《中国学术期刊(光盘版)检索与评价数据规范》中对作者署名的要求。一些具体要求总结如下:

(1) 作者的姓名之间用","间隔;两个字的姓名,其姓与名之间空一字距。例如:

郭秀清,严凭蔽,刘　教

(2) 中国作者姓名的汉语拼音写法为姓前名后。以作者"王锡联"为例,有以下几种书写形式:

Wang Xilian,Wang Xi-lian,WANG Xilian,WANG Xi lian,WANG Xi-lian

中国历史人物已有公认译名的,均应予以保留。例如:孙中山(孙逸仙)译为Sun Yet-sen,不译成 Sun Zhong-shan 等。

中国大陆以外的华人姓名拼写尊重原译名,先名后姓,拼写与汉语拼音不同。例如:

杨振宁 Chen Ning Yang　张 理 Lee Chang

外国作者的姓名写法遵从国际惯例。

(3) 署名时须注明作者的工作单位,包括单位全称、所在省市名及邮政编码,以便于联系。单位名称与省市名之间应以逗号","分隔,整个数据项用圆括号"( )"括起。例如:

(中国科学技术大学　数学力学系,安徽合肥 230001)

(中国科学院　力学研究所,北京 100080)

作者工作单位宜直接排印在作者姓名之下。如注于地脚或文末,应以"作者单位:"或"[作者单位]"作为标识。英文文章和英文摘要中的作者工作单位还应在省市名及邮编之后加列国名,其间以逗号","分隔。例如:

(Institute of Nuclear Energy Technology, Tsinghua University, Beijing 100084,China)

（4）不同工作单位的作者,应在姓名右上角加注不同的阿拉伯数字序号,并在其工作单位名称之前加与作者姓名序号相同的数字,各工作单位之间连排时以分号";"隔开。例如:

韩英铎[1],王仲鸿[1],林孔兴[2],相永康[2],黄其励[3],蒋建民[3]

（1. 清华大学 电机工程与应用电子技术系,北京 100084;2. 华中电力集团公司,湖北 武汉 430027;3. 东北电力集团公司,辽宁 沈阳 110006）

7.2.3 撰写摘要

1. 摘要的重要性

摘要对于科学交流和论文审稿都非常重要。一方面,不管是直接阅读论文,还是通过计算机检索获取,很多读者都会在通读论文全文前阅读论文摘要,据此判断是否有必要阅读全文。另一方面,审稿人在看完摘要后会做出一个初步决定,这个初步决定一般都是对的,因为好的论文才有好的摘要,而糟糕的摘要也就预示着糟糕的论文。总之,如果摘要中每个字句都很有分量,这无疑会给审稿人留下深刻印象,对于读者更是如此。

2. 摘要的定义

摘要,也称文摘,可视为论文的微缩版本。摘要应该能简要概括论文各部分的内容:引言、材料与方法、结果、讨论。摘要是对一篇文章中所有信息的总结。国家标准 GB 6447 - 86《文摘编写规则》指出,摘要是"以提供文献内容梗概为目的,不加评论和补充解释,简明、确切地记述文献重要内容的短文"。美国国家标准机构(American National Standards Institute)指出,"好的摘要能让读者迅速而准确地获知文章的基本内容,从而让读者知道自己是否会对该文章感兴趣,并进而决定是否有必要通读全文。"

3. 摘要的构成要素

摘要一般包括目的、方法、结果和结论(讨论)4 个要素。

（1）目的。指研究、研制、调查等的前提、目的和任务,所涉及的主题范围。

（2）方法。指所采用的原理、理论、条件、对象、材料、工艺、结构、手段、装备和程序等。

（3）结果。指实验、研究的结果、数据,被确定的关系,观察结果,取得的效果、性能等。

（4）结论(讨论)。指对结果的分析、研究、比较、评价、应用、提出的问题、今后的课题、假设、启发、建议和预测等。

4. 摘要的写作要求

（1）第三人称。摘要作为一种可供阅读和检索的独立使用的文体，应采用第三人称的写法。建议采用"对……进行了研究"、"报告了……现状"、"进行了……调查"等记述方法标明一次文献的性质和文献主题。为了使摘要便于检索性刊物直接采用，一般不使用"本文"、"作者"、"我们"等做主语。

（2）篇幅简短。期刊论文、会议论文的中文摘要一般为 200～300 字，甚至更短。

（3）内容精练。应集中论文的精华，概括论文的主要内容，那种过多介绍研究背景、缺少实质性内容的摘要是不符合要求的。另外，摘要中绝不应该出现论文正文中没有的信息或结论。

（4）结构完整。摘要应是一篇能够脱离原文而独立存在的短文，便于二次文献、检索系统收录。

（5）格式规范。摘要的位置在署名之下。摘要一般是一段，有些期刊，尤其是医学期刊要求结构式摘要，这种摘要由几段组成，每一段都有一个标准化的小标题，如目的、方法等。

（6）用语规范。尽量不使用非公知公用的符号和术语；不要简单重复题名、引言中已有的信息，不以罗列段落标题来代替摘要。除了极其特殊情况，一般不要出现插图、表格和参考文献序号，不要用数学公式和化学结构式。

（7）不加评论。不应与其他研究工作相互比较，不要自我标榜自己的研究成果。

（8）最后写出。摘要通常是在论文定稿后，在对论文内容精心提炼、反复推敲之后撰写出来的。唯有这样，方能达到提供文献内容梗概的目的，起到准确记述文献内容的作用。

5. 英文摘要的撰写要求

（1）篇幅。英文摘要应是中文摘要的转译，与中文摘要含有相等的信息量。不同的期刊对英文摘要字数的限制也不一样，作者最好认真阅读拟投稿期刊"作者须知"中的相关规定。通常以不超过 180 个实词为宜。

（2）时态。摘要中很大一部分涉及已做的科研工作，这部分采用过去时态来写作。在说明研究目的、阐述研究内容时，采用一般现在时。

（3）应尽量使用短句，因为长句容易导致语义不清；但要注意变换句式，避免单调和重复。

7.2.4 确定关键词

1. 关键词的定义

所谓关键词是从文献中提炼出来，最能反映论文核心内容的名词或短语。关键词具有如下特性：一是从论文中提炼出来的；二是最能反映论文的主要内容；三是在同一篇论文中出现的频数最多；四是一般在论文的题名和摘要中都出现；五是可为编制主题索引和检索系统使用。可见,关键词既有检索作用,又有导读作用。读者看一篇文献时,未读全文,仅从关键词即可了解文献的主题,把握文献的要点。每篇论文通常选取 3～8 个词作为关键词,并另行排在摘要的左下方。为便于国际交流,应标注与中文对应的英文关键词。

2. 关键词的类型

（1）主题词。指自然语言的规范化用语,指从《汉语主题词表》或其他专业性主题词表选取的规范词,如,生物医学类的论文就可以利用 MeSH 词表。由于每个词在词表中规定为单义词,具有唯一性和专指性,因此应尽量选主题词做关键词。词表中没有恰当的词汇时,可选用与其直接相关的几个主题词组配,或适当的运用自由词。

主题词的组配可以是交叉组配也可以是分面组配。交叉组配,即两个或两个以上具有概念交叉的主题词所进行的组配,其结果表示一个专指的概念。例如:模糊粗糙集＝粗糙集＋模糊集。分面组配,即一个表示事物的主题词与一个表示事物某个属性或某个方面的主题词所进行的组配,其结果表示一个专指的概念。例如:电子计算机稳定性＝电子计算机＋稳定性。

（2）自由词。指主题词表中未收入的,从论文的题名、摘要、层次标题或结论中抽取出来的,能够反映该主题概念的自然语言的词或词组。自由词的选用原则:一是主题词中明显漏选;二是表达新学科、新理论等新出现的概念;三是词表中未收录的地区、人物、文献、产品及重要数据和名称。自由词应简练、明确。

3. 关键词的选取原则

（1）关键词应该是名词或术语,形容词、动词、副词等不宜选作关键词。

（2）尽量选择各主题词表中收录的规范词。

（3）同义词、近义词不可并列为关键词。

（4）有专用词就不用含义宽泛的词。如:用"管理心理学",不用"管理学、心理学";能用"构造地质学"就不用"地质学"。

（5）不用无专业意义的通用词。如:研究、进展、理论、分析、特性等。

（6）英文的冠词、介词、连词以及一些缺乏检索意义的副词和名词也不能作为关键词。

（7）复杂的有机化合物通常以基本结构名称作为关键词,化学分子式不能作为关键词。

（8）关键词大多从题名中选取,但当个别题名中未提供足以反映主题的关键词时,则应从摘要或正文中选取。

（9）中英文关键词应一一对应。

4. 关键词举例

一篇主题为"工程结构设计"的论文,从《汉语主题词表》中可查出"工程结构"、

"结构"、"设计"、"结构设计"4个主题词。其中,"结构"、"设计"不是专指的,应予以去除,故选"工程结构"、"结构设计"为宜。

7.2.5 撰写正文

理工社科类学术论文的层次标志一般用阿拉伯数字连续标号。不同层次的数字之间用小圆点"."相隔,末位数字后面不加点号,如"1","1.1","1.1.1"等。编号与标题之间空1个字距。学位论文的章也可以写成:第一章,节及节以下均用阿拉伯数字编排序号。文史类学术论文一般采用一、(一)、1、(1)、1)。

1. 撰写引言

(1) 引言及其作用

引言,也称前言、导言、导论、绪言、绪论等,是学术论文的开场白。有时,正文中并不特别写出"引言"这一标题,但在正文起始部分会有一小段文字,起着相同的作用。引言的作用是向读者交代本课题研究的来龙去脉,介绍研究背景和作者意图,为正文的展开作铺垫。论文若缺少引言,其结构就会残缺不全,后面的内容就显得突兀和生硬。如果作者不能将待研究的问题陈述得合乎情理并清楚易懂,那么读者也不会对作者给出的问题解决方案感兴趣,因此在引言部分最重要的是要告诉读者为什么选择这个题材,为什么这个题材意义重大。

(2) 引言的内容

① 研究背景和目的。清楚简洁地陈述研究背景,说明作者开展此项研究工作的原因。对有关重要的文献进行综述,扼要说明前人或他人在该领域已经做了哪些工作,解决了什么问题,还有哪些问题待解决,本文打算解决什么问题。还要慎重选择放在引言中的参考文献,以便为读者提供最重要的背景信息。

② 研究方法。即介绍作者打算采取什么方法和途径解决提出的问题,无须展开叙述研究方法,只提到所采用方法的名称即可。必要时还应该指出采用该特定研究方法的原因。

③ 研究结果及意义。这是引言的高潮部分。扼要阐述本项研究取得的主要成果,以及在理论或实践上的意义。

④ 其他。实验型论文还应简要说明工作场所、协作单位和工作期限等,以及正文用到的专业术语或专业化的缩略词。

引言不一定长,不能冲淡主题。上述4个方面只是引言的大致内容,并非要求面面俱到。不同性质的论文,其引言内容各有侧重。

(3) 引言撰写要求

① 应开门见山,起笔切题,不兜圈子,简明扼要地讲清课题研究的来龙去脉。

② 引言不应重述摘要和解释摘要。

③ 引言只是介绍论文,不要将本该在正文中交代的内容拿到引言中叙述,以

免削弱引言的作用。

④ 引言要实事求是、客观公正地叙述，不应动辄使用"前人没有研究过"、"填补空白"、"首创"、"国际先进水平"之类的词语，更不能贬低前人或他人的工作以突显本研究的创新性。究竟水平如何，读者自有公断，作者无须自我评价。

⑤ 除非极其特殊情况，引言中不应出现插图和表格，也不要推导和证明数学公式。

2. 撰写材料与方法

（1）材料与方法部分的目的

材料与方法部分的主要目的是描述实验方法，提供尽可能多的细节，以便具备一定能力的同行能重复论文所描述的实验，必要时，要解释为什么采用这种实验方法。另一个目的就是为读者提供足够的信息，以便判断论文实验方法是否合理，从而判断实验结果是否有效，进而判断实验结果在什么范围内具有普遍意义。把这部分内容详细描述出来是非常重要的，因为对科研方法的首要要求就是科研结果可再现，要让读者认为论文结果可再现，就必须提供能让他人重复该实验所要采取的基本步骤。

以理论论证为主要研究手段的论文，要将理论假说、理论分析的前提、使用的理论、采用的分析方法等交代清楚；由理论分析依据或方法来说明推导、证明过程；通过理论分析证明观点、学说或建立模型等。其目的也是便于读者判断该论文研究方法与过程的科学性、可靠性和适用性。

（2）材料与方法部分的主要内容

① 材料。实验材料包括材料的技术指标，所使用的剂量、来源，使用的方法，有时甚至要在论文中列出所使用试剂的相关化学和物理特性。一般在论文中避免使用材料的商用名称，最好使用通用名称或化学名称。但是，如果商用产品间存在一定区别，并且这些区别非常关键，就必须注明材料的商品名称和厂商名。对实验中采用的动物、植物和微生物，通常要用其属名、种名、类名来准确标记。这些材料的来源要列出来，这些材料的特性，如年龄、性别、遗传和生理状况等也要描述出来。对于实验仪器及设备，若是通用实验设备，则交代其名称和型号即可；若是自制设备，则应详细说明，并画出示意图。

② 方法。不一定要按时间顺序来描述实验方法。对于关系紧密的几种方法，放在一起描述更合适。例如，有一个实验即使是在研究阶段的后期才做的，在论文中这个实验方法还是应同作者采用的其他实验方法放在一起描述。

在介绍理论与方法时，应交代清楚哪些是已知的，哪些是本文提出的，哪些是经过作者改进的，对改进或创新部分应详细介绍。已有应用而尚未为人们熟悉的新方法等应注明文献出处，并对其做简要介绍。

③ 实验。实验部分必须特别注意实验的设计，用最少的实验次数获得最优的实

验参数组合。不能用未经设计筹划的大量经验性实验掩饰不足的理论分析能力。

实验部分写作力求准确,对于"怎样"和"多少"的问题都应该给出准确的回答,避免遗漏。比如,论文中详细描述了使用的蒸馏设备、过程和产物,却忘记说明蒸馏的原始材料或温度。

对数据做统计分析很有必要,不过应该突出和讨论的是数据而不是统计学知识。实际上使用常用的统计方法时没有必要详细叙述该方法;使用复杂的或不常用的统计方法时才需要做详细介绍或指出参考文献。数据分析既要肯定所取得的成果,也要说明本实验的可信度和再现性,客观地指出缺点、可能的误差、问题及教训。

3. 撰写结果

(1) 结果部分的作用

实验结果就是作者的科研工作所要贡献的新知识。论文的前几部分(引言,材料与方法)告诉读者,作者为什么开展这项科研工作,以及作者是如何开展科研取得实验结果的;论文的后面部分(讨论)则告诉读者这些实验结果有什么意义。显然,论文全文都是因为结果部分的内容才得以立足。所以,结果部分务必做到意思清楚。

(2) 结果部分的内容

结果部分通常有两方面的内容。首先,对所做实验给出总体描述,但不要重复描述材料与方法部分已经给出的实验细节,也不应该用于描述材料与方法部分遗漏的内容;其次,给出实验数据。

(3) 结果部分撰写要求

结果部分给出的数据应该都是有意义的,展示具有代表性的数据,而不是重复性的数据。结果部分如果只有几个数据,可以逐个给出这几个数据。如果数据很多,应该用表格或图片来给出这些数据。结果部分也可以指出实验结果不尽如人意的地方,或是在一定实验条件下该实验未能产生预期的结果,而其他科研人员很有可能在别的实验条件下得到不同的实验结果。

4. 撰写讨论部分

(1) 讨论部分的内容

材料与方法部分同结果部分互相呼应;同理,引言部分与讨论部分相呼应。引言部分指出文献未解决的一个或几个问题;讨论部分应该指出论文的科研结果对解决这一个或几个问题提供了什么帮助,对这些问题给出合理解答。

讨论部分与结果部分相联系,讨论部分的主要目的就是揭示作者观察到的事实间的联系。如果实验结果很复杂或者结果间差异较大,可以把论文中的"结果"部分和"讨论"部分合并在一起。

讨论部分包含结论或结语。结论是对实验结果和各种数据材料经过综合分析和逻辑推理而形成的总体观点,是整个研究工作的结晶,是全篇论文的精髓。有时得不出明确的结论,可以写成结语。在结语中,作者可以提出建议、研究设想、仪器设备的改进意见、有待解决的问题等。

（2）讨论部分的写作要求

① 尽量揭示结果部分说明的原理、关系和普遍性意义。

② 指出结果部分的特例或无法用关系描述的情况，说明尚未解决的问题。不要试图掩盖或规避不理想的数据。

③ 指出科研工作具有的理论意义和可能的实际应用价值。

④ 尽可能清楚、有条理地陈述结论。为结论部分的每个论点总结论据。正如资深科学家所说，"不要想当然地设想任何事情"。

7.2.6　绘制图表

1. 何时使用图表

如果论文里只需要展示少量的实验数据，或者整个表格可以用文字简洁地表述出来，那么就应该用文字来描述。如果要用表格展示数据，切记不要把实验笔记上的所有数据都搬到论文中，因为论文中需要的仅仅是一些样本数据和关键数据。实验数字、简单计算的结果及不重要的数据等都应该省略。

可以认为图是图形化的表格。不应该用表格来展示的数据同样也不能用图来表示。如果要在图和表之间取其一，作者就需要考虑希望告诉读者的是准确的数值还是数据的变化趋势或形状。如果数据显示了明显的趋势，并且画成图也很有趣，那么应该采用图来展示数据；反之，采用表就足以展示数据。同样的数据同时用表和图来表示的情况很少。展示数据的一条重要规则就是：要么在文字中，要么在表格中，或者在图片中展示数据，不要用多种方式同时展示相同的数据。当然，可以对一些重要数据再次在正文中加以讨论。

2. 图表设计规范

（1）图表应有"自明性"，不阅读全文就可理解图意。

（2）图表应用阿拉伯数字编排序号，插图较少时可按全文编排，如图 1，表 2。学位论文的图表可按章编排，章号与图表的流水号之间以居下小圆点"."或半角连字符"-"连接，如图 3-1，图 1.2，表 2.3，表 4-2。

（3）每一图应有简短确切的图题，连同图号置于图下。必要时，应将图上的符号、标记、代码以及实验条件等，用最简练的文字横排于图题下方，作为图例说明。

（4）每一表应有简短确切的表题，连同标号置于表上。必要时，应将表中的符号、标记、代码，以及需要说明的事项，以最简练的文字横排于表题下，作为表注，也可以附注于表下。表内附注的序号通常用阿拉伯数字加右圆括号置于被标注对象的右上角，如：$\times\times\times^{1)}$ 不宜用星号" * "，以免与数学上共轭和物质转移的符号相混。

（5）图表标题与图表序号之间空一字距，左右居中排版。

（6）表的各栏均应标明"量（或测试项目）、标准规定符号、单位"。只有在无必要标注的情况下方可省略。表中的缩略词和符号,必须与正文中一致。

（7）表内同一栏的数字必须上下对齐。表内不宜用"同上"、"同左"、""""和类似词,应一律填入具体数字或文字。表内"空白"代表未测或无此项,"—"或"---"(因"—"可能与代表阴性反应相混)代表未发现,"0"代表实测结果确为零。

7.2.7　致谢要求

1. 致谢的对象

国家标准 GB 7713－87《科学技术报告、学位论文和学术论文的编写格式》明确规定,下列对象可以在正文后致谢:

（1）国家科学基金、资助研究工作的奖学金基金、合同单位、资助或支持的企业、组织或个人。

（2）协助完成研究工作和提供便利条件的组织或个人。

（3）在研究工作中提出建议和提供帮助的人。

（4）给予转载和引用权的资料、图片、文献、研究思想和设想的所有者。

（5）其他应感谢的组织或个人。

综上可见,作者的致谢对象可分为两类:一是在研究经费上给予支持或资助的机构、企业、组织或个人;二是在技术、条件、资料和信息等工作上给予支持和帮助的组织或个人。据此可知,以下组织或个人应予致谢:参加过部分工作者,承担过某项测试任务者,对研究工作提出过技术协助或有益建议者,提供过实验材料、试样、加工样品或实验设备、仪器的组织或个人,在论文的撰写过程中曾帮助审阅、修改并给予指导的有关人员,帮助绘制插图、查找资料等有关人员。

2. 致谢的注意事项

（1）切忌借致谢之名而列出一些未曾给予过实质性帮助的名家姓名,以抬高自己论文的身价。

（2）如果要在致谢中提及某人,要先征得被感谢人的同意。明智的做法是把拟好的致谢给那些要感谢的人看。

（3）感谢别人的想法或建议时,务必具体指明这些内容。致谢的措辞不应让人误以为被感谢人完全认同该论文中的所有观点,否则可能将被感谢人放到一个尴尬位置,因为读者很可能认为该人也要对整篇论文负责。

7.3　参考文献著录

7.3.1　引文、注释与参考文献

引文是指为撰写或编辑论著而引用的有关文献资料,通常附在论文、图书或每

章、节之后,有时也以脚注、夹注的形式出现在正文中。引文最主要的作用有两点:一是给出论著的研究基础,表明科学研究的继承与发展;二是帮助读者查核、获取文献。因此,引文是学术论著的重要组成部分,规范著录引文具有重要意义。引文的著录体现为两种形式——参考文献和注释中的引文注释。

注释也叫注解,是用简明的文字解释和说明文献中特定的部分,分释义性注释和引文注释两种。释义性注释包括题名注、作者注、文献注、术语注、论据注等。引文注释是对文中引用的作品所做的附加解释和说明,它与参考文献都有提供引文信息的作用,因此有必要明确二者各自的使用情况,以免在标注引文时无所适从。注释用圆括号排印在正文中叫"夹注"或"文中注";排印在页下,叫"页下注"或"脚注";排印在文后,叫"尾注"。

2006年10月1日实施的《中国学术期刊(光盘版)检索与评价数据规范》对注释和参考文献在功能和格式上做了如下区分:

> 注释包括释义性注释和引文注释。释义性注释是对正文中某一特定内容的进一步解释或补充说明;引文注释包括各种不宜列入参考文献的文献信息,如:未公开发表的私人通信,档案资料,内部资料,书稿,古籍,仅有中介文献信息的"转引自"类文献,待发表文献,未公开发表的会议发言,以及参考文献的节略形式。注释用圆圈数字标注于文字的右上角,如×××[①],注释内容置于当页地脚,形成脚注。

> 参考文献是撰写论文所引用的、已公开发表的文献资料,包括引文出处和观点出处。参考文献以文中出现的先后顺序编码,用方括号在正文中以上标形式标注,如[1][1,3][1-3]。参考文献条目列于文章末尾。同一作者的同一文献被多次引用时,只标注首次出现的序号,并在序号外著录引文页码,如×××[4]56。

可见,参考文献是标注引文的规范形式,凡是引用已发表的文献中的观点、数据和材料等,都要在文中予以标注,并在文末列出参考文献表。规范地著录参考文献有助于传承研究成果,评估学术水平,核实、获取文献,节约正文篇幅,以及培养学生形成严谨的治学风格。

7.3.2 参考文献著录基本原则

1. 不能引而不用

引而不用即"伪引"。有些作者不读文献原文而直接抄录别人的参考文献或现成的文献题录、索引。还有些作者并没有阅读过大量外文文献或一些高质量论文,但在参考文献表中故意列出这些文献以抬高自己。这些违规行为常常导致著录错误、以讹传讹、断章取义等现象。参考文献应是作者真正阅读过,且对自己研究的观点、材料、论据、统计数字等有启发和帮助的文献。

2. 不能用而不引

用而不引即"剽窃"。有的作者虽然在写作过程中阅读了大量文献,引用了他人作品的相关内容,但在其参考文献表中只随便列出几条。还有的作者因自己论文的创新性不够而对关键性文献不予标出。这些行为都是用而不引,严重违反了学术规范。当然,也有的是由写作中的遗漏、失误造成的。聪明的作者在撰写论著时,会及时在文中标注引用的文献,并记录下参考文献的各项著录内容,以免事后忘记了该处的引用,造成剽窃的严重后果,也免去了作者再花时间、精力重新搜索各个参考文献的题名、页码等著录细节的麻烦。

3. 不能不选而引

并非阅读过的所有文献都值得引用,只有那些对本文的撰写确有帮助,并且来源可靠的资料才可以作为参考文献。一方面,当搜集到某个专题的较多文献时,要善于选择,应选择引用那些最早、最新、最权威、最具代表性的参考文献,不要将相关度弱的文献或不典型的文献罗列到文章中壮色。另一方面,参考文献应以正式出版或审核过的文献(如学位论文)为主。引用网络资源应该选择权威机构、学校、著名学科网站等可靠的资料来源。如果实在需要引用未被审核过的资料,可以放在注释中说明。

4. 不能引而不述或引而不评

有的作者虽然在文章里连续引用了一些文献,但这些文献与本课题研究是何关系、所引的文献之间有何联系、本人对引用的文献又有何评论等却鲜有提及。这种引而不述或引而不评的情形也属不妥。因此,对引用的文献要进行讨论、引申、评价,要使引文与所论述的主题融为一体,不能让人感觉是为引而引。

5. 不能引而不确

引文有两种形式。一是直接引用,即论文作者在行文过程中对原作中话语的直接引用。所引的内容可以是一段话、一句话,也可以是个别字词。这样的引文要加引号以作区别。二是间接引用,以释义或归纳的方法引述或转述原著者思想、概念、观点等,引文无需加引号。直接引用时若断章取义,间接引用时若篡改或歪曲原意,都是引而不确,侵犯了原作者的著作权。

6. 不能过度引用

常用的谚语,众所周知的观点、事实、常识、公论等,一般不需要注明出处。例如,"真金不怕火来炼","学而时习之,不亦乐乎"等,都不需要标注。但是在某些情况下,如专门研究谚语、常识的时候,不注明便会产生误解,则要标注。

7. 避免转引

参考文献应为原始文献和第一手资料,尽量避免转引。如确需转引二手资料,应在参考文献或注释中指明,并注明原始文献和转引文献,不能造成引用了第一手资料的错觉。

7.3.3　中国参考文献著录规则

《文后参考文献著录规则》(GB/T 7714 – 2005)是我国文后参考文献著录的国家标准。各期刊编辑部在遵循该标准著录原则的基础上,制定适合本学科和期刊风格的参考文献著录规则。我国各高校学位论文中参考文献的著录也大多遵循此标准。另外,《中国学术期刊(光盘版)检索与评价数据规范》在理工社科类期刊中影响较大,因此这些学科期刊论文的参考文献著录规则基本遵循此规范。《文后参考文献著录规则》与《中国学术期刊(光盘版)检索与评价数据规范》中对参考文献的规定在很大程度上是兼容的,下面结合二者在实际中的应用来说明参考文献的一般著录规则。另外,文史类论著中多采用注释体例,在此省略不述,英美参考文献著录中与之对应的规则为芝加哥体例(Chicago Style)中的文献—注释制,见 7.3.4。

1. 参考文献著录项目及规则

(1) 主要责任者与其他责任者

主要责任者是指对文献的知识内容或艺术内容负主要责任的个人或团体,包括专著作者、论文集主编、学位申报人、专利申请人、报告撰写人、期刊文章作者、析出文章作者等。其他责任者是指对文献的知识内容或艺术内容负次要责任的个人或团体,如译者、校者等。

① 责任者不超过 3 个,全部照录,责任者之间以逗号","分隔;多于 3 个责任者,只著录前 3 个,其后加",等",若是英文姓名,则加",et al"。

② 中文著者姓名采用汉语拼音书写时不得缩写。欧美著者的名字可用缩写字母,其后不加缩写点".",缩写点仅在该著录项目完毕时使用。

③ 主要责任者只列姓名,其后不加"著"、"编"、"主编"、"合编"等责任说明。其他责任者需要注明责任方式,如"陈生铮,译"。

④ 无责任者或责任者情况不明的文献,"主要责任者"项应注明"佚名"或与之相应的词。采用顺序编码制(见 7.3.3 中 3. 参考文献编码法)著录的参考文献,可省略此项,直接著录题名。

(2) 题名项

① 同一责任者的多个合订题名,著录前 3 个合订题名;不同责任者的多个合订题名,仅著录第一个或处于显要位置的合订题名。

② 副题名,说明题名文章,多卷书的分卷书名、卷次、册次等其他题名信息可根据文献外部特征的揭示情况决定取舍,一般用前置冒号标识。如"地壳运动假说:从大陆漂移到板块构造","世界出版业:美国卷","北京大学学报:哲学社会科学版"。

(3) 参考文献类型标识与载体类型标识

　　根据 GB 3469《文献类型与文献载体代码》规定，以单字母标识以下各种参考文献类型（表 7.1）。

表 7.1　文献类型标识代码

参考文献类型	专著	会议录	汇编	报纸文章	期刊文章	学位论文	报告	标准	专利
文献类型标识	M	C	G	N	J	D	R	S	P

　　对于专著、论文集中的析出文献，其文献类型标识建议采用字母"A"；对于其他未说明的文献类型，建议采用字母"Z"。

　　对于数据库（Database）、计算机程序（Computer Program）及电子公告（Electronic Bulletin Board）等电子文献类型的参考文献，以双字母作为标识：数据库——DB，计算机程序——CP，电子公告——EB。

　　非纸张型载体的电子文献作为参考文献时，需要在参考文献类型标识中同时标明其载体类型。载体类型也以双字母表示：磁带（Magnetic Tape）——MT，磁盘（Disk）——DK，光盘（CD-ROM）——CD，联机网络（Online）——OL。下列格式表示包括了文献载体类型的参考文献类型标识（表 7.2）。

表 7.2　文献载体类型标识

文献类型标识	载体类型标识
［DB/OL］	联机网上数据库（Database Online）
［DB/MT］	磁带数据库（Database on Magnetic Tape）
［M/CD］	光盘图书（Monograph on CD-ROM）
［CP/DK］	磁盘软件（Computer Program on Disk）
［J/OL］	网上期刊（Serial Online）
［EB/OL］	网上电子公告（Electronic Bulletin Board Online）

　　（4）版本项

　　初版不著录。版本用阿拉伯数字、序数缩写形式或其他标志表示。古籍的版本可以著录"写本"、"抄本"、"刻本"、"活字本"、"石印本"等。

　　（5）出版项

　　按出版地、出版者、出版年顺序著录。

　　① 出版地指出版者所在地的城市名称。对于国外同名不同地或人们不熟悉的城市名，应在其后附省名、州名或国名等限定。

　　② 文献中载有多个出版地或出版者时，仅著录第一个或处于显要位置的出版地或出版者。

③ 无出版地的中文文献著录"[出版地不详]",外文文献著录"[s. l.]"。

④ 无出版者的中文文献著录"[出版者不详]",外文文献著录"[s. n.]"。

⑤ 出版年用阿拉伯数字著录公元纪年。遇有其他纪年形式时,应将其置于公元纪年后的"( )"内。

⑥ 出版年无法确定时,可依次选用版权年、印刷年、估计的出版年,估计的出版年置于"[ ]"内。

⑦ 报纸和专利文献需详细著录出版日期,其形式为"YYYY−MM−DD"。

⑧ 未正式出版的学位论文,出版项可按"学位授予地:学位授予单位,学位授予年"顺序著录。

⑨ 网络资源不著录出版地、出版者。著录可获得地址,即网址,以及发表或更新日期、引用日期。

(6)页码。采用阿拉伯数字著录。连续页码用连接符"−",间断页码用逗号分隔。期刊、会议论文标识起始页码。

2. 参考文献著录格式及示例

(1)专著

[序号]主要责任者. 题名[M]. 其他责任者. 版本项. 出版地:出版者,出版年:页码.

[1] 蒋有绪,郭泉水,马娟,等. 中国森林群落分类及其群落学特征[M]. 北京:科学出版史,1998:12,67−69.

[2] 昂温 G,昂温 P S. 外国出版史[M]. 陈生铮,译. 北京:中国书籍出版社,1988:96−98.

[3] 王夫之. 宋论[M]. 刻本. 金陵:曾氏,1845(清同治四年).

(2)期刊

[序号]主要责任者. 题名[J]. 刊名,年,卷(期):起止页码.

根据可获得的卷期信息,期刊论文的出版年和卷期、页码有以下几种著录格式,注意圆括号中为刊期,不是出版月份。

年,卷(期):页 　　　　2005,10(2):15−20

年,卷:页 　　　　2005,35:123−129

年(期):页 　　　　2005(1):90−94

年(合期号):页 　　　　2005(1/2):40−43

[1] 廖昕. 高能低易损性发射药实验研究[J]. 火炸药学报,2001,24(4):8−11.

[2] Des Marais D J, Strauss H, Summons R E, et al. Carbon isotope evidence for the stepwise oxidation of the Proterozoic environment[J]. Nature,1992,359:605−609.

(3)会议录、论文集

[序号]主要责任者. 题名[A]. 来源文献主要责任者. 来源文献题名[C 或 G]. 出版地:出版者,出版年:起止页码.

[1] 钟文发. 非线性规划在可燃毒物配置中的应用[A]. 赵玮. 运筹学的理论与应用:中国运筹学会第五届大会论文集[C]. 西安:西安电子科技大学出版社,1996:468−471.

[2] 韩吉人. 论职工教育的特点[A]. 中国职工教育研究会. 职工教育研究论文集[G]. 北京:

人民教育出版社,1985:90—99.

（4）学位论文

[序号]主要责任者.题名[D].学位授予地:学位授予单位,学位授予年:页码.

[1]张志祥.间断动力系统的随机扰动及其在守恒律方程中的应用[D].北京:北京大学数学系,1998:21—23.

[2]Calms R B. Infrared spectroscopic studies on solid oxygen[D]. Berkeley: Univ. of California, 1965.

（5）科技报告

[序号]主要责任者.题名[R].出版地:出版者,出版年:页码.

[1]World Health Organization. Factors regulating the immune response: report of WHO Scientific Group[R]. Geneva: WHO,1970.

（6）标准

[序号]标准编号,标准名称[S].

[1]GB/T16159-1996,汉语拼音正词法基本规则[S].

（7）专利

[序号]专利所有者.专利题名[P].专利国别:专利号,公告日期或公开日期.

[1]姜锡洲.一种温热外敷药制备方案[P].中国:881056073,1989-07-26.

[2]Tachibana R,Shimizu S,Kobayshi S,et al. Electronic watermarking method and system [P]. US:6915001,2002-04-25.

（8）报纸

[序号]主要责任者.题名[N].报纸名,出版日期(版次).

[1]张田勤.罪犯 DNA 库与生命伦理学计划[N].大众科技报,2000-11-12(7).

（9）电子文献

[序号]主要责任者.题名[文献类型标志/文献载体标志].电子文献的出处或可获得地址,发表或更新日期/引用日期.

[1]王明亮.关于中国学术期刊标准化数据库系统工程的进展[EB/OL]. http://www. cajcd. edu. cn/pub/wml. txt/980810-2. html, 1998-08-16/1998-10-04.

[2]万锦坤.中国大学学报论文文摘(1983—1993)[DB/CD].北京:中国大百科全书出版社,1996.

3. 参考文献编码法

参考文献编码法即参考文献表的编排方式。《文后参考文献著录规则》规定了两种参考文献编码法,即"顺序编码制"和"著者—出版年制"。参考文献表采用顺序编码制是按正文中引用的文献出现的先后顺序连续编码,并将序号置于方括号中;参考文献表采用著者—出版年制组织时,各篇文献首先按文种集中,可分为中文、日文、西文、俄文、其他文种五部分,然后按著者字顺和出版年排列。以著者—出版年制编排的参考文献,其著录格式略有不同:出版年紧随主要责任者之后,作为第二项著录,见示例。中文文献可以按汉语拼音音序排列,也可以按笔画笔顺排列。《中国学术期刊(光盘版)检索与评价数据规范》采用顺序编码制,我国出版物绝大多数采用顺序编码制。

著者—出版年制文后参考文献表示例:

[1] 黄欣荣.2006.复杂性科学的方法论研究[M].重庆:重庆大学出版社:54.

[2] 尼葛洛庞帝.1996.数字化生存[M].胡泳,范海燕,译.海口:海南出版社:126.

[3] 徐占忱.2005.接近性耦合创新与创新范式的转换[J].自然辩证法研究(8):84—87.

[4] Evelien Otte, Ronald Rousseau. 2002. Social network analysis:a powerful strategy,also for the information sciences[J]. Journal of Information Science,28(6):441—453.

[5] Hummon N P, Doreian P. 1989. Connectivity in a Citation Network:The Development of DNA Theory[J]. Social Networks,(11):39—63.

4. 参考文献标注法

参考文献标注法即参考文献在正文中引用处的标注方法。

(1)顺序编码制

① 将参考文献序号作为上角标标注在文中引用处。

② 同一处引用多篇文献时,将各篇文献的序号在方括号中全部列出,各序号间用",。如遇连续序号,可标注起讫序号。

示例:张三[1]指出……李四[2-3]认为……形成了多种数学模型[7,9,11-13]……

③ 同一文献在论著中被引用多次,在第一次出现时编号,并在正文标注处以上角标的形式标注引文页码。一般来说,一篇文献如果只被引用一次,页码在文末的参考文献表中著录;如果被引用多次,页码分别标注在文中引用的对应之处。

示例:……运用相似的方法[2]194……由此产生的结果[2]236……

(2)著者—出版年制

① 各篇文献的标注内容由著者姓氏与出版年构成,并置于"( )"内。如果只标注著者姓氏无法识别该人名时,可标注著者姓名。集体著者著述的文献标注机关团体名称。如果正文中已提及著者姓名,则其后的圆括号内只需著录出版年。

② 引用多位著者文献时,对欧美著者只需标注第一个著者的姓,其后附"et al";对中国著者应标注第一著者的姓名,其后留适当空隙附"等"字。

③ 在参考文献表中著录同一著者在同一年出版的多篇文献时,出版年后用小写字母 a,b,c,…以区分不同作品,并反映在正文的标注中。

④ 同一文献在论著中被引用多次,引文页码放在"( )"外的上角标处。

示例:……(张××等,2005a)15-17;……张××(2006)认为……;……(张××等,2005a)101-105。

(3)参考文献序号标注的正确位置

①"文献[1]指出……;文献[2]认为……。"是最简单的情况,即"[1]""[2]"作

为语句的组成部分。只有紧跟着"文献"两字时,标注不排成上角标。

②"王××指出,……[3];张××认为,……[4]。"标注放在句末点号(这里分别是分号和句号)之前。也可排为:"王××[3]指出,……;张××[4]认为,……。",这两种形式可取其一。

③"陈××认为:……。……[5]笔者认为……。"陈××"认为"的内容包含了两个句子。"[5](上角标)"应放在最后一个句号之后,表示这两个句子都是文献[5]中的引文。在这种情况下,不能采取如下形式:"陈××[5]认为:……。……。笔者认为……。"若如此,就会有歧义,即第二个句子是不是陈××认为的内容还要读者去分辨。此外,这里,若"认为"后不是冒号而是逗号,那么,"认为"的内容只能是在第一个句号之前。

7.3.4 外国参考文献著录规则

如果你要向国外的期刊或会议投稿,就需要按照国外的体例著录参考文献。英语学术界一些著名的学术暨研究机构或是大学都编有论文写作手册,详细规定论文的格式和参考文献的编制、著录方式,它们各有特点和侧重,分别适用于不同领域和类型的论著。在适用于各个学科的论著体例中,最著名且为中外学术论著和期刊编辑所普遍采用的是被美国最具权威性的书评杂志《书单》(*Booklist*)列为"三巨头"的美国现代语言协会体例(MLA Style)、美国心理学协会体例(APA Style)和芝加哥体例(Chicago Style)。此外还有顺序编码制的代表温哥华体例(Vancouver Style),以及著者—出版年制的代表哈佛体例(Harvard Style)。

1. 美国现代语言协会体例(MLA Style)

美国现代语言协会(Modern Language Association,MLA)已有100多年历史,目前在世界上100多个国家拥有3万多名会员。MLA分别编写了两种体例手册:《MLA学术论文写作者手册》(MLA Handbook for Writers of Research Papers)和《MLA体例手册与学术出版指南》(MLA Style Manual and Guide to Scholarly Publishing),前者的读者对象是高中生和大学本科生,后者的读者对象主要是研究生和学者,因而后者更加规范、严谨,更具权威性。MLA手册的出版已有近半个世纪的历史,《MLA学术论文写作者手册》的最新版本是2009年出版的第7版,《MLA体例手册与学术出版指南》的最新版本是2009年出版的第3版。相关内容可到美国现代语言协会网站(http://www.mla.org)查看。MLA体例主要应用于人文科学领域,尤其是语言、文学和艺术领域,至今已被美国、加拿大等国的几百家刊物和许多大学出版社以及商业出版社所采用。MLA体例指南手册还先后被译为日文和中文,其影响超越了英语学术圈。

MLA体例采用著者—页码制,当文中引用某一文献时,用圆括号注出该文献作者的姓氏和所引作品的页码。如果正文中提到了作者姓氏,则只需在括号中标明页码。完整的文献信息在文后参考文献表中可查,参考文献表以"Works Cited"为标题,引用文献按作者姓氏字母顺序排列。

2. 美国心理学协会体例(APA Style)

该体例由美国心理学协会(American Psychological Association,APA)制定,体现在由该学会编辑的《美国心理学协会出版手册》(Publication Manual of the American Psychological Association)中。最新版本为 2010 年出版的第 6 版。相关内容可到美国心理学协会的网站(http://www.apastyle.org/)查看。APA 格式为著者—出版年制,参考文献表以"References"为标题。APA 体例除应用于心理学外,还广泛应用于社会学、教育学等其他社会科学领域。

3. 芝加哥体例(Chicago Style)

19 世纪 90 年代,芝加哥大学出版社的几位资深编辑为了满足作者、编辑熟悉和掌握学术出版物体例的需要,合作编写了一本学术论著写作、编辑指南,这就是著名的《芝加哥体例手册:作者、编辑、撰稿人必备》(The Chicago Manual of Style:for Authors,Editors and Copywriters)。由于该手册,芝加哥体例又被称为 CMS(Chicago Manual Style)。该手册百余年来经过不断的修订、完善,至 2010 年已出版了第 16 版。相关内容可到其官方网站(http://www.chicagomanualof-style.org/home.html)查看。

芝加哥体例提供文献—注释制和著者—出版年制两种格式供选择。如果采用文献—注释制,作者在文中有引证或需说明处,可在脚注或尾注中具体说明。除注释之外,作者还须在文章最后以参考书目(Bibliography)的形式对所引文献加以汇总,按字顺或分类排列,以便读者检索。由于注释的形式比较灵活,可以容纳更多的说明性内容,因而对于历史学这样对资料引证要求很严谨的学科来说十分适用,这也是芝加哥格式在历史学论著中始终占据统治地位的原因。除历史学之外,地理学、政治学著作采用芝加哥体例的著者—出版年制,其他许多社会科学期刊和学术著作也广泛采用了芝加哥体例。

4. 温哥华体例(Vancouver Style)

温哥华体例起初是国际上主流医学期刊的文章发表格式。1978 年,由一些综合性医学期刊编辑组成的一个工作小组在加拿大温哥华市举行会议,制定了向这些期刊投稿格式的标准,这个小组后来被称为温哥华小组。以后温哥华小组又逐渐发展成为国际医学期刊编辑委员会(International Committee of Medical Journal Editors,ICMJE)。ICMJE 制定了"生物医学期刊投稿统一要求"(Uniform Requirements for Manuscripts Submitted to Biomedical Journals),其中参考文献的著录格式是由美国国立医学图书馆提供的。十多年来该委员会每年集会,对投稿要求进行修订完善。迄今为止,"生物医学期刊投稿统一要求"已经发行了至少 5 版,最新的为 2010 年版,采用该标准的刊物已超过 500 种。相关内容可到 ICMJE

网站（http：//www.icmje.org/）查看。

温哥华格式采用顺序编码制，参考文献按在文中引用的顺序用数字序号编码，文后的参考文献表与之一一对应。顺序编码制不止医学期刊采用，在众多自然科学刊物中也得到广泛应用。由于温哥华格式应用顺序编码制十分典型，目前几乎成为顺序编码制的代名词。

5. 哈佛体例（Harvard Style）

温哥华体例是顺序编码制的代表，哈佛体例则可以说是著者—出版年制的同义语。在这种参考文献著录格式中，作者在正文中用圆括号注出所引用文献的作者和出版年，在文后参考文献列表中提供所引文献的详细信息，参考文献表以作者姓氏的字母顺序排序。《哈佛体例：作者、编辑与印刷者体例手册》（Harvard Style：Style Manual for Authors，Editors and Printers)到2002年时已经印行了第6版。有人认为，哈佛体例可能是西方学术期刊中影响最为广泛的体例，这其中包含了各种变体，许多实行著者—出版年制的体例都可以找到哈佛体例的影子。

国外参考文献著录规则的一个突出特点是多元化。除上述几种影响较大、涉及学科较多的体例外，许多专业学会还针对本学科的特点，制定了适用于单个学科的体例。如美国物理学会（American Institute of Physics，AIP）出版了物理学论文的体例手册，使用顺序编码制。美国化学协会（American Chemical Society，ACS）制定了《ACS体例指南：作者与编者手册》（The ACS Style Guide：A Manual for Authors and Editors)，允许作者任选顺序编码制和著者—出版年制。在生物学领域，生物编辑委员会（Council of Biology Editors，CBE；后改为科学编辑委员会，Council of Science Editors，CSE)编制出版了《科学论文体例与格式：CBE 作者、编者和出版者手册》（Scientific Style and Format：The CBE Manual for Authors，Editors，and Publishers)，该体例几乎被所有生物学刊物所采用。学生在向国际期刊、会议投稿时，其投稿须知或征文启事（Call for Paper)中都会明确规定参照的标准，并给出详细说明。

7.4 版权问题

7.4.1 版权的内涵

版权，即著作权，是知识产权中的一种，指作者或出版者对作品享有的出版或作别种处置的权利，遵循"著作权自动产生原则"。作者享有的著作权的内涵十分丰富。根据我国《著作权法》第十一条规定，著作权包括人身权和财产权。人身权又称精神权利，是指著作权人对其作品所享有的以精神利益为内容的权利，包括发表权、署名权、修改权、保护作品完整权,它们是著作权人最基本的权利。人身权中除修改权之外,其他几项权利都只能由著作权人自己行使;并且,人身权不能转让,也不能继承,永远属于著作权人本人。财产权又称经济权利,是指著作权人为了其经济利益,使用、处分其作品的权利。和人身权不同的是,财产权可以许可他人使用,也可以转让,但作品的使用者或受让人应当依照约定或《著作权法》有关规定支付著作权人相应的报酬,即要保护著作权人的获得报酬权。作品的"财产"属性就体现于此。另外,财产权如同其他有形财产一样,可以继承。下面着重介绍人身权及与学生学术研究相关的几种财产权。

1. 人身权

(1)发表权,即决定作品是否公之于众的权利。可以说,著作权人行使发表权是行使其他各项权利的先决条件。作品只有发表了,才能传播,才可能产生社会效益和经济效益,著作权人也才可能由此获得精神上和物质上的利益。因此,虽然发表权被列入人身权之列,但和财产权也密切相关,实际上,它是具有双重性质的一种权利。

在我国,由于存在"正式期刊"和"非正式期刊"之分,因此发表在期刊上的作品也就有"正式"和"非正式"之分。对于学术论文来说,所谓"正式发表"是指将作品发表在有《期刊登记证》和编入国家统一刊号的正式期刊上;"非正式发表"则指作品发表在有《内部报刊准印证》而没有编入国家统一刊号的非正式期刊或发表在内部交流资料上等,但不包括非法出版物。

作品的发表权也可以称为"首发权"。当作品发表后,该项权利也就用尽了——不管是正式发表还是非正式发表,即所谓发表权"一次用尽"。不过,如果作品非正式发表的影响面较小,例如,只是在某个学术研讨会上作为内部资料在小范围内印发,则为了扩大作品的影响力,充分实现其社会价值,只要期刊社同意,该作品也可以拿到正式期刊上正式发表。

此外,在《著作权法》中还专门对部分"职务作品"发表权的归属进行了规定。即,这些作品的作者(自然人)只对作品享有署名权,而其他的权利,包括发表权等人身权和财产权都为作者所属单位的法人或其他组织享有。我国目前对学术论文,尤其是属于国家研究课题项目的论文,是否为职务作品并没有明确的规定,因此,这些论文的发表权等权利的归属也就不十分明晰。按照惯例,一般认为作者(自然人)就是作品的著作权人,而不像一些发达国家对职务作品进行了明确而严格的界定,使得对职务作品发表权等权利的行使有章可循,如:若作者要公开发表其职务作品,应事先取得其职务作品著作权人(政府、公司、研究院所等)的授权并在文章中加以说明。可以预见,随着我国市场经济的发展和知识产权意识的逐步提升,学术论著和职务作品的关系终会厘清。

(2)署名权,即表明作者身份,在作品上署名的权利。具体来说,署名权包括以下几个方面的内容：① 著作权人有权决定在作品上署名的方式，是署真名还是署笔名、假名，甚至不署名；② 在有多名作者的情况下，有权确定排名的顺序；③ 有权禁止非作品的创作者在作品上署名；④ 有权禁止他人未经许可将自己的名字署在作品上。

署名权是人身权中专属性最强的一种权利，因为它与著作权人身份的认定以及由此涉及的一系列权利的行使紧密相关，因此，在《著作权法》中受到特别的保护。例如，该法规定：没有参加创作，为谋取个人名利，在他人作品上署名的，已构成侵权行为，要承担相应的民事责任；制作、出售假冒他人署名的作品的，除了要负民事责任或行政责任外，情节严重、构成犯罪的，还要依法追究刑事责任。

（3）修改权，即修改或者授权他人修改作品的权利。《著作权法》还进一步规定："报社、期刊社可以对作品作文字性修改、删节。对内容的修改，应当经作者许可。"这就涉及学术期刊编辑者对文稿进行修改的权限问题。按照业内习惯，论文作者一旦向期刊社投稿，就意味着将作品文字性修改权赋予了期刊社。也就是说，期刊编辑在对文稿进行只涉及表达、不涉及内容的文字性修改时，不必经过作者许可。然而，若发现文稿内容有需要修改之处，如数据有问题，或公式不正确，或结论不当，或文章过于冗长等，期刊编辑应该向作者提出修改建议，请作者本人修正或经过作者许可后代为修改。在文稿修改之后，期刊社一般都会将付印前的清样发送给作者审校，待作者认可最终修改稿后再付梓。

（4）保护作品完整权，即保护作品不受歪曲、篡改的权利。该项权利也可以看作是著作权人对作品拥有修改权的另一种表达方式，或者可以将两者看成是一种相辅相成的关系。由于作品直接体现了作者的学养、专业水平、表达能力、风格等，而作品发表后往往会影响到作者的声誉甚至社会地位，因此，保护作品的完整性，就成为作者人身权中重要的组成部分。破坏了作品的完整性，就是损害了作者的人格，是法律所不允许的。为此，《著作权法》中，将"歪曲、篡改他人作品"列为需负民事责任的侵权行为。

总之，人身权是著作权内容的重要组成部分。《著作权法》规定：对于人身权中的署名权、修改权、保护作品完整权的保护是无期限的；而对于人身权中的发表权保护是有期限的：自然人作者为有生之年加上死亡后50年，截止日期为作者死亡后第50年的12月31日；如果是合作作品，则截止于最后死亡的作者过世后第50年的12月31日；对于法人或其他组织作品的发表权，保护期截止到作品首次发表后第50年的12月31日。作品创作完成后50年内没有发表的，该法不再保护。

2. 财产权

《著作权法》中列举了财产权的12种具体形式的使用权，另外还有一种是"应当由著作权人享有的其他权利"，把目前还无法预测到而今后可能会出现的其他形式的使用权也都囊括了进来。

（1）复制权，即以印刷、复印、拓印、录音、录像、翻录、翻拍等方式将作品制作一份或者多份的权利。这是财产权中最基本的一项权利，对于文字作品的著作权人来说，复制权是其他财产权的基础，也是著作权人获取报酬的主要来源。

（2）发行权，即以出售或者赠与方式向公众提供作品的原件或者复制件的权利。这是建立在复制权基础之上的传播作品的主要方式。当著作权人一旦自己或许可他人公开行使了发行权后，则著作权人对已经发行出去的作品复制件将不再有任何支配权利，也不能从这些复制件的继续流通中获取报酬，这就是所谓"发行权一次用尽"原理。不过，"发行权一次用尽"往往是有地域性的。例如，某作者的作品以简体字版在中国内地出版，同时又以繁体字版在海外出版，则该作者（以及作品的出版者）可以不允许简体字版在海外销售，同时不允许繁体字版在中国内地销售。

（3）信息网络传播权，即以有线或者无线方式向公众提供作品，使公众可以在其个人选定的时间和地点获得作品的权利。近二十多年来互联网向传媒领域的渗透，使得作品通过网络传播成为社会生活中很普遍的现象，并受到人们的广泛欢迎。为了规范由于网络传播而引发的与著作权有关的一系列行为，在 2001 年 10 月 27 日修正的《著作权法》中，专门在著作权人的"财产权"中增加了"信息网络传播权"，明确了该权利属于著作权人的专有使用权之一，他人未经授权不得使用。一些期刊社未经原作品作者的书面授权，更没有和作者订立任何合同，就随意地使用作品的信息网络传播权等权利，甚至将这些权利许可给他人使用，均属于侵权行为。

（4）翻译权，即将作品从一种语言文字转换成另一种语言文字的权利。这种权利也是著作权人的"专有使用权"，即必须得到著作权人授权，他人才可以行使这项权利，同时要向著作权人付酬。因此，如果期刊社事先未获得作者的授权，而将作者作品的部分或全部翻译成其他语言文字出版，就属于侵权行为。《著作权法》同时还规定了在两种特殊情况下，可以不经著作权人许可，也不用向其支付报酬而行使翻译权——这就是将中国著作权人已发表的汉语言文字作品翻译成少数民族文字在国内出版和将已发表的作品改成盲文出版。这些规定属于对作品"合理使用"的范畴。翻译权一旦行使，原作品著作权人对此后产生的"翻译作品"则不再有任何著作权（除非著作权人本人为翻译人）。翻译作品作为一种演绎作品，著作权将属于翻译人，但翻译人在行使著作权时不得侵犯原作品著作权人的权利。

（5）汇编权，即将作品或者作品的片段通过选择或者编排，汇集成新作品的权利。这项权利也属于著作权人的"专有使用权"。不过，按照《著作权法》的规定，当作者向报刊投稿时，意味着将其作品的汇编权（以及复制权、发行权）许可报刊社使用，不用和作者签订书面许可使用合同。而当文章在报刊上发表后，只要著作权人事先没有声明"不得转载、摘编"，其他报刊就可以转载、摘编（不过要向作者付酬），即可以对作品行使"法定许可"的汇编权。如同翻译权一样，汇编权一旦使用，原作品的著作权人对其后产生的"汇编作品"就不再具有任何著作权（除非著作权人同时又是汇编人），汇编作品的著作权属于汇编人。汇编人在行使著作权时，不得侵犯原著作权人的权利。

其他的财产权还有出租权、展览权、表演权、放映权、广播权、摄制权和改编权。由于要考虑到科学文化事业的发展和人类精神财富的共享，《著作权法》对于著作权中财产权的保护是有期限的，保护期限同人身权中的发表权。

7.4.2 论文发表的版权问题

前面介绍了著作权的内容，对于论文作者来说，不仅要清楚自己拥有哪些权利，更为重要的是清楚如何通过使用这些权利，实现自己对作品著作权的主张并由此获得报酬，同时使自己创作的作品充分发挥其自身价值。在现实中，这些权利主要是财产权的行使，往往不是著作权本人直接进行，而是要通过"著作权转移"的方式来实现。对于论文作者来说，就是向发表论文的期刊社授权，通过与期刊社签订著作权许可使用合同或者著作权转让合同来实现。《著作权法》规定著作权中的人身权永远归著作权人所有，是不允许转移的。因此，以下谈及的著作权转移都仅指其中财产权的转移。

1. 著作权许可使用合同

著作权的许可使用是著作权人为行使对作品的著作权，自愿采取的一种普遍的、常用的作品使用方式，而著作权使用的被许可人一般都是正式的出版单位。为了规范这种著作权许可使用的行为，使其具有法律效力，《著作权法》规定："使用他人作品应当同著作权人订立许可合同，本法规定可以不经许可的除外。"这里所说的法定的"可以不经许可"使用作品的情况是"合理使用"或"法定许可使用"。《著作权法》对著作权许可使用合同主要的、必备的内容规定如下：

（1）许可使用的权利种类

即指著作权人将自己财产权中的哪些权利许可对方使用。一个特定的作品的使用对象，未必需要使用著作权人所有的财产权。因此，著作权人可以根据实际情况、使用者的要求以及自己的意向，向使用者授权使用那些必要的财产权。对于期刊社来说，一般要求获得作品的汇编权、复制权、发行权、翻译权、信息网络传播权等权利的使用权即可。需要说明的是，根据行业习惯，这里提及的前 3 种权利，不通过订立合同期刊社也能使用，如果期刊社在统一订立的合同中重申，使授权更加清晰，有利无弊。

（2）许可使用的方式

著作权人许可他人使用其作品有专有使用和非专有使用两种方式。专有使用许可是指若著作权人许可他人专有使用其作品，则被许可人有权排除包括著作权人在内的任何人以同样的方式使用作品。也就是说，对作品的专有使用是独占、排他的；而非专有使用许可是指著作权人授权被许可人以非独占、不排他的方式使用其作品。由于两种使用方式在使用的权限和由此产生的利益的获取、分配上有很大的差别，因此在合同中一定要明确著作权人许可对方使用的是哪一种使用方式。

当作者向期刊社投稿时，根据行业惯例，意味着作者授权期刊社使用的只是其作品的部分著作权的非专有使用权。由于作品的非专有使用授权既不能制止作者可能发生的一稿多投行为，也无法抗拒其他报刊法定许可转载、摘编期刊的作品，致使期刊社的著作权名存实亡，因此，越来越多的期刊社通过订立合同取得作品的专有使用权。

（3）许可使用的地域范围、期间

这是指著作权人许可对方使用其作品的地域限制和时间期限。对于地域限制，一般是以国家、地区来划分，或者是以不同的语言、文字所对应的地域来划分。对于学术论文来说，为了扩大作品的传播范围，更充分地发挥其自身价值，将同一篇文章改用其他文字再次发表也是有意义的，但是不能侵犯到作品著作权人和首次出版该作品的期刊社的合法权益。对于已经发表的论文，出版者可能希望将整个期刊收入某个大型数据库，以数字化、集成化的方式出版，或以网络的形式在世界范围内传播。因此，这些出版者一般会直接找到期刊社，要求后者将整个期刊的汇编权、信息网络传播权等许可他们使用。考虑到网络传播的无地域性，期刊社在和作者订立合同时，应该要求著作权人将其作品在世界各地的专有使用权都许可给自己，并且许可自己独家代理其作品使用权的授权。这样做，期刊社就为今后对海内外期刊数据库制作、传播者的授权打下了合法的基础，同时，对作者也不会造成损失，反而会扩大其作品的使用范围，提高其传播效率。

对于时间限制，由于著作权人许可他人使用其作品时，作品的著作权仍属于作者，因此，著作权人有权在一定期限后将许可使用权收回。一般著作权许可使用合同终止之日也就是许可使用权收回之时。许可专有使用作品的期限应该由双方当事人协商确定。由于学术论文的时效性较强，也不存在图书可多次重印的情况，一般来说大致订在 10 年即可。

（4）付酬标准和办法

著作权人的财产权集中体现在其获取报酬的权利上。向著作权人支付作品使用报酬的标准可以由当事人约定，写入著作权许可使用合同中，也可以按照国家版权局会同有关部门（如财政部、工商局等）制定的付酬标准支付。若当事人约定不明确的，则按照后一种方式支付报酬。根据国家版权局 1999 年 4 月颁布的《出版文字作品报酬规定》，有 3 种付酬方式：基本稿酬加印数稿酬、版税制和一次性付酬。图书出版惯用前两种方式，论文发表采用一次性付酬。

一次性付酬是指作品的使用者按作品的质量、篇幅、经济价值等计算出作品使用报酬，并一次性向著作权人付清。也就是说，在作品许可使用的期限内，若此后使用者以著作权人许可的方式再次使用该作品时，则不用再向著作权人支付任何报酬。该法规明确规定：报刊刊载作品只适用一次性付酬方式，并且，应在刊载作品 1 个月内向著作权人支付报酬。此外，还规定：报刊刊载作品，未与著作权人约定付酬标准的，应按每千字不低于 50 元的付酬标准向著作权人支付报酬；报刊转载、摘编其他报刊已发表的作品，应该按每千字 50 元的付酬标准向著作权人付酬。社会科学、自然科学纯理论学术性专业报刊，经国家版权局特别批准后可适当下调付酬标准。

（5）使用许可的代理授权

期刊社如果已经获得了原作品的信息网络传播权等权利的使用授权，但实际上又不是本身直接行使这些权利，而是要通过其他出版单位或信息公司行使，则事先必须获得著作权人授予的作品许可使用的代理权。这是因为著作权的许可使用，不论是专有使用还是非专有使用，仅仅是允许被许可人自己使用这些权利，并不包括允许被许可人再向第三人授权使用这些权利。期刊社将自己获得的作品使用权许可他人使用，是一种著作权使用的代理行为，事先必须获得著作权人的授权，并且应作为约定的内容之一写入合同。在著作权人没有授权的情况下，期刊社随意将其作品的使用权授予他人就是侵权行为。

（6）违约责任

所谓违约责任是指一方或双方不履行合同中所规定的义务时，应当向对方承担的民事责任。为此，合同中应约定当事人在什么情况下算违约，违约后应该负什么样的具体责任，应该如何善后等。对于发表论文来说，作者可能违约的情况有：在许可期刊社专有使用其作品的同时又将稿件投向其他期刊社；不能按期修回稿件或无理由撤稿；作品有剽窃、抄袭他人作品部分，从而侵犯了他人著作权等。在这些情况下，可以约定期刊社在一段时间内不接受该作者的作品，并且，如果因其一稿多投或侵犯他人著作权的行为已给期刊社造成负面影响，期刊社可以在期刊上公示，撤销该作品，并且可以终止合同。期刊社可能违约的情况是：不能按约定的时间出版作品；不能按约定（或规定）的时间或数额支付作者稿酬等。对于这些违约行为，可以约定期刊社向作者支付一定的赔偿金，并且继续履行付酬义务，而作者可以终止合同。此外，期刊社另一种可能的违约行为是行使了作者未授予的作品使用权，从而侵犯了作者著作权。对于这种可能发生的行为，双方可以约定协商解决，协商不成，则可以通过法律程序解决。

2. 著作权转让合同

《著作权法》规定：转让著作权中的财产权应当订立书面合同。现将《著作权法》规定的著作权转让合同的具体内容介绍如下。其中和著作权许可使用合同相同的内容将不再重复说明。

（1）转让的权利种类、地域范围

由于著作权转让意味着在著作权保护有效期内,原著作权人永远丧失了其转让出去的那部分财产权,而这部分财产权将永久属于受让人,因此,对转让权利种类的确定应该十分慎重。在图书出版界,除了特殊情况外,著作权人一般都是授权出版社专有使用其作品,而非转让作品的著作权。但在期刊出版界,国际上通行的做法则是向出版者转让作品的著作权,并且往往都是将作品的全部财产权转让。这是因为,一篇论文本身的稿费不会有多少,而且支付都是一次性的,著作权人不可能通过发表一篇论文获得多少经济效益;同时,期刊社也不可能通过出版论文获得巨额利润,从而损害了作品著作权人的合法权益。因此,将一篇学术论文的全部财产权都转让给期刊社,对于著作权人来说,在经济上不会造成什么损失,反而为其作品充分发挥其社会效益提供了前提条件。同著作权的许可使用一样,著作权转让也有地域范围的限制,然而在著作权转让中,没有对于时间的限制,因为"转让"意味着著作权"永远的丧失"。

(2)转让价金及交付日期与方式

转让价金是指向著作权人支付的转让作品财产权的报酬,或称之为"作品买断价格"。获得转让价金是著作权人在丧失其作品(部分或全部)财产权之前,对这些权利的最后一次行使,因此,有关转让价金的条款是合同中非常重要的组成部分。

由于转让是一次性的,因此转让价金总额的支付也应该是一次性的。目前著作权有关管理部门还没有规定作品转让的付酬标准,所以,目前转让价金只能由双方当事人约定。由于著作权的转让使得著作权人彻底丧失了自己对作品所拥有的部分或全部的财产权,作为对著作权人的补偿,转让价金一般应该高于著作权许可使用的付酬标准。交付转让价金的日期和方式,也应该作为双方的约定写入合同中。对于期刊原作品著作权的转让,一般是待作品正式出版后,期刊社再向作者一次性支付作品的转让价金,即稿酬。

3. 著作权转让合同样例

【样例】①

××××期刊社

论文著作权转让合同

甲方(代表)

乙方 ××××期刊社

甲、乙双方就论文著作权转让事宜达成如下协议:

1. 甲方是论文_____

---

① 该文本是由中国高校自然科学学报研究会秘书处提供的合同参考文本,由陈进元执笔、修改。

(以下简称"该论文")

(1) 唯一的作者;(　　　)

(2) 作者之一以及有证据证明是其他作者委托的代表;确认作者的排名顺序同论文稿件上的顺序,并且全体作者对此没有异议。(　　　)

如果在作者署名的正确性或排列顺序上发生问题,一切责任由甲方承担。

2. 甲方保证该论文为其原创作品并且不涉及侵权、一稿多投和泄密问题。若发生前述问题,一切责任由甲方承担。

3. 甲方自愿将其拥有的对该论文的以下权利转让给乙方:

(1) 汇编权(论文的部分或全部);

(2) 翻译权;

(3) 印刷版和电子版的复制权;

(4) 发行权;

(5) 信息网络传播权。

4. 本合同第3条所转让的该论文的5种使用权,转让地域为世界各地。

5. 除《中华人民共和国著作权法》第二十二条规定的情况外,在本合同第3条款中转让的权利,甲方不得再许可他人以任何形式使用,但甲方本人可以在其后继的作品中引用该论文(部分文字或图表)或将其汇编在非期刊类的文集中。若甲方按前述方式使用了该论文,应将使用情况通知乙方。

6. 乙方在收到甲方论文稿件后90日内将通知甲方稿件处理情况。若甲方收到的是退稿通知,则在甲方收到该通知时本合同自动终止。

若超过90日甲方没有收到乙方的通知,则甲方可以自行处理该论文,本合同自动终止。

7. 该论文在乙方编辑出版的××××期刊上(不论以何种形式)首次发表后,乙方将按下面(　　　)的方式向甲方收取一次性发表费:

(1) 甲方有科研经费。

① 按每页_____元、每张黑白图_____元(彩图另算)、审稿费_____元收取;

② 按每篇_____元收取。

(2) 甲方科研经费不足,按(1)标准的_____％收取。

(3) 甲方没有科研经费,不收取。

8. 该论文在乙方编辑出版的××××期刊上(不论以何种形式)首次发表后,乙方在期刊出版后的30日之内向甲方支付一次性稿酬,并赠送样刊和(或)抽印本。付酬标准采取下面(　　　)的方式。

(1) 全篇支付_____元;

(2) 每页支付_____元;

(3) 每千字支付_____元。

9. 其他未及事宜,若发生问题,双方将协商解决;若协商不成,则按照《中华人民共和国著作权法》和有关的法律法规处理。

10. 本合同一式两份,甲、乙双方各持一份,具有同等法律效力。本合同自双方签字之日起生效,有效期限同该论文著作权(财产权)保护有效期或本合同第 6 条规定的该论文著作权转让期限。

甲方(代表):   乙方:××××期刊社(盖章)

                                           乙方代表:

      年   月   日于   市

7.4.3 学位论文的版权问题

1. 学位论文的版权归属

我国教育部并没有对学位论文的版权归属问题做出明确规定。除了规定学生在校期间参与导师承担的本校研究课题,或者承担学校安排的任务所完成的发明创造及其他技术成果的知识产权应当归高等学校享有外,对非课题的学位论文并没有规定其版权归属,对此类学位论文只能根据《著作权法》的相关内容来推定。

(1) 在导师指导下独立完成的学位论文

在我国现有教育体制下,各学位授予单位具有一定的行政性质,学位授予单位和拟申请博硕士学位人员之间存在一种管理与被管理的关系。在这种管理关系之下,学位论文的创作不但要借助于学位授予单位的各种资料和资源,而且整个博硕士学位论文的创作过程都会在导师的指导下进行。因此,有人据此认为学位论文的著作权应当属于学位授予单位。而实际上,除学生在校期间参与导师承担的本校研究课题,或者承担学校安排的任务所完成的发明创造及其他技术成果的知识产权应当归学校所有之外,一般情况下非课题的学位论文是受版权法保护的个人作品,其著作权属于作者。学位论文写作过程中有导师和其他专家学者的指导,但这并不能改变学位论文为个人独立作品的性质。

(2) 利用学位授予单位物质条件完成的学位论文

对于一些理工科的学位论文来说,如果学位论文涉及的工程设计、产品设计图纸及其说明、计算机软件、地图等作品是利用高校的物质条件创作的,并且由各学位授予单位承担责任的,学位论文的著作权应当属于各学位授予单位。例如清华大学规定:一般情况下,学位论文的作者享有论文的著作权。学位论文中涉及的工程设计、产品设计图纸及其说明、计算机软件、地图等作品,如果是利用清华大学的物质条件创作,并由清华大学承担责任,其著作权归属清华大学。

2. 学位论文发表的界定

根据《著作权法》第十条第一款,发表权是指"决定作品是否公之于众的权利"。

具体说来,是指作者有权决定其作品是否发表,何时发表,以及以何种形式发表。博硕士学位论文在提交至学位授予单位之前必须通过答辩程序。答辩程序虽然也是在公共场合进行,但这种公开还是有一定范围限制的,不属于版权法意义上的公开发表。因此,学位论文不同于一般图书期刊的是,除极少数已经发表过之外,大多数学位论文属于未发表作品。对于这些未发表的学位论文而言,发表权是作者享有其他著作权的基础。如果不经著作权人同意,通过制作数据库的形式对外传播,无疑会对著作权人的权利造成极大影响。

目前国内高校都会要求毕业生经过论文答辩之后,将其学位论文通过电子版和纸质文本形式提交给大学的档案馆和图书馆进行保存,并规定学位论文提交的格式、方法和其他要求等。与此同时,学校一般会提供格式合同,约定学位论文的使用方法、期限等条款,并要求提交论文的学生签字确认。另外,从博硕士学位论文数据库建设的实践来看,各数据库对学位论文作者的版权重视在逐步加强。与原来直接把所收藏的学位论文加以利用相比较,各图书馆和商业数据库公司都在逐步健全自己的版权对策。

3. 学位论文的授权

如前所述,学位论文属于未发表作品,不适用我国《著作权法》第二十二条关于合理使用的规定。因此,公共图书馆和商业数据库公司对学位论文的收集、加工必须以授权使用协议为前提。授权使用协议应当给予学位论文作者一定的选择自由,在作者签字确认之前有义务让其充分了解协议内容,并且在协议中对学位论文的发表权、复制权和信息网络传播权等做出明确约定。授权方式可以采取一对一授权,也可以通过学位授予单位或法定学位论文收藏单位(国家图书馆、中国科技情报研究所、中国社会科学院文献信息中心),通过著作权集体管理组织或者版权要约的授权许可模式。

作者在签订学位论文授权许可协议前后有必要注意以下事项:

(1)在签字确认学位论文授权许可协议之前可以要求学位授予单位对学位论文的保存、使用状况予以说明。其中可以要求学位授予单位允许其论文滞后1～2年公开其全文内容。

(2)在明确版权许可协议内容的前提下,可以把学位论文的相关权利授权给数字图书馆和商业数据库公司。

(3)授权使用协议应当约定,图书馆提供对外服务在局域网内进行,不应影响作者信息网络传播权的行使。

(4)在对外提供浏览、下载、打印以及文献传递服务时,应当发布相应的版权声明,并且确保用户在获得各项服务之前能够在线提交不侵权承诺。

(5)在没有授权许可的情况下,如果自己的学位论文被随意上传、下载,应当根据《著作权法》的相关内容追究侵权人的法律责任。

4. 授权协议举例

样例1:《北京大学学位论文使用授权说明》

学位论文使用授权说明

本人完全了解北京大学关于收集、保存、使用学位论文的规定,即:

按照学校要求提交学位论文的印刷本和电子版本;

学校有权保存学位论文的印刷本和电子版,并提供目录检索与阅览服务;

学校可以采用影印、缩印、数字化或其他复制手段保存论文;

在不以赢利为目的的前提下,学校可以公布论文的部分或全部内容。

(保密论文在解密后遵守此规定)

论文作者签名:　　　　　　导师签名:

日期:　　年　　月　　日　　日期:　　年　　月　　日

样例2:《学位论文出版授权声明》

学位论文出版授权声明

本人已经认真阅读《"中国精品学位论文全文数据库"建设章程》,同意将本人的学位论文提交给"中国精品学位论文全文数据库"项目的产品开发与运作方北京北大方正电子有限公司全文发表,并可按"中国精品学位论文全文数据库稿酬支付说明"享受相关权益。

同意论文提交后滞后:□半年;□一年;□两年发布。

作者签名:_____　　　　导师签名:_____

_____年__月__日　　　　_____年__月__日

7.4.4　图书馆资源的合理使用

1. 合理使用制度

《著作权法》的立法原则,除了首先要保护著作权人的利益外,还要维护作品的传播者、使用者的权益,以利于科学文化知识的传播、传承和创新。因此,为了平衡三者之间的利益,《著作权法》规定,在一定条件下,对著作权人享有的专有使用权要进行适当地限制，其中"合理使用"就是这样一种制度。

著作权合理使用制度是指为了个人学习、研究或欣赏目的，为了教学、科学研究、宗教或慈善事业，在不征得作者或其他著作权人同意，不支付报酬的情况下，使用他人已经发表的作品。但使用时必须注明作者的姓名、作品的名称，并不得侵犯著作权人其他依法所享有的权利。合理使用制度的创设体现出一种平衡精神，这种平衡既是作者个人利益与社会公众利益的平衡，也是作者、传播者、使用者之间利益的平衡，其意义在于真正协调作者合法权益与促进社会科学文化事业共同发展的关系，确保社会公众能够接触和使用作品，从而实现《著作权法》的社会价值。

我国《著作权法》第二十二条规定了合理使用他人已经发表作品的 12 种情况。

（1）"为个人学习、研究或者欣赏，使用他人已经发表的作品。"这里的个人使用，目的必须是非商业性的。另外，由于本款规定没有对"使用"的范围进行限定，因此，可以理解为这种使用包括了对《著作权法》所规定的著作权人的各种财产权的行使，除非这种行使会不合理地损害有关著作权人的合法权利，如对其作品发行权、信息网络传播权的使用。

（2）"为介绍、评论某一作品或者说明某一问题，在作品中适当引用他人已经发表的作品。"此规定特别强调引用作品的数量要适当。关于适当引用他人已经发表的作品，我国《著作权法实施条例》第二十七条作了明确规定：第一，引用目的仅限于介绍、评论某一作品或者说明某一问题；第二，所引用部分不能构成引用人作品的主要部分或实质部分；第三，不得损害被引用作品著作权人的利益。

（3）"为报道时事新闻，在报纸、期刊、广播、电视节目或者新闻纪录影片中引用已经发表的作品。"时事新闻是指通过报纸、期刊、电台、电视台等传播媒介报道的单纯事实消息。强调为报道时事新闻的目的，但不允许为制作自己的广播电视节目而大量使用他人作品。

（4）"报纸、期刊、广播电台、电视台刊登或者播放其他报纸、期刊、广播电台、电视台已经发表的社论、评论员文章。"因为在我国，社论和评论员文章基本上是政治性的，体现了国家的方针、政策，传播得越迅速、越广泛越好。因此，转载和播放社论和评论员文章，属于合理使用范围。

（5）"报纸、期刊、广播电台、电视台刊登或者播放在公众集会上发表的讲话，但作者声明不许刊登、播放的除外。"这里特别要注意的是作者没有声明不许刊登、播放的才可以合理使用。该项规定的公众集会，是指群众性的政治集会、庆祝活动或纪念性集会。学术研讨会不包括在其中。因为学术研讨会是在一定场合下、一定范围内的集会，而不是公众或各阶层代表均可以参加的集会。

（6）"为学校课堂教学或者科学研究，翻译或者少量复制已经发表的作品，供教学或者科研人员使用，但不得出版发行。"在这里，"学校课堂教学"不包括函授和远程教学，也不包括社会上一些以营利为目的开办的一些所谓的音乐学校、服装学校、外语速成学校等学校的课堂教学。

（7）"国家机关为执行公务使用已经发表的作品。"该项中的国家机关，主要指国家行政机关和司法机关，这些机关使用的作品，应该是与执行公务有关的已经发表的作品。国家立法机关为了立法，需要参考有关专家和学者的论文，可以将这些论文打印成册，分发给参与起草或者讨论的同志学习或参考。司法机关为了审理案件，可以复制他人的作品作为司法证据，以供办案时使用。

（8）"图书馆、档案馆、纪念馆、博物馆、美术馆等为陈列或者保存版本的需要，复制本馆收藏的作品。"该款明确规定了：图书馆等馆所只能以"陈列或者保存版本的需要"为目的、以复制的方式合理使用本馆收藏的作品，而用于其他目的的复制都不能算作对作品的合理使用。至于图书馆为方便读者而开展的复印等业务，应视作是为读者"个人学习、研究或者欣赏，使用他人已经发表的作品"提供方便。当然，这种对作品的复印应该有一定的限制，以遵循"不得影响该作品的正常使用，也不得不合理地损害著作权人的合法利益"这些合理使用作品的原则。

（9）"免费表演已经发表的作品。"构成免费表演必须具备两个条件：一是表演者本人不能有收入；二是观众不付钱。这两个条件应该同时具备。

（10）"对设置或者陈列在室外公共场所的艺术作品进行临摹、绘画、摄影、录像。"在理解这一项规定时，应注意以下3点。一是限于对设置在室外公共场所的艺术品进行临摹、绘画、摄影、录像，例如对于长期、永久地设置在公园、广场、风景旅游区的雕刻、塑像、壁画等艺术作品进行临摹、绘画、摄影、录像不能视为侵权；而对于室外非公共场所如私人花园、院落等和室内公共场所如展览馆、博物馆、车站候车室等中陈列的艺术作品则不适用此条规定。二是复制的方式只能是以临摹、摄影等非直接接触的方式进行，而不是以直接接触艺术作品的方法如拓印等来进行复制。三是使用者对复制的作品不得出版发行并以此营利，否则不属于合理使用的范围。

（11）"将已经发表的汉族文字作品翻译成少数民族文字在国内出版发行。"这主要是从我国民族众多，各民族之间发展不平衡这一实际情况出发而进行立法的，目的是为了促进少数民族科学文化事业的发展。该项规定的条件和范围：一是翻译的作品只能是汉族文字作品，而汉族非文字作品，如口述作品、电影、电视作品不在此列；二是只能把汉族文字作品翻译成我国少数民族文字作品，并在我国境内传播。将国内少数民族文字作品翻译成汉族文字作品或将某一少数民族文字作品翻译成另外一个少数民族文字作品，则不适用此项条款之规定。

（12）"将已经发表的作品改成盲文出版。"盲人接受教育困难，专为盲人创作的作品很少，盲文出版物大多是通过普通文字作品改编而成。为了促进盲人教育，提高整个中华民族的文化素质，法律专门列出了此项规定，以表示对盲人利益的特殊保护。

2. 图书馆纸质资源的合理使用

在合理使用制度的平衡体系中，图书馆处于一种非常特殊的地位，它既是传播者，也是使用者，同时，图书馆还肩负着传承人类文明、促进社会发展的重任，是社会公众利益的代言人。正是由于图书馆的这一特殊的社会性质和社会功能，因而许多国家和地区都把图书馆作为合理使用制度中的特殊对象，单独作出具体的规定。也就是说，合理使用制度从诞生的那一天起，实际上就与代表社会公众利益的图书馆密不可分。

多数国家将图书馆的合理使用区分成为图书馆的复制和为读者的复制。由上述可知，为图书馆的复制，主要是出于陈列或保存的目的；为读者的复制，主要是出于方便读者的学习或研究的目的。但无论出于何种目的，图书馆的复制在数量上都是受到限制的，而且是很明确的限制。图书馆为读者提供的复制，在复制的程度及数量上均应受到限制，即只能复制已发表作品的一部分或期刊中的单篇文章，而不能复制整部作品，并且基本都是以一人一份为限。一些欧美国家的图书馆及我国的一些图书馆对此都有严格的规定，如规定只能是对期刊中一篇文章或著作中的一个章节进行复制，而不能对整本期刊或整部书进行复制；复制只能是单份而不能是多份；在复制地点张贴有关制止侵犯著作权的告示等。

3. 图书馆数据库资源的合理使用

数据库为图书馆开展信息服务提供了重要的物质基础和现实平台，但若处理不当就会引发著作权的侵权问题。数据库的著作权保护主要体现为对数据库本身和数据库中相关信息资源的保护。一方面，数据库的制作者在收集、选取信息资料制作的过程中，必须尊重原作品著作权人的发表权、署名权、修改权、保护作品完整权、使用权、获得报酬权等一切精神权利和财产权利；另一方面，作为汇编作品的数据库制作者依法享有著作权人的一切权利。在数据库的使用中，如果从数据库拷贝或套录一部分内容，这种做法在学术界被普遍认为是著作权的合理使用。而在网络信息环境下对数据库的非授权使用、非法套录、篡改、盗版等违法行为除了侵犯数据库的著作权之外，还可能触犯《反不正当竞争法》、《商业秘密法》等其他相关法律法规，情节严重者将会触犯《刑法》并依法追究其相关行为人的刑事责任。

学生在利用图书馆数据库资源时，会引发著作权问题的不当使用行为，包括：使用软件工具下载；整卷、整期批量下载；短时间内连续、系统地大量下载某数据库资源；通过代理服务器下载等。显然，这些行为直接侵犯了数据库制作者的著作权。如果有的读者无限制地使用数据库，超出了合理使用作品的范围，则不仅违反了数据库使用的国际惯例，也会给图书馆造成声誉上和经济上的损失。因此，越来越多的图书馆在开放数据库的使用时，都在图书馆页面的显著位置向读者进行了公示，包括什么样的行为属于明令禁止的"恶意下载"，并给出了惩罚这类行为的具体办法。以下是清华大学图书馆电子资源版权公告的内容。

关于版权的公告

为了保护电子资源的知识产权,维护清华大学的声誉,也为了保证广大合法用户的正当权益,图书馆要求各使用单位和个人重视并遵守电子资源知识产权的有关规定。

1. 不得使用网络下载工具批量下载图书馆购买的电子资源。

2. 不得连续、系统、集中、批量地进行下载、浏览、检索数据库等操作(由于各数据库商对"滥用"的界定并不一致,因此图书馆无法制定统一标准。一般数据库商认为,如果超出正常阅读速度下载文献就视为滥用,通常正常阅读一篇文献的速度至少需要几分钟)。

3. 不得将所获得的文献提供给校外人员,不得将个人网络账号提供给校外人员使用本校电子资源,更不允许利用获得的文献资料进行非法牟利。

4. 校内任何个人不得设置代理服务器阅读或下载电子资源。校内单位若由于特殊需要需设置代理服务器,一定要事先得到图书馆允许,并且保证该服务器不得允许校园外 IP 通过它访问图书馆购买的电子资源。

5. 如发现违规行为,图书馆将协助学校有关部门进行追查,并进行如下处理:

(1) 通知所在单位领导,违规当事人于 3 个工作日内到图书馆接受调查并提交书面检讨,图书馆向全校范围发布通报批评。

(2) 停止借书权限半年。

(3) 冻结网络账号两个月。

情节严重者,将报请学校予以纪律处分。由此而引起的法律上的一切后果由违规者自负。

另外,按照某些业内人士的观点,图书馆可以将馆藏的(特别是具有馆藏特色的)仍在著作权保护期内的作品,数字化后放在馆内的局域网上,仅供读者在馆内浏览,但不可以下载、打印或转发。这样做可以为读者提供一种便捷的获取信息的方式,对著作权人也不会造成多少损失,属于图书馆公益性服务范围之内,不算作侵权。这实质上是在网络环境下,将图书馆提供人们合理使用作品的途径有限扩大。

7.5 学术失范与学术道德

研究生是我国学历教育的最高层次,也是我国学术界的预备人才。研究生的科研水平、科研能力是衡量研究生教育质量的一个重要标准。然而研究生科研水平的提高、科研能力的培养不仅依靠专业知识的学习,而且有赖于高尚的学术道德情操的培养。近年来由于受各种社会不良因素的影响，各种违反学术道德的行为在研究生中时有发生。种种学术道德失范现象的出现既损害了学术的威信，阻碍了学术的进步，浪费了学术资源，也败坏了学术风气，在教育界和科学界产生了恶劣影响。

7.5.1 抄袭剽窃

2004年2月24日《南京日报》报道：南京某大学一名博士2001年6月通过答辩取得博士学位，后因学位论文有抄袭嫌疑而被举报。该校为此聘请了校外多位同行专家对学位论文进行异议评阅复审。专家们评审后一致认为，该博士论文内容确实存在严重抄袭。学校学位评定委员会在对该博士论文进行审议并认定其存在严重抄袭后投票表决，决定取消该博士的博士学位。

英国《卫报》2005年3月22日报道，澳大利亚悉尼大学校方在年初通过一种"反剽窃"软件，查出该校200多名学生所写的论文涉嫌剽窃他人的文章。这些论文中的大部分内容都是学生直接从网上抄袭而来的。在这200多名涉嫌抄袭他人论文的学生中，有个别学生被校方认定论文成绩不及格，另有大量学生被要求重写；并对一部分情节严重的学生给予书面警告或通报批评。报道说，近年来在澳大利亚，学生通过网络剽窃他人学术论文已经成为一件很容易的事情，论文作假的现象在各大学普遍存在。此后，位于悉尼北部著名的纽卡斯尔大学也因发生了论文剽窃丑闻而遭到政府有关部门的严查。于是，澳大利亚25所大学购买了反剽窃软件。悉尼大学已经就撰写学术论文问题作了严格的规定，强调学生不得在引用他人文章时不加任何说明。

无论是国内，还是国外学术界，抄袭、剽窃都是学术腐败的重灾区。目前，国内也相继开发了一些反剽窃软件，越来越多的大学将其用于对学位论文的检测，以抵制抄袭行为，维护大学的声誉。例如，华中科技大学、华中师范大学、武汉工程大学等高校已经启用由CNKI与清华同方中国知网共同研制的"学位论文学术不端检测系统"(简称"TMLC")进行检测，检测结果重复率在10％以上者，将由导师敦促学生修改。武汉大学沈阳副教授研发了ROST反剽窃系统，并于2008年4月研制成功，现已在全国20多所高校院系推广和100多家期刊社使用。

然而针对这一情势，抄袭者的对策也在酝酿之中。有人甚至开起了如何应对反剽窃系统的"研讨会"，研究如何从论文行文、引文规范等技术层面上规避该系统。有学生提出了反"反剽窃"的"杀手锏"：将论文由文字格式转为图片格式。因而开发各种反剽窃系统绝非杜绝剽窃之根本途径，反剽窃系统面对的也不仅仅是技术难题，学生应正确认识抄袭、剽窃的恶劣本质与影响，树立学术道德规范。

据《大不列颠百科全书》解释，"剽窃"(Plagiarism)一词源于公元1世纪罗马著名讽刺诗人兼警句作家马歇尔。马歇尔有一条著名的警句，把他的诗词比作解放了的奴隶,而把一位将他的诗攫为己作的对手称为骗子。在我国,"剽窃"一词正式出现于唐代。韩愈在《昌黎集·南阳樊绍述墓志铭》中说"惟古于词必己出,降而不能乃剽窃"。学者释皎然指出剽窃诗有偷语、偷意、偷势3种方式,其中偷语、偷意是剽窃行为,而偷势则是借鉴行为。可以说,剽窃就是使用他人的作品而不注来源(Without Attribution),把他人的观点或者表达当成自己的,这是剽窃最主要的属性。

对于抄袭与剽窃的区别,在学生的道德规范中可不必作具体的区分。在商务印书馆1999年版的《现代汉语词典》(修订本)中,抄袭是指把别人的作品或语句抄来当作自己的;剽窃是指抄袭窃取别人的著作。可见,剽窃与抄袭实际上并没有本质的区别。2001年10月新修改的《著作权法》第四十六条删除了原《著作权法》第四十六条中的"抄袭"二字,将"剽窃、抄袭他人作品的"改为"剽窃他人作品的"。

那么是否只要注明出处,就可以无限制地引用他人作品呢?我国《著作权法》第二十二条规定,在指明作者姓名、作品名称,而且不损害著作权人依法享有的其他权利的前提下,可以"为介绍、评论某一作品或者说明某一问题,在作品中适当引用他人已经发表的作品",此规定特别强调引用作品的数量要适当。我国文化部《图书、期刊版权保护条例实施细则》第十五条规定:引用非诗词类作品不得超过2 500字或者被引用作品的1/10;如果多次引用同一部长篇非诗词类作品,总字数不得超过10 000字;引用诗词类作品不得超过40行或全诗的1/4,但古诗词除外;凡引用一人或多人的作品,所引用总量不得超过本人创作作品总量的1/10,但专题评论和古体诗词除外。

我国《著作权法》对合理引用作品的"量"没有明确规定,但并不表明对引用的"量"没有限定,而且仅仅从"量"来考察引用行为的合理与否往往是不全面的。就引用他人作品的"质"的合理性来讲,普遍的认识是:不能把别人作品中的实质部分或核心部分当成自己作品的实质或核心部分,这既要与"量"结合起来判断,又往往与"量"无关,具有独立判断价值。有时即便引用他人作品的数量很小,远远低于法定标准,但是由于构成了对他人作品"质"的侵犯而变得违法。

抄袭、剽窃他人作品的行为,可视具体情况的不同,对著作权人的多项权利构成侵犯。比如,将他人的作品改头换面后据为己有,则侵犯了他人的署名权、修改权,还可以侵犯他人的保护作品完整权。2001年《著作权法》第四十六条第五款规定:剽窃他人作品的,应当根据情况,承担停止侵害、消除影响、赔礼道歉、赔偿损失等民事责任。

除了可能侵犯版权,抄袭本身仍构成学术不端行为。在美国,对抄袭的惩罚是很严厉的,从失去学术界的尊敬到丧失学位、终身教职。《哈佛学习生活指南》用加大加粗字体警示:"美国高等教育体系以最严肃的态度反对把他人的著作或者观点化为己有——即所谓剽窃。每一个这样做的学生都将受到严厉的惩罚,直至被从大学驱逐出去。当你在准备任何类型的学术论文——包括口头发言稿、平时作业、考试论文等时，你必须明确地指出：你的文章中有哪些观点是从别人的著作或任何形式的文字材料上移入或借鉴而来的。"为避免学术不端行为带来的严重后果，学生应掌握避免抄袭、剽窃的基本准则，即遵守引文规范。简而言之：一是凡是引用了其他作品的观点或表述均要在文中注明确切的引文出处；二是适量引用，不能过度引用他人作品或过度自引。

7.5.2 数据造假

在科学研究中，为了验证推论或得出结论，经常需要用实验或调研来获取数据资料。但是实验或调研是艰苦的，需要付出大量的精力和时间，而且不一定能得到想要的结果。有的科技人员急功近利、急于求成，缩短应有的实验周期，伪造实验日期；有人根据已有的理论预见结果后，为了得到预期的实验结果，伪造实验数据；还有的人为了骗取荣誉和研究基金，从头至尾进行造假。有些学生自身的学术规范意识很淡薄，比如有学生认为，反正毕业以后也不会从事学术研究工作，只要混一混能够让毕业论文过关，编造篡改数据也就无所谓了。于是出现了部分研究生将别人的数据图表略作修改就变成了自己的数据，甚至主观臆造与自己想要"结论"相符的数据等。

国内外数据造假的案例屡见不鲜。2002 年 9 月 25 日，世界上久负盛名的美国贝尔实验室宣布，鉴于一个外部专家小组调查认定，该实验室的简·亨德里克·舍恩曾大量伪造实验数据，实验室已中止了与他的雇佣关系，将其开除。舍思 1998 年加盟贝尔实验室后，先后与 20 多位研究人员合作，短短两年多时间在《科学》、《应用物理通讯》等全球著名学术期刊上发表论文十余篇，内容涉及超导、分子电路和分子晶体等前沿领域，有些研究曾被认为是突破性的。但其他科学家随后进行的研究却无法再现舍恩的实验结果。有证据表明，1998～2001 年间，舍恩至少在 16 篇论文中捏造或篡改了实验数据，且这些造假都是在合作者毫不知情的情况下进行的。一些可以用于验证其实验结果的设备不是被他毁坏，就是被他丢弃了。最后，舍恩承认自己在科研工作中犯了错误，并"深感遗憾"。

2009 年 12 月 19 日，国际学术期刊《晶体学报》官方网站刊发社论，承认来自中国井冈山大学的两位教师至少 70 篇论文被证明是伪造的，决定予以撤销。这次数据造假事件给中国学术界的国际信誉造成了很大的负面影响。《晶体学报》的社论称，他们还在持续调查中，或许还有更多涉嫌造假的论文没有被发现。

2006 年 11 月 9 日，科技部发布了《国家科技计划实施中科研不端行为处理办法（试行）》，将抄袭、剽窃他人科研成果，捏造或篡改科研数据等 6 种行为明确定为科研不端行为。视情节轻重，对科研不端行为的处罚措施依次有：警告、通报批评、限期整改、记过、禁止一定时期申请和执行国家科技计划项目、降职、解聘、开除等。上述事例也告诫我们，科学问题是一个十分严肃的问题，来不得半点虚假。伪造实验数据，主观臆测结果，都是科学研究之禁忌。每一个学生都必须端正学术态度，恪守学术道德；否则，其造假行为被发现之日，也就是其学术生命结束之时。

7.5.3 一稿多投与一稿多发

一稿多投、一稿多发现象在研究生学术论文的发表过程中很普遍。在论文的投稿过程中，为了能更快的发表和有更多的选择，一般都会向多家期刊社同时投稿，并且很多学生不认为一稿多投有违学术道德。还有些研究生为了追求发表论文的篇数，将内容相同的文章略作修改或改个名字后便在不同的刊物发表。

一稿多投和一稿多发是学术界严厉指责的行为，因为：① 不必要地浪费了期刊版面及编辑和审稿人的时间；② 对相关期刊的声誉造成不良影响；③ 搅乱了依据科学成果的发表所建立的学术奖赏机制；④ 违反了版权法。正因为如此，国内外学术期刊都严厉反对一稿多投和一稿多发。有的期刊还明确指出对一稿多投的处罚措施。例如，《金属学报》就在其网页的"征稿须知"中规定："本刊严禁一稿多投、重复内容多次投稿、不同文种重复投稿。一旦发现上述情况，稿件将按退稿处理，并将通知作者单位及材料冶金领域有关期刊。作者本人的稿件今后将不被录用。"

但是也有符合规范的"一稿多投"行为。《著作权法》第三十二条设定了"有条件一稿多投"的法律规范："自稿件发出之日起三十日内未收到期刊社通知决定刊登的，可以将同一作品向其他报社、期刊社投稿。双方另有约定的除外。"合理的一稿多投的判断标准是法定或约定的期限。法定期限即"自稿件发出之日起三十日内"；约定期限可长可短，由作者与期刊社之间按照意思自治原则确定。法定期限服从于约定期限，但如果双方对期限没有约定，则以法定时间为标准。有人认为这里的"约定"是指期刊社在征稿简则中声明一个长于法律规定的期限。然而征稿简则仅仅是期刊社单方面意志的体现，是不具备任何法律效力的。仅从条款中"双方"的含义来理解，这里的"约定"也是指作者和期刊社就作品的采用、发表等问题通过彼此协商达成的协议，这需要在双方签订的专有使用合同或版权转让合同中实现。例如，作者可以在期刊社提出的要约基础上提出新的要约，即"因本人毕业在即，希望能够在某月某日前给出明确意见"，如果协议达成，在作者提出的新的时限内期刊社做不到，作者就有权另投他刊。总之，在法定或约定期限之外，作者把同一篇文章转投另外的期刊社的做法是合理的，也是合法的；在法定或约定期限之内，作者收到不予用稿的通知书后，将同一篇文章转投另外的期刊社的行为同样合理、合法。

为了避免不合规范的一稿多投，学生不仅要遵守法定期限或约定期限，还要杜绝以下行为。第一，肢解论文。比如，作者把 A 文章分解成 B 文章和 C 文章，然后把 A、B、C 三篇文章投递给不同的期刊社。第二，更改标题。只对文章题目作出改变,而结构和内容及其相互之间的关系不作变化。第三,机械组合论文。除了改换文章题目外,对段落的前后连接关系进行调整,而"生产出"所谓的"不同"文章分别投给不同的期刊社。第四,更改作者、署名顺序或作者单位。同一篇文章,但是署名却不同,包括:署名作者不同、署名作者顺序不同、同一篇文章同一位作者的单位却不同等情况。第五,变换数据形式。有的作者为了使"一稿多投"行为不被发现,在调查材料和实验数据的排列组合与信息传达方式上下工夫,比如同样的数据在这篇文章中以表格的方式呈现,而在另一篇文章中却以图形的方式呈现,两篇文章在内容、结构、结论等方面却有着极大的重合度。

"一稿多发"是指同一作者或同一研究群体不同作者,在期刊编辑和审稿人不知情的情况下,试图或已经在两种或多种期刊同时或相继发表内容相同或相近的论文。国际上称为重复发表(Repetitive Publication)、多余发表(Redundant Publication)或自我剽窃(Self-Plagiarism)。一稿多投和一稿多发有着内在的联系,因为一稿多投可以增加一稿多发的发生几率。但是,二者之间不是绝对的因果关系,一稿多发并非完全由一稿多投引起。即使对于违规的一稿多投,也未必造成一稿多发的事实,甚至可能造成"一稿都未发"的结果。按照《著作权法》第三十二条、《著作权法实施条例》第三十条的规定,除非著作权人发布禁用声明,否则文章在期刊上发表后,其他报刊社可以转载、摘编,因此形成的"一次投稿、多次刊登"属于法定许可范畴。法定"一稿多发"的目的在于鼓励优秀作品的传播,尽可能发挥其社会价值,使其精神成果被更多的人分享。

还有一种情况称为"二次发表"或"再次发表"(Secondary Publication),是指使用另外一种语言在另外一个国家再次发表。判断这种情况是否符合规范,应根据其学术共同体的共识。例如,英国皇家学会在《编写科学论文的一般说明》中写道:"向期刊提交一篇论文(而不是评论文章)意味着所提供的是以前没有发表的原始研究成果或某些新思想,并且不考虑在别处出版,如果稿件被录用,未经编辑同意,不应以相同的形式在别处发表,不管是用英语还是任何其他语言。"而国际生物医学界明确界定以另一种文字重复发表为"可接受的再次发表"。由国际医学期刊编辑委员会制定、已被千余种生物医学期刊采用的《生物医学期刊投稿的统一要求》指出,以同种或另一种文字再次发表,特别是在其他国家的再次发表,是正当的,(对于不同的读者群)可能是有益的。

我国有学者对国内 60 家高校生物医药学学报的著作权保护现状进行了调查,其结果显示,有 27 家遇到过以不同文字再次投稿的问题。主要是将英文已发表的论文再次以中文稿投到学报,各编辑部对这种情况的处理态度不同:其一,10 家学报鼓励作者以不同文字同时向国内外中英文期刊投稿;其二,2 家学报对已在国外英文期刊上发表的高水平论文主动约稿,但发表时在脚注中注明原文出处;其三,2 家学报鼓励作者将英文稿全文投到国外发表,中文摘要在国内学报发表;其四,1

家学报认为以不同文字再次投稿是一种违反著作权和伦理道德的行为。

因此,是否可以二次发表,需依照行业惯例和各期刊社的具体规定。如果可以二次发表,也要满足一些特定条件。如《生物医学期刊投稿的统一要求》规定二次投稿必须满足以下所有条件:

(1) 作者已经征得首次和再次发表期刊编辑的同意,并向再次发表期刊的编辑提供首次发表文章的复印件、抽印本或原稿。

(2) 再次发表与首次发表至少有 1 周以上的时间间隔(双方编辑达成特殊协议的情况除外)。

(3) 再次发表的目的是使论文面向不同的读者群,因此以简化版形式发表可能更好。

(4) 再次发表应忠实地反映首次发表的数据和论点。

(5) 再次发表的论文应在论文首页应用脚注形式说明首次发表的信息,如:本文首次发表于××期刊,年,卷、期:页码等(This article is based on a study first reported in the...)。

7.5.4 学术道德规范

国外高校十分重视对学生的学术道德规范教育。普林斯顿大学实行"诚信制度",每个学生都必须遵守被称为"荣誉规章"诚信的政策。每个入学新生都要写一份书面保证,并承诺对所有的书面作业没有违反学术道德规范。破坏"诚信制度"的学生将接受短期禁闭或开除等严厉的处分。哈佛大学给入学新生发放《哈佛学习生活指南》,警示剽窃等可能导致的惩处。宾夕法尼亚、阿尔伯特等高校每年秋季开学都要举行一次"学术诚信周"活动,督促新生签署保证书时阅读并理解学术诚信条例。牛津大学在学生中开展反剽窃教育,要求导师严查学生作业的剽窃迹象,并对引用他人作品提出了严格的要求:"连续 6 个词引自他人作品必须注明出处,连续 10 个词引用他人作品而不注明出处的,应该被视作行为不当的证据。"此外,国外大学重视教师对学生的学术诚信指导,利用图书馆资源帮助教师鉴别学生是否抄袭等,以营造优良的学术氛围。

近年来,为了加强学术规范和学术道德教育,国内许多高校也都进行了制度建设。2002 年,北京大学制定了《教师学术道德规范》;2004 年,清华大学制定了《关于加强学术道德建设的若干意见》;2005 年,复旦大学制定了《学术规范及违规处理办法》。2004 年 3 月起,北京大学化学学院开设了"学术道德规范与科技论文写作"必修课。北大校长许智宏院士曾为化学学院约 400 名研究生作了一场题为《科学家的社会责任和科学研究中的伦理道德问题》的报告。谈到开设这门课的必要性时,长江学者特聘教授、北大化学学院严纯华教授深有感触:"学生是研究的生力军,假如他们在数据处理方面有偏颇,必然影响论文结果的真实性,以及他们日后做人的态度。"鉴于国际上许多学术道德丑闻都与实验记录虚假有关,从2003年5月起,北大化学学院的实验记录本上开始印上编码和实验日期,并有郑重声明:"这个记录本是属于学校的财产,学生离校后归校方保有。如果有人在记录上有修改,必须签上自己的姓名。"

总之,高等学校重视学术道德规范教育,不仅关乎学生尤其是研究生诚信品质的培养,有助于培养他们的独立思想和创新精神,为他们日后从事科学研究奠定良好的思想基础,也是发展我国高等教育,营造健康学术氛围,推动学术创新的重要保证。诚如丁肇中先生所说:"科学家最重要的道德观念就是诚实。"道德与情操既是研究生做人的根本,也是他们在学术上取得成功的基本条件。

思考题

1. 学术论文的类型有哪些,基本结构如何?

2. 综述性论文的意义何在,如何撰写?

3. 何为同行评审制度?

4. 会议论文在内容和形式上与期刊论文相比有何不同?已收入会议论文集的论文是否可以再发表到期刊上?

5. 简述学位论文的结构。

6. 说明你所有已发论文和待发论文的署名情况及根据。

7. 摘要的构成要素及写作要求有哪些?

8. 关键词选取多少为宜?如何选取关键词?

9. 正文的结构及各部分的撰写要求是什么?

10. 论述引文、注释、参考文献三者的区别与联系。

11. 请你谈谈参考文献的著录基本原则。

12. 简述参考文献编码法和标注法。

13. 著作权包括哪些人身权和财产权,其中哪些是可以转让的?

14. 在与期刊社签订许可使用合同或版权转让合同时有哪些注意事项?

15. 如果你想把自己已经发表的某篇论文挂到自己的博客上,有哪些著作权方面的问题需要考虑?是否可行?

16. 学位论文是否属于已发表作品?什么情况下学位论文作者的财产权属于学位授予单位?

17. 在利用图书馆的数据库资源时,哪些行为属于"恶意下载"?

18. 抄袭剽窃他人作品是否属于违法行为?如何避免?

19. 什么情况下一稿多投不违反学术规范?

20. 论文作者是否可以将在国内期刊上发表的论文翻译成其他语言文字在其他国家的期刊上发表?

参考文献

1　GB 7713－87,科学技术报告、学位论文和学术论文的编写格式[S].

2　钟似璇.英语科技论文写作与发表[M].天津：天津大学出版社,2004.

3　GB/T 7713.1－2006,学位论文编写规则[S].

4　师曾志.网络电子期刊质量控制研究[M].北京：北京图书馆出版社,2007.

5　肖庆国,武少源.会议运营管理[M].北京：中国商务出版社,2004.

6　GB 6447－86,中华人民共和国国家标准——文摘编写规则[S].

7　郭爱民.研究生科技论文写作[M].沈阳：东北大学出版社,2008.

8　GB/T 7714－2005,文后参考文献著录规则[S].

9　D·罗德里格斯,R·罗德里格斯.怎样利用 Internet 写论文[M].姜婷婷,马宇宁,译.沈阳：辽宁科学技术出版社,2004.

10　万锦坤,朱诚,张积玉.中国学术期刊(光盘版)检索与评价数据规范[EB/OL]. http://www. journal. tzc. edu. cn/caj. htm,2010-09-07.

11　叶继元.学术规范通论[M].上海：华东师范大学出版社,2005.

12　何朝晖.英语学术界的若干论著体例及其启示[J].大学图书馆学报,2005(4).

13　约瑟夫·吉鲍尔迪.MLA 文体手册和学术出版指南[M].沈弘,何姝,译.北京：北京大学出版社,2002.

14　陈进元.科技期刊著作权讲析[M].北京：清华大学出版社,2005.

15　全国人大常委会.中华人民共和国著作权法[EB/OL]. http://www. edu. cn/20011105/3008137. shtml,2001-10-27/2010-09-21.

16　国家版权局.中华人民共和国著作权法实施条例[EB/OL]. http://www. sipo. gov. cn/sipo/flfg/bq/fljxzfg/200703/t20070328_147823. htm,2002-09-15/2010-09-21.

17　教育部.高等学校知识产权保护管理规定[EB/OL]. http://www. sipo. gov. cn/sipo2008/zcfg/flfg/qt/bmgz/200804/t20080403_369174. html,1999-04-08/2010-09-21.

18　许勇.高校学位论文的版权归属与使用尺度[A].高凡.大学图书馆发展与创新(上册)[C].成都：西南交通大学出版社,2005.

19　彭逸轩.博硕士学位论文数据库的版权问题[D].北京：中国政法大学,2007.

20　许乐.网络环境下图书馆信息服务中著作权问题探讨[J].陕西师范大学学报(哲学社会科学版),2008(9).

21　任胜利.英语科技论文撰写与投稿[M].北京：科学出版社,2007.

22　秦珂.期刊的著作权问题[M].北京：知识产权出版社,2008.

8 学 术 交 流

现在,无论是在自然科学领域,还是在哲学社会科学领域,各种形式、各个层次、大大小小的学术交流十分活跃,只有通过学术交流才能获取学术研究的最新思想和最新动态。通过学术交流,可以会聚各学科信息以及获得各种学术观点,从而不囿于自己研究的小圈子,并能够进行全面的、综合的和创造性的研究和发现。学术交流是指通过一切正式或非正式的渠道发布及获取学术研究所需要信息的方式。

学术交流是指不同领域的研究人员通过不同渠道直接或间接使用和传播相关学术信息。直接交流是以个人之间接触为基础的信息交流方式,其主要方式有访问、学术会议和零次文献交换如交谈、书信来往等;间接交流是以社会文献信息机构(如期刊与图书出版社等)为媒介的信息交流方式,作为信息的间接交流的学术间接交流是人类有组织、有目的的活动,相对应的出版业已发展成为庞大而复杂的社会事业。当然,直接交流与间接交流之间也是无法完全区分开来的,如会议文献往往也正式出版,早期的期刊也发表个人之间的以学术交流为目的的书信。同时,值得指出的是,学术团体在学术交流中有着重要的作用。学术团体往往既出版著作、期刊等文献,又召开会议组织研究人员直接交流,所以是直接交流和间接交流的重要渠道。学术团体往往采取会员的方式。

另外,基于网络的新型交流方式,电子邮件、即时通信等已成为学术交流新的手段。Web 2.0 作为一个新环境,它的结构特点就是松散耦合,其精神是开放和沟通,这和学术交流的宗旨是一致的。同时,Web 2.0 的特性所表现的个性化的传播方式、读与写并存的表达方式、社会化的联合方式、标准化的创作方式、便捷化的体验方式、高密度的媒体方式也引导学术的直接交流发生本质的变化。

8.1 学术出版

出版学术性的著作和期刊,其实就是为学术研究的存在、发展、繁荣发挥积极作用。学术出版社的存在价值在于为学术研究提供支持和服务,从某种程度上说有一定的公益性质,利润最大化不是它的终极目标,甚至盈利也不是它的追求目标。学术出版的这种宗旨和定位决定它的性质是非商业性和非盈利性的。传统的学术出版流程如图 8.1。

以斯坦福大学出版社为例，它在美国属于中等规模的大学出版社，专注于图书的出版，不涉及期刊。斯坦福大学出版社的宗旨是强调大学出版社要以学校的学术成果为依托，为学校学术发展服务，维护和提升学校的学术声誉。

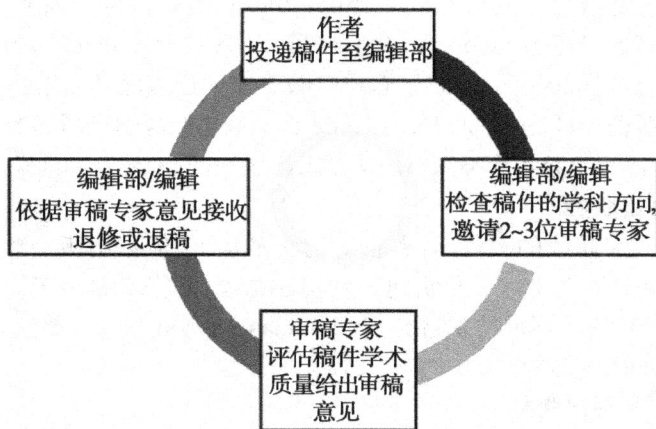

图 8.1　学术出版流程图

8.1.1　学术出版社

学术出版社以学术研究及其成果信息的出版、交流、传承、宣传为根本任务。因此，它必须考虑以专业特色为核心学术品牌，重点突出，立足长远，以应对学术出版社之间的市场竞争。同时，它必须关注学术研究和学科发展，积极主动地、有重点地扶持学科建设，引领学术热潮，巩固专业特点，积累品牌成色，促进学术繁荣。

1. 综合性出版社

综合性出版社历史悠久，规模较大，编辑出版力量雄厚，可有计划地组织世界各地学科带头人撰稿，出版的图书、期刊包括自然科学、社会科学各个门类，质量较高。如西蒙和舒斯特公司(Simon & Schuster Ltd.)，约翰·威利父子公司(John Wiley & Son, Inc.)，麦格劳—希尔出版公司(McGraw-Hill Co.)，培格曼出版社(Pergamon Press Ltd.)，爱斯唯尔科学出版公司(Elsevier Science Publishers)；克吕维尔学术出版社集团等(Kluwer Academic Publishers Group)，哈珀科林斯(HarperCollins Publishers)和 CRC 出版有限公司(CRC Press)，学术出版社(Academic Press)，国际汤普森出版公司(International Thomson Publishing Ltd.)，麦克米伦出版公司(Macmillan Publishers Ltd.)，朗曼出版集团公司(Longman Group Ltd.)，里德·埃尔塞维尔出版集团(Reed Elsevier Ltd.)等。

2. 专业出版社

专业出版社规模一般不大,书刊富有特色,具有较高的学术水平,受专业读者重视,书刊内容限于一定学科范围之内。如美国专门出版数学书刊的数学学会出版社、出版科技类图书的普莱南出版公司(Plenum Publishing Corporation),擅长科技手册和百科全书的马塞尔·德克尔公司(Marcel Dekker, Inc.),出版档案图书馆类图书的档案出版公司(Facts on File, Inc.),出版科技和人文科学书稿的戈登和布里奇科学出版公司(Gordon & Breach Science Publishers Ltd.),出版年鉴类的简氏出版公司(Jane's Publishing Company Ltd.),出版医学和生物类图书的利平科特—雷文出版公司(Lippincott-Raven Publishers),出版医学类图书的莫斯比出版社(Mosby Publisher),出版教育类图书的法尔默出版社(Falmer Press)等等。

3. 教科书出版社

主要出版大专院校的教科书,有较高的学术水平,但也出版一些专著,供研究参考用。如美国的阿迪生·韦斯利·朗曼出版公司(Addison Wesley Longman Publishing Co.),托马斯·纳尔逊公司(Thomas Nelson Inc.),普兰蒂斯·霍尔公司(Prentice Hall Inc.)等。

4. 参考工具书出版社

为不同水平读者出版各种类型参考工具书,包括词典、手册、百科全书、书目、索引等。如美国专门出版书业方面参考工具书的鲍克公司(R. R. Bowker),德国的绍尔公司(K. G. Saur Verlag),美国的盖尔集团公司(Gale Group Inc.),英国的曼塞尔出版公司(Mansell Publishing Ltd.)等。

5. 大学出版社

大学出版社不以盈利为主要目的,不专门出版大学的教科书,而专为本校的专家教授出版著作,同时也接受一些社会上高质量的来稿,因而出版的图书有较高的学术价值。如美国的哈佛大学出版社(Harvard University Press)和约翰斯·霍普金斯大学出版社(Johns Hopkins University Press),加利福尼亚大学出版社(University of California Press),普林斯顿大学出版社(Princeton University Press),纽约大学出版社(New York University Press),麻省理工学院出版社(Massachusetts Institute of Technology Press)以及英国的牛津大学出版社和剑桥大学出版社等等。

6. 政府机构出版社

政府机构出版社出版物数量大,涉及面广,有些文件资料还有保密性质,因此一般不由民间出版社来出版,均归专门政府出版机构出版。如美国政府出版局(Government Printing Office,简称 GPO),全国技术情报服务处(National Technical Information Service,简称 NTIS)专门出版与公开销售由联邦政府资助的研究报告以及联邦机构等产生的各种分析报告,其中包括 AD、PB、NASA、DOE 等著名的四大报告;全国视听资料中心(National Audio-visual Centre)出版的历史文献资料和技术培训教材。美国政府出版物上不加编国际标准书号。英国皇家出版局（Her/His Majesty's Stationary Office,简称 HMSO）和法国文献局（La Documentation Française）只负责本国政府出版物出版、发行的机构。

7. 学术团体出版社

一些大型学术团体相应设立了出版部门,大量出版会议文献、科技报告、学科专论、标准资料、工具书及技术资料汇编等。内容基本上是最新科学技术的讨论与研究,论述全面专深,有较高的学术水平。学术团体出版物品种虽多,但印量却有一定限制,一般也不再版,搜集起来比较困难。如英国的皇家化学会（The Royal Society of Chemistry-RSC）、美国数学协会（American Mathematical Society-AMS）、美国化学协会（American Chemical Society-ACS）、汽车工程师协会（Society of Automotive Engineers, Inc.）、电气与电子工程师协会（Institute of Electrical and Electronics Engineers-IEEE）、英国的电气工程师协会（Institution of Electrical Engineers-IEE）、国际光学工程学会（The international Society for Optical Engineering-SPIE）、英国的物理学会（Institute of Physics-IOP）、美国材料检测协会（American Material Test Society-AMTS）、美国材料研究协会（Material Research Society-MRS）等。

8. 电子产品和缩微制品出版社

电子产品和缩微制品出版社是伴随着科学技术的进步、计算机技术的广泛应用而诞生的新兴出版社。一些大出版社都设有专门的电子出版部门,如麦格劳—希尔公司设有"电子与多媒体产品公司"和"计算机与电子图书公司"。著名的缩微制品出版公司有美国的原大学缩微国际公司（UMI）（现已并入贝尔和豪厄尔信息和知识公司（Bell & Howell Information and Learning Company））、国会信息服务公司（CIS-Congressional Information Service, Inc.）和荷兰的 IDC 出版社（IDC Publishers）

8.1.2 学术期刊

学术期刊是传统学术传播的重要媒介,学术期刊是传播和获得科研结果最重要的方法。通常,大学、研究基金机构以及其他组织都将出版物作为衡量科学研究成效和影响的主要依据。

期刊是一种出版周期短、报道速度快、信息量大、内容新颖、发行面广的文献,能及时传递科技信息,是交流学术思想最基本的文献形式。据估计,期刊信息约占整个信息源的 $60\%\sim70\%$。在英文中,表示期刊的词有 periodical,journal,magazine,serial。一般说来,前 3 个词意义较接近,可以互换,但三词并举时含义有所区别,有时 periodical 可以包括 journal, magazine。periodical 源于希腊文,意为天体星球轮转一圈的周期,后引申为所有定期出版的刊物。journal 则源于拉丁文"diurnalis",意为"每天",起初在英国表示某种记账和记录,或者说"记事",17、18

世纪时表示为一种出版物,更多地用来表示包含某一专门领域研究最新参考资料的出版物。1663—1668 年的法、英、意等国,科学研究逐步趋向职业化、专业化,各国科学家用通信方式交流最新科学信息,通信经过整理公开,成为期刊的雏形,最初的期刊是与科学研究相伴而生。世界上第一种期刊是 1665 年 1 月 5 日法国的戴·萨罗在巴黎创办的《学者杂志》,而第一种真正用于学术交流的期刊则是亨利·奥尔登伯格等人于 1665 年 3 月 6 日创办的英国皇家学会汇刊《哲学汇刊》。该刊现名为《伦敦皇家学会哲学汇刊》,分为 A、B 两辑,是世界上创刊最早、寿命最长的有较高学术价值的学术性期刊。

学术期刊发展至今,其在学术交流方面也存在一些问题。一项研究表明,被ISI(Web of Science)收录的期刊中的论文,超过 50% 从未被引用过;加菲尔德 1988 年的一项研究表明,超过 80% 被引用的期刊文献集中在 1 000 种期刊中;被引用 1 次的文献大约为所有被引用文献的 80%,这其中大概有 10% 为自引用。ISI 收录的期刊一般认为是高质量的期刊,且收录期刊数量为全世界所有出版期刊数量的很少部分,由此可以想象,其他期刊中发表的论文从未被引用的会更多。发表的论文大多数与其说是为其他研究人员阅读、传递交流研究结果,不如说是记录自己的研究成果。

另外,数字化网络化技术使大批学术信息上网,形成网络学术信息,给我们带来了丰富的学术信息资源和更加有效便利的信息检索与利用方式。研究资料表明,越来越多的研究人员更倾向于获取在线的学术信息。目前可利用的网络学术信息包括传统出版商建立和提供全文数字化文献(尤其是期刊)和传统文摘索引商服务商提供的包括文献检索、传递以及相应的管理功能等的"全面信息服务"(Total Information Service),网络学术信息资源已完全超出传统学术文献的范畴,进入不同学科领域的学术交流。由于在线的资源具有易于获取的优势,因为更容易被引用,体现在学术交流的参考文献中,因此网络学术资源的成分不断增长。

核心期刊是期刊中学术水平较高的刊物,是我国学术评价体系的一个重要组成部分。它主要体现在对科研工作者学术水平的衡量方面,如在相当一批教学科研单位申请职称、取得博士论文答辩资格、申报科研项目、科研机构或高等院校学术水平评估等,都需要在核心期刊上发表一篇或若干篇论文。

8.1.3 开放存取

在数字环境下,科学家做研究的方式发生了变化,研究成果交流的方式也发生了变化。其中比较明显的是有些研究项目生来就是数字的,其研究发现(如三维图像、大型数据等)已经不能用纸介质、而只能靠网络来传播和交流。

开放存取是一种学术信息共享的自由理念,学术信息可以无障碍地自由传播,任何人可以在任何时间和地点,不受经济状况的影响,平等免费的获取和使用学术信息。开放存取期刊是近几年来异军突起的学术出版领域。其概念的最早提出是2001 年 12 月 1～2 日在布达佩斯由美国开放学会研究所(OSI)召集了一次小型而有活力的会议上,目的是加速各个学科的学术论文可在因特网上自由使用所做的国际努力,与会者首次将通过因特网免费提供全文的一部分文献命名为"开放访问文献"。从此,在学术界、出版界和图书馆界引导了一场旨在使学术论文可经因特网免费获取、传播的"开放访问运动"(Open Access Movement)。这次结果就称作布达佩斯开放式访问首创计划(Budapest Open Access Initiative,简称 BOAI)。

所谓开放存取的实现方式(Vehicles),是指在互联网上基于开放存取理念,用以向用户免费提供信息所采用的各种方式。BOAI 提出实现开放存取的途径主要是自归档和开放存取期刊。芬兰学者 Bo-Christer Bjork 则将之总结为 4 种:实施同行评审的电子期刊、特定学科领域的预印本服务器、基于大学的机构典藏库以及作者本人的个人主页。

国内许多学者则归为开放存取仓储和开放存取期刊 2 种,再把开放存取仓储分为学科仓储(即预印本典藏)和机构仓储 2 种,但两者无论是在存储对象、形式还是在维护管理上均有着本质的区别,而且各自都表现出很强的生命力。

按照国外知名的 Open Access 领域专家 Peter Suber 的说法,实际上其实现方式还包括个人 WEB 站点(Personal Web Sites)、电子书(Ebooks)、邮件列表服务(List Servs)、论坛(Discussion Forums)、博客(Blogs)、维基(Wikis)、RSS 种子(RSS Feeds)、P2P 的文档共享网络(File Sharing Networks)等多种形式。

1. 开放存取期刊(Open Access Journals)

BOAI(布达佩斯开放存取先导计划)网站对开放存取期刊的定义是:指那些无需读者本人或其所属机构支付使用费用的期刊,并且允许读者进行阅读、下载、复制、分发、打印、检索或链接到全文。BOAI 指出,开放存取期刊是指用户通过Internet 可以免费阅读、下载、复制、传播、打印和检索作品,或者实现对作品全文的链接,为作品建立索引和将作品作为数据传递给相应软件,或者进行任何其他出于合法目的的使用。上述的各种使用都不受经济、法律和技术的任何限制,除非是网络本身造成的物理障碍,唯一的限制就是要求保证作者拥有保护作品完整性的权利,同时在使用作者作品时注明相应的引用信息。

开放存取期刊与传统期刊一样,对提交的论文实施严格的同行评审,从而保证期刊的质量。但是开放存取期刊之所以能够为广大网络用户免费使用,关键在于其独特的付费模式。因为毕竟开放存取期刊的出版成本虽然较低,但也不是没有花费的,目前主要的支付成本模式是作者付费模式。即作者为出版自己的研究成果需要支付一定的出版费用,并为读者提供免费服务。这种模式是基于科研工作者天然有发表自己的科研成果的愿望,开放存取的倡导者认为作者付费模式具有合理性并可以保证开放存取期刊出版的可持续发展。作为目前最主要的开放存取实现方式之一，开放存取期刊的发展势头良好。

2. 开放存取仓储（OA Archives or Repositories）

开放存取仓储又包括基于学科的开放存取仓储和基于机构的开放存取仓储。早期的仓储多指学科仓储，如 arXiv 的电子印本文档库等，目前主要有物理学、数学、非线性科学、计算机科学以及定量生物学。开放存取仓储的资源不像开放存取期刊是依靠同行评审来保证质量的，它主要通过限定学科范围，并依靠学校和作者的水平来进行衡量。开放存取仓储的内容既包括预印本（Preprints），也包括后印本（Postprints），而且类型广泛，除了电子文本（Eprints）格式的资料外，也包括各种课件甚至多媒体声像资料等数字化资源。开放存取仓储的免费使用程度由作者自己控制。

（1）电子预印本典藏（Preprint）又称自归档（Self-Archiving），它是指科研工作者的研究成果还未在正式出版物上发表，而出于和同行交流目的自愿先在学术会议上或通过互联网发布的科研论文、科技报告等。目前世界上最有影响的预印本系统是 e-print arXiv 库（http://www.arXiv.org）。该预印本文库由金斯帕（Paul Ginsparg）于 1991 年 8 月创建，最初节点设立于美国 Los Alamos 国家实验室，是一个专门用来张贴原创物理学研究论文的网站，目前节点设立在康乃尔（Cornell）大学并在世界范围内设立多个镜像点，是一个涵盖了物理学、数学、计算机科学、非线性科学和定量生物学学术论文电子预印本文献库，拥有 28 多万篇文献，且每月有 3 000～4 000 篇的新论文加入。

（2）机构典藏库（Institutional Repository）又称机构知识库、机构仓储。与电子预印本典藏类似，机构典藏研究者将重要的研究资源存放在机构的典藏库中供外界免费取用。不同点在于机构典藏的内容，除了论文之外，还包括研究报告、会议论文、学位论文、工作文档、技术报告、实验数据、电子演示文稿、多媒体文件、图表、投影片、研究相关的影音资料，甚至机构历史资料等资源。机构典藏是以学术机构为切入点，仅存储某一个或几个机构产生的学术资源，一般由大学图书馆、研究机构和政府部门等创建和维护。因此，机构典藏库在某种意义上是指大学典藏库。

目前国内比较成熟的预印本文库有：

① 中国奇迹文库（http://www.qiji.cn）。是由一群中国年轻的科学、教育与技术工作者于 2004 年 8 月创办的，专门为中国研究者开发订制的论文预印本项目的电子文库。主要收录原创科研论文、综述、学位论文、讲义及专著（或其章节）的预印本及电子书，同时也收录作者以英文或其他语言写作的资料。以物理学论文为主，也做其他学科论文的存储。目前奇迹电子文库设有数学、物理学、化学、材料科学、生命科学和计算机科学等学科类别，并建立了与国外其他开放获取仓库的链接。

② 中国预印本服务系统（http://pre.1istic1ac.cn）。由中国科学技术信息研

究所与国家科技图书文献中心联合建设,于 2004 年 3 月开通使用,是一个以提供预印本文献资源服务为主要目的的实时学术交流系统。它由国内预印本服务子系统和国外预印本门户(SINDAP) 子系统构成。收录范围按学科分为自然科学、农业科学、医药科学、工程与技术科学、图书馆、情报与文献学 5 大类。

中国预印本服务系统收录的内容主要是国内科研工作者自由提交的科技文章,完全按照文责自负的原则进行管理。系统不拥有文章的任何版权或承担任何责任,在系统中存储的文章,作者可以自行以任何方式在其他载体上发表。中国预印本服务系统鼓励作者将预印本文章投递至传统期刊发表,一旦文章在传统期刊上发表,作者可以在预印本系统中修改该文章的发表状态,标明发表期刊的刊名和期号,以方便读者查找。在该系统发表的文章版权归作者本人所有。中国预印本服务系统的服务是免费的,用户无需支付费用。

③ 中国科技论文在线(http://www.paper.edu.cn)。它是经教育部批准,由教育部科技发展中心主办,针对科研人员普遍反映的论文发表困难,学术交流渠道窄,不利于科研成果快速、高效地转化为现实生产力而创建的科技论文网站。它利用现代信息技术手段,打破传统出版物的概念,免去传统的评审、修改、编辑、印刷等程序,给科研人员提供一个方便、快捷的交流平台,提供及时发表成果和新观点的有效渠道,从而使新成果得到及时推广,科研创新思想得到及时交流,同时又可以在论文库中进行论文的免费检索和下载。

3. 个人 WEB 站点(Personal Web Sites)

这里所讲的个人 WEB 站点是指拥有自己独立的域名,有较大存储空间的互联网个人站点。这种站点充分体现了站点主人的个性化特点,不少这种个人站点的主人都会将自己的相关研究成果予以公开提供,访问者可以自由地进行复制、下载。从目前来看,国内外不少高等院校或研究机构的相关教学科研人员往往乐于建立个人 Web 站点,而从科研信息交流的角度看,这类个人 Web 站点的相关信息同样常常乐于为同行获取。因此,个人 WEB 站点成为一个重要的有价值信息全文的免费获取渠道,也就成为一种非常有潜质的开放存取实现方式。

4. 在线交流型

所谓在线交流,是指网络用户通过这种方式不仅可以非常方便、自由地获取有价值的信息资源,而且在获取这些信息的同时,他们能直接将反馈信息传达给信息源,这也是目前广泛讨论的 Web 2.0 这一概念所蕴涵的实质内容。在线交流型方式主要包括以下几种:

(1)博客(Blogs)

同个人 WEB 站点一样,博客作为开放存取实现方式的一种,同样具有巨大的生命力。博客一般来说有 2 种:一种是个人博客;另一种是主题博客。前者是以个人名义申请的,主要是个人思想、情感的虚拟表达场所。当然,一些高校或专业机构相关人员的个人博客中除了个人有关的信息外,也提供了大量个人学习、研究的信息资料,不少都具有一定的科研价值信息。后者是博客的主人针对某个主题申请一个 Blog,为那些对这个主题感兴趣的人提供一个共同交流的平台。在这个平台上,围绕着相关主题,大量有价值的信息或者全文资料可以为相关研究人员无障碍地免费存取。正是从这个意义上,Blogs 才能在开放存取的理念基础上显示出其重要的学术交流价值。

（2）维基（Wikis）

Wiki 是一种多人协作的写作工具,协同著作平台或者叫开放编辑系统,允许任何人在任何时间、任何地点不受限制地编辑网页,其目的是"共同创作",并通过相应的版本控制、权限管理、格式化语法等机制保证其开放性、方便性、组织性以及可发展性的宗旨。作为开放存取实现方式,Wiki 较之 Blog 还是有很大区别的,后者的个性化色彩较重,Wiki 的内容则具有相当的关联性,它的协作是针对同一主题作外延式和内涵式的扩展,个性化在这里不是最重要的,信息的完整性和充分性以及权威性才是真正的目标。

（3）邮件列表服务（List Servs）

邮件列表服务是一个作为特定系统（比如一个企业内部网 Intranet）组件的电子邮件系统,它允许个人向建立在这个特定系统上的邮件列表订阅自己感兴趣的内容,这样他就可以收到这个主题下的所有邮件。同样,个人发送到这里的邮件也将被所有的订阅者共享。因此,采用这种方式就构成了一个共同的信息交流反馈的平台,实现了信息的轻松、自由存取。

（4）P2P 的文档共享网络（File Sharing Networks）

P2P（Peer to Peer）即点对点的意思,由 P2P 构成的网络是指运行在互联网上动态变化的逻辑网络。这个网络是由一些运行同一个网络程序的客户端彼此互连而构成的,客户端彼此间可以直接访问存储在对方驱动器上的文件,由此构成了一个文档共享网络。P2P 使得网络上的沟通变得更容易,用户可以直接共享和交互而不必借助于中间商,不用像过去那样必须连接到服务器才能浏览与下载。在P2P 网络中,每个参与网络的主机既是内容的消费者,又是内容的提供者,所有的主机自组织地构成一个 P2P 网络。通过这个平台大量各种格式的文档资料可以在网络用户之间无障碍地共享传递。

（5）论坛（Discussion Forums）

论坛可以说是互联网上分布最广、种类最多、内容最杂的信息交流平台,也是最早起步的 Internet 网络服务项目之一。今天我们耳熟能详的"版主"、"帖子"、"潜水员"等称呼都是从各种网络论坛中冒出来的。目前国内最著名的论坛是"小木虫"、"丁香园"等。

8.1.4 学术成果发表

学术研究的成果,一定要以论文发表或论著出版,研究成果发表或出版体现了自己的水平和为社会的贡献,是证明自己水平的最好方式,同时科学论文也是科研成果的主要产出形式。因此论文的投稿是每一个学习与研究者必须要经历的。

大多数学术期刊都有相对稳定的作者群和稿源,要在激烈的用稿竞争中获胜,为自己争得一席之地,使自己的研究论文发表,让自己的研究成果为更多的人认可和受益,投稿是必然的环节。投稿主要有 3 种方式:纸质投稿、EMAIL 投稿和网上投稿。纸质投稿一般需要将稿件打印几份,邮寄给期刊编辑部;EMAIL 投稿就是将论文以附件形式发给编辑;网上投稿就是期刊有网上投稿系统,将论文在网上提交。网上投稿是国外期刊所采用的主要形式,有直观、迅速和方便的特点,但在网上投稿前需要在网站注册相关信息,第一次使用网上投稿会感到麻烦,但可以将你第一次注册的信息保存到 WORD 文件,以后在网上投稿时大部分信息复制粘贴就可以了,同时必须要记住注册的账户名和密码。

在投稿过程中,以下 6 个问题必须要有所考虑:

1. 投稿要有的放矢

每种学术期刊都有自己特定的办刊方针和宗旨,有自己的选稿原则和用稿原则,以及自己的读者群;一般杂志社的主页会对其读者对象、投稿要求、杂志栏目等方面进行介绍。因此在投稿前必须先有所了解和认识,选择合适的学术期刊投稿。

(1)必须搞清它的发行出版周期是双月刊、季刊、月刊还是半月刊、周刊;

(2)要了解各种报刊都开设了哪些栏目,各栏目都发表些什么样的文章;

(3)了解一下该期刊的办刊历史,近年都发表过什么样的文章,对照一下你研究的问题以及撰写的论文,是否有人研究过,原来发表过的此类文章是从哪些角度写的,你的文章有无创新发展等。

(4)应对报刊的发稿动态和走向以及下一步热点稿件是哪一类进行研究,最后看看你撰写的文章适合于哪些报刊的哪些栏目,投寄时最好在信封上注明栏目名称,以便于编辑人员及时准确地处理稿件。

总之,要对这些期刊进行比较甄别,以便选择适合自己的,要认真比较期刊的审稿周期、期刊知名度(影响因子)、一年出版多少卷、出版速度如何、国内期刊有无审稿费的发票、期刊编辑服务态度,等等。

2. 注意把握投稿的时机

论文可分为 2 类:一类时效性较强,具有时代特点,主要反映研究新概念和动态等;另一类时效性不强,与时代或与研究热点关系不是特别紧密。那么,后者什么时候投稿都可以,而前者必须掌握一定的提前量。总的说来,报道类的稿件越及时越好,投稿最忌讳"马后炮"。

3. 论文要遵守学术规范

稿件要注意论文写作的学术规范,除了应有的论题、文摘、关键词、注释和参考文献整洁清楚,无错别字,标点符号准确无误。如果论文的基本格式不规范,编辑感觉到作者写作不严谨,自然会产生稿件质量肯定好不到哪里去的印象。特别要指出的是应十分注意论文的科学性,所谓科学性是指论文的观点不能出错,引用的论据资料应准确无误,论证过程应经得住推敲,这是学术规范的本质要求。

不少编辑部对稿件格式都有详细而明确的要求,投稿前要认真研究。

4. 适当控制字数

不同的刊物,对论文字数的要求不同,而且差别很大,有的倾向旁征博引,长篇大论;有的喜欢言简意赅,短小精悍;投稿时应对各刊物发表的文章进行研究,总结归纳出一些规律,这样投稿才有针对性。通常杂志社对论文选题、格式、字数都有明确要求,撰写时应充分注意,如果没有要求,论文字数以 5 000 字左右为宜,最好不要多于 8 000 字。一般理论性较强的选题可稍长些,应用性较强的选题应短些。不论哪类文章,在控制字数的同时,也要注意可读性;所谓可读性主要是指文字表述要让人感到流畅易读,一看题目就想看内容,一看内容就让人不想放下,非一口气读完不可,当然这不是一日之功,需要长时间磨炼,文字功底是练出来的。

5. 讲究投稿策略

刚开始投稿的人,将稿子投出后总希望尽快得到编辑部的回音。事实上,由于编辑部每天要处理的稿件无以数计,所以,期刊发文都会有一定的时滞,但应该承认,任何刊物都会考虑自己的信誉,真正有生命力的刊物在用稿上一定会坚持论文质量第一的原则,只要稿件对路,时机合适,质量属于上乘之作,任何编辑部都没有舍优求次的道理。

基于这种考虑,从撰稿者角度出发,投稿时应注意以下几点:

(1) 认真对待"屡投屡退",认真对待退稿意见,好的审稿人的评审和修改意见,无异于名师指点;

(2) 要对自己的论文做出正确的评估。论文质量的判断有多种考虑,比如研究方向冷与热、实验结果成与败、文章表达优与劣、图形处理好与坏等等。作者首先要根据自己的文章进行自我评价,或者请导师或同行评价,也可以将自己的文章和与文章相关的文献进行对比,判断一下自己文章质量怎样,然后再决定适合投哪个期刊。如果你的论文确有价值,即便退稿,还可以反复投,转投其他同类刊物,相信是金子就一定有被人发现认可的时候。

(3) 由低到高,循序渐进。一般来说,刊物的级别越低,发行范围越小,稿源越不足,同样质量的稿件投给这样的刊物就可能增加命中的机会,刚开始写稿、投稿的新人尤其应注意这一点,梦想一鸣惊人是不现实的;应从一般刊物入手,然后才是核心期刊;先是国内期刊,而后再向国际期刊发展;投稿时一定要注意稿件的质量与刊物的级别影响对应一致。

（4）尽量避免"一稿多投"。各刊物都有自己的规定,都反对"一稿多投",都要求过了审稿期之后再改投他刊。但是有些论文时效性较强,或者研究生毕业有论文发表的要求。在这种情况下,也有一些变通的办法,比如认真作好投稿记录,收到采用通知后立即通知其他刊物,不要再发。一般说来,知名度不大、刚开始写稿的作者,特别是质量一般的稿件,即使一稿多投,也很少会出现几家刊物同时采用的情况。

6. 熟悉投稿要求和流程

在最终确定一个投稿的期刊后,要熟悉这个期刊的投稿要求和流程,这样少走弯路,尽量避免不必要的麻烦。各个期刊的投稿要求不一样,一定要仔细阅读投稿要求,否则稿件很可能不会被受理的。一个期刊的投稿流程包括:投稿(submit)、编辑处理稿件(with editor)、审稿(under review)、修改(revise)、结果(accept or reject),这个过程是漫长的,需要耐心和信心。

8.2 学术会议

8.2.1 学术会议的含义

学术会议作为学术交流的一种,是在学术活动中推动学术发展的重要方式。

学术研究需要获得的新思想并不是都可以通过学术文献、以间接交流的方式获取。研究者们常常忽视学术思想的直接的交流,而只喜欢在图书馆寻找新思想、新观点,特别是现在许多科学研究人员都认为有了因特网,更乐于获取网上的资源。殊不知,只有没有形成文字的思想才是最新和最前沿的。所谓"灵感"就属于这个范畴,"灵感"也常常在直接交流中产生。也就是说,学术思想的直接交流是科学发现的重要手段,如果把自己圈在图书馆和实验室,不注意直接交流,甚至误以为书本上的观点就是最新和最前沿的,结果就是跟在别人后面跑,原创性的科学研究也就无从谈起。

直接的交流中,会议的形式最为正式,发展也最为完善。会议最主要的功能与作用表现为表达功能、信息交流及集智功能。

（1）表达功能。会议是个人(或群体、团体、阶层等)表达观点、看法、感情、意愿、意志的主要途径,人们在会议中发言,传播自己的思想,会议过程也就是人们表达自己的过程。虽然个别人也可以通过发表文章等来表达观点,个别权威者可以独断事务来实现意志,但更普遍的表达还是会议等直接交流的途径。

（2）信息交流功能。即会议是信息、情报等集中、交换、扩散、传播、反馈的渠道和场所,是社会中信息枢纽之一。会议的交流、讨论,则是在同一平面上实现信息的流动。

（3）集智功能。会议是人们认识事物、获得知识的一种方式，也是集思广益的重要方式。通过会议上各种意见的交流，知识、见解得到传播，不同的知识、见解可以交锋、改进、融合，形成更高价值的意见和共识。这种见解的共同组合，不仅可以使问题的认识深化，得到更多的真理，而且每个与会成员能在价值观、思想观念上达成一致。

8.2.2 如何参加学术会议

参加学术会议是实现学术交流，进入学术圈的最有效的方式。参加学术会议需要注意一些相关问题，要了解学术会议基本信息，包括不同会议名称所代表的含义以及参加学术会议的方式等；还需要了解如何获知本研究领域学术会议召开情况。

1. 学术会议基本信息

（1）会议名称

在汉语里，"会议"一词的含意是较笼统的，涵盖面较广。不同种类的会议必须另加专有名词加以区别，如代表会议、小组会、研讨会等，英文中不同的会议却有不同的用词。了解这些名称的含义有助于我们通过会议名称了解会议性质。以下对英文的会议名称与对应的中文名称以及相应的解释作逐一介绍。

① Meeting，会议的总称，属于最一般的用词，规模可大可小，层次可高可低，可以是正式或非正式的聚会，大致是人们为特定目的而聚集。

② Conference，大型会议，较正式用词，使用范围甚广，多数国际会议用此词，会议一般会持续数天，并有相应特定的会议主题。

③ Congress，代表大会，有正式代表出席的会议，一般规模较大，而参会人员往往是代表着国家或国际的政府机构以及非政府机构，讨论并解决共同关注的问题。

④ Symposium，研讨会，特指进行特定主题学术讨论的会议。

⑤ Seminar，讲习会，讲授性质的学习班，参与者围绕一个特定主题或专题进行讨论，同时有数个主要的讲演者；与此相关的是 Colloquium，即学术报告会或学术研讨会，是指代较大规模的 Seminar 的正式用语。

⑥ Forum，论坛，为讨论大众共同关心问题的集会。

⑦ Workshop，讲习研讨班，为持续时间相对较长的会议，期间围绕相关主题，参与者通过知识与经验共享的方式进行讨论。

⑧ Panel，专题小组讨论会，一般为一个学术会议的环节之一，为小型小组围绕相关话题讨论，同时有听众通过提问等方式参与讨论。

（2）参与会议方式

参加学术会议的方式有多种，不同的学术会议根据会议特点、专业特点和会期安排不同形式的参会环节（Session），参会者可以根据自身情况参与不同环节，达到学术交流的目的。

学术会议大致有以下环节：

① Plenary Session，全体大会，为全体参会人员参加的环节，一般由大会主席（General Chair）或会议主席（Session Chair）主持。

② Keynote Session，主旨发言大会，为学术会议为主旨讲演人（Keynote Speaker）讲演准备的环节，有些学术会议还有特邀讲演人（Invited Speaker）进行学术报告的环节。

③ Panel Session，专题讨论或分组讨论，与以上介绍的 Panel 对应。

④ Research-in-Progress Session，在研项目研讨会。

⑤ Question and Answer Ssesion，提问与回答环节，此环节一般是不同环节讲演人完成学术报告后预留给听众的与报告内容相关或与讲演人学术研究领域相关问题的提问时间，一般由会议主席（Session Chair）主持。有些正式会议也有特定的主持者（Facilitator）活跃此环节的气氛，推进交流的效率。

参加学术会议除了要了解最新的学术研究动态，还要最大限度地展示自身的研究成果。在参与会议环节方面，专题讨论或分组讨论、在研项目研讨会、提问与回答等环节有较大的参与自由度。正式的学术会议常常还包含一般被称为茶歇（Coffee/Tea Break）的环节，这也是与同行交流的良好时机。

另外，具体参与会议的方式有口头报告（Oral Presentation）和张贴报告（Post Presentation）两种。提交的论文被录用，论文作者去参会，通常都有机会做会议报告。但会议时间或会期一般有限，并非所有的论文作者都能有口头报告的机会，口头报告时需要制作 PPT 等，面对会场或分会场的参会者做报告演讲并回答问题，有的口头报告是宣读论文全文的报告（Full Paper Presentation），还有些只是有较短的时间展示论文的主要内容。另一种报告的形式就是张贴报告，不需要制作 PPT，是将论文打印好张贴在墙上或分发，也有采用挂板的形式，作者在边上对有兴趣的参会者做介绍和即时交流，张贴报告有时有格式等方面的要求，包括纸张或展板的大小及文字的大小等。

2. 查找学术会议

获取学术会议召开信息是得以参加学术会议的前提。可以通过 2 个途径了解学术会议召开信息，其一是直接获取会议召开时间、地点等；其二是通过了解会议征稿通知（Call for Papers）获知。获取这两方面信息的手段也比较多，以下介绍一些常规手段，并介绍了解学术会议信息的网站，以及相关的数据库产品。

（1）常规手段

查找学术会议召开信息的常规手段包括：

① 常用搜索引擎，如 google、百度等，可以根据自己的专业研究方向为检索词搜索，同时加上上面列举的如 conference/ symposium/ workshop 关于会议的相关词汇，查找相关的学术会议。

② 加入相关学术团体，以上已提及，学术团体在学术交流中有着重要的作用，学术团体往往既出版著作、期刊等文献，又召开会议组织研究人员直接交流。学术团体往往采取会员的方式，加入学术团体，能够定期了解学术动态，并了解相关学会定期或不定期学术会议举办信息。

③ 订阅相关的邮件组（Mail List），专业的邮件组往往会及时推送关于会议召开的信息以及征稿通知等。有邮件组的其他成员也会将相关的会议信息或征稿通知以群发的方式进行推送。

④ 阅读学术期刊或会议论文集，期刊或论文集中往往会刊载相关专业的会议通知和征稿通知。

⑤ 其他包括关注学会协会网站、学术门户网站、专业人士博客以及根据所感兴趣的学术会议的会议网站等。

（2）国内相关网站

网络为人们获取相关信息提供了非常便捷的条件，下面以一些相关网站为例介绍如何获取学术会议召开信息。

① 中国学术会议在线（http://www.meeting.edu.cn/）

图 8.2

中国学术会议在线是经教育部批准，由教育部科技发展中心主办，面向广大科技人员的科学研究与学术交流信息服务平台。"中国学术会议在线"本着优化科研创新环境、优化创新人才培养环境的宗旨，针对当前我国学术会议资源分散、信息封闭、交流面窄的现状，通过实现学术会议资源的网络共享，为高校广大师生创造良好的学术交流环境，以利于开阔视野，拓宽学术交流渠道，促进跨学科融合，为国家培养创新型、高层次专业学术人才，创建世界一流大学做出积极贡献。"中国学术会议在线"利用现代信息技术手段，将分阶段实施学术会议网上预报及在线服务、学术会议交互式直播/多路广播和会议资料点播3大功能。为用户提供学术会议信息预报、会议分类搜索、会议在线报名、会议论文征集、会议资料发布、会议视频点播、会议同步直播等服务。"中国学术会议在线"还将组织高校定期开办"名家大师学术系列讲座"，并利用网络及视频等条件，组织高校师生与知名学者进行在线交流。

网站通过境内外会议预告、会议检索以及按专业浏览的方式查找国内外会议召开信息。

图 8.3

图 8.4

数学 (349)	信息科学与系统 (817)	力学 (275)	物理学 (607)
化学 (415)	天文学 (76)	地球科学 (454)	生物学 (842)
农学 (379)	林学 (191)	畜牧、兽医科学 (105)	水产学 (54)
基础医学 (838)	临床医学 (920)	预防医学与卫生 (256)	军事医学与特种 (57)
药学 (243)	中医学与中药学 (242)	工程与技术科学 (519)	测绘科学技术 (147)
材料科学 (595)	矿山工程技术 (120)	冶金工程技术 (159)	机械工程 (490)
动力与电气工程 (323)	能源科学技术 (391)	核科学技术 (60)	电子、通信与自 (908)
计算机科学技术 (927)	化学工程 (167)	纺织科学技术 (57)	食品科学技术 (144)
土木建筑工程 (358)	水利工程 (157)	交通运输工程 (217)	航空航天科学技 (199)
环境科学技术 (572)	安全科学技术 (157)	管理学 (621)	马克思主义 (25)
哲学 (96)	宗教学 (15)	语言学 (179)	文学 (89)
艺术学 (65)	历史学 (80)	考古学 (32)	经济学 (593)
政治学 (84)	法学 (150)	军事学 (37)	社会学 (348)
民族学 (32)	新闻学与传播学 (85)	图书馆、情报与 (187)	教育学 (329)
体育学 (89)	统计学 (97)		

图 8.5

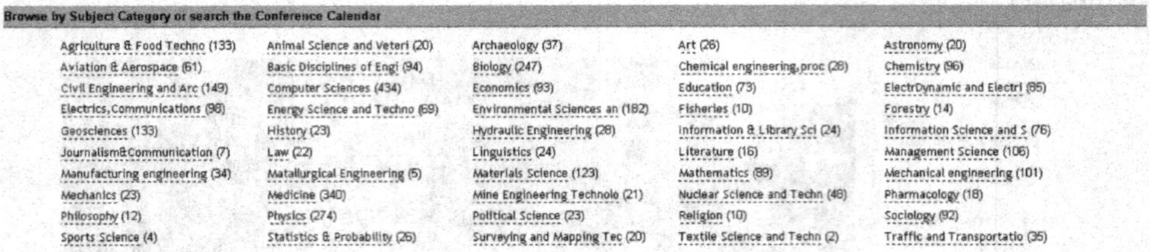

图 8.6

网站还可注册用户,注册用户可以根据专业订制所感兴趣的会议,并选择通过 E-mail 将相关会议信息发送到注册时的电子邮箱。

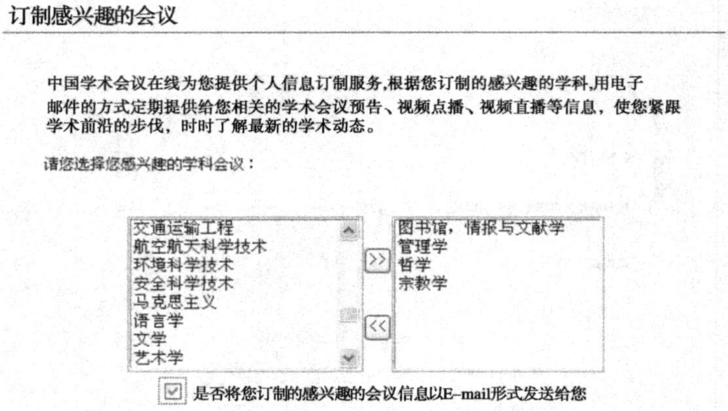

图 8.7

② 中国学术会议网(http://conf.cnki.net/)

图 8.8

"中国学术会议网"由 CNKI(中国知网)主办,是在理解国内外学术会议举办流程的基础上,专为会议主办方、作者、参会者设计并开发的网络化学术会议服务平台。

目前"中国学术会议网"是 CNKI 的免费产品,对于会议举办方,提供如会议办会的整套网络解决方案包括:创建会议网站、在线投稿审稿、在线注册参会等功能,功能涵盖主办会的各项重要需求;会议推广服务,即通过 CNKI 的"个人数字图书馆",让会议被更多作者发现;参会者信息管理、查询、导出、下载,深度挖掘参会者情况,统计图表数据分析等。同时,系统还将会议网站链接推广到 Google、百度等主流搜索引擎。

对于研究者，此网站提供如：发现适合的会议，轻松投稿；发现想参加的会议，轻松注册参会；获得所关注会议发布的最新通知、公告信息以及审稿录用、注册情况等诸多与会议相关的信息。

网站提供会议的高级搜索和快速搜索。

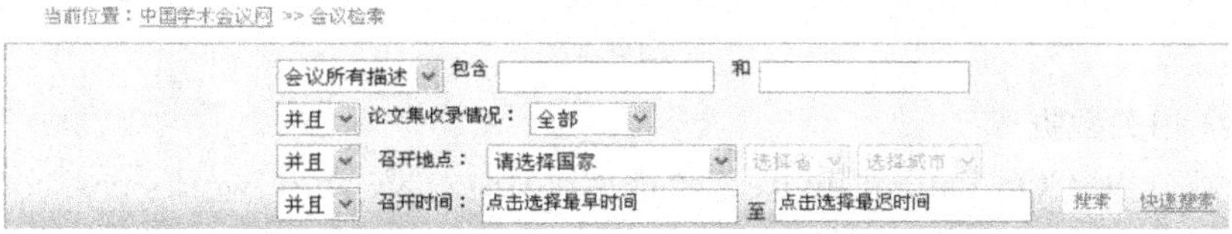

图 8.9

对于感兴趣的会议可以直接在此平台进行会议注册和投稿。

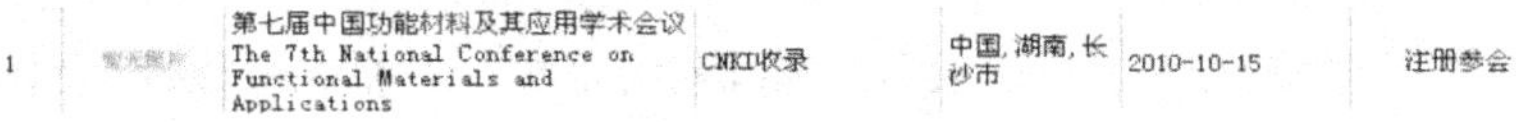

1	暂无图片	第七届中国功能材料及其应用学术会议 The 7th National Conference on Functional Materials and Applications	CNKI收录	中国，湖南，长沙市	2010-10-15	注册参会

图 8.10

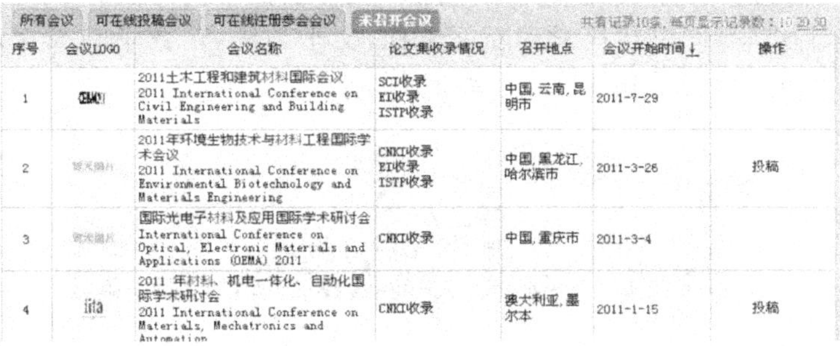

所有会议 | 可在线投稿会议 | 可在线注册参会会议 | 未召开会议

序号	会议LOGO	会议名称	论文集收录情况	召开地点	会议开始时间	操作
1	CEABM	2011土木工程和建筑材料国际会议 2011 International Conference on Civil Engineering and Building Materials	SCI收录 EI收录 ISTP收录	中国，云南，昆明市	2011-7-29	
2	暂无图片	2011年环境生物技术与材料工程国际学术会议 2011 International Conference on Environmental Biotechnology and Materials Engineering	CNKI收录 EI收录 ISTP收录	中国，黑龙江，哈尔滨市	2011-3-26	投稿
3	暂无图片	国际光电子材料及应用国际学术研讨会 International Conference on Optical, Electronic Materials and Applications (OEMA) 2011	CNKI收录	中国，重庆市	2011-3-4	
4	iita	2011 年材料、机电一体化、自动化国际学术研讨会 2011 International Conference on Materials, Mechatronics and Automation	CNKI收录	澳大利亚，墨尔本	2011-1-15	投稿

图 8.11

③ 其他会议信息网站

除以上之外，还有一些会务公司或相关机构的网站，如中国学术会议信息网(http://www.xshy.org.cn/)、中国会议网(http://www.meeting163.com/index.asp)等，都提供了关于学术会议的相关信息。

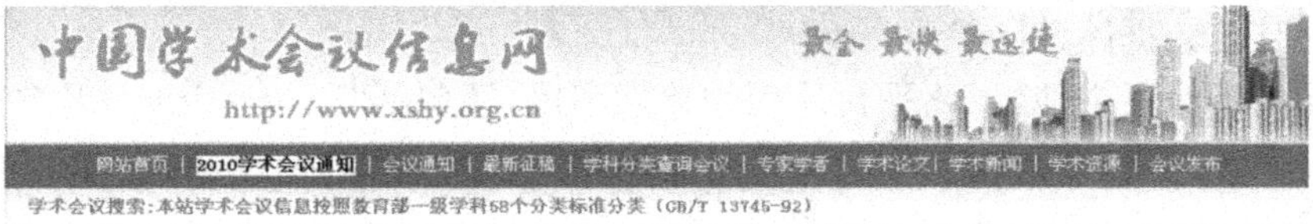

图 8.12

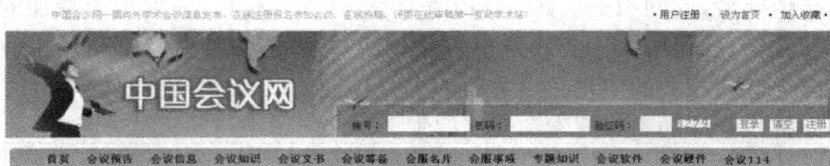

图 8.13

（3）相关数据库

此部分以"COS Papers Invited"数据库（http：//www. refworks-cos. com）为例介绍如何获取国际学术会议信息。

Papers Invited 数据库给研究人员提供全球即将举行的学术会议（Conference）和即将出版的期刊特刊（Special Issue）的预报及定题通告信息。通过向数据库检索，研究人员可快捷地了解在全世界不同学科领域即将举行的会议，从而可选择把研究作品向相关学科或跨学科的会议发布，最终把成果出版在会议记录内，同时也可选择是否参加相关的会议。收录会议信息为每年 8 000～12 000 条。学科范围包括：工程与科技，计算机资讯科技，自然科学，生物科技，生物医学科学，社会科学，管理学，心理学，图书馆科学和新闻工作，文学与语言，数学与天文，哲学，宗教和神学，艺术，建筑，音乐和体育，地理和历史等。

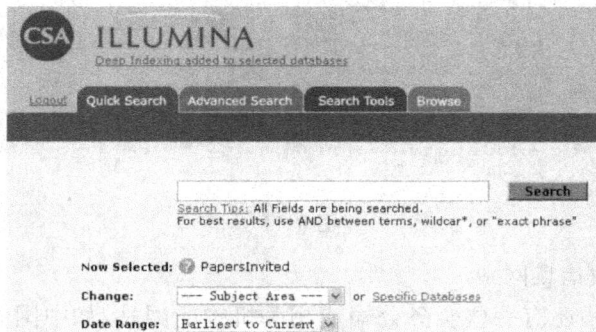

图 8.14

由于此数据库采用的是 CSA（剑桥科学文摘）的 Illumina 平台，因此可以与此平台的其他数据库共同检索。

在高级检索中，除了此平台通用的检索字段，还包括"Papers Invited"数据库特定的检索入口，包括会议名称及会议名称缩略语、会议组织/举办/承办者、国家、参会人员资格限度等。如图 8.15、图 8.16。

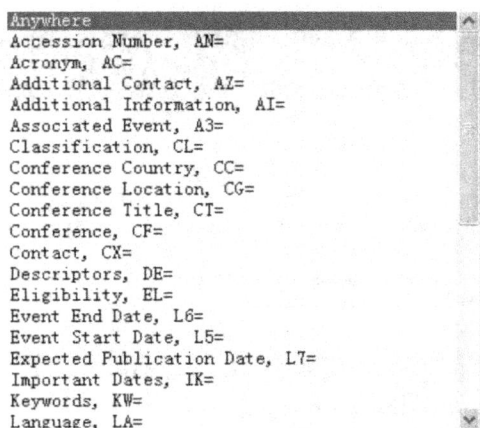

图 8.15

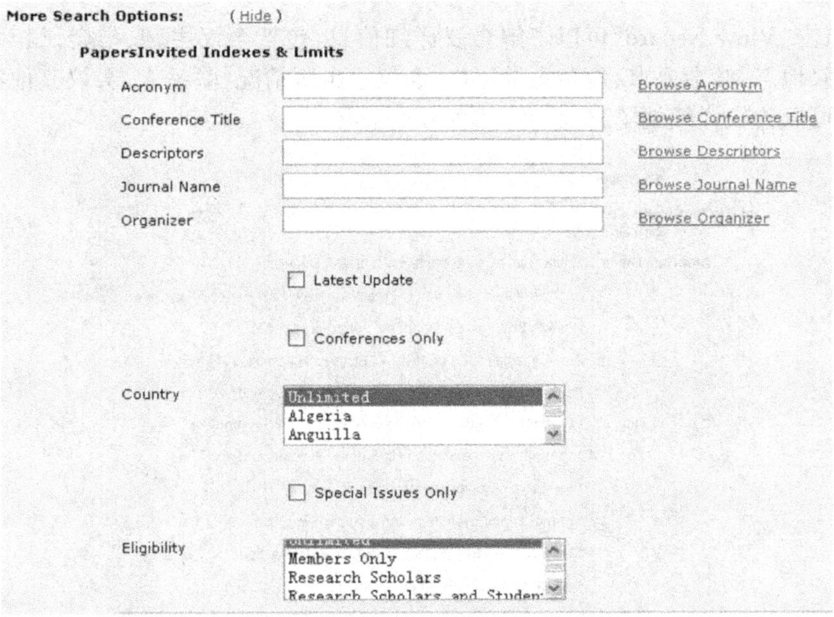

图 8.16

　　检索结果列表包括会议名称、承办机构、提交论文或文摘时间、会议网址等。

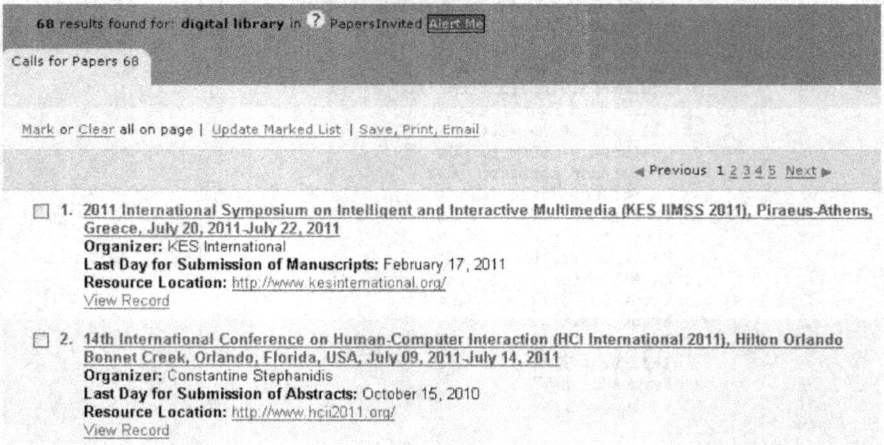

图 8.17

点击"View Record"可以了解会议详细信息,包括会议主题、与会议相关的会议时间、地点、参会要求、参会人员资格、会议录出版情况、联系人、会议其他相关信息等,可以比较详细地了解此会议的各方面情况。

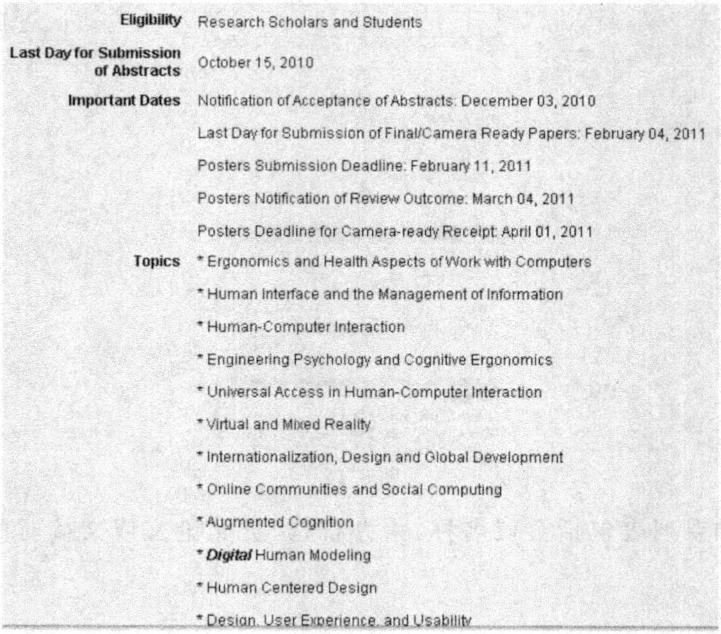

图 8.18

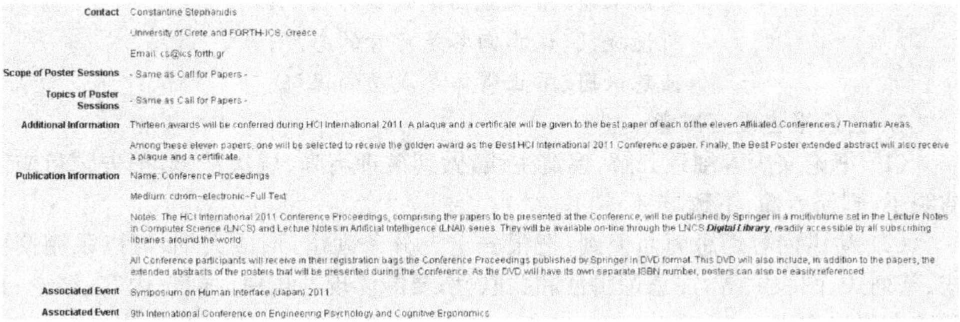

Contact	Constantine Stephanidis University of Crete and FORTH-ICS, Greece Email: cs@ics.forth.gr
Scope of Poster Sessions	- Same as Call for Papers -
Topics of Poster Sessions	- Same as Call for Papers -
Additional Information	Thirteen awards will be conferred during HCI International 2011. A plaque and a certificate will be given to the best paper of each of the eleven Affiliated Conferences / Thematic Areas. Among these eleven papers, one will be selected to receive the golden award as the Best HCI International 2011 Conference paper. Finally, the Best Poster extended abstract will also receive a plaque and a certificate.
Publication Information	Name: Conference Proceedings Medium: cdrom~electronic~Full Text Notes: The HCI International 2011 Conference Proceedings, comprising the papers to be presented at the Conference, will be published by Springer in a multivolume set in the Lecture Notes in Computer Science (LNCS) and Lecture Notes in Artificial Intelligence (LNAI) series. They will be available on-line through the LNCS ***Digital Library***, readily accessible by all subscribing libraries around the world. All Conference participants will receive in their registration bags the Conference Proceedings published by Springer in DVD format. This DVD will also include, in addition to the papers, the extended abstracts of the posters that will be presented during the Conference. As the DVD will have its own separate ISBN number, posters can also be easily referenced.
Associated Event	Symposium on Human Interface (Japan) 2011
Associated Event	9th International Conference on Engineering Psychology and Cognitive Ergonomics

图 8.19

8.3 学术报告

8.3.1 学术报告的要点

学术报告是指以介绍科技发展和学术研究动态、发布学术研究成果等为主要内容的学术演讲。学术报告的题目需要事先告知，以便听众选择和有所准备；学术报告演讲题目要与听众的知识背景和学术兴趣相匹配。

现代学术报告一般采取影剧院式的会场形式，多使用多媒体投影、音频视频系统。单个学术报告时间不能过长，可以安排多位专家作学术报告。报告会的总时间比较灵活，可长可短。

演讲者面对全体听众演讲，并就论坛主题问题发表意见和看法。当两个或更多的演讲者持不同学术观点、意见时，可以在演讲者之间、听众与演讲者之间展开自由、公开的讨论，允许听众提问。

学术报告的对象和目的不同，其形式和要点也有所不同。通常采用学术主讲人当面演讲或网络、视频、音频、文本等演讲的方式，将自己的学术知识分享给其他需要的学术研究者或学生、受众。听众可以发问，互动讨论，面对面地双向沟通。学术讲座中，学术话题、主讲人、参与者是基本的构成要素，学术主讲人要最大化地让听众来分享自己的学术知识。

8.3.2 会议报告发言

学术会议的报告发言一般在15～20分钟，包含听众提问的时间。参加国内外学术会议，进行会议报告，需要注意以下参会要点：

成果突出、创新性强是参会的基础；
提纲简明、准备充分是报告的前提；

句法准确、语言流畅是必备的技能；

听懂提问、认真回答是负责的态度；

诚恳谦逊、举止得体是成功的保证。

1. 会议报告发言准备

（1）把论文内容细致分解，厘清主线，做到条理清晰、层次清楚；报告题目应简洁明了，删繁就简，不致歧义。

（2）演讲内容切忌面面俱到，把报告重点分条列出，形成大纲，可以采用摘要式、条列式、图表式等，注意逻辑性和关联性；要能体现开场白、导言、内容、结论、致谢这个报告程序。

（3）报告 PPT 图文并茂，页面简练。配合必要的公式、图及表格。

（4）最后要给出明确、完整的结论。

（5）报告语言要简洁，对待听众的提问应礼貌、平和，如理解有歧义，应予以确认，并认真应答。

2. 学术报告 PPT 内容展示

（1）在既定时间内做好计划。一次好的展示的关键在于用尽量少的信息能够表达你的观点。每张幻灯片最多 1 分钟是一个不错的规则，但是具体的数字应该由排练来决定。

（2）把握你的听众。了解听众的专业性和多样性的水准，将有助于你决定需要提供的背景和细节的程度。

（3）设定你的目标。由于必须限定材料，所以必须认真考虑要让听众记住哪些要点，这很重要。一旦这些要点清晰，就围绕这些要点来组织你的演讲，并确保每张幻灯片都在为你的目的而服务。

（4）组织你的演讲。不论听众如何，还是有必要设定不同的阶段来说明该研究的一般重要性和你的特定目标。把研究分为不同的角度，提及相关的研究工作和你的方法的独特性。然后再探讨实验和结果。

（5）保持幻灯片内容的简单。幻灯片对你的演讲是一个可视化的辅助，而不是演讲本身；它们应该帮助你表达演讲的实质，而非细节。标题列表要胜过大段文字。避免完整的句子，以确保你突出了重点概念。示意图和图表要好过文字，但要使它们简单，让它们表示基本元素。

（6）保持幻灯片设计上的简单。一个坚实的背景和适当的颜色对比是永远不会错的。使用一种可读的字体，不要太小。

（7）慎用动画和多媒体。很多情况下，一个简单的动画所表达的概念比一个静态的漫画要好。但在动画的使用上要三思（尽量少用），因为过多的动画会使听众注意力分散。

（8）注意语速和音量。如果你不是一个以英语为母语的演讲者，要特别注意关键术语的发音,并把关键概念在幻灯片上用文字表达出来。如果你是一个以英语为母语的发言者,要记住许多听众不是。此外,在幻灯片之间使用过渡词将有助于演讲的流畅。

(9)选择合适的表达,避免行话和首字母缩写的词。有些在幻灯片上出现的不可避免的缩写,要注意把它们讲出来,这很重要。你所讲的话要尽可能的匹配那些在幻灯片上用来支持你表达的关键的书面文字。

(10)发言切忌照本宣科,需要思路清楚、逻辑严密;控制自己的发言时间,不能挤占他人时间;讨论时认真听取提问(听不懂时可以礼貌地要求对方重复所提问题),针对问题给出准确的回答。

3. 学术报告 PPT 设计要点

(1)首先建议选择一个简洁感觉的模板为先,模板保持一个统一的风格是非常必要的;最好为白色背景,色彩背景容易产生疲劳。

(2)学术报告重在内容,因此结构合理、层次清晰很重要;一般每页一个主题;每页内容不多于 8~10 行;片子不要准备过多,否则将不易使听众抓住主题,也难以控制发言时间。

(3)避免使用过多的颜色,可以通过字体大小和项目符号来区分段落级别,需要强调的内容通过对比色区分;字体大小适中,公式、图及表格清晰。

(4)保持简约的设计风格,不要选择一些不必要的花哨元素,那样反而会分散注意力。

(5)如果需要避免单调,可以尝试使用简单的渐变色或者 icon 图标。

(6)多用图示替代文字。

(7)版式规范,设定统一的段落间距,通过辅助线固定每页面放置的内容区域。

8.3.3 论文展示(学术墙报)

学术墙报(Poster)也称学术展板,是学术交流的一种常见方式,与学术会议相配合,是学术会议的一道独特的学术风景。学术论文成果展板交流是一种在国际会议期间进行学术交流的常用形式,也是国外大学和研究机构开展学术研究成果交流与展示的一种普遍方式。

学术墙报需要经过筹划、准备、设计、制作、打印等相应过程,需要根据交流场地和展出的要求设计和制作。在学术会议中展出的学术墙报的学术内容必须符合学术会议主题(或学术内容范畴)的要求,与参会者的学术背景和研究领域相关。学术墙报一定要图文并茂,以清晰的图表和言简意赅的语言概括学术研究成果的内容、主要认识和创新点。

8.3.4 开题报告

开题报告是指开题者对科研课题的一种文字说明材料。开题报告是由选题者把自己所选的课题的概况（即"开题报告内容"）向有关专家、学者、科技人员进行陈述，然后由他们对科研课题进行评议，以确定是否批准这一选题。开题报告也是毕业论文答辩委员会对学生答辩资格审查的依据材料之一。

写开题报告的目的，是要请老师和专家帮我们判断一下：选题有没有研究价值，研究方法有没有可能奏效，论证逻辑有没有明显缺陷。因此，开题报告的主要内容，就要按照"研究目的和意义"、"文献综述和理论基础"、"基本论点和研究方法"、"资料收集方法和工作步骤"这样几个方面展开。其中，"基本论点和研究方法"是重点，许多人往往花费大量笔墨铺陈文献综述，但一谈到自己的研究方法时却寥寥数语、一掠而过。这样的话，评审老师怎么能判断出你的研究前景呢？又怎么能对你的研究方法给予切实的指导和建议呢？对于不同的选题，研究方法有很大的差异。一个严谨规范的学术研究，必须以严谨规范的方法为支撑。

开题的过程其实是思维训练的过程，大体上可以分3步走：

（1）先划定一个"专业兴趣范围"，或者"拟研究方向"，如半导体产业、信息产业、农村医疗、高等教育体制等，然后广泛浏览相关的媒体报道、政府文献和学术文章，找到其中的"症结"或"热点"。

（2）总结以往的研究者大体从哪些理论视角来分析"症结"或"热点"，运用了哪些理论工具，如公共财政的视角、社会冲突范式等。

（3）考察问题的可研究性，也就是自己的研究空间和研究的可行性。例如，西方的理论是否无法解释中国的问题？或者同一个问题能否用不同的理论来解释？或者理论本身的前提假设、逻辑推演是否存在缺陷？通过回答这些问题，找到自己研究的立足点。此外，还要注意研究在规定的时间限制内是否可以完成？资料获取是否可行等等。

（4）陈述问题。陈述问题实质上就是凝练核心观点的过程。观点应当来自对现实问题的思考和总结，而不是为了套理论而"削足适履"。选择恰当的术语、准确的逻辑予以表述是至关重要的。

需要注意的是应避免提出宏伟的概念或框架，尽可能缩小研究范围、明确研究对象，从而厘清对象的内在逻辑，保证能在有限的时间内完成规范的学术论文。

8.4　学术社区

8.4.1　学术社区的含义

"社区"一词源于拉丁语，原意是亲密的关系和共同的东西。将"社区"这个词作为社会学的一个范畴来研究的，起于德国的社会学家斐迪南·滕尼斯（1855—1936）。滕尼斯所谓的社区是通过血缘、邻里和朋友关系建立起来的人群组合。它根据人们的自然意愿结合而成,人们的关系建立在习惯、传统和宗教之上。血缘、邻里和朋友的关系是社区的主要纽带,在这里人们交往的目的和手段是一致的,传统的农村村庄是社区的代表。

社区之后引申为有共同文化的居住于同一区域的人群。在具体指称某一人群的时候,其"共同文化"和"共同地域"两个基本属性有时会侧重于其中一点。如"和平里社区"、"四方社区"是侧重其共同地域属性,而"华人社区"、"穆斯林社区"、"客家社区"等则侧重其共同文化的属性。不过无论所指侧重哪边,"社区"一词都是强调人群内部成员之间的文化维系力和内部归属感。

随着网络技术的发展,出现虚拟社区、网络社区等概念,是互联网使用者互动后产生的一种社会群体。Rheingold 认为虚拟社群是一群人在网络上从事公众讨论,经过一段时间,彼此拥有足够的情感后所形成的人际关系的网络。Rheingold(2000)认为虚拟社群是一种新型的社会组织,并有以下表达的自由:缺乏集中的控制,多对多的传播,成员出于自愿的行为等特征。虚拟社群的形式包括了早期的 BBS、论坛、MUD(网络泥巴)等,或是近期才出现的博客、维基百科。以及日渐流行的 Facebook、Secondlife 等。虚拟社群体现 Web 2.0 所强调使用者为中心的概念,透过社群成员彼此的分享与共创。人们通过互联网技术,在网上聚众,发表文章、网上日志、相片、录像分享,互相影响着现实生活中人们的思想、意识、文化等。在网上,虚拟社区也是一个社会组织网络,互联形成全球化、地球村以及各部落、自治区等。

一般意义上的社区是基于人们日常社会活动,学术社区则是基于人们学术活动。学术活动简言之是指与学术研究、学术交流有关的一切社会活动。由于学术社区是围绕学术交流的,除了具备无论是社区的传统意义还是社区的引申意义,或者虚拟社区、网络社区等各方面与社区有关的特性以外,更重要的是学术社区与学术相关,与学术活动相关,围绕着学术活动的各个方面,包括文献获取、学术交流、学术研究成果发表等等。以下我们通过举例的方式分别介绍学术图书馆作为学术社区、学术社区网站以及学术社区相关数据库产品。

8.4.2 作为学术社区的学术图书馆

大学是学术交流的重要场所,起源于中世纪的欧洲,在大学诞生之前的相关机构,最早的也是最著名的一个就是哲学家柏拉图于公元前 387 年在雅典创办的学园(Academy),Academy 目前已经包含"(高等)专科院校、研究院、学会、学术团体、学院"等多个与学术交流的含义。而在学园(Academy)中,传授知识、学术研究的方式是人们(无论是教师和学生)在这里以极其自由的问答方式一起研究。大学图书馆作为大学校园内学术信息资源的中心,也常被称为学术图书馆,随着信息技术和网络发展对人类的工作、学习和日常生活的影响逐步加深,大学图书馆的用途也从单一的知识传递趋向于多样化和综合化传播的社区模式。这样的变化包括图书馆物理空间上从单向输出的简单建筑空间模式向建筑功能互动性和多元化发展的转变,也包括图书馆通过各种方式构建虚拟的学术空间。

1. 物理空间

由于师生们在课堂教学时间以外的学术交流中存在一定的空间和时间的局限性,越来越多的图书馆在设计图书馆空间结构时特别加入了研讨室、报告厅、培训教室、信息共享空间,并扩大公共空间等方式,为校园内各类学术交流提供便利,实现学术图书馆作为学术社区这一图书馆新型功用。

(1) 研讨室

研讨室提供以较小规模团队为单位的学术交流,研讨室一般供师生口试、会议、上课教学、小组讨论使用,一般备有小型会议桌、计算机、无线网络、写字背板、投影设备等。参与者可直接进行头脑激荡、小组讨论、方案策划以及幻灯演示等,同时在讨论过程中便捷地利用图书馆的各类资源。

(2) 报告厅

图书馆是大学校园学术文化传承的集中地。目前大多数学术图书馆都建有设施齐全先进的多功能厅,可以同时容纳数百位听众。报告厅的利用不只局限于图书馆,而是面向全校,可组织各类会议、讲座、论坛、沙龙、讨论班以及人文艺术欣赏活动等。

(3) 培训教室

信息素养和数据挖掘是一种后天习成的能力,熟练掌握和挖掘与专业相关的数据库对大学教学和科研有着至关重要的作用。培训教室往往是实施读者和馆员信息素养能力提高的场所,各类型信息素养系列讲座体现了培训教室双重的意义:从学术意义的角度看,培训教室是图书馆面向全校师生所提供的信息能力的培养和提高学术素养的主要场所;从培训教室空间意义的角度看,它又是图书馆与全校师生互动交流的主要实体平台之一。培训教室成为图书馆服务的需求方和供给方互动交流的前提条件。

(4) 信息共享空间

自第一个信息共享空间(Information Commons, IC)于1992年8月在美国爱荷华大学图书馆开放以来,这种支持开放获取,以培育读者信息素养和促进读者学习、交流、协作及研究为目标的全新服务模式便在北美及世界其他国家或地区相继诞生和流行起来。

IC是从传统图书馆的机房和电子阅览室中衍生出来的,是一个经过特别设计的一站式服务中心及协同学习环境和学术环境,综合使用方便的互联网、功能完善的计算机软硬件设施和内容丰富的知识库(包括印刷型、数字化和多媒体等各种信息资源),在技能熟练的图书馆参考咨询馆员、计算机专家、多媒体工作者和指导教师的共同支持下,为读者(包括个人、小组或学术团队)的学习、讨论和研究等活动提供一站式服务,培育读者的信息素养,促进读者学习、交流、协作和研究。

IC 的诞生主要基于两种思想:一种是基于开放获取的思想,它确保对理想信念的开放获取和利用,促进信息共享、共有和自由存取,鼓励人们在民主讨论中学习、思考和实践;另一种是基于图书馆服务的思想,把信息共享空间作为整合空间、资源和服务的综合性服务设施和协作式学习环境。

随着实践和研究的不断深入,IC 的内涵也在不断丰富与发展。依据 IC 服务目标与愿景的不同,它正朝着 LC(Learning Commons)、RC(Research Commons)、KC(Knowledge Commons)、UC(University Commons)和 GIC(Global Information Commons)等不同方向发展。其中 LC 强调通过各种有效手段来促进协同学习;RC 侧重于对研究人员学术和协作研究的支持;KC 强调对知识获取、共享管理和知识创造活动的支持;UC 则把整个校园视为一个开放获取空间,通过校园内各个部门及组织间的联合,共同支持学生的协同学习、教育和教师的研究活动;GIC 强调基于虚拟网络环境支持人们对知识随时、随地、随需地开放获取与共享。

(5) 公共空间

现今图书馆在设计中大多采用大量开放式、公共的学术交流空间和设施,方便读者休憩或者交流。

2. 虚拟空间

虚拟学术社区通过信息通信技术在 Internet 上或者是在局域网内创建的学术学习环境。在这个环境中,人们拥有一个共同的目标,进行平等的交流与合作。一般意义上的虚拟学术社区注重隐性知识交流和外化,但却缺乏显性的学术资源,而学术高校图书馆以丰富有序的学术信息资源体系为基础,并提供开放平等的交流平台,具备构建虚拟学术空间的良好条件。

大学里建设虚拟学术社区的主体可以是院系、科研处等职能部门,甚至是个人。不同主体构建的虚拟学习社区服务目标各有差异,作为知识组织者的图书馆具有资源、专业、人才、服务和文化观念上的优势,其构建的虚拟学术社区的目标有:

(1) 学术资源整合

对于专业研究人员,他们关注的只是本学科领域及其相关学科领域的学术资源动态,笼统地对多个数据库进行跨库检索意义并不大。所以,面向学科的虚拟学术社区按照学科范畴,根据用户的个性化需求,对各种分布的、异构的和多样化的信息资源进行收集、评价、排序、过滤、分类、标引、建库,从而形成新的信息系统,通过同一检索界面呈现给用户。

(2) 学术资源评价

学术信息资源的质量参差不齐,用户对学术论文、著作价值的判断一般依据它的期刊社或出版社、著者等,这种评价方法存在一定的偏颇。虚拟学术社区把应用和嵌入 Web 2.0 的理念和技术，构建允许用户对学术资源进行开放评论的虚拟社区，可以方便地表达对某著作或论文的观后感，让用户推荐精品、掩埋劣品，充分利用集体智慧来辨别学术论文著者的优劣。

（3）学术交流平台

虚拟学术社区构建的交流平台可以解决图书馆服务过程中缺乏知识交流、忽视隐性知识、难以满足个性化需求等问题，既是学科馆员对用户的虚拟参考咨询平台，也是用户之间交流学科知识难题、馆员之间分享工作经验技巧的平台。

虚拟学术社区可分享工作体验、宣扬学术观念、鼓励相互访问、参与评注与评价，实现相互争鸣、相互交融的学术探索氛围；也是用户发挥专长的场所，每个用户都是某一方面的专家，记录各个用户独到的知识、经验，并通过不断修正，形成集体智慧的聚合，供其他用户参考借鉴。

总之，学术图书馆的虚拟学术社区是"资源＋交流"的模式。资源服务就是整合信息资源并提供导航；交流服务除了参考咨询外，还包括营造师生沟通探讨的空间，提供师生评价学术资源的平台。它的构建将促进图书馆由信息知识中心向学习科研中心转化。

8.4.3 学术社区网站

学术社区网站提供学术研究和学术交流相关信息，有些学术社区网站是针对特定专业的，大多数学术社区网站是综合性的，我们选取部分进行介绍。

1. 学问社区(http://www.51xuewen.com/)

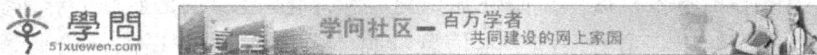

图 8.20

学问社区号称中国最大的综合学术社区。学问社区成立于 2007 年 10 月，致力于成为一流的学术人群教学科研交流平台。

学问社区以用户实名制为基础，为学术人群提供互动主页、博客、小组、科学软件、资源、问答等功能强大的互助共享平台，满足学术人群对交流、资源、软件、个人展示服务等多方面的需求，是百万学者共同建设的网上家园。其特点包括：

（1）全面的学科频道。10 个学科频道，覆盖 500 多个学科子类。

图 8.21

（2）免费的学术个人主页平台。100 多万名专家在学问社区安家，建立了学术个人主页，开通了实名博客。

图 8.22

（3）开放的学术交流小组，教学小组、科研项目小组、普通小组——3 种类型小组满足不同用户交流需求。

图 8.23

（4）丰富的精品教学科研资源，七万多个精品资源，免费向普通会员开放，包括科研论文、学术报告、工具软件、项目文档、课件、电子教案、教学大纲、视频音频素材、电子图书等子类。

（5）教育科研领域互助问答平台，提供一个专注于教育科研领域的互动问答系统，同时聘请各领域的知名专家提供问答服务。会员无论提交哪个学科方向的问题，都将得到专业的解答。

（6）专业的科学软件服务平台，学问社区开通功能全面、专注于优质软件工具的应用和讨论的开放性软件服务平台（www. scisoftware. com. cn），邀请学者专家为软件使用者提供技术支持和问题解答，为广大软件用户创造了一个学习交流的场所。

图 8.24

2. 小木虫论坛(http://www.emuch.net/)

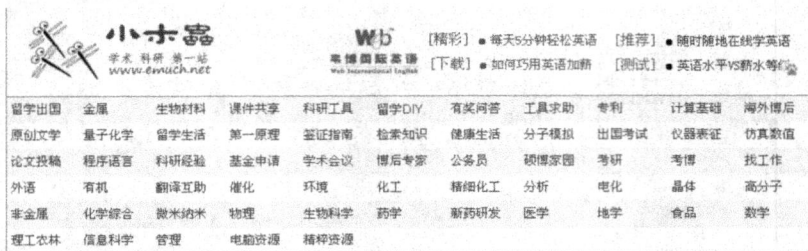

图 8.25

　　小木虫论坛号称学术科研第一站。小木虫成立于 2001 年 3 月 1 日,是一个独立、纯学术、非经营性的免费个人论坛,一直致力于打造国内学术前沿站点,为中国学术研究提供免费动力,倡导学术的交流与共享。小木虫的域名为:emuch.net,域名的含义:e 加上 much,e 代表网络,much 是多的意思,即网络丰富多彩的意思。内容涵盖化学化工、生物医药、物理、材料、地理、食品、理工、信息、经管等学科,除此之外还有基金申请、专利标准、留学出国、考研考博、论文投稿、学术求助等实用内容。小木虫论坛现注册人数已超过 60 万,注册会员主要来自国内各大院校、科研院所的博硕士研究生和企业研发人员(甚至一些高校著名教授也是小木虫论坛的注册会员),从而拥有旺盛的人气、良好的交流氛围及广阔的交流空间,已成为聚集众多科研工作者的学术资源、经验交流平台。

　　小木虫论坛包含论文投稿区、学术科研区、科研工具和计算模拟区、文献检索互助区、科研资料宝库区及一些分学科的分区,如化学专业区、材料与物理专区、医药生物区、理工农学区、人文社科区等。

　　其中学术科研区提供了科研经验等交流,而文献检索互助区则已成为众多小木虫论坛会员获取文献的重要途径。

图 8.26

图 8.27

小木虫论坛设置一些规则推动论坛会员的交流和相互帮助，比如访客可匿名浏览但无下载权限；在小木虫学术论坛上注册 ID，并通过劳动或点击红包（一天只能领取一次）来赚取金币（可用于兑换下载流量、学术求助、兑换通行币等）。资源下载一般需要用金币兑换流量，当然也有不需要金币即可下载得到免费资料，如有些会员上传的资料等。

3. 社会学学术社区（http://community.sociology.org.cn/）

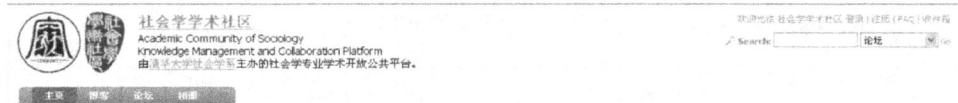

图 8.28

此学术社区为社会学专业类学术社区网站，提供博客服务和论坛。论坛提供学术信息、研究动态、学科档案和社会学分专题的栏目。

4. ResearchGATE（http://www.researchgate.net/）

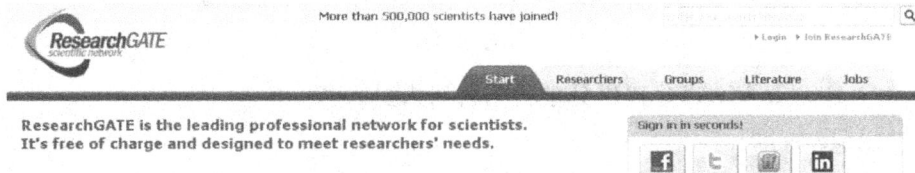

图 8.29

ResearchGATE 是全球最大的科学社交网路服务网站。于 2008 年 5 月上线，至今已经有超过 300 000 来自 196 名不同国家的科学家加入此共同体。ResearchGATE 针对科学家以及研究人员提供对科研有利的线上服务。全球的研究员可免费注册该网站，和各领域的同事分享研究结果或讨论专业问题。除了个人中心、科学博客等以外，ResearchGATE 提供的应用程式随时随地毫无时空阻碍地分享文件、资料等。2009 年 ResearchGATE 迈出了开放存取的第一步。藉由该站的开放存取自存档功能科研人员可以上载自己写作的论文以便分享研究结果。由此本网站将免费提供论文参考。搜查文件可以直接使用本站的搜寻引擎而不侵犯出版社的版权。

（1）ResearchGATE 提供科研人员合作的平台

CONNECT with colleagues and build your
scientific network

DISCOVER new methods, papers, and people
with our comprehensive research based search
engine

COLLABORATE using our suite of applications
built specifically for researchers

图 8.30

（2）ResearchGATE 提供与社会网络关联的功能

图 8.31

（3）ResearchGATE 与各学术团体合作

图 8.32

（4）ResearchGATE 提供分学科的科研人员

Researchers

The community of ResearchGATE gets you in touch with thousands of fellow researchers. Many researchers made part of their profile accessible for non members. Browse through our science disciplines and explore their profiles.

Agricultural science	Anthropology
Biological sciences	Chemical Science
Computer sciences	Design
Earth Science	Economics
Education	Engineering
Entertainment & Arts	Geography science
Health sciences	History
Law	Linguistics
Literature	Mathematics
Other	Philosophy
Physics	Political Science
Psychology	Religious Studies
Social Science	Space sciences
Researchers without science discipline	Recently joined researchers

图 8.33

（5）ResearchGATE 提供多个研究团队

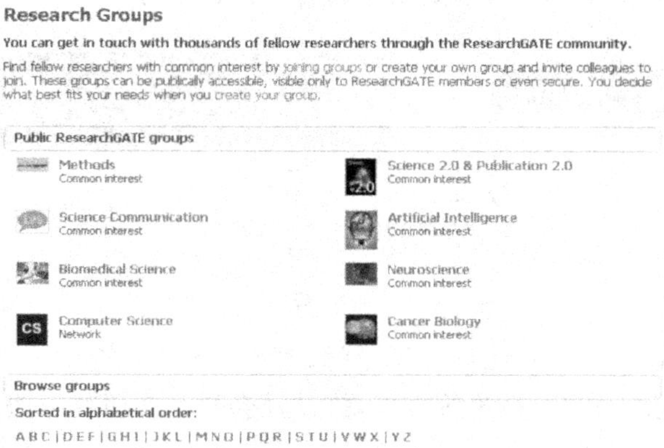

图 8.34

（6）ResearchGATE 提供查找获取科研职位

图 8.35

（7）ResearchGATE 提供查找各学科科研文献

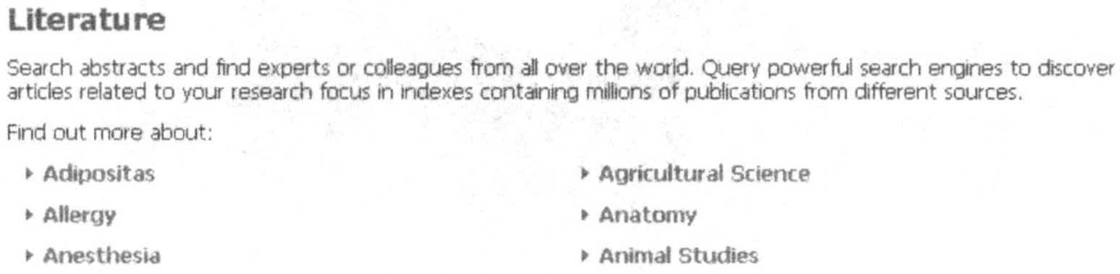

图 8.36

5. Methodspace(http://www.methodspace.com/)

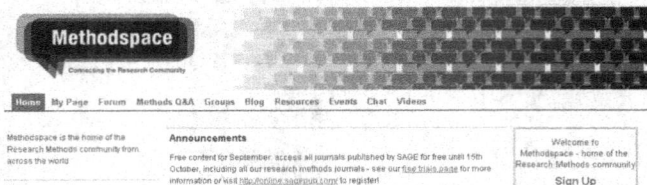

图 8.37

Methodspace 是 SAGE 出版社推出的,内容主要为社会科学研究方法的网站。通过个人网页、论坛、资源、讨论等方式,推动社会科学在研究方法方面的交流。

8.4.4 学术社区相关数据库产品

学术社区相关数据库产品实际上将通过对学术研究过程和涉及的相关资源进行整合,从而达到满足学术研究和学术交流各方面需求的数据库产品的集合。

1. Web of Knowledge

Web of Knowledge 是汤森路透集团的产品平台,包含著名的科学引文索引数据库的 Web of Science 也在此平台提供访问。此平台除了提供包括期刊论文、会议论文以及专利等资源外,还提供辅助科研的各项相关产品。

图 8.38 所示为 Web of Knowledge 平台提供的涉及科研各环节的相关产品。

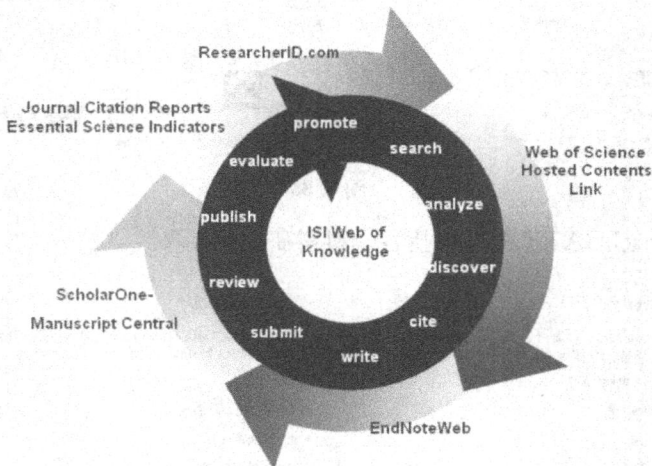

图 8.38

围绕着进行科研的文献信息资源的检索、分析、发现、引用、写作、提交、评论、发表、评估、推广的过程,此平台完成一个学术社区的不同方面的功能。Web of

Science 的资源内容搜索；EndNoteWeb 的参考文献管理；ScholarOne Manuscript Central 的辅助投稿；JCR&ESI 的期刊评价、科研人员评价、科研机构评价；以及实现学术社区身份认证的 ResearchID。

需要特别介绍的 ResearchID 是帮助实现研究标准化的一个工具。ResearcherID(researcherid.com)是一个全球性、多学科的学术研究社区，在这个社区中，每位作者均获得一个全球唯一的学术 ID 号，这不仅能够杜绝作者身份识别错误的发生，同时还能通过该标识符即时浏览作者的引文指标。ResearcherID 提供的索引数据来自引文数据库 Web of Science。

2. RefWorks&COS 学术研究解决方案

COS 是由"Johns Hopkins University"内部的研究管理部门在 1988 年创建的，特别适合大学及学术研究机构等学术研究应用。"RefWorks&COS 学术研究解决方案"致力于为世界各地知名教授和学者，著名大学、高等学术研究机构等提供领先的学术研究服务。

此解决方案是基于如图 8.39 的学术研究周期。

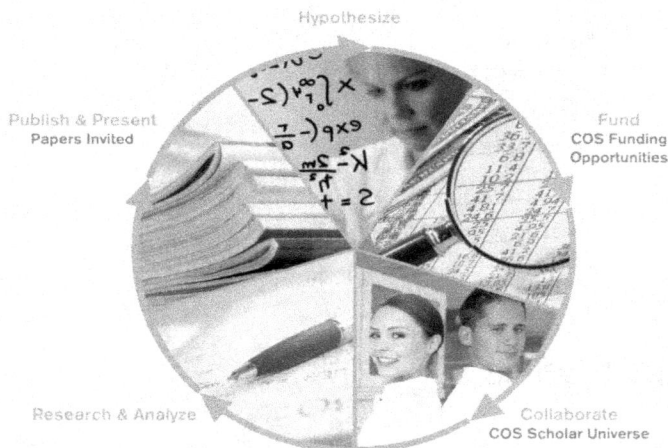

图 8.39

对学术研究过程的每一个重要阶段，RefWorks&COS 都提供相关服务和完备的解决方案，包括寻找及发现最新的学术研究发展(RefAware)、寻找相关研究基金(COS Funding Opportunities)以及确定合作者和权威学术领导者(COS Scholar Universe)。

其中 COS Scholar Universe 总共收录了超过 200 万位学者及隶属机构名称等资料。可浏览与检索主题相关的学者清单，可自行选择依照相关性(Relevance Rank)或姓名(Last Name)排列。每位学者收录的个人资料，除了所发表的文章外，尚包含下列信息：Publications、Ability to E-mail、Personal Websites、Author Affiliations、Degree、Research Interest 等。可在检索文章的同时，对作者本身有更加深入的了解，促进学术交流。

其他具体的相关产品包括：

(1) 管理参考文献和研究信息，进行高效的论文写作（RefWorks）。

(2) 如何共享资源（RefShare）。

(3) 寻找机会发布研究结果（COS Papers Invited）。

(4) 寻找相关研究基金（COS Funding Opportunities）。

(5) 确定合作者和权威学术领导者（COS Scholar Universe）。

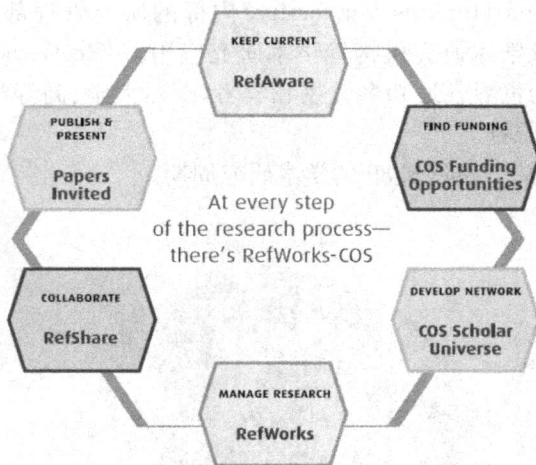

图 8.40

8.5 学术批评与争论

学术批评是学者的治学之道，是学术进步的催化剂，是追求真理、提高学术水平的必由之路。本节讨论学术批判的内涵、缘由、学术批判的前提以及使学术批判得以可能的学术自由精神。

鲁迅曾说过：辱骂和恐吓绝不是战斗。学术批评是科研工作的重要组成部分，它是科研工作的现在进行式和未来式。确切地说，是正在进行或将要进行的科研工作的重要环节。

学术的实质在于求真与创新，在于与同行对话。学术乃天下之公器，学术成果一旦发表，就有义务接受同行评论。在一个正常的学术环境下，学术批评对学术活动来说应该是一个基本的研究工具和研究手段。学术界理性的判断的标准，要在不断争鸣交锋中形成。学界不可能有一个高于一切的法官,也不可能有一个放之四海而皆准的标准,学者之间互相承担监督的职责,学界才会形成良性的监督机制,学术才会在这样一种良性的监督下获得真正的创新和发展。以学者为主体的学术研究,是在学者之间的思想交锋,即学术批评和学术争鸣中推进的;离开经常化的学术批评,就难以实现学术的繁荣。

8.5.1 学术批判的内涵

所谓批评是"对缺点和错误提出意见",学术批评是指学者之间以事实为依据,就某一学术观点进行平等的交流、对话,以便明辨是非,接近真理。批评是一个中性词,从词源上来看,"批评"(Criticism)源于那些和"隔离"、"筛选"和"区分"有关的动词。正规与正常的学术批评是推动学术进步的重要杠杆,对被批评者也是一种货真价实的帮助,应当欢迎批评。

学术批评以求真为旨趣,以崇实为根基,以尚理为先导,拒绝权威,反对盲从和迷信,坚持真理。在科学探索的时代,学术批判是社会进步的标志。开展学术批评,是逼近真理、提高学术水平的必由之路。同时,在这一过程中还有利于促使学者遵守学术规范和职业道德,消除目前他们在学术活动中存在的一些不良现象,促进学术繁荣。可以说,学术批评是学术的生命,学术批评不繁荣,学术也就不会繁荣起来。

学术为什么需要批评,与学术自身具有的特点有关。

首先,学术是一种理性认识,而非主观的感受,它是经过反复论证,建立在实践基础之上,因此具有普遍性,不能是主观的猜测。

其次,学术不是普通的常识,是人类认识世界最高水平的标志,人的认识能力是有限的,而客观世界是变化无限的,人们只能是用有限的认识能力去认识那无限存在的客观存在,因而在一定阶段对自然包括人自身的规律、社会规律的认识和把握,只能是近似的、暂时的。每个时代科学的发展总是以后人发现前人的错误,修正、补充甚至推翻前人的认识而前进的过程。

第三,学术属于一项群体性活动,并非一种个体经验、个体活动、自我封闭或者自足的事业,学术活动逐渐成为一项社会性事业,除了极少数例外,学术活动不是一种孤独的、与世隔绝的对真理的追求,学术研究不依赖于他人的工作或者不与他人合作就不可能进行,学术就其本质应该是学者之间进行的交流,是一项群体性活动。

由此可知,真理具有相对性,并不是因为真理本身有误,而是因为人类理性的限制。对真理的追求是一个反复、曲折的历程,科学也总是处在用有限的能力去认识无限的存在这样一个永无止境的过程中。在这样的过程中,人类不可避免地会有认知上的失误。因此,学术批评是必经之路。学术批评的结果,既可以克服专业知识的片面观点，更可以孕育边缘性、综合性学科的崭新理论。

围绕对世界本质的认识，爱因斯坦与玻尔之间长达几十年的论战被称为巨人之争。量子力学建立以后，薛定锷、波恩、海森堡等著名物理学家一致赞同玻尔的观点，认为量子力学是完备的，世界没有更深的意义而言。但爱因斯坦却坚定地持相反的立场，他设计了几个理想实验，想通过驳倒"测不准原理"来证明量子力学不完备，可是并没有得到同行的一致认同。从1927年秋的第5次索尔维会议到1936年5月爱因斯坦提出EPR悖论，两位科学巨人展开了激烈的论战。随着时间的推移，论战进一步升级。1964年，物理学家贝尔发表了题为《论EPR悖论》的文章，想通过对贝尔不等式的证明来对这场论战做出判决。直到1970年，才有可能把EPR理想实验变成现实。从1970年到1982年，人们共设计出12个有关EPR的实验。耐人寻味的是，其中有2个实验结果符合贝尔不等式而支持爱因斯坦的观点，其余10个实验结果不符合贝尔不等式与量子理论相一致。据此，有人做出推论，认为爱因斯坦的观点不具合理性；也有人持不同看法，并沿着爱因斯坦的思路提出了新的想法，比如影响较大的"隐变量理论"；人们对世界本质、时空本性等基本问题的认识还远远没有结束，也许，正是这种震撼整个科学界的论战，引领了科学的发展。

真正的学术批判，是以"同情的了解"为前提，即认真地研究这种思想构成的诸种前提和根据，深入地思索这种思想所具有的价值与意义，进而探讨这种思想的局限，并寻求解决问题的新的思路，这就是学术批评的出发点。"同情的了解"并不是"在原则上的退却"，恰恰相反，只有出自于"同情的了解"或"无罪推断"，才有可能发现某种原则上的分歧，并由此展开深入的学术批评。"同情的了解"与"原则上的论争"，二者是一致的。

从一定意义上说，对任何学术思想的研究都可以称之为学术批评。对先秦以来的全部中国思想的研究，对希腊以来的全部西方思想的研究，都是如此。在这种"史"的研究或批评中，人们已经比较自觉的克服简单化倾向，力图以"同情的了解"而展开"带有敬意的批判"，因而能够着眼并着力于发现被批判者的理论困难。例如，不是简单化地批判贝克莱和王阳明的主观唯心主义或黑格尔和朱熹的客观唯心主义，而是致力于发现他们所面对的理论困难，以及他们所陷入的理论困境。这种研究方式，有力地推进了当代中国的哲学史研究。

学术是在批评中发展的，学术创新是在"研究范式"转换和"解释原则"更新中实现的。学术批评的"入木三分"，就是发现被批判对象的真正的理论困难，为解决这种理论困难提出新的理论思路，并作出新的理论论证。这是学术批评的"破"与"立"的统一。

8.5.2 学术批评的基本规范

从逻辑学上说,这是一个极其简单的问题:驳斥其论点,不意味着驳倒其论据和论证;只有驳倒其论据和论证,才有可能驳斥其论点。与此相反,无论是"隔靴搔痒"之"赞",还是"借题发挥"之"骂",都构不成繁荣学术的学术批评。

科学社会学家 R. K. 默顿曾提出了科学活动的 5 项规范:普遍性规范、竞争规范、公有性规范、诚实性规范以及合理的怀疑性。这些规范已经成为整个学术界所推崇的行为规范和价值观。其中的合理的怀疑性这一要求所意味的就是要用严格的推理和实验验证一切科学假说,要用怀疑的态度对待一切科学及学术的理论。这一要求还意味着学者的根本任务并不在于总要去证明什么是正确的,而是和证伪主义的出发点一致,在于总是企图去怀疑什么,否定什么。只有在怀疑、批判和否定的基础上才能产生新的东西。事实上,一切科学的进步,也就是在怀疑和批判主流观点的基础上取得的,像达尔文的进化论、普朗克的量子论、爱因斯坦的相对论,更是对传统思想、传统理论的革命性否定。所以,怀疑是学术批评的源泉。学术活动要有质疑,有质疑才能纠错,质疑是学术研讨的重要内容。海森堡曾说:"科学扎根于讨论之中。"在学术研讨中,要允许不同观点存在,不同观点的交流可以给讨论者带来灵感,只有在宽松和谐的气氛中才能创新,才能发展。

学术批评就是批评性论辩或批评性讨论,学术批评必须执行若干规范:

(1)针对性。学术批评应该是运用普遍智力标准,对某一思想的构成要素进行评价。针对的范围可大可小,总有一个明确的对象。也许批评针对的是一个论断本身,是支持该论断的证据;针对论断背后的假设、关键的概念、论证中的推理、论断所蕴涵的命题,甚至整个理论所依据的参照系或理论框架;也可以分析论者的意图,以及这种意图实现的程度等。

(2)客观性。学术批评一定要分清有理由的判断与纯粹的主观意见,这是体现客观性的基本要求。批评有一个文本解释和论证重构的问题。客观性的第一道门槛是联系语境信息,依据"慈善原则"对被批评的文本进行解释和重构。由于论证存在许多假设和未明确表达出的前提,而它们又是得出论证结论不可缺少的成分,因此,"慈善原则"要求我们尽量站在对方的立场来选择尽可能使得原论证合理化的补充成分来重构论证。

(3)清晰性。清晰性是对任何思想的基本要求。花点时间清晰和精确地陈述批评的具体对象;以不同的方式表达批评涉及的问题,以澄清其意义和范围;将一个问题分解为若干子问题,对关键概念给出明确的界定等等,都是使批评清晰化的方法。学术批评中一个常见的违反清晰性规范的表现是,在未搞清受批评论断的真实意义的时候,就仓促展开批评。结果,参与批评的双方说的却不是一回事,批评实际上成为一种"无敌人的战斗"。

（4）逻辑性。学术批评作为一种批评性论辩或讨论，与逻辑的关系极为密切。批评中的说理如果未采用明确的推理形式，从前提到结论的跳跃极大，就宣称获得的结论是不妥当的。事实上是依据前提尚不足以得出的。

（5）互动性。真理正是通过这种"主体间的确认"创造出来的，由此学术批评和学术反批评是一枚硬币的正反两面。单方向的批评只能导致学术的垄断和霸权，而双向的批评则可能引发出学术自由和学术争鸣。

8.5.3 学术自由与学术争鸣

1. 学术自由

完整的学术自由包括研究自由、教学自由、学习自由3个方面，它被规范地表达为："学者享有按照自己的学术爱好和学术界公认的标准从事教学与研究的自由；在学术活动中通过语言交谈、书信写作或出版物发表其研究成果的自由；结成学者社团并参与社团活动的自由；通过出版物、口头和书信的方式与大学内外、国内外同事和同行进行学术交流的自由，学者不因其教学、研究、出版等学术活动导致地位、职务或公民权利受到威胁或侵犯。学术自由也包括学生根据自己的兴趣和职业追求，在他们所读的大学里选择课程和科目的自由，包括学生们根据自己的智力、政治和娱乐需求组建社团的自由。"

概括地说，学术自由实质上是思想自由。古希腊的学术自由和思想自由是同根而生的。爱因斯坦也曾说过，学术自由包括外在的自由和内在的自由。前者指社会条件；后者指内心自由即思想上不受权威和社会偏见的束缚，也不受常规和习惯的限制，也就是思想自由。

所谓思想自由，是一种源于内心基于理性的判断自由。思想自由包括信仰、观点、理论等的自由。思想自由是一种内心活动的自由，是一种理性的解放。

当然，自由的思想一定要通过什么方式表达出来，这才是完整意义上的思想自由。语言就是最主要的思想表达方式，语言之所以具有这种无条件提问的自由源于语言与思想的同一性。

学术自由从本质上说乃是思想自由，是因为思想与学术是互为表里的，学术为表，思想为里，或者说是一体两面，反映了"学术"是学者"思想"的真实表现。事实上，没有思想的学术，根本不能称为学术。当然，没有思想的自由也就没有学术自由。

作为一种纯粹的探索精神，学术自由是以人的良知、理性为依据，对各种常识进行无条件的追问，对各种真理进行无条件的质疑。古希腊的学术之所以辉煌灿烂，是由于古希腊学者纯粹的探索精神。古希腊学者这种依据内在的理性自由的探索精神，正是学术自由最原初的含义。

百花齐放、百家争鸣是任何学术得以发展所必须遵循的一个客观规律，而要取得有效的学术成果，其前提就是要遵循一定的学术规范。实质性的学术争鸣是一个探索真理的过程，只有充分地争鸣，才能准确地认识真理。争鸣能否正常进行与深入，能否得出正确结论，取决于争论的各方能否尊重客观事实、以事实为根据。真理必须经历事后的探索与实践才能加以辨明，真理都是事后意见。现代西方哲学修正了传统的、强调通过争论就可以达成统一认识的真理观，认为真理是多元的。虽然这种新的真理观并不能解答多元的价值观如何进行沟通等问题，但其合理性在于任何时候都不要以为自己在争论中掌握了全部的真理、是永恒真理的代表。

2.　学术责任

学术责任是与学术自由相对应的，两者是一对辩证的范畴。真正的学术自由是要负学术责任的，重视学术自由的责任意识，在于提倡学术活动者的责任伦理。学术责任可以分为遵守学术规范的责任和学者对社会、对人类的责任。

与人的思想自由及其他含义的自由一样，学术自由也不是随意的及无限制的，学术自由是指一定境遇中的自由，是有责任感的自由，它要求道德性的约束。具体说来，研究者们享有的学术自由和承担的学术责任相辅相成，他们必须遵循作为学术机构成员的基本道德规范。

学术规范是学术责任的具体体现。有学者指出，学术自由的目的是为了更好地进行思考和学术创造，学术自由不是为自由而自由，而是为了创造知识和为社会创造价值，只讲学术自由而不讲学术规范是偏颇的；其次，学术规范为学术自主创造了条件，从而为学术自由提供了可能的秩序与空间；对于学术研究而言，学术规范固然是一种约束机制，但同时也是一种预警与引导机制。因此，它与自由探索的学术实践与精神追求的正常关系应是互动的、能动的、协作的。

3.　学术争鸣

所谓学术争鸣，当然包括学术上的批评和反批评。

学说是学术上有系统的主张或见解。学派是同一学科中由于学说、观点不同而形成的派别。在探求真理的过程中，由于知识背景、切入问题的视角等不同，人们可能形成相同或不同的见解，而持相同见解的人结合在一起就形成一个学派，这是学术发展过程中具有规律性的正常现象，也是学者探求真理的一种组织形式。

科学发展史表明，科学学派的存在、继承和兴旺对于推动科学的发展曾起到了十分重要的作用。古希腊时期盛行的各种自然哲学学派，创造了人类最优秀的科学文化遗产；我国春秋时期出现的百家争鸣，也引来了百花齐放的学术文化大繁荣。在近现代科学史上，许多理论学说的形成与发展，许多重大科学成就的取得，都是与学派论战密切相关的。学派论战几乎遍及所有学科领域，有的贯穿整个科学研究过程的始终。在现代科学中，学派和学说的争论有增无减，如基本粒子模型学说的坂田模型、夸克模型、层子模型等也在各争千秋。这些不同学派、不同学说之间的论战,不但推动了科学技术突飞猛进的发展,而且培育了一大批学说、学派的代表人物和新学科的带头人。

学术研究、科学探索的根本任务是提出或然性的、假说性的新知识,或者是提出正在形成、正在诞生中的新知识。科学革命时期,特别是当科学知识体系发生质变的时候,一种基础性理论为另一种基础性理论所代替的时候,一种新的概念代替旧的概念的时候,往往是最富有争论性的了。科学史上一些重大理论和学说的诞生和发展都证明了这样一个事实:一个新思想、新观点的提出与发展,并不是在本学派的赞同声中取得的,而是在它的反对者中实现其发展的。任何学者或学派都不可能穷尽真理,更不可能垄断真理。学派的地位只能根据其学说对于学科发展的贡献来衡量,而学术论战是学派互动的基本方式,也是增进学科共识和学术积累的必要平台。

4. 学术霸权

这里所说的"学霸",并不仅是指学术权威的霸道作风,而是泛指所有利用权力之便在学术活动中以权谋私、行使霸道的行为,包括一些学者自高自大,对别人的学术观点视若无睹,根本漠视甚至否定别人的学术成就的表现。

近年来学术界表现突出的现象是学者之间的冲突、学科之间的门户之见、大学之间的山头之争以及学术批评的地方保护主义等。

有学者也将"学霸"和军阀相比,将"学霸"比作"学阀"。前者拥有武装部队,割据一方,自成派系;后者凭借势力把持教育界或学术界。实际上在英文中,这两者也是相近的,军阀的英文写法是 warlord,学阀的英文写法是 scholar-lord,scholar-tyrant。

学术与知识相关,从知识角度,学术是一种事实上的权力,在有的时候,它与行政权力相结合、与不正当的学术势力相结合,还可能成为一种学术霸权。因为有了权术,"学霸"们便垄断了优质学术资源,便建立起了自己的"学术帝国主义",这是对正常的学术和学人的危害,是对学术自由的践踏。所以,学术霸权、学术腐败,说到底,还是一种权力腐败。因为归结到最终,还是权力在起作用,是话语权、评审权、决定权在起作用。

思考题

1. 学术批评的基本规范。
2. 论文投稿的流程和要求。
3. 学术会议在学术交流中起到什么样的作用?
4. 可以通过哪些途径了解到学术会议的信息?
5. 学术社区在学术交流体系中有着什么样的作用?
6. 学术社区对学术研究起到哪些作用?

参考文献

1　叶继元等编著.学术规范通论.上海：华东师范大学出版社,2005.

2　王慧莉,贾卫国主编.国际学术交流英语.大连：大连理工大学出版社,2005.

3　从丛,李咏燕编著.学术交流英语教程.南京：南京大学出版社,2009.

4　http：//www.meeting.edu.cn/.

5　http：//conf.cnki.net/.

6　http：//www.xshy.org.cn/.

7　http：//www.meeting163.com/index.asp.

8　http：//www.refworks-cos.com.

9　http：//zh.wikipedia.org/zh-cn/社群.

10　http：//zh.wikipedia.org/zh-cn/虚拟社群.

11　曲园,丁建敏.大学图书馆化身学术社区[J].中国教育网,2010(4).

12　http：//baike.baidu.com/view/1050643.htm? fr＝ala0_1.

13　http：//www.51xuewen.com/.

14　http：//www.emuch.net/.

15　http：//community.sociology.org.cn/.

16　http：//www.researchgate.net/.

17　http：//www.methodspace.com/.

18　http：//www.isiknowledge.com/.

19　http：//www.refworks-cos.com/.

20　爱德华·希尔斯著;林杰译.论学术自由[J].北京大学教育评论,2005(1)：63—72.